U0746767

中國古代史學叢書

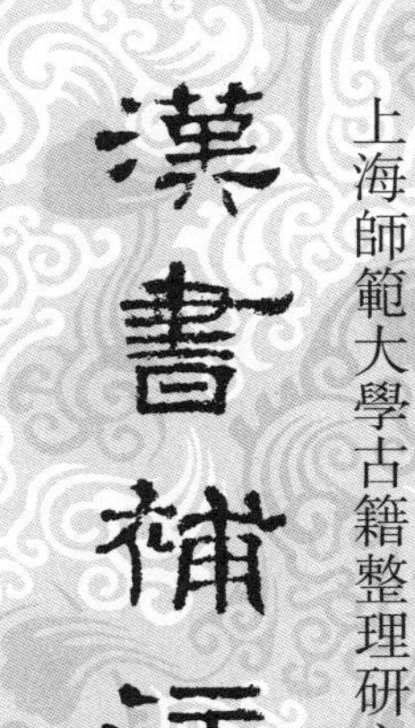

［漢］班固 撰 ［清］王先謙 補注
上海師範大學古籍整理研究所 整理

陸

上海古籍出版社

地理志第八下一

漢書二十八下一

武都郡，〔一〕武帝元鼎六年置。〔二〕莽曰樂平。〔三〕戶五萬一千三百七十六，口二十三萬五千五百六十。縣九：武都，東漢水受氐道水，一名沔，過江夏，謂之夏水，入江。〔四〕天池大澤在縣西。〔五〕莽曰循虜。〔六〕上祿，〔七〕故道，〔八〕莽曰善治。〔九〕河池，〔一〇〕泉街水南至沮入漢，行五百二十里。〔一一〕莽曰樂平亭。〔一二〕平樂道，〔一三〕沮，〔一四〕沮水出東狼谷，南至沙羨南入江，〔一五〕過郡五，〔一六〕行四千里，荊州川。〔一七〕嘉陵道，〔一八〕循成道，〔一九〕下辨道。〔二〇〕莽曰楊德。〔二一〕

〔一〕【補注】先謙曰：漾水注「王莽更名樂平郡，縣曰循虜」。循虜即武都，是武都爲郡治也。續志後漢治下辨，劉注「雒陽西千九百六十里」。

〔二〕【補注】先謙曰：武紀同。後書西南夷傳「白馬氐者，武帝元鼎六年開，分廣漢西部，合以爲武都」。魚豢魏略「漢置武都郡，排其種人分竄山谷，或稱青氐，或稱白氐」。華陽國志「東接梓潼，西接天水，北接始平」。

〔三〕應劭曰：故白馬氐羌。【補注】先謙曰：續志後漢因，屬涼州。志失書。

〔四〕【補注】王念孫曰：「東漢水」，「東」字後人所加，下文「隴西氐道」下云「養水東至武都爲漢」，不言東漢也。志言西漢水者，別於漢水而言之，若漢水則本無東漢之稱。先謙曰：禹貢「嶓冢導漾，東流爲漢」。說文「漾水出隴西豲

「氐」字之誤。道，東至武都爲漢」。本志「氐道」下云「禹貢漾水所出，東至武都爲漢」。是漢水在氐道曰漾水，至武都曰漢水也。云一名沔者，互詳「沮縣」下。此舉江夏郡名，「沮」下舉沙羨縣名，用明互見之義耳。其原委備具「沮」下。沈垚云：二漢水俱出隴西西縣嶓冢山。西漢水南入廣漢白水，東南至江州入江。漢水在氐道則爲漾水，至武都則爲漢水。蓋嶓冢山包絡數縣，班氏箸嶓冢於西縣，而氐道則不言，以既言禹貢漾水，則知是禹貢之嶓冢導漾，不必再言嶓冢也。西縣在西，氐道在東，二縣相聯，嶓冢緜亘二縣之南。山之西南，西漢水所出，山之東南，東漢水所出。細檢班志，源流極分明。漢水至武都又受沮縣之沮水，猶西漢水至廣漢葭明又受甸氐道之白水也。後世自氐道至武都漾水故瀆不可見，於是專以沮縣之沮水爲漢源，而西縣之嶓冢遂屬之西漢所出，又別名一山曰嶓冢，而真嶓冢之在西與氐道者轉付之芒昧矣。沮水特漢別源，其正源之漾水實在隴西而經武都耳。陳澧云：氐道下云「養水至武都爲漢」，此云「漢水受氐道水」，皆存禹貢故道。漢世，漢水已不受氐道水，故更以沮水爲其源。凡漢水所納之水，志云入漢，或云入沔，惟不云入沮，以沮水本非漢水正源也。

〔五〕【補注】先謙曰：續志劉注「華陽國志云有大池澤」，疑文有脱誤。天池大澤即仇池。紀要「天池山在徽縣南三十里」。提綱「洮州衞湫池是也。即白水之源」。漾水注「西漢水自嘉陵道來，東南逕瞿堆西，又屈逕其南，高二十餘里，羊腸蟠道三十六回。開山圖謂之仇夷。上有平田百頃，煮土成鹽，因以百頃爲號。武帝以爲武都郡。常璩、范曄云，郡居河池，一名仇池，池方百頃，即指此也。左右悉白馬氐。西漢水又東合洛谷水、洛溪水，見上禄。下入平樂道」。

〔六〕師古曰：以有天池大澤，故謂之都。【補注】先謙曰：續志後漢因。漾水注「强水自廣漢陰平來，東北逕武都，下仍入陰平」。又沔水注「濜水北發武都氐中，南流。水西有山名白馬塞，東對白馬城，一名陽平關。濜水又南入沔爲濜口」。一統志「故城今成縣西」。

〔七〕【補注】先謙曰：續志後漢因。漾水注「洛溪水出洛谷，南逕威武戍南，又西南合龍(川)〔門〕水，又東南逕上禄縣故城西。修源濬導，逕引北溪，南總兩川，流入西漢水」。見武都。一統志「故城今成縣西南」。

〔八〕【補注】先謙曰：高祖用韓信計，從此襲章邯，見高紀。曹參攻之，見參傳。

〔九〕【補注】先謙曰：續志後漢因。渭水注「扞水出周道谷，北逕故道縣故城西。縣有怒特祠，本南山大梓，秦文公時立祠。扞水東北至大散關入渭」。見扶風武功。又漾水注「故道水自扶風陳倉來，西南流入故道川。逕故道城東，元魏築。合馬鞍山水、北川水、廣香川水、尚婆水、黃盧山水，下入下辨道」。案，元和志「漢縣，晉永嘉後没入氐、羌。後魏變文爲固道。今梁泉、兩當二縣並漢縣地。故道水入故道川，今州治即故道川也」。一統志「故城今鳳縣西北，接兩當縣境」。

〔一〇〕【補注】先謙曰：官本考證云，「池」，監本訛「地」，從宋本改正。

〔一一〕【補注】先謙曰：續志劉注「有泉街水」。沔水注「泉街水出河池縣，東南流，下入沮縣」。陳澧云：今鳳縣嘉陵江源南至徽縣合西漢水者也。今略陽縣北三水合流：一西漢水，一黑峪江，即濁水。一嘉陵江源，其水自發源至與西漢合，約三百餘里，爲漢時五百餘里，知爲泉街水矣。

〔一二〕師古曰：華陽國志云一名仇池，地方百頃。【補注】先謙曰：河池即仇池異名。此山接界廣遠，故在武都者爲武都山，而河池又以山氏縣。續志後漢因。漾水注「仇鳩水出鳩溪南，逕河池縣故城〔西〕，西南流入濁水。河池水出河池北谷，今九龍池水。南逕河池戍東，西南入濁水」。並見下辨。一統志「故城今徽縣西」。

〔一三〕【補注】先謙曰：續志後漢省。漾水注「西漢水自武都來，東南逕濁水城南，合平樂水，下入循成道。平樂水自下辨道來，東逕平樂戍南，入西漢水，謂之會口」。趙一清云：平樂道即平樂戍也。「樂」一作「洛」，故地形志修武郡有平洛縣。一統志「故城今階州東北」。

〔一四〕【補注】徐松曰：郙閣頌「沮縣士民，或給州府，休謁往還，恒失日晷」。謂此縣之人至武都郡也。先謙曰：續志後漢因。一統志「故城今略陽縣東」。

〔一五〕【補注】先謙曰：續志「沔水出東狼谷」。沔水篇「沔水出沮縣東狼谷口」。注云「沔水一名沮水。闞駰云，以其初出沮洳然，故曰沮水也，縣亦受名焉。導源南流，合泉街水，又東南逕沮水戍注漢，曰沮口。尚書『嶓冢導漾，東流爲漢』。山海經所謂漢出鮒隅山也。東北流，得獻水口。又合沮口，同爲漢水之源也。又東逕白馬戍南，合濜水，下入漢中沔陽。泉街水自河池來，東南入沮縣注沔」。先謙案：陳澧云「此沮水今沔縣之上沮水，有濜水東南行數十里注之」。案，水經注所稱漢水，皆西漢也，於禹貢之漢則但謂之沔水、沮水。沮縣南與葭萌接壤，東狼谷即禹貢嶓冢山，通典所謂金牛之嶓冢。爲東漢水所自出。閻若璩謂「當以『武都縣』下『一名沔過江夏謂之夏水』十字補入此處『東狼谷』之下，然後東漢水原委方備」。非也，此志所載嶓冢正自分明，後人讀之不審耳。

〔一六〕【補注】先謙曰：武都、漢中、南陽、南郡、江夏。

〔一七〕師古曰：沮音千余反。羨音夷。【補注】先謙曰：官本注「羨」作「又」。漾水注「沮水枝津承沮縣之沮水瀆，西南流入兩當溪，下入下辨。從沮至下辨，山道險絶，水中多石，後漢虞詡所開」。又云「西漢水自循成道來，東南於縣槃頭郡南元和志「城在長舉縣三里。後魏置」。合濁水，又逕挾崖，合挾崖水，又東逕武興城南，後魏郡，元和志以爲即漢沮縣。又東南，合北谷水，又西南，逕關城北，合除水，又逕通谷，合通谷水，又合寒水、廣平水、平阿水、漢壽水，下入廣漢白水縣。濁水自下辨道來，南逕槃頭郡，合鳳溪水，見下辨道。南入西漢。通谷水出西北通溪，上承漾水，西南流，爲西漢水」。先謙案：漾水在此與西漢水通流，蓋西漢水之名始於此矣。

〔一八〕【補注】先謙曰：續志後漢省。漾水注「西漢水自隴西西縣來，南入嘉陵道，爲嘉陵水。世俗名之爲階陵水，非也。又東南，合北谷水、武街水、倉谷水，下入武都」。一統志「故城今成縣西北，後魏爲階陵縣」。嘉陵水源流，酈注甚晰，後人以故道水當之，誤矣。

〔一九〕【補注】王念孫曰：「循」當爲「脩」，隸書循、脩二字相似，傳寫易訛。魏志、隋志、漾水注並作「脩城」。先謙曰：續志後漢省。漾水注「西漢水自平樂道來，東南逕脩城道，南合脩水，下入沮縣。脩水總二源，東北入西漢水」。一統志「故城今略陽縣西北」。

〔二〇〕【補注】先謙曰：曹參攻之，見參傳。

〔二一〕師古曰：辨音步見反。【補注】先謙曰：官本「楊」作「揚」。後漢因。續志無「道」字。劉注「有赤亭」。華陽國志「下辨一曰武街」。漾水注「平樂水出武街東北四十五里，更馳南溪，導源東北流。山側有甘泉涌注。又逕甘泉戍南，下入平樂道。濁水出濁城北，今黑峪江。東流，合丁令溪水，又逕武街城南，故下辨縣治也。後魏廣業郡治。濁水又合宏休水，逕白石縣南。後魏縣。後漢虞詡爲武都太守。下辨東三十餘里有峽，峽中白水生大石。濁水即白水之異名也。又東南，合涅陽水、仇鳩水、河池水、見河池。兩當水，下入沮縣。故道水自故道來，南入縣，後魏東益州廣業郡。合沮水枝津，又西南入濁水。沮水枝津自沮縣來，西南入故道水爲兩當溪水也。鳳溪水上承濁水，於廣業郡南逕鳳溪，中有二石雙高，其形若闕，漢世有鳳皇止焉，謂之鳳皇臺，去郡三里。水出臺下，東南流，左注濁水」。見沮縣。一統志「故城今成縣西三十里」。

隴西郡，〔一〕秦置。〔二〕莽曰厭戎。〔三〕户五萬三千九百六十四，口二十三萬六千八百二十四。有鐵官、鹽官。縣十一：狄道，〔四〕白石山在東。莽曰操虜。〔五〕上邽，〔六〕安故，〔七〕氐道，禹貢養水所出，至武都爲漢。〔八〕莽曰亭道。〔九〕首陽，〔一〇〕禹貢鳥鼠同穴山在西南，渭水所出，東至船司空入河，〔一一〕過郡四，〔一二〕行千八百七十里，雍州寖。〔一三〕予道，莽曰德道。〔一四〕大夏，莽曰順夏。〔一五〕羌道，〔一六〕羌水出塞外，南至陰平入白水，〔一七〕過郡三，行六百里。〔一八〕襄武，莽曰相桓。〔一九〕臨洮，〔二〇〕洮水出西羌中，北至枹罕東入西。〔二一〕禹貢西頃山在縣西，〔二二〕南部都尉治也。〔二三〕西。〔二四〕禹貢嶓冢山，西漢所出，南入廣漢白水，東南至江州入江，〔二五〕過郡四，〔二六〕行二千七百六十里。莽曰西治。〔二七〕

〔一〕【補注】先謙曰：郡治未詳。續志後漢治狄道。劉注「雒陽西二千二百二十里」。

〔二〕【補注】先謙曰：河水注「秦昭王二十八年置」。以隴西、天水、安定、北地、上郡、西河爲六郡，所謂六郡良家子給羽林期門是也。錢大昭云：異姓諸侯王表云「漢拔我隴西」，則高帝元年屬雍國，二年方屬漢。

〔三〕應劭曰：有隴坻，在其西也。師古曰：隴坻謂隴阪，即今之隴山也。此郡在隴之西，故曰隴西。坻音丁計反，又音底。【補注】先謙曰：續志後漢因，屬涼州，志失書。河水注引應劭云「有隴坻在其東，故曰隴西也」。此注脱「東故曰隴」四字。

〔四〕【補注】先謙曰：漢初匈奴頻寇之，見高后、文紀。縣人辛武賢、辛慶忌，見本傳。

〔五〕師古曰：其地有狄種，故云狄道。【補注】先謙曰：續志後漢因。河水注「洮水自安故來，北逕狄道縣故城西，又合隴水，又右合二水，左會大夏川水，見大夏。下入金城枹罕。隴水，即山海經所謂濫水也，出鳥鼠山西北高城嶺，西逕隴坻。其山岸崩落者聲聞數百里，故揚雄稱『響若坻頽』是也。又西北歷白石山下，地理志曰，狄道東有白石山。又逕武街城南，晉分狄道置縣。又逕狄道縣故城東，又西北入洮」。一統志「故城今狄道州西南」。白石山在今州東，隴水所經。自寰宇記謂山有梁泉，後人遂誤以爲即蘭州之山。蓋蘭州東南八十里亦有白石山，山有梁泉也。河（水）〔州〕西亦有白石山。

〔六〕應劭曰：史記故邽戎邑也。師古曰：邽音圭。【補注】先謙曰：秦伐邽戎以爲縣，見秦紀。周勃所攻，見世家。縣人趙充國、段會宗，見本傳。上官桀，見外戚傳。續志後漢改屬漢陽。劉注「秦州記『縣北有利山，川中平地有土堆，高五丈，生細竹，翠茂殊常。二楊樹大數十圍，百姓祀之』」。渭水注「渭水自天水冀來，東歷上邽縣北邽山之陰，流逕固嶺東北，又東南合蘭渠川水、神澗水、歷泉水，又東南出橋亭西，合藉水，下入天水縣諸道。藉水出西山，今秦州固城山。東歷當亭川，後魏當亭縣，今伏羌縣南。左合當亭水，右合曾席水、地形志：上邽有席水。大弁川水，又東南合竹嶺水，又東北逕上邽縣，左右各帶四水，又東合黃瓜水、後魏立黃瓜縣，今秦州西南。毛泉谷水，又東逕上邽故城南，得覈泉水、濛水、陽谷水、宕谷水、段溪水，在今秦州南。入渭。濛水出縣西北邽山，翼帶衆流，東流南屈，逕上邽縣故城西，側城南出舊天水郡治，晉、魏亦治此。五城相接。北城中有湖水，有白龍出是湖，風雨隨之，故武帝元鼎三年改爲天水郡。其鄉居悉以板蓋屋，詩所謂『西戎板屋』也。濛水又南注藉水。山海經曰『邽山，濛水出焉，而南流注於洋』。藉水即洋水也」。先謙案：據渭水注，上邽在前漢必曾屬天水，而後復故，故本書趙充國、上官皇后傳並云「隴西上邽人」，段會宗傳又云「天水上邽人」，是其證也。又漾水注「馬池水出上邽西南六十餘里，謂之龍淵水。開山圖曰『隴西神馬山有淵池，龍馬所生』，即是水也。西流入西漢水」。見西。一統志「故城今秦州西南。邽山在州西北」。

〔七〕【補注】先謙曰：縣見武紀。續志後漢因。河水注「洮水自臨洮來，北逕安故縣故城西，下入狄道」。一統志「故城今狄道州南」。

〔八〕【補注】齊召南曰：「養」當作「漾」，前文引禹貢「嶓冢道漾」即其證也。王念孫曰：説文「漾」，古文作「瀁」。今志作「養」者，「瀁」之假借字也。續志亦作「養」。淮南地形篇作「洋」，高注「洋」或作「養」。是古書多以養爲漾。又云「至武都爲漢」，「至」上脱「東」字。禹貢「嶓冢導漾，東流爲漢」，即班志所本。説文「漾水出隴西豲道」，當依漢志作「氐道」，水經注已辯之。又云「東至武都爲漢」。水經云「漾水出隴西氐道縣嶓冢山，東至武都沮縣爲漢水」，皆本班志。先謙曰：續志「養水出此」。劉注「巴漢志云，漢水二源，東源出縣之養山，名養」。漾水注「孔安國云，泉始出爲漾，其猶濛耳。常璩專爲漾山、漾水，當是作者附爲山水之殊目」。先謙案：注引常璩、闞駰皆言東源出氐道爲漢，西源出西縣爲西漢，與司馬彪、袁山松同。闞駰言漾水出崑崙西北隅，至氐道重源顯發爲漾水，則本之山海經及高誘説。道元於漾水篇，但辨常璩西漢始源曰沔之誤，許慎、呂忱漾水出豲道之非，以下專敘西漢源流，不言漢水，良以養水初源無可推證。水經既附西漢於漾水，因而釋之。至漾水下至武都，則分晰於沔水、沮水篇下也。

〔九〕師古曰：氐，夷種名也。氐之所居，故曰氐道。氐音丁溪反。養音弋向反，字本作「漾」，或作「瀁」。【補注】先謙曰：續志後漢因。錢坫云：故城今清水縣西南。縣在上邽之東南，下辨之東北。

〔一〇〕【補注】先謙曰：有西極山，見元紀。續志後漢因。劉注「有三危，三苗所處」。一統志「故城在渭源縣東北」。

〔一一〕【補注】先謙曰：禹貢山水澤地篇「鳥鼠同穴山在首陽縣西南」。與志合。船司空，京兆縣。説文「渭水出首陽渭首南谷，東入河」。渭水注「渭水出縣首陽山渭首亭南谷。山在鳥鼠山西北。此縣有高城嶺，嶺上有城，號渭源城，渭水出焉。三源合注，東北流，逕首陽縣西，與別源合。其水南出鳥鼠山渭水谷，禹貢所謂渭出鳥鼠者也。地説曰『鳥鼠山，同穴之枝榦也，渭水出其中，東北過同穴枝閒』。既言其過，明非一山也。渭水東南流，逕首陽縣南，右得封溪水，次廣相溪水、共谷水，左則天馬溪水，次伯陽谷水，亂流東南出，下入襄武」。一統志「鳥鼠山在今渭源縣西」。鳥鼠同穴詳山海經郭注。

〔一二〕【補注】先謙曰：隴西、天水、扶風、京兆。

〔一三〕【補注】先謙曰：胡渭引易氏云，渭水自渭源至入河，通計一千四百三十一里。

〔一四〕【補注】先謙曰：續志後漢省。

〔一五〕【補注】朱一新曰：「順夏」，汪本作「順陵」，誤。先謙曰：續志後漢因。河水注「大夏川水出西山，二源合舍而亂流，逕金紐城南。十三州志云『大夏縣西有故金紐城，去縣四十里』。又東北，逕大夏縣故城南。地道記云『縣有禹廟，禹所出也』。又東北，出山入洮」。一統志「故城今河州東南。大夏水，今三岔河」。

〔一六〕【補注】先謙曰：高帝時地震，見紀。續志後漢改屬武都。一統志「故城今階州西，成固縣西北」。

〔一七〕【補注】先謙曰：陰平，廣漢縣。羌水篇「羌水出羌中參狼谷」。注云「彼俗謂之天池白水。地理志曰，出羌道。東南流，逕宕昌城東，西北去天池五百餘里。羌水又逕宕婆城東而東南注，合陽部溪水，又逕武階城西南，後魏縣，今階州東。下入陰平」。一統志「羌水今白龍江，出洮州衛西南番界，東南流逕岷州，又東逕階州，合白水」。

〔一八〕師古曰：水經云，羌水出羌中參谷。【補注】先謙曰：「郡三」當作「郡二」，隴西、廣漢也。顔注「參」下奪「狼」字。

〔一九〕【補注】先謙曰：後漢因。續志「有五雞聚」。渭水注「渭水自首陽來，合廣陽水。又東南逕襄武縣，東北合荆頭川水。又東合臯水，下入天水豲道。廣陽水出西山，鞏昌府西九十里。二源合注，共成一川，東北入渭。荊頭川水出襄武西南鳥鼠山荊谷，府南三十里。東北逕襄武縣故城北，入渭。臯水出雀富谷，東北逕襄武縣南入渭」。一統志「故城今隴西縣東五里」。

〔二〇〕【補注】先謙曰：秦縣。始皇遷民於此，見本紀。蒙恬築長城起此至遼東，見本傳。

〔二一〕【補注】王鳴盛曰：南監本「西」作「河」，是。朱一新曰：汪本作「河」。先謙曰：河水注引地理志云「洮水出塞外羌中」。又云「沙州記云『洮水與墊江水即白水。俱出嵹臺山，山南即墊江源，山東則洮水源』」。嵹臺，西傾之異名也。洮水東北逕吐谷渾中，又逕洮陽曾城北。洮陽，晉縣。沙州記云『嵹城東北三百里有曾城，城臨洮水』」。又東逕洪和山南，後魏置洪和郡。又逕迷和羌城北，又逕甘枳亭，歷望曲谷，在臨洮西南，去龍桑城二百里。又逕臨洮縣故城北，又東北流，屈逕索西城西，又屈而北，逕龍桑城西，又西北逕步和亭東，合步和川水，又北出門峽，董祐誠云，峽當在今狄道州南界。合蕈川水，又北歷峽，出夷始梁，右合蕈埍川水，又東北逕桑城東，又北合藍川水，又逕和博城東，合和博川水，下入安故」。

〔二二〕【補注】先謙曰：禹貢山水澤地篇「西頃山在臨洮縣西南」。與志合。山在洮州衛西南三百三十餘里，番名羅插普喇山，綿亘千餘里，黃河以南諸山無大於此者。

〔二三〕師古曰：洮音吐高反。枹讀曰膚。頃讀曰傾。【補注】先謙曰：續志後漢因。漾水注「白水出臨洮縣西南西傾山，東南流，合黑水、洛和水、夷水、安昌水，下入廣漢陰平道」。一統志「故城今岷州治。白水出松潘廳北境，東流，至昭化縣入嘉陵江」。

〔二四〕【補注】先謙曰：史紀「堯申命和仲居西土」，徐廣以爲此縣秦縣也。有丞，爲周勃、樊噲擊破，見勃、噲傳。

〔二五〕【補注】先謙曰：禹貢山水澤地篇「嶓冢山在氐道縣南」。與志合。西與氐道接界也。通典所謂上邽之嶓冢，在今秦州。「西漢」下脫「水」字。「入」當作「會」。陳澧云「南入廣漢白水」六字衍。「甸氐道」下云，白水入漢。此云，漢入白水。志無此例。且既云入白水，又云入江，亦無此例也。江州，巴郡縣。續志「西」下云「有嶓冢山，西漢水」。漾水注「西縣嶓冢山，西漢水所導也，微涓細注，若通羃歷津注而已。西流合馬池水。見上邽。又西南流，左得五水，右得三水，又合資水、峽石水、楊廉川水，逕始昌峽，晉始昌縣。又逕宕備戍，合宕備水、鹽官水、左谷水、蘭皋水，又逕祁山軍，合雞水、建安川水。漢水之北，連山秀舉。祁山在嶓冢西七十許里。漢水逕其南，又合甲谷水，又西逕南岈、北岈中，又合武植戍水、夷水，下入武都嘉陵道。楊廉川水出西谷，衆川瀉流，合成一川，東南逕西縣故城北，又右合茅川水，入西漢。建安川水出建威城西北白石戍，東南合蘭坑水，又東逕蘭坑城北、建安城南。其地故西縣之歷城也，去仇池百二十里。又合錯水、雉尾谷水、太谷水、小祁山水、胡谷水，又東北出塞峽，西北流，入西漢」。先謙案：西漢水自今西河禮縣至成縣，即漢志嘉陵也。

〔二六〕【補注】先謙曰：隴西、武都、廣漢、巴。

〔二七〕【補注】王念孫曰：此下脫「有鹽官」三字。漾水注「鹽官水北有鹽官，在嶓冢西五十許里，相承營煮不輟，味與海鹽同，故地理志云『西縣有鹽官』」，是其證。先謙曰：續志後漢改屬漢陽。一統志「故城今秦州西南百二十里」。

金城郡，〔一〕昭帝始元六年置。〔二〕莽曰西海。〔三〕户三萬八千四百七十，口十四萬九千六百四十八。縣十三：〔四〕允吾，烏亭逆水出參街谷，東至枝陽入湟。〔五〕莽曰修遠。〔六〕浩亹，浩亹水出西塞外，東至允吾入湟水。莽曰興武。〔七〕令居，〔八〕澗水出西北塞外，至縣西南，入鄭伯津。莽曰罕虜。〔九〕枝陽，〔一〇〕金城，莽曰金屏。〔一一〕榆中，〔一二〕枹罕，〔一三〕白石，〔一四〕離水出西塞外，東至枹罕入河。莽曰順礫。〔一五〕河關，〔一六〕積石山在西南羌中。〔一七〕河水行塞外，東北入塞內，至章武入海，〔一八〕過郡十六，行九千四百里。〔一九〕破羌，宣帝神爵二年置。〔二〇〕安夷，〔二一〕允街，宣帝神爵二年置。莽曰修遠。〔二二〕臨羌。〔二三〕西北至塞外，有西王母石室、僊海、鹽池。〔二四〕北則湟水所出，東至允吾入河。〔二五〕西有須抵池，有弱水、昆侖山祠。〔二六〕莽曰鹽羌。〔二七〕

〔一〕【補注】先謙曰：據河水注，郡治允吾。續志後漢治同。劉注「雒陽西二千八百里」。

〔二〕【補注】先謙曰：見昭紀。

〔三〕應劭曰：初築城得金，故曰金城。臣瓚曰：稱金，取其堅固也，故墨子曰「雖金城湯池」。師古曰：瓚說是也。一云，以郡在京師之西，故謂金城。金，西方之行。【補注】何焯曰：平紀：元始四年冬置。西海郡乃王莽遣中郎將平憲等持金幣誘羌豪良願等獻地爲之，非改金城故名也。注疑有譌字，特附見西海之名於此郡下耳。先謙曰：莽時獻地之卑和羌在臨羌縣西，見後闞駰注。莽納其地，因併金城之名，改爲西海耳。志文不譌，何說誤。續志後漢因，屬涼州。志失書。

〔四〕【補注】錢大昕曰：昭紀「始元六年以邊塞闊遠，取天水、隴西、張掖各二縣，置金城郡」。是金城始置止有六縣。此十三縣之中，惟破羌、允街兩縣宣帝所置，其餘俱不書置自何時，可見志之闕漏者多也。先謙曰：破羌、允街外，榆中，秦置；令居，武帝置；河關，宣帝置；白石，見元紀；臨羌，見趙充國傳；並詳下。餘無攷。

〔五〕【補注】先謙曰：河水注「逆水不言烏亭。出允吾縣之參街谷，東南流，逕街亭城南，又逕陽非亭北，下入枝陽」。元和志、寰宇記稱烏逆水。一統志「逆水出平番縣西。舊志：即莊浪河。入河不入湟。其下流去湟入河處甚近，蓋水道微有變遷」。陳澧云「今可可河出莊浪廳西境山，東南流，至廳西南境入湟水」。先謙案：陳說是。詳「令居」下。

〔六〕應劭曰：允吾音鈆牙。【補注】錢坫曰：梁鴻父讓，王莽時封修遠伯，即此地。先謙曰：續志後漢因。劉注「西羌傳有唐谷。秦州有牢北山，傍有三窟」。河水篇「河水東過允吾縣北」。注云「大河自枹罕來，逕縣南，不在其北，合湟水，下入金城。湟水自破羌來，東南逕小晉興城北。闞駰云『允吾縣西四十里有小晉興城』。湟水又合浩亹水，東逕允吾縣北，爲鄭伯津，又合澗水，見令居。下入允街。浩亹水自浩亹來，東流，至縣入湟」。先謙案：本志云「浩亹水東至允吾入湟水」者也。一統志「故城今皋蘭縣西北」。

〔七〕孟康曰：浩亹音合門。師古曰：浩音誥。浩，水名也。亹者，水流峽山，岸深若門也。詩大雅曰「鳧鷖在亹」，亦其義也。今俗呼此水爲閤門河，蓋疾言之，浩爲閤耳。湟音皇。【補注】先謙曰：續志後漢因。劉注「有雒都谷」。河水注「閤門河即浩亹河，出西塞外，東入塞，逕敦煌、酒泉、張掖南，又東南逕西平之鮮谷塞尉故城南，當在今青海北。又合湛水，又東逕養女北山，在今大通縣西。左合南流川水，又逕浩亹縣故城南。闞駰云『浩讀閤也，故亦曰閤門水，兩兼其稱矣』。下入允吾」。一統志「故城今碾伯縣東，接平番縣界，與西大通堡近」。浩亹水今大通河」。

〔八〕【補注】先謙曰：縣詳張騫、匈奴傳及後書西羌傳。

〔九〕孟康曰：令音連。師古曰：令音零。【補注】先謙曰：續志後漢因。鄭伯津即河津也。見允吾。河水注「澗水出令居縣西北塞外，南流，逕其縣故城西。武帝元鼎二年置。又南逕永登亭，西歷黑石谷，南流，注鄭伯津」。甘肅通志「澗水即可可川，出古浪縣西南，南流，逕大通堡東，又南逕紅城子，入湟」。一統志「故城今平番縣西北」。陳澧云：澗水即莊浪河。志言逆水出參街谷，澗水出塞外。今可可河出莊浪廳西境，而莊浪河出其北百餘里，故知莊浪河爲出塞外之澗水，而可可河爲逆水也。

〔一〇〕【補注】先謙曰：續志後漢因。河水注「逆水自允吾來，東南逕廣武城西。元和志「漢枝陽縣，前涼置廣武郡」。城西南二十許里水西有馬蹏谷。又東逕枝陽縣故城南，東南入湟。地理志曰『逆水東至枝陽入湟』。湟水自允街來，東逕枝陽縣，合逆水，下入金城」。一統志「故城今平番縣城南，接皋蘭縣界」。董祐誠云：當在今莊浪廳南。

〔一一〕【補注】先謙曰：續志後漢因。河水注「湟水自枝陽來，東入金城河，即積石之黃河也。闞駰云『河至金城縣謂之金城河，隨地爲名也』。又東逕石城南，謂之石城津。闞駰云『在金城西北』。河水又東南，逕金城縣故城北。十三州志『大河在金城北門東流，合梁泉，下入榆中』。梁泉出縣南山，北入河」。一統志「故城今皋蘭縣西南」。

〔一二〕【補注】先謙曰：秦縣，見始皇紀。續志後漢因。河水篇「河水東過榆中縣北」。注云「河水自金城來，至縣。昔蒙恬爲秦北逐戎人，開榆中之地。徐廣史記音義云『榆中在金城，即阮嗣宗勸進文所謂榆中以南者也』。河水下入天水勇士」。一統志「故城今金城縣西北，在黄河之北」。寰宇記謂即大、小榆谷。明統志云，在蘭州西二百里，皆誤」。

〔一三〕應劭曰：故罕羌侯邑也。枹音鈇。師古曰：讀曰膚，本枹鼓字也。其字從木。【補注】先謙曰：顧祖禹云，寰宇記「枹罕縣」下引周地圖云，枹罕即故枹罕侯邑也。應注「故」下奪「枹」字。縣亦見武紀。續志後漢改屬隴西。河水注「河水自河關來，東歷鳳林北。秦州記『枹罕原北名鳳林川，川中則黄河東流也』。又東合灘水，又逕左南城南，張軌縣。又東逕赤岸北。秦州記云『枹罕有河夾岸，岸廣四十丈』。又東合洮水，下入允吾。灘水自白石來，東合罕幵南溪水，又東逕枹罕縣故城南。十三州志云『縣在郡西二百一十里，灘水在城南門前東過也』。又東北，合故城川水，又東合白石川枝津水，又東北出峽，峽在今河州東北。北入河。志云『灘水東至枹罕入河』也。罕幵南溪水出罕幵西，東南流，逕罕幵南入灘。十三州志云『廣大阪在枹罕西北，罕幵在焉』。蓋罕幵羌所居，在今河州西。白石川枝津水自白石來，東絶罕幵溪，又逕枹罕城南後魏枹罕城疑即今河州治。入灘。洮水自隴西狄道來，又北，翼帶三水，亂流北入河。志云『洮水北至枹罕，東入河』是也」。一統志「故城今河州治」。

〔一四〕【補注】先謙曰：任立屯軍於此，見(元紀)(馮奉世傳)。

〔一五〕應劭曰：白石山在東。【補注】宋祁曰：「礫」一本作「樂」。先謙曰：河水注「灘水導源塞外羌中，董祐誠云，今大夏河出循化廳西南邊外，山曰荅蘇爾海阿林，水曰和爾藏必拉。故志云『出西塞外』也。東北流歷野虜中，逕消銅城西，當在今循化廳南。又逕列城東，合列水，又北逕可石孤城西，今河州西南。又右合黑城溪水，又東北逕榆城東，循化廳東南。合榆城溪水，又逕石門口，疑即皋蘭山門也。霍去病出隴西至皋蘭謂是山之關塞也。灕水合皋蘭山水，又東合白石川水，又逕白石縣故城南。闞駰云『縣在狄道西北二百八十五里，灕水逕其北』。今灕水逕其南，不出其北也。又逕白石山北。應劭云『白石山在東』。又合羅溪水，下入枹罕。白石川水出縣西北山下，東南流，枝津東注焉。白石川水又南，逕白石縣城西入灕。白石枝津水上承白石川，東逕白石城北，下入枹罕」。先謙案：水經注作「順礫」，則宋說一本作「樂」者誤也。續志後漢改屬隴西。白石山與狄道白石山各別。一統志「故城今河州西南。灕水今大夏河」。

〔一六〕【補注】王念孫曰：河水注引地理志云「漢宣帝神爵二年置河關縣」，則此縣下當有「宣帝神爵二年置」七字，而今本脱之。先謙曰：續志後漢改屬隴西。一統志「故城今河州西」。

〔一七〕【補注】先謙曰：禹貢山水澤地篇「積石在河關縣西南」。注云「山海經云，在鄧林東，河所入也」。一統志「積石山即今大雪山，在西寧邊外西南五百三十餘里黄河北岸，綿亘三百餘里，上有九峰，爲青海諸山之冠，河流其南，至山之東乃折而北，土人以爲西海之望，四時禱祀。唐時名爲大積石，元史誤爲昆侖者也。西域水道記云『自章懷注後書誤認龍支縣之小積石爲禹貢之積石，杜佑通典踵其謬，至蔡傳援以釋經，而大、小積石合而爲一矣』。小積石山在今甘肅河州西北七十里，山之西北百二十里爲積石關」。

〔一八〕【補注】先謙曰：章武，勃海縣。班氏知河源荒遠，故志渾言行塞外而不記所出。國朝乾隆中平定回部，侍衛阿彌達往窮河源，見阿勒坦郭勒之西有巨石高數丈，名阿勒坦噶達素齊老，蒙古語，噶達素，北極星；齊老，石也。其崖壁黄赤色。壁上爲天池，池中流泉噴涌，釃爲百道，皆作金色，入阿勒坦郭勒爲真黄河上源。其阿勒坦郭勒蒙古語，阿勒坦即黄金；郭勒即河也。在星宿海西南，水色黄，回旋三百餘里，穿入星宿海中。自蒲昌海即鹽澤。蒙古語謂之羅布淖爾。伏流地中，至青海始出爲星宿海，蒙古語謂之鄂敦塔拉，其水在庫爾坤之東。而河源黄色，獨爲靈異，更在星宿海上。合流至貴德堡始名黄河。元史志言張騫道西域，見二水交流，發葱嶺，匯鹽澤，伏流千里至積石而再出。史記大宛傳、本書西域傳，于闐之東，水流注鹽澤，潛行地下，其南則河源出焉，皆相符合。詳見御製河源紀略。水經河水篇「河水東入塞，過敦煌、酒泉、張掖郡南」。注云「河水自蒲昌，見敦煌郡下。有隱淪之證，並閒關入塞之始。河水重源，又發於西塞之外，出於積石之山。山海經云『積石之山，其下有石門，河水冒以西流』。禹貢所謂導河自積石也。山在西羌之中。河水屈而東北流，逕析支之地，是爲河曲。應劭云『禹貢析支屬雍州，在河關之西，東去河關千餘里，羌人所居，謂之河曲羌也』。東北歷敦煌、酒泉、張掖南，而纏絡遠矣。董祐誠云，經舉三郡以表地，注明河去三郡尚遠。通典必欲求河於三郡中，誤矣。河水自河曲又東，逕西海郡南。王莽置築五縣。又逕允川而歷大榆、小榆谷北，今貴德廳西。又右逕沙州北。蓋即河關縣境。地理志云『宣帝神爵二年置河關縣』，蓋取河之關塞也。又東北入西平郡界，晉郡。左合二川。又合濟川水。又東逕澆河故城北，宋縣。又逕石城縣南，後魏縣。合北谷水，逕黄當作「湟」。河郡城南，前涼郡。又北逕廣違城北，循化、貴德二廳閒。合烏頭川水。又東逕邯川城南，巴燕戎格廳境内。納邯亭二水，臨津溪水、白土川水。又東北會兩川，右合二水，又合唐述水、研川水，下入枹罕」。西域水道記云「羅布淖爾水伏流東南千五百餘里，涌出於巴顔哈喇山之麓，爲阿勒坦郭勒。東北行三百里入鄂敦塔拉會碧水，黄色稍淡。縱廣百里，南北長而東西狹，泉數百，如星，故有星宿海之號。又東出鄂敦塔拉，東南流百三十里，瀦爲扎淩淖爾。出淖爾東南流，折而南五十里，瀦爲鄂淩淖爾。自淖爾東北出，東流五十里，折而東南百四十里，又南流二百六十里，折而東南三百里，逕阿彌耶瑪勒津木遜山南麓，又東流折而北，又折而西北，凡千六百餘里，逕山之東麓，迄於克儔渡口山，即古大積石也。自先秦古書言河出崑崙而不言崑崙所在，言河伏流而不言伏流所出，至漢書始有源出葱嶺于闐，潛流地下，南出積石之文，得河之初源，而未言重源，唐劉元鼎使吐番，誤指庫爾坤山爲崑崙，巴顔哈喇山、阿克塔沁山、巴爾布哈山三山並峙，總名庫爾坤山。而云河源出其閒，則失河之初源、重源，而並失崑崙。元潘昂霄撰河源志以火敦老兒即鄂敦塔拉。爲河源，而誤指大積石山爲崑崙，小積石山爲禹貢積石，則失河之初源、重源，而並失崑崙與積石。自非八荒在宥，千載一時，淆亂之說，疇使辨哉」？

〔一九〕【補注】王鳴盛曰：河所過郡，據鄭康成尚書注當爲金城、天水、武威、安定、北地、朔方、五原、雲中、定襄、鴈門、西河、上郡、河東、馮翊、河南、河内、魏郡、鉅鹿、東郡、清河、平原、信都、勃海，凡二十三郡。此言十六，疑有闕漏。

〔二〇〕【補注】王念孫曰：河水注「湟水東逕破羌縣故城南，應劭云『宣帝神爵二年置』」。全氏祖望據此謂「宣帝神爵二年置」七字乃應劭注，非班志原文，今本脱「應劭曰」三字。案上文之河關、下文之允街，竝云宣帝神爵二年置，則此亦班志原文，非應劭注也。水經注所引乃應劭地理風俗記耳。淇水注「白溝又東北逕平恩縣故城東，地理風俗記云漢宣帝地節三年置」。是其比例也。或曰，既係班志原文，何以不引班志而引地理風俗記乎？曰：「西河郡鴻門」下云「有天封苑火井祠，火從地中出」，此班志原文也，而河水注以爲地理風俗記文，「日南郡」下云「故秦象郡，武帝元鼎六年開」，此班志原文也，而温水注亦以爲地理風俗記文，然則水經注中固有不引班志而引地理風俗記者矣。「右扶風渭城」下云「故咸陽」，此班志原文也，而渭水注則云「渭城，文穎以爲故咸陽」，彼言文穎以爲故咸陽，猶此言應劭曰宣帝神爵二年置也，豈得因「應劭曰」三字而遂謂其非班志原文乎！先謙曰：續志後漢因。河水注「湟水自安夷來，逕樂都城南，東流，右合來谷、乞斤二水，左合陽非、流溪、細谷三水，東逕破羌縣故城南。城省南門。十三州志云『湟水河在南門前東過，六谷水自南，破羌川自北，左右翼注』。下入允吾」。一統志「故城今碾伯縣西」。

〔二一〕【補注】先謙曰：續志後漢因。河水注「湟水自臨羌來，東合龍駒川水、長（甯）〔寧〕川水、牛心川水，又逕西平城北，曹魏西平郡。又逕土樓南，右合五泉，又右合葱谷水，又逕東亭北，出漆峽，右合漆谷常溪水，左合甘夷川水，又合安夷川水，又逕安夷縣故城。城有東、西門，在西平亭東七十里。又左合宜春水、勒且溪水，又合承流谷水及六山溪水，下入破羌。安夷川水出遠山，西北流，控引衆川，北屈逕安夷城西北，東入湟。宜春水出東北宜春溪，西南流，至安夷城南入湟。勒且溪水出縣東南勒且溪，北流，逕安夷城東入湟」。一統志「故城今西寧縣東七十里」。

〔二二〕孟康曰：允音鉛。【補注】先謙曰：續志後漢因。「修遠」下宜有「亭」字，以別於郡治，今脫。河水注「湟水自允吾來，東逕允街縣故城南，王莽之修遠亭也。縣有龍泉，出允街谷。泉眼之中，水文成交龍，或試撓破之，尋平成龍，畜生將飲者皆畏避而走，謂之龍泉。下入湟水。湟水下入枝陽」。一統志「故城今平番縣南」。寰宇記『其城極險阻，沮渠蒙遜增築防戍，今尚堅完』。

〔二三〕【補注】先謙曰：縣見趙充國傳。

〔二四〕【補注】錢坫曰：爾雅「四荒」有西王母國名。竹書紀年穆王十七年西征，于昆侖丘見西王母，即此地矣。依水經注「石室」下當有「石釜」二字。先謙曰：董祐誠云河水注作「西海」，即「僊海」。今曰青海。蒙古曰庫克諾爾。鹽池在其西南，蒙古曰達布遜諾爾。庫克謂青，達布遜謂鹽，諾爾則積水之名也。先謙案：僊、西、青並聲轉字，變「僊海」之爲「西海」，猶「先零」之爲「西零」矣。趙充國、王莽傳又作「鮮水海」，鮮、僊亦音同變字。一統志「青海在西寧府西五百餘里，周回七百五十餘里。鹽池在青海西南，周百餘里，產青鹽」。

〔二五〕【補注】先謙曰：河水注「有湟水出塞外，東逕西王母石室、石釜、西海、鹽池北。故闞駰云，其西即湟水之源也。地理志云，湟水所出」。董祐誠云：湟水出青海東北，實不逕青海、鹽池之北。志云「北則湟水所出」，蓋指縣北言之，與上「西北」一例，非蒙上僊海、鹽池也。酈偶失檢。注又云「湟水東南流，逕龍夷城，故西零之地也。十三州志云『城在臨羌新縣西三百一十里。王莽納西零之獻，以爲西海郡，治此城』。湟水又東南，逕卑禾羌海，北有鹽池，闞駰云『縣西有卑禾羌海』者也，世謂之青海，東去西平二百五十里。湟水東流，逕湟中城北，故小月氏之地也。又東，右合四溪水，又東，逕赤城北，經戎峽口，右合羌水。又東逕臨羌縣故城北，武帝封孫都爲侯國，王莽之監羌也，謂之綏戎城，非也。湟水又東，合盧溪水，又東逕臨羌新縣故城南，蓋魏晉閒徙。又東，右合四川，左會臨羌溪水，下入安夷。羌水出西南山下，逕護羌城東，故護羌校尉治。通鑑注：高帝置，治令居。東漢初治安夷，建初二年徙治臨羌。又東北逕臨羌故城西，東北入湟」。

〔二六〕【補注】先謙曰：弱水、昆侖山二祠也。續志「有崑崙山」，乃誤奪「祠」字。後人多據此以爲山水在縣境，非也。陳灃云：今青海之南有功額池、細納池、奇爾多克池、殷得爾圖池，未知孰爲須抵池也。此弱水祠非祠張掖刪丹水，蓋祠青海，即僊海也。青海水不能浮舟，故亦謂之弱水矣。

〔二七〕師古曰：闞駰云西有畢和羌，即獻王莽地爲西海郡者也。抵音丁禮反。【補注】王念孫曰：「鹽」當依水經注作「監」，凡縣名上一字稱「臨」者，莽多改爲「監」。王鳴盛曰：注「畢」南監本作「卑」。先謙曰：作「卑」是也。據河水注「和」與「禾」同。續志後漢因。一統志「故城今西寧縣治」。

天水郡，〔一〕武帝元鼎三年置。〔二〕莽曰填戎。明帝改曰漢陽。〔三〕戶六萬三百七十，口二十六萬一千三百四十八。縣十六：平襄，莽曰平相。〔四〕街泉，〔五〕戎邑道，莽曰填戎亭。〔六〕望垣，莽曰望亭。〔七〕罕幵，〔八〕緜諸道，〔九〕阿陽，〔一〇〕略陽道，〔一一〕冀，〔一二〕禹貢朱圄山在縣南梧中聚。〔一三〕莽曰冀治。〔一四〕勇士，屬國都尉治滿福。〔一五〕莽曰紀德。〔一六〕成紀，〔一七〕清水，莽曰識睦。〔一八〕奉捷，〔一九〕隴，〔二〇〕獂道，〔二一〕騎都尉治密艾亭。〔二二〕蘭干。莽曰蘭盾。〔二三〕

〔一〕【補注】閻若璩曰：天水治平襄，以五行志知之。水經注言故天水郡治冀，指東漢時。先謙曰：續志後漢治冀。劉注「雒陽西二千里」。又分置南安郡、永陽郡。渭水注「上邽北城中有湖水，有白龍出是湖，風雨隨之，故漢武帝元鼎三年改爲天水郡」。據此，置郡時上邽來屬，後改屬隴西耳。河水篇「河水自金城榆中來，東過天水北界，下入武威媼圍」。

〔二〕【補注】錢大昕曰：蓋析隴西置。李廣，隴西成紀人，志屬天水，是其證也。

〔三〕師古曰：秦州地記云，郡前湖水冬夏無增減，因以名焉。填音竹真反。其後並同。【補注】錢坫曰：後書馬援傳作

「鎮戎」。吴卓信曰：本書原涉傳、後書隗囂傳並有填戎大尹。朱一新曰：渭水注作「鎮戎」，此填字當音竹刃反。顔云「竹真反」，未喻。陳景雲曰：「明帝」六字恐是後人注，非班語。先謙曰：續志後漢屬涼州。志失書。

〔四〕師古曰：闞駰云故襄戎邑也。【補注】先謙曰：續志後漢因。渭水注「温谷水導源平襄縣南山温溪，東北流，逕平襄縣故城南，又東南，歷三堆南，又東流南屈，歷黄槐川入渭」。見「冀」下，岑峽十一水之一。一統志「故城今通渭縣西南」。紀要「伏羌縣西南三十里」。錢坫云：通典：故城在伏羌縣南。後書注：在伏羌縣西北。寰宇記：在大潭縣南一百三十里。案，寰宇記之説似與通典同，今大潭廢縣在西河縣東南也。但以爲天水郡治，則當在伏羌爲是。

〔五〕【補注】先謙曰：續志後漢省。「略陽縣」下云「有街泉亭」。劉注「街泉故縣，省」。寰宇記「俗名漢街城，在隴城縣東北六十里，馬謖爲張郃敗處」。一統志「故城今秦安縣東北」。

〔六〕【補注】先謙曰：續志後漢省。一統志「魏置安戎縣，爲略陽郡治，故城今秦安縣東百二十里」。

〔七〕【補注】先謙曰：後漢因。續志作「望恒」，「恒」蓋「垣」形近而誤。一統志「故城今秦州西北」。

〔八〕應劭曰：音羌肩反。師古曰：本破罕幵之羌，處其人於此，因以名云。【補注】先謙曰：罕幵羌詳趙充國傳。蘇林云，在金城南。續志後漢省。紀要「故城今秦州南」。

〔九〕【補注】先謙曰：緜諸本戎名，見匈奴傳。縣見五行志。續志後漢省。渭水注「緜諸水出西北緜諸溪，合長思溪水，東南歷緜諸道故城北，入清水。清水自清水縣來，西南得緜諸水口，又東南入渭。渭水自隴西上邽來，歷橋亭南，逕緜諸縣東，合東亭水，亦爲橋水，即清水也。渭水又東南合涇谷水、伯陽谷水，又東歷大利，合苗谷水，又東南流，左右合九水，出石門，即金門山，在今隴州西南。下入扶風汧」。一統志「故城今秦州東四十五里，邽山下古城遺址是」。

〔一〇〕【補注】先謙曰：縣見高后紀。續志後漢因。渭水注「瓦亭水自安定烏氏來，南逕阿陽縣故城東，又會燕無水，入瓦亭水，又左會方城川水，下入成紀」。一統志「故城今靜寧城南」。

〔一一〕【補注】先謙曰：後漢因。續志無「道」字。渭水注「略陽川水出隴山香谷，西流，右合單溪，左合閻川水，西歷蒲池郊，合石魯水，又歷略陽川，得破社谷水、平相谷水、金里谷水、南室水、虢谷水，並出南山，於略陽城東，揚波北注。略陽川水又西逕略陽道故城北，合湮渠水，又合白楊泉、蒲谷水、龍尾溪水，又西南得石門水，又西北入瓦亭水。見成紀下。湮渠水出南山北，逕泥峽北入城。自城北注略陽川水。石門水出隴山，逕水洛亭，西南合犢奴水，逕石門峽，入略陽川水」。一統志「故城今秦安縣東北九十里」。

〔一二〕【補注】先謙曰：舊冀戎地，秦武公伐而縣之，見秦紀。亦作「驥」，見說文。

〔一三〕【補注】先謙曰：禹貢山水澤地篇「朱圄山在天水北，冀城南」。與志合。渭水注「山在梧中聚，有石鼓，不擊自鳴，鳴則兵起」。案，五行志云「冀南山有大石自鳴」者也。一統志「山在今伏羌縣西南三十里」。圄、圉古通用。

〔一四〕師古曰：續漢郡國志云「有緹羣山、落門聚」。圄讀與圉同。【補注】先謙曰：續志後漢因，「落門」作「雒門」。來歙破隗囂處。渭水注「渭水自獂道來，東逕武城縣西，今隴西縣界。合武城川水，又東入武陽川，合闕城川水、安城谷水，又東合落門西山三谷水，有落門聚。渭水又自落門東至黑水峽，左右六水夾注，又東出黑水峽，歷冀川，至岑峽，合南北十一水，又東出岑峽，入新陽川，逕新陽下城南，合溪谷、赤蒿二水，又東合新陽崖水，即隴水也。下入隴西上邽。武城川水出鹿部西山，合昌邱水入渭。在寧遠縣西。牛谷水、長塹谷水、安蒲溪水、衣谷水，並南出朱圄山，北逕冀縣城北入渭。冀水出冀谷。濁谷水、當里溪水、託里水、渠谷水、黃土川水俱出南山，北逕冀城東而北入渭」。一統志「故城今伏羌縣南」。

〔一五〕【補注】先謙曰：別爲一城治，隸於勇士縣。霍去病傳「分處匈奴降者於邊五郡故塞外，而皆在河南，因其故俗爲屬國」。

〔一六〕師古曰：即今土俗呼爲「健士」者也。隨室之初避皇太子諱，因而遂改。【補注】先謙曰：官本「今」下有「主」字，「隨」作「隋」，引宋祁曰「主土」當刪「主」字。先謙案：續志後漢因。河水篇「河水東過天水北界，又東北過武威媼圍縣南，又東北過天水勇士縣北」。注云「苑川水出勇士縣子城南山，東北流，爲子城川。又北逕牧師苑，故漢牧苑之地也。又北入河。河水合苑川水下入媼圍。又自媼圍來至縣，合二十八渡水、赤曄川水，下入安定祖厲。二十八渡水出縣西，東北流入河」。一統志「故城今金城縣東北」。

〔一七〕【補注】先謙曰：元帝時黄龍見，見本紀。縣先屬隴西。縣人李廣，見廣傳。續志後漢因。渭水注「瓦亭水自河陽來，南逕成紀縣東，歷長離川，爲長離水。右合成紀水、受渠水、略陽川水，見略陽道。又西南出顯親峽，合石宕水，又西南逕顯親縣故城東南，後漢縣，舊唐志：分成紀置。合蝦蟆溪水、金黑水、宜都溪水、安夷川水、大華谷水、折里溪水、六谷水，又出新陽峽，爲新陽崖水，又東南入渭。成紀水導源西北當亭川，東流，出破石峽，津流遂斷。故瀆東逕成紀縣，故帝太皞庖犧所生處，王莽之阿陽郡治也。此蓋支郡，所謂大郡至分爲五者也。又東，潛源隱發，通入成紀水，東南入瓦亭水」。先謙案，莽傳有成紀大尹李育，蓋阿陽郡治成紀，故有此稱。一統志「故城今秦安縣北」。

〔一八〕【補注】先謙曰：續志後漢省。渭水注「東亭水即橋水，出小隴山，衆川瀉注，西入東亭川，爲東亭水。又合九水，西得清水口。清水出隴山，二源俱發，西南出隴口，合成一水，歷細野峽，逕清池谷，又逕清水縣故城東，西南流，合東亭川，自下通謂之清水。又逕清水城南，合秦水、羌水，下入緜諸道。秦水出大隴山秦谷，二源雙導，歷三泉，合成一水而歷秦川。川有故秦亭，秦仲所封也。秦之爲號，始自是矣。秦水西逕降隴縣故城南，不知何代置。又自亥松多合二水，又西南歷隴川，逕六槃口，過清水城西南注清水。清水上下咸謂之秦川。羌水出羌谷，引納衆流，合小羌水、長谷水、東部水，南入清水」。通典云「秦州清水縣，秦仲始所封地，漢置縣也」。據續志「成紀」下注云「有秦亭」，明後漢併入成紀。一統志「故城今清水縣西五十里牛頭山下。清水在縣北」。

〔一九〕【補注】先謙曰：續志後漢省。

〔二〇〕師古曰：今呼隴城縣者也。【補注】先謙曰：續志後漢省。一統志「故城今清水縣北」。晉大興初，南陽王保故將陳安保隴城，劉曜攻拔之，即故縣城也。後魏改置隴城縣於略陽界，非故治。顏注誤也。舊唐志『隴城，漢隴縣』，隋加『城』字，誤同」。

〔二一〕【補注】先謙曰：秦孝公斬戎之豲王，見秦紀。匈奴傳所謂隴西有翟豲之戎也。縣見元紀。

〔二二〕應劭曰：豲，戎邑也，音完。【補注】錢坫曰：亭在今府城東北。陳奐曰：「密艾亭」上疑脱「莽曰」二字。秦紀集解引應注「豲音桓」，是也。説文「豲讀若完」。朱一新曰：陳説非也。「騎都尉治密艾亭」與上「屬國都尉治滿福」一例，皆七字連讀。滿福、密艾亭爲屬國都尉、騎都尉治所，勇士、豲道爲縣令長治所，兩不相蒙也。（張掖）〔武威〕郡休屠下兩都尉治所一在熊水障，酒泉郡之會水、乾齊，敦煌郡之敦煌、廣至、龍勒，北地郡之富平，五原郡之成宜，皆都尉別有治所，與此同例。先謙曰：續志後漢因。渭水注「渭水自隴西襄武來，東過豲道縣南，右合岑溪水、同水、過水，又東南逕豲道縣故城西，後漢別爲南安郡。合赤亭水，又逕城南，合粟水，又東合新興川水，下入冀。赤亭水出東山赤谷，西流，逕城北，南入渭。粟水出西南安都谷，東北入渭。粟水以上，皆在今隴西縣；以下，漳縣。新興川水出西南鳥鼠山，今岷州界。東北流，合彰川水、萬年川水，又逕新興縣北，晉縣。今隴西界。合南川水，入渭」。一統志「故城今隴西縣東北，渭水北」。

〔二三〕【補注】陳奐曰：干音戰，説文「戰，盾也」。先謙曰：續志後漢因。吴卓信云：典略：馬騰父子碩嘗爲蘭干尉。

武威郡，〔一〕故匈奴休屠王地。武帝太初四年開。〔二〕莽曰張掖。〔三〕户萬七千五百八十一，口七萬六千四百一十九。縣十：姑臧，〔四〕南山，谷水所出，北至武威入海，〔五〕行七百九十里。張掖，〔六〕武威，〔七〕休屠澤在東北，古文以爲猪壄澤。〔八〕休屠，〔九〕莽曰晏然。〔一〇〕都尉治熊水障。北部都尉治休屠城。〔一一〕揟次，〔一二〕莽曰播德。〔一三〕鸞鳥，〔一四〕撲𠝏，莽曰敷虜。〔一五〕媼圍，〔一六〕蒼松，南山，松陝水所出，北至揟次入海。莽曰射楚。〔一七〕宣威。〔一八〕

〔一〕【補注】先謙曰：禹貢山水澤地篇注「郡治武威」。續志後漢治姑臧。劉注「雒陽西三千五百里」。

〔二〕【補注】齊召南曰：武紀「元狩二年，匈奴昆邪王殺休屠王，并將其衆來降，置五屬國以處之。以其地爲武威、酒泉郡」。豈遲至太初四年乎？志與紀自相矛盾，自應以紀爲實。下三郡同。

〔三〕師古曰：休音許虯反。屠音直閭反。其後並同。【補注】先謙曰：續志後漢屬涼州。志失書。

〔四〕【補注】先謙曰：西河舊事「涼州城，匈奴故蓋臧城，音訛爲姑臧」。續志後漢因。一統志「故城今武威縣治」。

〔五〕【補注】先謙曰：海即休屠澤也。禹貢山水澤地篇注「武始澤水二源，東北流爲一水，逕姑臧縣故城西，水側有靈淵池。武始澤水下入休屠。横水出姑臧城下。清澗水亦名五澗水，出姑臧城東，並下入休屠」。道元未言何者爲谷水，蓋谷水正源即武始澤也。一統志「南山在今武臧縣西南百二十里，西連永昌縣界。谷水在武臧縣東，亦名武始澤，即今三岔河，土人呼爲郭河」。案郭、谷雙聲變字。陳澧云：今武威縣沙河出縣南境山，北流，至鎮番縣出邊，入休屠澤。

〔六〕【補注】先謙曰：續志後漢因。唐志「涼州南二百里有張掖守捉」，蓋因舊縣爲名。一統志「故城今武威縣南」。

〔七〕【補注】先謙曰：續志後漢因。一統志「故城今鎮番縣北。寰宇記謂在番和縣西北三百里，誤也」。

〔八〕【補注】王鳴盛曰：「猪」南監本作「豬」，是。先謙曰：禹貢山水澤地篇「休屠澤在武威縣東北」。注云「縣在姑臧城北三百里，東北即休屠澤也。古文以爲豬野」。又云「馬城河自宣威來，東北逕武威縣故城東。地理志曰『谷水出姑臧南山，北至武威入海』。屆此，水流兩分，一北入休屠澤，俗謂之西海，一水又東逕百五十里入豬野，世謂之東海，通謂之都野矣」。陳澧云：今鎮番縣東北邊外大池。

〔九〕【補注】先謙曰：續志後漢因。禹貢山水澤地篇注「武始澤自姑臧來，東北流，逕馬城東，城即休屠縣之故城也，本匈奴休屠王都，謂之馬城河。又東北合横水、清澗水、長泉水，見揟次。下入宣威。横水自姑臧來，側城北流，注馬城河。清澗水自姑臧來，西北入馬城河」。

〔一〇〕【補注】吳卓信曰：水經注「馬城河東北逕晏然亭東」。晉志「永寧中，張軌以秦雍流人置武興郡」。後魏志「武興郡領休屠、晏然、馬城三縣」。據本志，莽改休屠爲晏然，軌蓋析休屠置晏然、馬城二縣也。先謙曰：據水經注，馬城即休屠縣城，是休屠縣更名馬城也。馬城河自休屠歷宣威方至晏然亭，是晏然亭乃後魏廢縣，非莽更名休屠之晏然甚明。吳説未晰。一統志「故城今武威縣北」。

〔一一〕【補注】吳卓信曰：李廣利傳「酒泉、張掖北，置居延、休屠以衛酒泉」。如淳注「立二縣以衛邊，或曰置二部都尉」，謂此及張掖、居延都尉也。

〔一二〕【補注】先謙曰：「揟次」一作「且次」，見三國魏志；一作「揖次」，見晉書張駿傳、呂光載記、魏地形志。揟、且聲近變字，「揖」則「揟」之譌文。

〔一三〕孟康曰：揟音子如反。次音咨，諸本作「恣」。【補注】先謙曰：續志後漢因。禹貢山水澤地篇注「長泉水出姑臧東，揟次縣西，北歷黃沙阜而東北流，注馬城河」。見休屠。志云「枱陝水至縣入海」，酈注失載。一統志「故城今古浪縣北」。

〔一四〕【補注】宋祁曰：「鳥」，邵本作「烏」。段玉裁曰：宋有神烏縣，「烏」是也，見輿地記。先謙曰：舊唐志、元和志皆作「神烏縣」，段説未審。後書桓紀注「鸞音雚」。段熲傳注「鳥音爵」。舊唐志「鸞鳥」讀曰「鸛雀」。唐於此置嘉麟縣。若作「烏」，不能讀爲爵也。續志後漢因。一統志「故城今武威縣南」。紀要「永昌衛西南有鸞鳥山」。

〔一五〕孟康曰：音蒲環。【補注】先謙曰：後漢因。續志「撲」作「樸」。廣韻同。一統志「故城今古浪縣東，前涼改爲魏安，後周爲白山縣者也」。

〔一六〕【補注】先謙曰：續志後漢因。河水篇「河水自天水郡北界來，東北過媼圍縣南」。注云「河水逕其界，東北流。縣西南有泉源，東逕其縣南，又東北入河。河水下仍入天水勇士」。通鑑胡注云，禿髮傉檀之拒赫連，其臣焦朗，初令從温圍水北渡，疑因媼圍水得名，譌「媼」爲「温」。前此晉馬隆討涼州鮮卑，渡温水則省文也。後此，拓跋伐沮渠，李順謂自温圍水至姑臧，又譌「圍」爲「園」矣。先謙案：温圍水即縣泉源入河者是也。説文又作「媪闈」。一統志「故城今皋蘭縣東北」。

〔一七〕師古曰：柗，古松字也。陝，音下夾反，兩山之間也。松陝，陝名。【補注】先謙曰：後漢因。續志作「倉松」。劉注引地道記云「南山，松陝水所出」。一統志「故城今古浪縣西，後漢改爲昌松。松陝水在古浪縣西，套厄魯特旗南界，東北至土門堡出邊，至旗界，豬爲澤，志所謂入海也」。凡邊外積水處通謂之海。

〔一八〕【補注】先謙曰：續志後漢因。禹貢山水澤地篇注「馬城河自休屠來，東北逕宣威縣故城南，又東北逕平澤、晏然二亭，東下入武威」。一統志「故城今鎮番縣南」。

張掖郡，〔一〕故匈奴昆邪王地，武帝太初元年開。〔二〕莽曰設屏。〔三〕户二萬四千三百五十二，口八萬八千七百三十一。縣十：觻得，〔四〕千金渠西至樂涫入澤中。〔五〕羌谷水出羌中，東北至居延入海。〔六〕過郡二，〔七〕行二千一百里。莽曰官式。〔八〕昭武，莽曰渠武。〔九〕删丹，〔一〇〕桑欽以爲道弱水自此，西至酒泉合黎。〔一一〕莽曰貫虜。〔一二〕氐池，莽曰否武。〔一三〕屋蘭，〔一四〕莽曰傳武。〔一五〕日勒，〔一六〕都尉治澤索谷。莽曰勒治。〔一七〕驪靬，〔一八〕莽曰揭虜。〔一九〕番和，農都尉治。〔二〇〕莽曰羅虜。〔二一〕居延，〔二二〕居延澤在東北，古文以爲流沙。都尉治。〔二三〕莽曰居成。〔二四〕顯美。〔二五〕

〔一〕【補注】閻若璩曰：郡治觻得，見舊唐志。先謙曰：續志後漢治同。劉注「雒陽西四千二百里。獻帝分置西郡」。

〔二〕【補注】錢大昕曰：武紀言分武威、酒泉置張掖、敦煌。敦煌爲酒泉所分，則張掖必武威所分矣。四部之地雖皆武帝所開，然先有武威、酒泉而後有張掖、敦煌。以内外之詞言之，武威、酒泉當云元狩二年開，張掖、敦煌當云元鼎六年分某郡置。昆邪來降在元狩閒，而志以爲太初。張掖乃武威所分。而志以張掖屬元年，武威屬四年，皆誤。

吴卓信曰：武紀明言分武威置，然則非昆邪所屬。胡氏注通鑑亦從紀文。

〔三〕應劭曰：張國臂掖，故曰張掖也。師古曰：昆音胡門反。【補注】先謙曰：續志後漢因，屬涼州。志失書。又「張掖屬國」下云「武帝置屬國都尉，以(處)〔主〕蠻夷降者。安帝時別領候官、左騎、千人、司馬官、千人官五城」，又「張掖、居延屬國」下云「故郡都尉，安帝別領居延一城」。屬並同。

〔四〕【補注】先謙曰：霍去病傳所謂「揚武乎觻得」也。元和志引西河舊事云「本匈奴觻得王所居，因以名之」。

〔五〕【補注】先謙曰：樂涫，酒泉縣。一統志「千金渠在張掖縣西，蓋引羌谷水也」。錢坫云：即永昌衞河。案，提綱云「永昌衞水出衞西南重山中，東北百餘里流逕新城堡北，又東循北山麓，逕水關北，又東逕衞城北，又東北出長城闇門，逕西山麓寧(逮)〔遠〕堡西，又東北流四百里，於沙漠中匯爲一池，周三十餘里」。

〔六〕【補注】先謙曰：括地志「羌谷水一名鮮水，一名合黎水，一名張掖河」。一統志「張掖河在今張掖縣西，即羌谷水也」。胡渭云「張掖河出山丹衞西吐谷渾界，北流，逕張掖縣北，合弱水，爲張掖河，俗謂之黑河。自下通兼河水之目」。又云「羌谷水，張掖江之上源也，自合黎山至居延海，行千五百里，溯源則二千餘里」。提綱「羌谷水出甘州西南邊山，東北流，逕祁連，又北合數小水，又東北逕張掖縣西，又北與山丹水合也」。

〔七〕【補注】先謙曰：張掖、酒泉。

〔八〕應劭曰：觻得渠西入澤羌谷。孟康曰：觻音鹿。師古曰：孟音是也。涫音官。其下並同。【補注】先謙曰：續志後漢因。一統志「故城今張掖縣西北」。紀要「千金渠或謂之觻得渠」。案，應注亦與志文複出。「澤羌谷」文不成義，蓋「羌谷澤」之倒文，或衍「澤」字。「酒泉禄福」下「呼蠶水入羌谷」，是其證。

〔九〕【補注】先謙曰：續志後漢因。一統志「故城今張掖縣西北」。

〔一〇〕【補注】先謙曰：括地志「焉支山一名刪丹山，在縣東南五十里，縣以此名」。匈奴傳「霍去病過焉支山」。西河舊事云「匈奴失焉支山，歌曰『失我焉支山，使我婦女無顔色。奪我祁連山，使我六畜不蕃息』」。

〔一一〕【補注】先謙曰：說文「溺水自張掖刪丹西至酒泉合黎，餘波入于流沙」。桑欽所說與志同。淮南子「弱水出窮石山」。括地志「蘭門山一名窮石，在刪丹縣西南七十里，弱水所出也」。胡渭云「合黎山自甘州衞西北，緜延而西，接高臺所界，又西接鎮夷所界。羌谷水至張掖縣合黎山下，與弱水合」。先謙案：下流并入居延澤，合觻得、居延志文觀之，則弱水之委了然矣。合黎詳「酒泉會水」下。

〔一二〕【補注】先謙曰：續志後漢因。一統志「故城今山丹縣治。焉支山在縣東南，接永昌縣界」。

〔一三〕【補注】先謙曰：續志後漢因。一統志「故城今山丹縣西南」。

〔一四〕【補注】先謙曰：匈奴傳「昭帝時犯屋蘭，敗去」。

〔一五〕【補注】先謙曰：續志後漢因。一統志「故城今山丹縣西北」。

〔一六〕【補注】先謙曰：官本考證云，各本俱作「日」，案匈奴傳當作「日勒」。先謙案：匈奴傳「昭帝時寇日勒，敗去」。趙充國傳「日勒當北塞，有通谷水草」。

〔一七〕師古曰：澤音鐸。索音先各反。【補注】先謙曰：續志後漢因。一統志「故城今山丹縣東南」。

〔一八〕【補注】先謙曰：說文作「麗靬」，張騫傳作「犛靬」，西域傳作「黎靬」，匈奴傳作「黎汗」，音同，通用。犛靬即大秦國，蓋以其降人置縣。

〔一九〕李奇曰：音遲虔。如淳曰：音弓靬。師古曰：驪音力遲反。靬音虔是也。今其土俗人呼驪靬疾言之曰力虔。揭音其謁反。【補注】先謙曰：續志後漢因。隋志「併力乾縣入番和」，「力乾」即「驪靬」之誤，足徵顏引土音至確。李、如音皆非。一統志「故城今永昌縣南」。

〔二〇〕【補注】先謙曰：匈奴傳「昭帝時，犯番和，敗去」。

〔二一〕如淳曰：番音盤。【補注】先謙曰：續志後漢因。一統志「故城今永昌縣西」。

〔二二〕【補注】先謙曰：以澤氏縣。

〔二三〕【補注】先謙曰：禹貢山水澤地篇「流沙地在居延縣東北」。注云「澤在縣故城東北，尚書所謂流沙者也。形如月生五日。弱水入流沙，沙與水流行也」。一統志「流沙在今安西府沙州衞西」。陳澧云：今蒙古額濟納舊土爾扈特索博鄂模。

〔二四〕師古曰：闞駰云，武帝使伏波將軍路博德築遮虜障於居延城。【補注】先謙曰：續志後漢屬張掖、居延屬國，獻帝建安末，立爲西海郡。紀要「居延城在甘州衞西北千二百里」。

〔二五〕【補注】先謙曰：續志後漢改屬武威。一統志「故城今永昌縣東」。

酒泉郡，〔一〕武帝太初元年開。〔二〕莽曰輔平。〔三〕户萬八千一百三十七，口七萬六千七百二十六。縣九：禄福，呼蠶水出南羌中，東北至會水入羌谷。〔四〕莽曰顯德。〔五〕表是，莽曰載武。〔六〕樂涫，〔七〕莽曰樂亭。〔八〕天㑀，〔九〕玉門，莽曰輔平亭。〔一〇〕會水，北部都尉治偃（前）〔泉〕障。東部都尉治東部障。莽曰蕭武。〔一一〕池頭，〔一二〕綏彌，〔一三〕乾齊。西部都尉治西部障。莽曰測虜。〔一四〕

〔一〕【補注】閻若璩曰：郡治禄福，見舊唐志。先謙曰：續志後漢治同，劉注「雒陽西四千七百里」。

〔二〕【補注】全祖望曰：故匈奴昆邪王地，武帝元狩二年開。據匈奴傳則初置止酒泉一郡，武威亦稍後之。今從本紀。錢坫曰：史記匈奴傳「漢西置酒泉郡以隔絶胡與羌通之路」。

〔三〕應劭曰：其水若酒，故曰酒泉也。師古曰：舊俗傳云城下有金泉，泉味如酒。【補注】先謙曰：續志後漢因，屬涼州。志失書。

〔四〕【補注】先謙曰：一統志「討來河，古呼蠶水也，出肅州西南五百餘里番界中，最西者曰討來河。以討來堡得名。西流合輝圖巴爾呼河，又南合巴哈、額齊納河，入邊，繞肅州南，至州東北合西來水，又東北入邊，過金塔寺，稍折而北，又轉東入張掖河，北入居延海」。其發源甚遠，與志云「出南羌中」及寰宇記云「出吐谷渾界」之說符合。先謙案，羌谷水見「張掖觻得」下。

〔五〕【補注】先謙曰：後漢因。續志作「福禄」，誤也。吴卓信云：晉、隋、唐並作「福禄」。考郃陽令曹全碑云「拜酒泉禄福長」，三國志龐淯傳有禄福長尹嘉，皇甫謐列女傳載龐娥親事亦云「禄福趙君安之女」，是漢魏之閒猶稱禄福，其改爲福禄當自晉始。晉書張重華傳「封中堅將軍謝文爲福禄伯」，是其證也。一統志「故城今肅州治」。

〔六〕【補注】先謙曰：後漢因。續志作「表氏」。氏、是古通用。一統志「故城今高臺縣西」。

〔七〕【補注】洪亮吉曰：玉篇、廣韻「涫」字注云「縣名，在酒泉」。今志從官作「涫」，非。陶憲曾曰：説文無「涫」字，「涫」下云「從水官聲。酒泉有樂涫縣」。則字本從官甚明。古寫本玉篇「涫」下云「古亂、胡亂二反。漢書酒泉有樂涫縣」，是顧氏元書亦作「涫」。廣韻平聲二十六桓「涫」下亦云「樂涫縣，在酒泉」。今玉篇、廣韻作「涫」，蓋唐宋漢志「涫」字或有誤從宦者，孫强、陳彭年輩因而收之。洪不加訂正，反以「涫」字爲非，其失甚矣。先謙曰：説文「涫，灊也」。「涾」下云「涾，涫溢也。今(西)河朔方言謂(沸)〔灊〕溢爲涾(涫)」。據本志，張掖觻得千金渠至縣，入澤中。

〔八〕【補注】先謙曰：續志後漢因。一統志「故城今高臺縣西北，鎮夷城西南」。

〔九〕師古曰：音衣。此地有天䧇阪，故以名。【補注】先謙曰：説文「酒泉有天䧇阪。从阜，衣聲」。續志後漢省。

〔一〇〕師古曰：闞駰云漢罷玉門關屯，徙其人於此。【補注】先謙曰：續志後漢因。一統志「故城今玉門縣東」。

〔一一〕師古曰：闞駰云衆水所會，故曰會水。【補注】朱一新曰：汪本「蕭」作「肅」。先謙曰：續志後漢因。禹貢山水澤地篇「合離山在會水縣東北」。注云「合黎山也」。元和志「合黎山俗名要塗山，在張掖縣西北二百里」。「張掖刪丹」下，班注「弱水至酒泉合黎」。案，弱水至此亦有合黎水之稱，是所謂會水者，謂衆水會於弱水也。志文「刪丹」下但言酒泉合黎，而此不明著所在。元和志「酒泉縣東北四十里有白亭海，一名會水，以衆水所會，故曰會水。以北有白亭，故名白亭海，又別一義」。一統志「故城今高臺縣鎮夷城西北」。

〔一二〕【補注】先謙曰：後漢因。續志作「沙頭」。一統志「故城今玉門縣西南」。

〔一三〕如淳曰：今曰安彌。【補注】先謙曰：後漢因。續志作「安彌」。一統志「故城今肅州東」。

〔一四〕孟康曰：乾音干。【補注】先謙曰：續志後漢因。一統志「故城今玉門縣西南」。

敦煌郡，〔一〕武帝後元年分酒泉置。〔二〕正西關外有白龍堆沙，〔三〕有蒲昌海。〔四〕莽曰敦德。〔五〕户萬一千二百，口三萬八千三百三十五。縣六：敦煌，〔六〕中部都尉治步廣候官。〔七〕杜林以爲古瓜州地，生美瓜。〔八〕莽曰敦德。〔九〕冥安，〔一〇〕南籍端水出南羌中，西北入其澤，溉民田。〔一一〕效穀，〔一二〕淵泉，〔一三〕廣至，宜禾都尉治昆侖障。〔一四〕莽曰廣桓。〔一五〕龍勒。〔一六〕有陽關、玉門關，皆都尉治。〔一七〕氐置水出南羌中，東北入澤，溉民田。〔一八〕

〔一〕【補注】先謙曰：郡治未詳。續志後漢治敦煌。劉注「雒陽西五千里」。

〔二〕【補注】齊召南曰：武紀敦煌與張掖並元鼎六年置。又太初元年書「蝗從東方飛至敦煌」，則置郡久矣。朱一新曰：後元元年稱後元年，蓋當時通稱。昭紀「赦天下詞訟，在後二年前皆勿聽治」，注「後二年謂後元二年也」。諸侯王表「濟北王寬以後二年謀反，自殺」。亦謂後元二年也，與此同例。

〔三〕【補注】先謙曰：西域傳「樓蘭王最在東垂，當白龍堆」。一統志「白龍堆在今安西州治西。舊志：沙形如臥龍，無頭有尾，高大者二三丈，卑者丈餘，東倚三危，北望蒲昌，緜延起伏，西盡流沙之地，是爲西極要路」。

〔四〕【補注】先謙曰：河水注「河水自西域鄯善國來，東注於泑澤，即蒲昌海也，亦有鹽澤之稱。東去玉門陽關千三百里，廣輪四百里，其水澄渟，冬夏不減，其中洄湍電轉，爲隱淪之脈，即河水之所潛而出於積石也。河水下入金城河關」。蒲昌海今名羅布淖爾」。一統志「在安西廳沙州衞西北境外。天山以南，蔥嶺以東之水皆會於塔里木河，而瀦於淖爾。自此伏流而至鄂敦他拉也」。

〔五〕應劭曰：敦，大〔也〕。煌，盛也。敦音屯。【補注】錢坫曰：説文作「焞煌」。段玉裁曰：左氏音義「敦，徒門反」。集韻「敦煌，郡名。敦，徒渾切」。此皆本應劭。集韻又云「燉煌，郡名。燉，他昆切」。此亦必出漢書音義。當是本作「敦」，淺人改「燉」。先謙曰：續志後漢因，屬涼州。志失書。

〔六〕【補注】先謙曰：禹貢山水澤地篇「三危在敦煌縣南」。注云「山廣圓百里，在鳥鼠山西，書所謂竄三苗于三危也」。案，導黑水之三危在大河之南，陝西岷州衞塞外，古疊州西西番界，故志不載。

〔七〕【補注】段玉裁曰：步廣候官未詳。宋本「官」作「宫」。先謙曰：官本「步」作「部」。步廣，地名。候官與縣、道同，不爲縣、道，則別立候官以領之。續志張掖屬國有候官，後總云「涼州刺史部，縣、道、候官九十八」，是其明證也。

〔八〕【補注】先謙曰：禹貢山水澤地篇注云「杜林云，燉煌，古瓜州也。州之貢物，地出好瓜，民因氏之。瓜州之戎并於月氏者也。縣南七里有鳴沙山，故亦曰沙州」。案，前涼州張駿於敦煌置沙州因此。今鎮西府哈密通判地出瓜，曰哈密瓜。

〔九〕師古曰：即春秋左氏傳所云「允姓之戎，居于瓜州」者也。其地今猶出大瓜，長者，狐入瓜中食之，首尾不出。【補注】先謙曰：郡、縣無嫌同名，或於「敦煌」下加「亭」字，非也。續志後漢因。一統志「故城今敦煌縣治，瓜州今安西府治」。

〔一〇〕【補注】先謙曰：續志後漢因。紀要「冥安，晉爲晉昌縣，唐爲瓜州治。西涼置常樂、永興二郡亦在縣境」。一統志「故城今淵泉縣南」。

〔一一〕應劭曰：冥水出北，入其澤。【補注】王念孫曰：「南籍端水」「南」字涉下文「南羌」而衍。御覽州郡部十一引此作「籍端水出羌中」，無「南」字。又案，「西北入其澤」，及應注「冥水出北，入其澤」兩「其」字，疑皆「冥」字之訛。蓋縣曰冥安，本因冥水以得名，而冥水所入之澤，因謂之冥澤。元和志云「晉昌縣本漢冥安縣，因縣界冥水爲名也」。又云「冥水自吐谷渾界流入大澤，東西二百六十里，南北六十里，豐水草，宜畜牧」。猶菏水出於菏澤，因謂之菏水也。故曰「冥水出北，入冥澤」。冥澤既爲冥水所入，又爲籍端水所入，故曰「籍端水西北入冥澤」也。若云「入其澤」則大爲不詞。朱一新曰：班注「其」字蓋涉應注而衍。應注「其」字則未嘗誤也。班注與下文「龍勒縣」下「氐置水出南羌中，東北入澤，溉民田」一例，此「其」字當爲衍文。應注云云，蓋以見冥安之所由名縣，以冥水得名，與班注各申一義，兩不相蒙。應注云「入其澤」者，承冥水言之，猶云冥水入冥澤耳。奚謂不詞？先謙曰：「南」字衍，王說是。「其」字衍，朱說是。寰宇記「籍端水一名冥水」，然則水非二也。應說乃地理風俗記之文，自爲一書，本非爲志作注，顏引之而不加分疏，是其失也。一統志「籍端水今布隆吉爾河，源出靖逆衛南山，爲昌馬河。北流轉而西，經舊柳溝衛北，會十道溝水，爲蘇賴河。又西逕淵泉縣北三十里，又西逕敦煌縣西北，合黨河。又西流三十里許，入哈喇淖爾。流七百餘里，澤方數十里。今淵泉、敦煌屯田並藉此水灌溉」。

〔一二〕師古曰：本漁澤障也。桑欽說孝武元封六年濟南崔不意爲魚澤尉，教力田，以勤效得穀，因立爲縣名。【補注】王鳴盛曰：「漁」，南監本作「魚」，是。孫寶傳「唐林左遷敦煌魚澤障候」。胡渭云：「『師古曰』三字後人妄加。此非師古所能引也。地理志引桑欽者六，皆班氏原注。此桑說亦必班注。先謙曰：官本「漁」作「魚」。續志後漢因。一統志「故城今安西府治西」。

〔一三〕師古曰：闞駰云地多泉水，故以爲名。【補注】宋祁曰：「淵泉」一本作「拼泉」。先謙曰：後漢因。續志作「拼泉」。一統志「故城今淵泉縣東。其縣東二百五十里有三道溝。自此西至柳溝衛東二里又有四道至（三）十道七溝，皆草地出泉，北入蘇賴河。惟四道溝泉流特盛，即所云昌馬河，乃蘇賴河源也」。闞謂以地多泉水，並即指此」。

〔一四〕【補注】先謙曰：後書明紀注「伊吾廬城本匈奴中地名。漢破呼衍王，取其地，置宜禾都尉，以爲屯田」，今伊州納職縣伊吾故城是也。紀要「唐納職縣城在哈密衛西南，漢宜禾都尉地也」。

〔一五〕【補注】先謙曰：續志後漢因。後書蓋勳傳注「故城在唐常樂縣東，謂之縣泉堡」。一統志「故城今淵泉縣西」。

〔一六〕【補注】先謙曰：續志後漢因。括地志「龍勒山在玉門縣南百六十五里，縣因以名」。一統志「故城今安西府治西，龍勒山在州西南三百里」。

〔一七〕【補注】段玉裁曰：揚雄傳「西北一候」，孟康注「敦煌玉門關候也」。文選注引如淳云「地理志：龍勒、玉門、陽關有候」。今志有缺。先謙曰：候不入志，上文「效穀」下魚澤障候是其例，非缺也。續志之屬國候官略與縣、道等，非此候，段説未審。西域傳「阸以西門陽關」。一統志「玉門關在今安西府治西百五十里，陽關在安西府治西南百三十里」。

〔一八〕【補注】先謙曰：一統志「氐置水即今黨河，一名錫爾噶勒津河，源出敦煌縣東南山中，北流二百餘里，折西流百餘里，一水自南來會之，又折北流，繞沙州故城東、新城西，又百餘里入蘇賴河，溉田甚廣」。先謙案：下流亦入冥澤，詳「冥安」下。陳澧云：錫爾噶勒津河西北流，與志云「東北」不合。又水入布隆吉爾河，而志不言入籍端水，亦不合也。今玉門縣故赤金衞南山水，出縣南境，東北流入哈喇淖爾，疑即氐置水。

安定郡，〔一〕武帝元鼎三年置。〔二〕戶四萬二千七百二十五，口十四萬三千二百九十四。〔三〕縣二十一：高平，莽曰鋪睦。〔四〕復累，〔五〕安俾，〔六〕撫夷，莽曰撫寧。〔七〕朝那，〔八〕有端旬祠十五所，胡巫祝。又有秋淵祠。〔九〕涇陽，〔一〇〕幵頭山在西，〔一一〕禹貢涇水所出，東南至陽陵入渭，〔一二〕過郡三，〔一三〕行千六十里，雍州川。〔一四〕臨涇，莽曰監涇。〔一五〕鹵，灈水出西。〔一六〕烏氏，〔一七〕烏水出西，北入河。〔一八〕都盧山在西。〔一九〕莽曰烏亭。〔二〇〕陰密，〔二一〕詩密人國。〔二二〕有囂安亭。〔二三〕安定，〔二四〕參䜌，主騎都尉治。〔二五〕三水，屬國都尉治。有鹽官。莽曰廣延亭。〔二六〕陰槃，〔二七〕安武，莽曰安桓。〔二八〕祖厲，〔二九〕莽曰鄉禮。〔三〇〕爰得，〔三一〕眴卷，〔三二〕河水別出爲河溝，東至富平北入河。〔三三〕彭陽，〔三四〕鶉陰，〔三五〕月（支）〔氏〕道。〔三六〕莽曰月順。〔三七〕

〔一〕【補注】先謙曰：據河水注，郡治高平。續志後漢治臨涇，劉注「雒陽西千七百里」。河水篇「河水東北過安定北界麥田山」。注云「河水自祖厲來，北逕麥田城西，合麥田泉水，又東北逕麥田山西，山在安定西北六百四十里。皆在今靖遠縣東北。又東北逕于黑城北，今中衛縣南。又東北合高平川水，下入眴卷」。

〔二〕【補注】全祖望曰：武帝元鼎三年分隴西置。錢大昕曰：蓋析北地郡置。先謙曰：續志後漢因，屬涼州。志失書。

〔三〕【補注】朱一新曰：「三」汪本作「二」。

〔四〕【補注】先謙曰：後漢因。續志「有第一城」。河水注「高平川水即苦水，出高平大隴山苦水谷，東北流，逕高平縣故城東。縣西十里有獨阜，俗呼風堆。其水北合龍泉水，又北出秦長城，城在縣北十五里。又西北，逕東、西二土樓，故城門北，隋他樓縣。合湫水。又北合石門水、自延水，下入北地廉。龍泉水出縣東北七里，東北入高平川。湫水出縣西南二十六里湫淵，見朝那。北流，合四水，入高平川。石門水五源皆出縣西，同爲一川，混濤歷峽，峽即隴山之北垂也，謂之石門口，在縣西北八十餘里。東北入高平川。自延水出自延溪，東流歷峽，爲自延口，在縣西北百里。東入高平川。肥水出高平縣西北二百里牽條山，即牽屯音變。東北流，合若勃溪水、違泉水，下入三水縣」。一統志「故城今固原州治。高平水在州東，今清水河」。

〔五〕師古曰：復音服。累音力追反。【補注】先謙曰：續志後漢省。

〔六〕孟康曰：俾音卑。【補注】先謙曰：續志後漢省。

〔七〕【補注】先謙曰：續志後漢省。一統志「故城今鎮原縣北」。

〔八〕【補注】先謙曰：説文「那，西夷國。安定有朝那縣」。通典「詩公劉『逝彼百泉』。漢爲朝那，唐百泉縣也」。有蕭關，見文紀、匈奴傳。續志後漢因。一統志「故城今平涼縣西北」。段玉裁云：左襄十三年傳釋文「朝那，如淳：朝音株」。

〔九〕應劭曰：史記故戎那邑也。師古曰：湫音子由反。【補注】錢坫曰：即朝那湫也。祠在今固原州東十五里，秦人詛楚，投文於此湫。封禪書「湫淵，祠朝那」。蘇林云「湫淵方四十里，停水不流，冬夏不增減，不生草木」。括地志「祠在平高縣東南二十里」。先謙曰：官本「秋」作「湫」，是。河水注「湫淵在隴山四山中。湫水北流，下入高平」。寰宇通志「湫有二，俱在山間，土人謂之東海、西海」。董祐誠云：今平涼縣西北與固原州西南接壤，有六盤山。其陰，山腰有泉，徑廣一里，名曰西海，下流爲海子河，即湫水。

〔一〇〕【補注】先謙曰：續志後漢省。一統志「故城今平涼縣西四十里，周宣王時，玁狁内侵，至于涇陽，謂此地也」。案，秦紀「昭王母弟曰涇陽君」。通典云「唐京兆府涇陽縣本秦舊縣地，非漢縣」。

〔一一〕【補注】先謙曰：「幵頭」一作「雞頭」，見五帝、始皇紀。索隱「崆峒山之别名」。一名牽屯，見北史尒朱天光、賀拔岳傳。一統志「即笄頭山也，當在平涼府西北固原州界。諸書言在平高縣西百里，與涇水發源處不合」。

〔一二〕【補注】先謙曰：官本考證云「涇水」訛「巠水」，今改正。陽陵，馮翊縣。淮南墬形訓「涇出薄落之山」，蓋幵頭異名。水經注佚涇水篇，惟長安志「醴泉縣」下引水經注云「涇水導源朝那縣西笄頭山。秦始皇巡北地，西出笄頭山，即是山也，蓋大隴之異名」。寰宇記「百泉縣涇水」下引水經云「涇水出安定涇陽縣高山」。注云「山海經曰『高山，涇水出焉，東流注於渭』，入關謂之八水」。案，涇水有二源，北源出固原州南界、隆德縣北界，二派會流，經瓦亭南，南合四水，又東南經固安鎮至平涼府城西北，合南源，即平涼府志所云「北支出老山，曰後峽，流爲百巖川，下流會於崆峒之前峽」者也。南源出華亭縣西北八十里隆德縣東南界，二派合流，亦曰横水，東流，折東北，與北源會，即府志所云「南支出崆峒峽中曰前峽」者也。南爲正源，北爲别源，合流後東南逕府城北，又東南逕涇州北，又東南逕陝西之長武、邠、三水、淳化、永壽、醴泉、涇陽諸州縣，至高陵縣西南、咸陽縣東北入渭，即漢陽陵地也。

〔一三〕【補注】先謙曰：安定、扶風、馮翊。

〔一四〕師古曰：幵音苦見反，又音牽。此山在今靈州東南，土俗語訛謂之汧屯山。【補注】王鳴盛曰：詩谷風疏引鄭玄尚書注所引地理志作「行千六百里」，其上文説涇水自發源至入渭幾二千里。禹貢疏所引地理志亦作「千六百里」。今毛本、南監本作「六十」，誤也。陳奂曰：涇水出今甘肅平涼府西北，至陝西高陵縣西南入渭，計行不及千里，則「六百里」是「六十」之譌。鄭從續志而云幾二千里，兼渭水言之。

〔一五〕【補注】先謙曰：續志後漢因。一統志「故城今鎮原縣西二里」。

〔一六〕師古曰：灈音其于反。【補注】先謙曰：説文「鹵，西方鹹地也。安定有鹵縣。東方謂之斥，西方謂之鹵」。續志後漢省。陳澧云：灈水蓋今靜寧州羅玉河，南入渭。

〔一七〕【補注】先謙曰：本烏氏之戎，見匈奴傳。秦惠王取之置縣，見紀要。酈商破雍將軍於此，見商傳。王念孫云：史記商傳「烏氏」，索隱本作「焉氏」，音於然反。吕氏春秋「秦公子連去，入翟，從焉氏塞」。高注「塞在安定」。是焉氏即烏氏也。又作「閼氏」。高帝封馮解散爲侯國，見表。

〔一八〕【補注】先謙曰：續志：有瓦亭山、薄落谷。寰宇記引作「烏氏縣有瓦亭，一名薄落亭」。疑志缺文。當作「有瓦亭，一名薄落亭。瓦亭水出薄落谷」。劉注「地道記云，烏水出」。薄落，山名也，即笄頭之異名。見上。故元和志云「涇水亦謂之薄落水，南流經都盧山，謂之彈箏峽」。全祖望謂黑水即志之烏水。先謙案：黑水西南流，非西北；亦是合瓦亭川以入渭，非入河也。引見下。寰宇記「潘原縣」下云「烏水出都盧山。有西烏水。又東北逕烏氏縣東，注於涇，謂之閤川水。然涇水閒有石巖，東會兩川也」。據此則烏水入涇爲閤川水。亦見渭水注中。引見天水略陽道。入河者，入涇也。趙一清必以入瓦亭之黑水當之，而以滋水爲西烏水，誤矣。陳澧云：烏氏與今固原州接界，有清水河出州南境，北入河，蓋即烏水。

〔一九〕【補注】先謙曰：寰宇記百泉縣彈箏峽引水經注云「涇水逕都盧山，山路之内常有如彈箏之聲，行者聞之，鼓舞而去」。又九域志云「都盧峽即彈箏峽」。據此，山爲涇水所逕也。元和志「都盧山一名可蘭山」。一統志「可藍山在今平涼縣西南」。

〔二〇〕師古曰：氏音支。【補注】先謙曰：後漢因。續志作「烏枝」。渭水注「瓦亭川水即隴水。東北出隴山，西流，(左)〔右〕逕瓦亭(川)南，又一水逕瓦亭(川)北，合爲一川，謂之瓦亭川。西南合黑水、㵾水，下入天水(河)〔阿〕陽。黑水出黑城北，西南逕黑城西，合莫吾南川水。西南出懸鏡峽，入瓦亭水。㵾水自西來會，世謂之鹿角口」。一統志「故城今平涼縣西北」。寰宇記「宋涇州保定縣東有烏亭，即漢縣故城」。

〔二一〕【補注】先謙曰：秦邑。遷白起於此，見秦紀。續志後漢省，「陰盤」下劉注「舊有陰密縣，未詳所并」。一統志「故城今靈臺縣西五十里」。

〔二二〕【補注】錢坫曰：密有二：一，姬姓，河南郡密縣也；一，姞姓，此是也。國語云「密須之亡由伯姞」，韋注「世本云密須，姞姓」。吴卓信曰：兩密地近，蓋一國也。周滅密須以封同姓。先謙曰：周語「恭王游涇上，密康公從」，韋注「姬姓」。陰密近涇，吴説亦通。

〔二三〕師古曰：即詩大雅所云「密人不恭，敢距大邦」者。

〔二四〕【補注】先謙曰：續志後漢省。一統志「故城今涇州北十五里」。

〔二五〕師古曰：緣音力全反。【補注】先謙曰：續志後漢改屬北地。劉注「有青山」。一統志「故城今安化縣西北」。

〔二六〕【補注】先謙曰：續志後漢因。劉注「有左谷」。河水注「高平川水自北地廉來，北逕三水縣西，合肥水。水東有山，山東有三水縣故城，西南去安定郡三百四十里。縣東有温泉。温泉東，鹽池。故地理志曰，縣『有鹽官』。今於城之東北有故城，城北有三泉，疑即縣之鹽官也。高平川水又北入河。肥水自高平來，東北出峽，入高平川」。一統志「故城今固原州北」。又云「括地志、通典皆謂在安定縣南。元和志又以原良縣爲漢三水地。今攷其地當在固原州北、高平川西、肥水東。蓋後漢末縣廢入高平，魏置西川都督，後遂爲西川縣，晉初因之耳。在安定南者，或後人徙置。又後魏改置三水縣於邠州界，皆非漢治」。

〔二七〕【補注】先謙曰：後漢因。續志作「陰盤」。一統志「故城今長武縣西北」。

〔二八〕【補注】先謙曰：續志後漢省。一統志「故城今鎮原縣南」。府志：「府東北」。

〔二九〕【補注】全祖望曰：「祖」本作「禮」，其作「祖」者，後世之省文也，故易溷於「祖」而竟忘其爲「禮祝」之「禮」矣。先謙曰：武帝西臨祖厲河，見紀。

〔三〇〕應劭曰：祖音置。師古曰：厲音賴。【補注】王鳴盛曰：南監本「置」作「罝」，是。先謙曰：「置」官本作「罝」。後漢改屬武威。續志作「租厲」。河水注「河水自天水勇士來，東北流，逕祖厲縣故城西，北合祖厲川水，下入安定郡。祖厲川水出祖厲南山，北流，逕祖厲縣而西北流入河」。一統志「故城今靖遠縣西南」。

〔三一〕【補注】先謙曰：續志後漢省。一統志「故城今涇州東南」。

〔三二〕【補注】先謙曰：續志後漢省。一統志「故城今中衞縣東。舊志：靈州西南二百里」。

〔三三〕應劭曰：眴音旬日之旬。卷音箘簵之箘。【補注】陳澧曰：康熙輿地圖河水至寧夏衞分爲二派，皆北流。乾隆輿地圖二派之外，復於靈州分一派，東流，屈北流，與志合。朱一新曰：箘，廣韻有兩音：一收入十七真，去倫切；一收入十六軫，渠殞切。此當從去倫切。「眴卷」，疊韻。先謙曰：富平，北地縣。河水注「河水自安定郡來，合高平川水。東北逕眴卷縣故城西，河水於此有上河之名也。河側有兩山相對，水出其間，即上河峽也，世謂之爲青山峽。河水歷峽北注，枝分東出，即志所云河溝也，下入富平。河水亦下入富平」。

〔三四〕【補注】先謙曰：縣見文紀。北征賦所謂「釋余馬於彭陽」也。續志後漢因。一統志「故城今鎮原縣東八十里，隋改彭原。金志有彭原池」。

〔三五〕【補注】先謙曰：後漢改屬武威。續志作「鸇陰」。寰宇記「鸇，水名。其城俗名正陰城」。正、鸇一聲之轉。一統志「故城今靖遠縣西北。其在平涼縣西南者，後魏置，非漢縣」。

〔三六〕【補注】錢坫曰：本在敦煌、祁連間，後爲匈奴所逼，西去。此蓋以其國降人所置者也。

〔三七〕應劭曰：氏音支。【補注】先謙曰：續志後漢省。

北地郡，〔一〕秦置。〔二〕莽曰威成。〔三〕户六萬四千四百六十一，口二十一萬六百八十八。縣十九：馬領，〔四〕直路，〔五〕沮水出東，西入洛。〔六〕靈武，莽曰威成亭。〔七〕富平，北部都尉治神泉障。〔八〕渾懷都尉治塞外渾懷障。莽曰特武。〔九〕靈州，惠帝四年置。有河奇苑、號非苑。〔一〇〕莽曰令周。〔一一〕眴衍，〔一二〕方渠，〔一三〕除道，〔一四〕莽曰通道。〔一五〕五街，莽曰吾街。〔一六〕鶉孤，〔一七〕歸德，〔一八〕洛水出北蠻夷中，入河。〔一九〕有堵苑、白馬苑。回獲，〔二〇〕略畔道，莽曰延年道。〔二一〕泥陽，〔二二〕莽曰泥陰。〔二三〕郁郅，〔二四〕泥水出北蠻夷中。〔二五〕有牧師苑官。〔二六〕莽曰功著。〔二七〕義渠道，〔二八〕莽曰義溝。〔二九〕弋居，有鹽官。〔三〇〕大𡕍，〔三一〕廉。卑移山在西北。〔三二〕莽曰西河亭。〔三三〕

〔一〕【補注】先謙曰：郡治未詳。續志後漢治富平，劉注「雒陽西千一百里」。

〔二〕【補注】全祖望曰：故秦郡，楚漢之際屬雍國，高帝二年屬漢。先謙曰：史匈奴傳「秦昭王伐殘義渠，於是有北地郡」。

〔三〕【補注】先謙曰：河水注「莽名郡爲威戎」。疑「戎」是也。續志後漢因，屬涼州。志失書。

〔四〕師古曰：川形似馬領，故以爲名。領，頸也。【補注】先謙曰：縣人繡君賓，見游俠傳。續志後漢省。一統志「故城今環縣東南。馬領山在安化縣西北七十五里，接環縣界。馬領水今名環河，在環縣西南」。

〔五〕【補注】先謙曰：蒙恬傳贊云「吾適北邊，自直道歸，行觀蒙恬所爲（廣）〔秦〕築長城亭障，塹山堙谷，通直道，固輕百姓力矣」。蘇林注，長安八千里，正南北相值道也，此直路名縣之由。續志後漢省。一統志「故城今中部縣西北二百里」。

〔六〕【補注】宋祁曰：「洛」疑作「路」。先謙曰：宋説謬。説文「瀘水出北地直路西，東入洛」。全祖望云：此與江南之沮不同，今概作省文，而沮漆與沮漳溷矣。王念孫云：洛在沮東，不得言「西入洛」。據説文及水經云「沮水出北地直路縣東，過馮翊祋祤縣北，東入於洛」。則此文本作「沮水出西，東入洛」明矣。先謙案：沮水注引地理志曰「沮出直路縣西，東入洛」，尤爲今志文「西」「東」誤倒之明證。注又云「沮水自直路縣東南，逕譙石山東南流，歷檀臺川，俗謂之檀臺水。屈而夾山西流，又西南逕宜君川，世又謂之宜君水。下入馮翊祋祤」。陳澧云：今沮水出陝西中部縣西境，東流入洛。

〔七〕【補注】錢大昭曰：水經注作「威戎亭」。先謙曰：續志後漢省。後書段熲傳注「靈武有谷，在今靈州懷遠縣西北」。一統志「故城今寧武縣西北。隋縣在漢渾懷障。唐縣在靈州西北」。

〔八〕【補注】先謙曰：河水注「神泉障北山龍尾溪，龍尾水出焉，東北流注清水」。

〔九〕師古曰：渾音胡昆反。【補注】先謙曰：續志後漢因。河水注「河水自安定眴卷來，北逕富平縣故城(南)〔西〕，秦置北部都尉，治縣城。趙一清云，注誤。先謙案，秦治縣城，道元自別有據。莽名縣曰持武。與志作「特」異。河水又逕薄骨律鎮城，又逕典農城東，世謂之胡城。又北逕上河城東，世謂之漢城，薛瓚云『上河在西河富平縣』，即此也。又北逕典農城東，俗名爲呂城。皆馮參所屯。河水下入廉。又自廉來，北合枝津。又東北逕渾懷障西，地理志『渾懷都尉治塞外』者也，南去北地三百里。又東北歷石崖山西，去北地五百里，下入朔方三封。河水枝津自安定眴卷來，首受大河，東北逕富平城，所在分裂，以溉田圃。北流入河，今無水。爾雅曰『灉反入』，言河決復入者也。河之有灉，若漢之有潛。志云『河溝至富平北入河』也」。一統志「故城今靈州西南。渾懷障在平羅縣東河東岸」。

〔一〇〕【補注】先謙曰：百官表「邊郡六牧師苑」是也。其(二)〔四〕在郁郅、歸德、西河、鴻門。

〔一一〕師古曰：苑謂馬牧也。水中可居者曰州。此地在河之州，隨水高下，未嘗淪没，故號靈州，又曰河奇也。二苑皆在北焉。【補注】先謙曰：正文及注「州」字官本作「洲」。續志後漢因。一統志「故城今靈州境。後漢書注云『在馬領山西北』，則去今州尚遠。近志謂在州北，亦無所據。後魏置靈州，即薄骨律鎮城，在今靈州西，唐肅宗即位靈武即此，非漢縣」。

〔一二〕應劭曰：昫音煦。師古曰：音香于反。【補注】先謙曰：說文「昫，日出溫也。北地有昫衍縣」。昫衍本戎名，見匈奴傳，誤作「眗衍」。秦孝文游此，見五行志。續志後漢省。一統志「故城今靈州東南花馬池北」。

〔一三〕【補注】先謙曰：續志後漢省。一統志「故城今環縣南」。紀要「七十里。宋省爲方渠砦」。

〔一四〕【補注】錢坫曰：秦始皇除道九原，抵雲陽。此以其事氏縣。疑與直路縣近。

〔一五〕【補注】先謙曰：續志後漢省。

〔一六〕【補注】先謙曰：續志後漢省。

〔一七〕【補注】先謙曰：後漢改屬安定。續志作「鶉觚」。晉志同。一統志「故城今靈臺縣東北」。

〔一八〕【補注】宋祁曰：「歸德」，景本無「德」字。先謙曰：續志後漢省。紀要「故城今慶陽府東北百里」。一統志「安化縣東北。隋洛源故城即漢歸德縣」。

〔一九〕【補注】王念孫曰：前「左馮翊褱德」下云「洛水東南入渭」。禹貢錐指云「『歸德』下云『洛入河』，『褱德』下云『入渭』，蓋雜採古記，故有不同。其曰『入河』者，以二水合流，渭亦可稱洛耳」。案，「入河」二字，後人妄加之也。「洛水出北蠻夷中」，記其所出也。「洛水東南入渭」，記其所入也。說文「洛水出北地歸德北夷界中，東南入渭」。今本「北地」作「左馮翊」。案，歸德屬北地，不屬左馮翊，此後人不明地理而妄改之，今正。淮南地形篇「洛出獵山」，高注云「獵山在北地西北夷中，洛水東南流入渭」。皆本地理志，而但言入渭，不言入河，則志無「入河」之文明矣。或曰，許、高所據乃「左馮翊褱德下入渭」之注，非「北地歸德」下「入河」之注。曰，不然。許云「洛水出北地歸德北夷界中」，高云「獵山在北地西北夷中」，皆據北地歸德之注，而皆言入渭，則「褱德」下有「入渭」之文，而「歸德」下無「入河」之文，明矣。記大川所入，而前後異文，漢志從無此例。胡渭曲爲之說，非也。或曰，一水而前後兩見，或記其所出，或記其所入，漢志亦有此例乎？曰「隴西郡氐道」下云「禹貢養水所出，東至武都爲漢」。今本脫「東」字，辨見前至「武都」下。「武都郡武都」下云「漢水受氐道水，今本「漢」上有「東」字，辨見前「東漢水」下。一名沔，過江夏，謂之夏水，入江」。「漁陽郡白檀」下云「濡水出北蠻夷中」，今本「濡」訛作「洫」，又脱「中」字。辨見後「洫水」下。「遼西郡肥如」下云「濡水南入海」。今本「海」下衍「陽」字。辨見後「海陽」下。「臨渝」下云「渝水首受白狼，東入塞外」，「交黎」下云「渝水首受塞外，南入海」。「鬱林郡臨塵」下云「有斤員水」，「領方」下云「斤員水入海」。皆一水兩見，而分記其出入。洛水亦猶是也。說文「泥下文「郁郅」下云「泥水出北蠻夷中」，亦不記其所入。此與洛水、濡水文同一例。或謂「蠻夷中」下有脱文，非也。水出北地郁郅北蠻中」，亦不言其所入。先謙曰：漢時沮水由鄭渠東注洛，故洛水下流，亦蒙漆沮之名。自鄭渠廢，而漆沮與洛不相入矣。以今水道攷之，洛水上源出陝西定遠縣西，甘肅安化縣東北白於山，東南流，逕甘泉縣西，又東逕洛川縣西、中部縣東，又東南逕宜君縣東，又逕白水縣東北，又南逕澄城縣西、蒲城縣東，又東南逕同州府城西，又東逕朝邑縣南，又東南入河。與史記魏世家「自鄭濱洛以北至上郡」及漢志「出歸德北」之文皆合。御覽「白於山」下引水經注云「洛水源出洛源縣北白於山」，「洛水」下引云「白於山今名女郎山，上多松柏，下多樗櫟，其獸多㸲牛、羬羊，鳥多白鴞。洛水出其陽，東注於渭也」。先謙案：山海經云「盂山西北五十里曰白於之山」是也。元和志「洛源縣本漢歸德縣地」。一統志「白於山在安化縣東北。洛水出定邊縣東南冢領下」。

〔二〇〕【補注】朱一新曰：汪本「獲」作「護」。先謙曰：續志後漢省。

〔二一〕師古曰：有略畔山，今在慶州界，其土俗呼曰洛盤，音訛耳。【補注】先謙曰：續志後漢省。一統志「故城今合水縣西南」。元和志「慶州樂蟠、合水二〔水〕〔縣〕並漢略畔地」。是略畔音又訛為樂蟠。寰宇記「樂蟠縣」下引水經注云「有水出略畔道故城西北，與青山水合，入泥水」。

〔二二〕【補注】先謙曰：秦縣。酈商破周駔軍於此，見商傳。

〔二三〕應劭曰：泥水出郁郅北蠻中。【補注】先謙曰：應注與「郁郅」下複出。後漢因。續志「有五柞亭」。一統志「故城今寧州東南五十里泥陽里」。

〔二四〕【補注】先謙曰：本義渠戎地，秦惠王伐取之，見後書西羌傳。縣人王圍，見藝文志。李息、甘延壽，見本傳。

〔二五〕【補注】先謙曰：説文同。一統志「東洛河在今安化縣東，即水經注所云洛川南逕尉李城東北，合馬嶺水，號白馬水也。今曰馬蓮河，即泥水」。徐松云：泥、洛字形相近，元和志誤作「洛水」。其地本有漆沮之洛，於是調停之者，分爲東洛水、西洛水。後又並二水爲一，其誤甚矣。

〔二六〕【補注】先謙曰：本書苑、苑通作。錢大昭云：漢制，邊郡牧師苑官有六郡，謂隴西、天水、安定、北地、上郡、西河也。志中惟記其一。遼東襄平亦有牧師官，又在六郡外矣。

〔二七〕師古曰：郁音於六反。郅音之日反。【補注】先謙曰：續志後漢省。一統志「故城今安化縣治」。

〔二八〕【補注】先謙曰：本義渠戎國，秦惠文王十一年縣之，見秦紀。縣人公孫賀、公孫敖、傅介子，見本傳。

〔二九〕【補注】先謙曰：續志後漢省。一統志「故城今寧州西北」。

〔三〇〕【補注】先謙曰：後漢因。續志「有鐵」。紀要「故城今寧州東」。

〔三一〕師古曰：𡝩即古要字也，音一遥反。【補注】先謙曰：後漢鄧禹傳作「大要」。續志後漢省。一統志「故城今寧州東南」。

〔三二〕【補注】先謙曰：河水注引同。一統志「山在今寧朔縣西北」。

〔三三〕【補注】先謙曰：續志後漢因。河水注「高平川自安定高平來，北逕廉城東。案地理志北地有廉縣。闞駰言在富平北。自昔匈奴侵漢，新秦之土，率爲狄場，故城舊壁，盡從胡目，地理淪移，不可復識，當是世人誤證也。高平川下入三水」。案，道元雖引廉縣爲證，而意不謂然。其後又云「河水自富平來，東北逕廉縣故城東，王莽之西河亭。高平川下仍入富平」。一統志「故城有二，一在寧夏縣北，一在固原州東北，不可考」。案，高平川所逕之廉城，當在固原州北，則在寧夏縣北者，乃漢縣也。

上郡，〔一〕秦置。〔二〕高帝元年更爲翟國。〔三〕七月復故。〔四〕匈歸都尉治塞外匈歸障。〔五〕屬并州。〔六〕

户十萬三千六百八十三，口六十萬六千六百五十八。縣二十三：膚施，〔七〕有五龍山、帝、原水、黃帝祠四所。〔八〕獨樂，有鹽官。〔九〕陽周，橋山在南，有黃帝冢。〔一〇〕莽曰上陵畤。〔一一〕木禾，〔一二〕平都，〔一三〕淺水，莽曰廣信。〔一四〕京室，莽曰積粟。〔一五〕洛都，莽曰卑順。〔一六〕白土，〔一七〕圜水出西，東入河。〔一八〕莽曰黃土。〔一九〕襄洛，莽曰上黨亭。〔二〇〕原都，〔二一〕漆垣，莽曰漆牆。〔二二〕奢延，莽曰奢節。〔二三〕雕陰，〔二四〕推邪，莽曰排邪。〔二五〕楨林，莽曰楨幹。〔二六〕高望，北部都尉治。莽曰堅寧。〔二七〕雕陰道，〔二八〕龜茲，〔二九〕屬國都尉治。有鹽官。〔三〇〕定陽，〔三一〕高奴，〔三二〕有洧水，可爇。莽曰利平。〔三三〕望松，北部都尉治。〔三四〕宜都。莽曰堅寧小邑。〔三五〕

〔一〕【補注】先謙曰：據河水注，秦治膚施，漢因之。續志後漢治同。注云「清水即山海經區水。出申山，東流，入上郡長城，逕老人山下，又東合龍尾水、三湖水，下入高奴。諸次水出上郡諸次山，東逕榆林塞，世又謂之榆林山。諸次水下入雲中沙陵」。

〔二〕【補注】先謙曰：秦惠文王十年，魏納上郡十五縣，見秦紀。昭王三年，置上郡，見河水注。

〔三〕【補注】先謙曰：董翳國。

〔四〕【補注】全祖望曰：異姓諸侯王表作「元年八月」，本紀作「二年六月」，此又作「元年七月」，紀、志誤，表是。

〔五〕【補注】錢坫曰：後書馬援傳有「增山連率」，注「莽改上郡爲增山」。志脱「莽曰增山」四字。先謙曰：河水注又引司馬彪云「增山者，上郡之别名」。

〔六〕師古曰：匈歸者，言匈奴歸附。【補注】全祖望曰：本屬涼州，武帝後屬并州。先謙曰：續志後漢因，屬同。

〔七〕【補注】先謙曰：戰國屬趙，滅中山，遷其王於此，後乃入秦。

〔八〕【補注】錢大昕曰：郊祀志「宣帝立五龍山僊人祠及黃帝、天神帝、原水凡四祠於膚施」。五龍山，一也。帝即天神帝，二也。原水，三也。黃帝，四也。先謙曰：錢説亦有理，然酈注以帝原爲水名，姑闕疑。續志後漢因。河水注「奢延水自奢延來，東逕膚施縣，合帝原水。又逕膚施縣南，東入五龍山。地理志曰『縣有五龍山、帝原水』，自下亦爲通稱也。歷長城東出，合平水、走馬水、白羊水，入河。帝原水自龜茲來，東南注奢延水。走馬水自陽周來，流入長城，東北注奢延水」。一統志「故城今綏德州東南。合龍山在州西南五里，疑即五龍山。帝原水今名西河」。

〔九〕【補注】先謙曰：續志後漢省。一統志「故城今寧州東南。寰宇記謂在定平縣東北三十里者，後魏移置之縣也」。

〔一〇〕【補注】先謙曰：秦縣。二世賜蒙恬死處，見恬傳。河水注「走馬水出西南長城北。陽周縣故城南橋山，山上有黃帝冢。帝崩，惟弓劍存焉，故世稱黃帝仙矣。昔段熲追羌出橋門，門即橋山之長城門。始皇令扶蘇與蒙恬築長城，起自臨洮，至于碣石，即是城也。其水東北流入長城，注奢延水」。案：黃帝葬橋山，見帝紀。武帝祠之，見武紀。王莽稱橋時，見莽傳。紀要「橋山在今中部縣北，一曰子午山，又名翟道山，自慶陽府境綿亘延安西境，其南麓跨縣界。舊志云有水自縣北穿山而過，山若橋然，因以爲名」。

〔一一〕【補注】先謙曰：續志後漢省。一統志「故城在安定縣北。元和志謂在真寧縣者，乃後魏僑置」。

〔一二〕【補注】先謙曰：續志後漢省。

〔一三〕【補注】先謙曰：趙策有平都侯，蓋封此。續志後漢省。括地志「與陽周縣相近」。

〔一四〕【補注】先謙曰：續志後漢省。一統志「故城今長武縣北五里淺水城」。

〔一五〕【補注】先謙曰：續志後漢省。

〔一六〕【補注】先謙曰：續志後漢省。

〔一七〕【補注】先謙曰：縣見高紀、韓王信傳。

〔一八〕【補注】先謙曰：河水注「圁水出白土縣圁谷東，東逕其縣南。地理志曰『圁水出西，東入河』。又東至長城，合神衍水，下入西河鴻門。神銜水出縣南神銜山，出峽東至長城入圁」。一統志「圁水在今葭州境。陝西通志：即禿尾河也。自建安堡北塞外流入，東南逕高家堡西，合永利河、蒺藜川，又東南合開化川，又東南入河。元、明統志謂無定河即圁水，誤」。

〔一九〕師古曰：圜音銀。其釋在下。【補注】王念孫曰：下文「西河郡圜陰，莽曰方陰」。顏注「『圜』字本作『圁』，縣在圁水之陰，因以爲名也。王莽改爲方陰，則是當時已誤爲『圜』字。今有銀州、銀水，即是舊名猶存，但字變耳」。又下文「圜陽」顏注「此縣在圁水之陽」。又匈奴傳「居于河西圜洛之閒」。晉灼云「圜音嚚，三倉作『圁』」。顏注與地理志同。又史記匈奴傳「居于西河圜洛之閒」。集解「徐廣云『圜在西河，音銀』」。索隱「『圜』晉灼音嚚，三倉作『圁』。今本史記正文「圜」作「圁」。集解作「徐廣云，圁在西河」。索隱作「三蒼圁作圜」。此校書者以注文改正文，而後人復據已改之正文轉改注文也。今據索隱單行本及晉灼注訂正。地理志云，圜水出上郡白土縣西，東流入河。韋昭云，圜當爲『圁』。續志及太康地志竝作『圁』字也」。以上索隱。案：圜與圁聲相近，古無圁字，故借圜爲之。韋、顏竝以圜爲圁之誤，非也。水經河水注引地理志「圜水」作「圁水」。全氏校本云「觀善長所見之本卻不錯，豈後人因王莽有方陰之名，而妄改爲圜字以實之乎」？案：全說非也。若漢志本是圁字，則韋不當云「圜當爲圁」矣。水經注引作「圁」者，據韋注改之耳。乃謂善長所見本不錯，後人始改圁爲圜，何不察之甚也！王莽誤以圜爲方圜之圜，故改「圜陰」爲「方陰」，而「圜陰」之「圜」，實非誤字。史記、漢書之圜水、圜陰、圜陽、圜洛其字皆不作「圁」。漢平周鉦所紀縣名有平周、平定、圜陰。三縣皆屬西河。漢印有圜陽宰印。少室神道石闕銘、開母廟石闕銘竝有西河圜陽。馮寶劉寬碑陰有「西河圜陽田植」。是圁水之圁，古皆作圜也。王莽誤改「圜陰」爲「方陰」，即古無圁字之明證。故說文有圜無圁。先謙曰：續志後漢因。一統志「故城今鄂爾多斯左翼中旗南，其地近神木縣北」。

〔二〇〕【補注】先謙曰：續志後漢省。一統志「故城今寧州東北燕原下襄樂鎮。元和志：後魏孝文帝改『洛』爲『樂』」。

〔二一〕【補注】先謙曰：縣見史景紀。續志後漢省。

〔二二〕【補注】先謙曰：續志後漢因。

〔二三〕【補注】先謙曰：續志後漢因。河水注「奢延水西出奢延縣西南赤沙阜，東北流，山海經所謂生水出孟山者也。因縣土謂之奢延水，又謂之朔方水。東北流，逕其縣故城南。赫連改築統萬城。又東北合温泉，又東合黑水、交蘭水、見龜茲。鏡波水，下入膚施。温泉西北出沙溪，下入奢延水。黑水出奢延縣黑澗，下入雲中沙陵。鏡波水出南邪山南谷，東北入奢延水」。一統志「故城今懷遠縣西」。提綱「無定河有東、西二源。西曰額圖渾河，即奢延水也，出右翼前旗賀通圖山。左曰海留圖河，即黑水也，出右翼前旗虎喇虎地。並東南流入榆林邊，會於波羅營北而東流，又合諸水，東南至歸德堡西，又東南爲無定河，又逕米脂縣城西南，又逕綏德州東北，又東入河」。

〔二四〕應劭曰：雕山在西南。【補注】先謙曰：戰國魏地。秦敗龍賈軍於此，見魏世家、蘇秦傳。傅寬食邑，見寬傳。續志後漢因。一統志「故城今鄜州北。雕山在州西南，一名雕陰山」。

〔二五〕師古曰：邪音似嗟反。【補注】先謙曰：續志後漢省。

〔二六〕師古曰：楨音貞。【補注】先謙曰：續志後漢因。

〔二七〕【補注】先謙曰：續志後漢省。一統志「故城今鄂爾多斯右翼前(直)〔旗〕榆林北」。

〔二八〕【補注】先謙曰：續志後漢省。

〔二九〕【補注】先謙曰：河水注「帝原水西北出龜茲縣，東南流。縣因處龜茲降胡著稱。帝原水下入膚施。諸次水自雲中沙陵來，屆龜茲縣西北，東入長城，合小榆水、首積水，東入河。見西河圁陽。山海經曰『諸次之水東流注于河』也」。

〔三〇〕應劭曰：音丘慈。師古曰：龜茲國人來降附者，處之於此，故以名云。【補注】先謙曰：上郡屬國歸義降胡，見馮奉世傳。有鹽池爲民利，見後書西羌傳。續志後漢因。一統志「故城今榆林縣北」。

〔三一〕應劭曰：在定水之陽。【補注】先謙曰：戰國趙地。齊策「魏拔邯鄲，西圍定陽也」。河水注「黑水出定陽縣西山，二源奇發，同瀉一壑。東南流，逕其縣北，又東南流，右合定水，俗謂之白水也。西出其縣南山定水谷，東逕定陽縣故城南，又東注黑水，亂流東南，入河」。見高奴。續志後漢因。一統志「故城今宜川縣西北」。

〔三二〕【補注】先謙曰：翟王董翳都，見項羽傳。文帝幸焉，見文紀。

〔三三〕師古曰：難，古然火字。【補注】王念孫曰：「可難」本作「肥可難」。肥者，膏也。此謂水上之肥可然，非謂水可然也，脱去「肥」字則文不成義。水經注引地理志云「高奴縣有洧水，肥可難」，又云「水上有肥，可接取用之。博物志稱酒泉延壽縣南山出泉水，大如筥，注地爲溝。水有肥如肉汁，取著器中，始黃後黑，如凝膏，然極明，與膏無異。水肥亦所在有之，非止高奴縣洧水也」。以上水經注。據此，則志文原有「肥」字，而師古不爲作解，蓋所見本已脱之矣。古者謂膏爲肥，故此云「肥可難」。而説文亦云「膏，肥也。肪，肥也。肘，腸閒肥也」。段注説文不得其解，乃謂此三「肥」字皆「脂」字之譌，豈其然乎？先謙曰：續志後漢因。河水注「河水自西河土軍來，南過高奴縣，東合清水、蒲水，見河東蒲子。黑水，見定陽。下入河東北屈。清水自上郡來，東逕高奴縣，民俗語訛謂之高樓城也。清水合豐林水、奚谷水，東入河。豐林水，地理志謂之洧水也，長津瀉注，北會清水」。一統志「故城今膚施縣東」。陳澧云：洧水出安塞縣。

〔三四〕【補注】先謙曰：一郡二北部，蓋誤文。續志後漢省。

〔三五〕【補注】先謙曰：縣無四字爲名者，疑「小」字衍。續志後漢省。

西河郡，〔一〕武帝元朔四年置。〔二〕南部都尉治塞外翁龍、埤是。〔三〕莽曰歸新。屬并州。〔四〕户十三萬六千三百九十，口六十九萬八千八百三十六。縣三十六：〔五〕富昌，有鹽官。莽曰富成。〔六〕騶虞，〔七〕鵠澤，〔八〕平定，莽曰陰平亭。〔九〕美稷，屬國都尉治。〔一〇〕中陽，〔一一〕樂街，莽曰截虜。〔一二〕徒經，莽曰廉恥。〔一三〕臯狼，〔一四〕大成，莽曰好成。〔一五〕廣田，莽曰廣翰。〔一六〕圜陰，惠帝五年置。莽曰方陰。〔一七〕益闌，莽曰香闌。〔一八〕平周，〔一九〕鴻門，有天封苑火井祠，火從地出也。〔二〇〕藺，〔二一〕宣武，莽曰討貉。〔二二〕千章，〔二三〕增山，有道西出眩雷塞。〔二四〕北部都尉治。〔二五〕圜陽，〔二六〕廣衍，〔二七〕武車，莽曰桓車。〔二八〕虎猛，西部都尉治。〔二九〕離石，〔三〇〕穀羅，武澤在西北。〔三一〕饒，莽曰饒衍。〔三二〕方利，莽曰廣德。〔三三〕隰成，〔三四〕莽曰慈平亭。〔三五〕臨水，莽曰監水。〔三六〕土軍，〔三七〕西都，莽曰五原亭。〔三八〕平陸，〔三九〕陰山，莽曰山寧。〔四〇〕觬是，莽曰伏觬。〔四一〕博陵，莽曰助桓。〔四二〕鹽官。〔四三〕

〔一〕【補注】先謙曰：後書順帝紀李注「西河本理平定縣，永和五年徙離石」。元和志云，理富昌，非。續志後漢治離石。劉注「雒陽北千二百里」。

〔二〕【補注】全祖望曰：戰國魏郡，文侯以來即有之。然魏之西河自焦、虢、桃林之塞，西抵關洛，其界最廣。秦以其東界并入內史，而西界并入上郡。漢分置者，特秦上郡所屬地耳。東界則別置弘農。宋白、樂史並云，漢分南陽、河南二郡以爲弘農，蓋即內史東界廣之。

〔三〕【補注】錢坫曰：是即氏。氏者，山阜之稱。揚雄稱響若氏、隤古氏，「是」字通用。先謙曰：紀要「二障在廢勝州北」。

〔四〕師古曰：翁龍、埤是，二障名也。埤音婢。【補注】先謙曰：續志後漢因，屬同。

〔五〕【補注】先謙曰：郡人郭翁、仲漕、中叔，見游俠傳。

〔六〕【補注】先謙曰：續志後漢省。河水注「湳水自美稷來，東逕富昌縣故城南，入河」。見定襄桐過。一統志「故城今鄂爾多斯左翼前旗界」。紀要「勝州西南」。

〔七〕【補注】先謙曰：續志後漢省。

〔八〕孟康曰：鵠音告。師古曰：音古督反。【補注】先謙曰：續志後漢省。

〔九〕【補注】先謙曰：續志後漢因。紀要「故城今榆林衞東南界」。

〔一〇〕【補注】先謙曰：續志後漢因。説文「湳，西河美稷保東北水」。河水注「湳水出美稷縣，東南流，俗謂之遄波水。東南流入長城，東合鹹水、渾波水，下入富昌。鹹水出長城西鹹谷。渾波水出西南窮谷，入湳」。一統志「故城今鄂爾多斯左翼前旗東南」。紀要「故勝州西南」。通典「汾州隰成縣有美稷鄉，漢縣也」。案：此後漢中平中所徙置，非前漢縣。西河置屬國，見宣紀、馮奉世傳。

〔一一〕【補注】先謙曰：戰國趙地，秦取之。秦昭襄、趙惠文王會此，見秦紀、趙世家。續志後漢因。説文「溤水出西河中陽北沙，南入河」。文水注「文水自太原茲氏來，東逕中陽縣故城東，又東南合勝水，入汾。勝水出狐岐山，東合陽泉水，又東逕中陽故城南，入文水」。河水篇「河水南過中陽縣西」。注云「河水自隰成來。中陽縣故城在東。東翼汾水，隔越重山，不濱河也。河水下入土軍」。先謙案：一統志云「故城今寧鄉縣西。西河所領縣皆夾河兩岸，無東附汾水者。曹魏移郡東出，縣亦隨之。元和志所云魏移中陽於茲氏縣界，是已。注反以爲漢縣，誤」。董祐誠云：經所稱河水過中陽西者，兩漢之中陽也。文水注所稱文湖逕中陽縣故城東者，曹魏之中陽，在今孝義縣北。注於彼下僅引晉代地志，初不以爲二漢之中陽。此誤證以駮經，偶有不照耳。

〔一二〕【補注】先謙曰：續志後漢因。

〔一三〕【補注】先謙曰：續志後漢省。

〔一四〕【補注】先謙曰：秦祖孟增居此，見秦紀。戰國地入趙，見趙策。亦作「郭狼」，見趙世家。亦作「皋狼」，見王子侯表。說詳表。續志後漢因。一統志「故城今永寧縣西北」。

〔一五〕【補注】先謙曰：後漢改屬朔方，續志作「大城」。一統志「故城今鄂爾(都)〔多〕斯左翼前旗界」。紀要「榆林衞東北」。

〔一六〕【補注】先謙曰：續志後漢省。

〔一七〕師古曰：「圜」字本作「圁」，縣在圁水之陰，因以爲名也。王莽改爲方陰，則是當時已誤爲「圜」字。今有銀州、銀水，即是舊名猶存，但字變耳。【補注】先謙曰：「圜」不當作「圁」，説見上。續志後漢因。河水注「圁水自鴻門來，東逕圁陰縣北，又合桑谷水，下入圁陽」。一統志「故城今神木縣南」。

〔一八〕【補注】先謙曰：後漢因。續志作「益蘭」。

〔一九〕【補注】王念孫曰：漢平周鉦所紀縣名有平周、平定、圜陰三縣，皆屬西河。錢大昕曰：王莽傳「民棄城郭，流亡爲盜賊，并州、平州尤甚」。胡三省注通鑑以爲時無平州，疑字誤。考路博德傳云「西河平州人」，是平州爲西河屬縣。州、周古字通用也。先謙曰：戰國魏地，襄王時，秦取之，見魏世家。續志後漢因。一統志「故城今介休縣西」。

〔二〇〕【補注】王念孫曰：「地」下脱「中」字。火從地中出，謂從井中出也。郊祀志「祠天封苑火井於鴻門」。如淳云「地理志『西河鴻門縣有天封苑火井祠，火從地中出』」。水經注引地理風俗記文與此同。皆有「中」字。先謙曰：續志後漢省。河水注「圁水自上郡白土來，東逕鴻門縣。縣故鴻門亭。應劭云『圁陰縣西五十里有鴻門亭』。圁水又東合梁水，下入圁陰」。案應説，縣併入圁陰。一統志「故城今神木縣西南」。紀要「榆林衞東」。

〔二一〕【補注】先謙曰：戰國趙地。魏敗趙於此，秦攻之，肅侯時秦取之，復入趙，武靈王時爲秦所拔，並見趙世家。亦稱北藺，見魏世家。武帝封代共王子罷軍爲侯國，見表。續志後漢因。一統志「故城今永寧州西」。

〔二二〕【補注】先謙曰：續志後漢省。

〔二三〕【補注】先謙曰：武帝封代共王子遇爲侯國，見表。續志後漢省。

〔二四〕【補注】先謙曰：匈奴傳「益廣田至眩雷爲塞」。服虔云「地在烏孫北」。史記作「眩靁」。

〔二五〕師古曰：眩音州縣之縣。【補注】先謙曰：續志後漢省。一統志「故城今套内之南，接榆林邊界」。紀要「榆林縣東北」。

〔二六〕師古曰：此縣在圁水之陽。【補注】段玉裁曰：漢銅印有寰陽宰之印。寰陽即圜陽。莽縣令爲縣宰，此莽印也。

苻秦、隋、唐地志皆作「銀」，以圁字音銀改之。王念孫曰：少室神道石闕銘、開母廟石闕銘並有「西河圜陽」。馮寶劉寬碑陰有「西河圜陽田植」。先謙曰：續志後漢因。河水注「圁水自圁陰來，東逕圁陽縣南，東入河。河水自定襄桐過來，南過圁陽縣東，合圁水、端水、諸次水、見上郡龜茲。陽水，下入離石」。一統志「故城今神木縣東」。

〔二七〕【補注】先謙曰：續志後漢因。

〔二八〕【補注】先謙曰：續志後漢省。

〔二九〕【補注】先謙曰：有制虜塞，見匈奴傳。續志後漢省。一統志「故城今鄂爾多斯左翼前旗界内，直匈奴北」。

〔三〇〕【補注】先謙曰：戰國趙地。肅侯時，秦取之，見周紀、趙世家。武帝封代共王子綰爲侯國，見表。續志後漢因。河水注「河水自圁陽來，南過離石縣西，合奢延水、陵水，下入隰成。離石水出離石北山，南流，逕離石縣故城西，下入隰成」。一統志「故城今永寧州治。府志：東關北隅有縣街遺址，古井尚存。離石水今北川河」。

〔三一〕【補注】先謙曰：續志後漢省。一統志「故城今套内之南，接榆林邊界」。紀要「永寧州北武澤在榆林衞東北。後漢建武二十八年，詔南匈奴徙居美稷之虎澤。永初三年、四年，梁慬擊單于於屬國故城南，單于敗走，還虎澤乞降，即此。唐諱虎，改『武澤』」。先謙案：據後書，知穀羅併入美稷也。司馬相如傳「紫淵徑其北」，文穎注「西河穀羅縣有紫澤，在西北」，蓋澤別名也。通鑑胡注「虎澤應在五原曼柏之北，在今榆林鎮之東北」。

〔三二〕【補注】先謙曰：續志後漢省。

〔三三〕【補注】先謙曰：續志後漢省。

〔三四〕【補注】先謙曰：武帝封代共王子忠爲侯國，見表。

〔三五〕【補注】先謙曰：續志後漢省。河水注「離石水自離石來，南屈西轉，逕隰成縣南，俗訛千城。離石水西流入河。河水自離石來，合離石水，下入中陽」。一統志「故城今永寧州西」。

〔三六〕【補注】吳卓信曰：趙世家集解引張華云「趙簡子冢在臨水界，二冢并，上氣成樓閣」。錢大昭曰：南監本、閩本

「堅」作「監」。先謙曰：官本作「監」，是。續志後漢省。

〔三七〕【補注】先謙曰：高帝封宣義、武帝封代共王子郢客爲侯國，見表。續志後漢省。河水注「河水自中陽來，南過土軍縣西。吐京郡治。後魏郡。即土軍縣之故城也。胡漢譯言，音爲訛變。其城圓長而不方。河水合龍泉水、契水、祿谷水、大蛇水、辱水、信支水、石羊水、域口水、乳溪水，下入上郡高奴。龍泉水出城東南道左山下牧馬川，上多産名駒。其水西北流，至城東南。土軍水出道左高山，西南注之。龍泉水又北屈，逕其城東，而西入河」。一統志「故城今石樓縣治」。

〔三八〕【補注】先謙曰：戰國趙地，武靈王時，秦取之，見趙世家。續志後漢省。錢坫云：今孝義縣地。

〔三九〕【補注】吴卓信曰：平陸侯劉禮，應劭、韋昭並以爲此縣，誤也。詳「東平國東平陸」下。先謙曰：續志後漢因。

〔四〇〕【補注】先謙曰：續志後漢省。河水注「蒲水出陰山縣，合長松水、北溪水，東北入河」。見河東北屈。

〔四一〕蘇林曰：音魔。師古曰：觬音倪，其字從角。【補注】先謙曰：説文「觬，角觬曲也。西河有觬氏縣」。氏、是古字通。續志後漢省。

〔四二〕【補注】先謙曰：續志後漢省。

〔四三〕【補注】先謙曰：續志後漢省。

朔方郡，〔一〕武帝元朔二年開。〔二〕西部都尉治窳渾。〔三〕莽曰溝搜。屬并州。〔四〕户三萬四千三百三十八，口十三萬六千六百二十八。縣十：三封，武帝元狩三年城。〔五〕朔方，金連鹽澤、青鹽澤皆在南。莽曰武符。〔六〕修都，〔七〕臨河，莽曰監河。〔八〕呼遒，〔九〕窳渾，〔一〇〕有道西北出雞鹿塞。〔一一〕屠申澤在東。莽曰極武。〔一二〕渠搜，中部都尉治。莽曰溝搜。〔一三〕沃壄，武帝元狩三年城。有鹽官。莽曰綏武。〔一四〕廣牧，〔一五〕東部都尉治。莽曰鹽官。〔一六〕臨戎。武帝元朔五年城。莽曰推武。〔一七〕

〔一〕【補注】閻若璩曰：武帝置朔方郡，築朔方城，則朔方郡治朔方縣矣。三封乃元狩三年城也。元和志以爲治三封，誤。先謙曰：閻說是。河水注可證。見朔方縣下。續志後漢治臨戎。

〔二〕【補注】先謙曰：武紀「元朔二年收河南地，置朔方郡」。衛青傳同，亦見主父偃傳。

〔三〕【補注】先謙曰：中、東部都尉在縣下，此獨在郡下，志變文，無義例。

〔四〕師古曰：窳音庾。渾音魂。【補注】錢大昕曰：武帝元封五年置十三部刺史，并與朔方各自爲部，未嘗屬并州也。朔方之屬并，乃光武建武十一年事耳。上郡亦屬朔方部，故馮野王爲上郡太守，朔方刺史蕭育奏封事薦之。全祖望曰：故屬秦九原郡。漢初入匈奴，武帝元朔二年開，别稱朔方州，置刺史，監河西諸郡事。中興後，始省朔方入并州，而以所監諸郡屬涼州。本志以爲元朔即屬并州，誤也。揚雄十二州箴已無朔方，蓋平帝時莽省，而中興因之。又曰，自顔注平當傳謬言朔方不在十三州之内，則以司隸爲一部，是蓋以東京之制爲武帝制。宋王應麟因之區分其目，載入通鑑地理通釋。如：涼州刺史部隴西、金城、天水、武威、張掖、酒泉、敦煌、安定、北地九郡，并州刺史部太原、上黨、西河、朔方、五原、雲中、定襄、鴈門八郡。不知前漢之涼州止武都、隴西、天水、安定、北地五郡，并州止六郡，其朔方、五原二郡合河以西之金城、武威、張掖、酒泉、敦煌五郡共七郡爲朔方州所統也。若云朔方未得爲州而不與，則交阯亦未得爲州，何以獨與乎？先謙曰：晉地理志注，西漢十三部：涼、益、荆、揚、青、豫、兖、徐、幽、并、冀十一州，交阯、朔方二刺史，合十三部。全說是也。依錢說，則上郡當日亦統於朔方刺史。續志後漢因，屬同。

〔五〕【補注】先謙曰：續志後漢因也。河水注云「河水自北地富平來，東北逕三封縣故城東。十三州志云『在臨戎縣西百四十里』」。河水下入臨戎」。一統志「故城在套外河西岸今鄂爾多斯後旗正西河外」。元和志謂夏州長澤縣本漢三封縣地。寰宇記、通典因之，非是」。

〔六〕【補注】先謙曰：續志後漢因。河水注「河水自五原西安陽來，東南逕朔方縣故城東北。詩所謂『城彼朔方』也。衛青取河南爲朔方郡，使校尉蘇建築朔方城，即此城也。魏土地記云『縣有大鹽池，其鹽大而青白，名曰青鹽，又名戎鹽，入藥分。漢置典鹽官。池在新秦之中』。薛瓚云『秦逐匈奴，收河南地，徙民以實之，謂之新秦也』。河水下入渠搜』。吳卓信云：元和志以唐什賁故城爲漢朔方縣，而云近在唐朔方縣理之北。不知漢之朔方在上郡北，與河北相近，唐之朔方縣在今榆林西南，本漢上郡地。如元和志所言，則漢之朔方在今榆林邊内，而上郡轉在朔方之北矣，非是。陳澧云：今蒙古鄂爾多斯右翼南境有喀喇莽尼池、烏藍池，即此二澤。其孰爲金連鹽澤，孰爲青鹽澤，未詳。

〔七〕【補注】先謙曰：續志後漢省。

〔八〕【補注】先謙曰：續志後漢省。河水注「河水自窳渾來，爲北河。東逕高闕南，衛青敗右賢王於高闕，即此處也。又東逕臨河縣故城北，武帝封代恭王子賢爲侯國。說誤。辨見表。又自臨河縣東，逕陽山南。漢書注『陽山在河北』，指此山也。東逕石跡阜西，下入五原河目。南河自臨戎來，東逕臨河縣南，下入廣牧」。吳卓信云：縣在北河之南，當今榆林邊外河套内，今延川縣北。臨河故城當是晉魏僑置。

〔九〕師古曰：遒音在由反。【補注】先謙曰：續志後漢省。

〔一〇〕【補注】先謙曰：衛青傳作「窴渾」。

〔一一〕【補注】先謙曰：雞鹿塞見匈奴傳。紀要「在故夏州西北」。

〔一二〕【補注】先謙曰：續志後漢省。河水注「河水自沃野來，又北屈，而南河出焉。河水又北迤西溢於窳渾縣故城東。武帝開朔方郡，縣即西部都尉治。其水積而爲屠申澤，澤東西百二十里，闞駰謂之窳渾澤矣。又屈而東流，爲北河，衛青絶梓嶺，梁北河是也，下入臨河。南河下入臨戎」。一統志「故城今套外西北，河北流折東之處。屠申澤番名騰格里淖爾，東西正長。其西有哈爾哈納河南流入之。黄河自澤東溢入，又自東北流出」。

〔一三〕【補注】先謙曰：續志後漢省。河水注「河水自朔方來，東轉逕渠搜縣故城北，王莽之溝搜亭也。禹貢之所云『析支渠搜」矣。河水下入五原西安陽」。案，依注文，志「溝搜」下奪「亭」字。揚雄解嘲所謂「大漢左東海，右渠搜」也。宋傅寅云，漢朔方渠搜亦當是金城以西之戎。後世種落遷徙，故漢有居朔方者。若禹時渠搜居朔方，則不應浮積石。胡渭云：禮三朝記渠搜與交阯對舉，則不在朔方可知。涼土異物志「古渠搜在大宛北界」。隋書西域傳云「鏺汗國都蔥嶺之西五百餘里，古渠搜國也」。渠搜之在西域明矣。一統志「故城在故朔方城東」。紀要「廢夏州北」。

〔一四〕【補注】先謙曰：續志後漢因。河水注「河水自臨戎來，又北有枝渠東出，謂之銅口，東逕沃野縣故城南。枝渠東注以溉田。河水下入窳渾」。一統志「故城今套外河水北流一曲之西」。河套志「後魏置沃野鎮於此。又於鹽澤北之黑池西置涼城郡」。故城猶在」。

〔一五〕【補注】先謙曰：縣見五行志。河水注「南河自臨河來，東逕廣牧縣故城北，逕二百許里下入五原河目」。

〔一六〕【補注】先謙曰：續志後漢因。紀要「故城在廢夏州東北」。

〔一七〕【補注】先謙曰：續志後漢因。河水注「河水自三封來，北逕臨戎縣故城西，下入沃野。南河自窳渾來，東逕臨戎縣故城北，下入臨河」。一統志「故城在故朔方城西大河北流之東岸」。

五原郡，秦九原郡，〔一〕武帝元朔二年更名。〔二〕東部都尉治稒陽。〔三〕莽曰獲降。屬并州。〔四〕户三萬九千三百二十二，口二十三萬一千三百二十八。縣十六：九原，莽曰成平。〔五〕固陵，莽曰固調。〔六〕五原，莽曰填河亭。〔七〕臨沃，莽曰振武。〔八〕文國，莽曰繁聚。〔九〕河陰，〔一〇〕蒱澤，屬國都尉治。〔一一〕南興，莽曰南利。〔一二〕武都，莽曰桓都。〔一三〕宜梁，〔一四〕曼柏，莽曰延柏。〔一五〕成宜，中部都尉治原高。西部都尉治田辟。有鹽官。莽曰艾虜。〔一六〕稒陽，〔一七〕此出石門障得光禄城，又西北得支就城，又西北得頭曼城，又西北得虖河城，又西得宿虜城。〔一八〕莽曰固陰。〔一九〕莫䵣，〔二〇〕西安陽，〔二一〕莽

曰漳安。〔一二〕河目。〔一三〕

〔一〕【補注】先謙曰：通典「趙置九原郡，秦因之。漢爲九原縣，五原郡治焉」。續志後漢治同。案，九原見趙世家、始皇紀。全祖望云：不在始皇所并三十六郡内，說詳後「三十六郡」下。

〔二〕【補注】全祖望曰：漢初入匈奴，武帝始與朔方同置，非但更名而已。五原、朔方歸中國，而後河西闢，故別爲州。

〔三〕【補注】先謙曰：河水注「河水自宜梁來，東逕稒陽城南，東部都尉治。河水下入河陰」。錢坫云：在今榆林府城東北鄂爾（都）〔多〕斯界内，黃河北岸，與下稒陽縣是兩地。

〔四〕師古曰：稒音固。【補注】先謙曰：續志後漢因，屬同。

〔五〕【補注】先謙曰：續志後漢因。河水注「河水自河陰來，東逕九原縣故城南，始皇置九原郡，治此。下入五原」。一統志「故城今大同縣西北大河外」。董祐誠云：當在今烏喇旗東南境。

〔六〕【補注】先謙曰：續志後漢省。

〔七〕【補注】先謙曰：續志後漢因。河水注「九原縣西北接對一城，蓋五原縣之故城也。其城南面長河，北背連山。始皇逐匈奴，並河以東，屬之陰山，築亭障爲河上塞。徐廣云『陰山在五原北』，即此山也。河水下入臨沃」。一統志「故城在故九原城西」。紀要「故勝州西」。董祐誠云：當在今烏喇特旗之東，近茂明安旗界。

〔八〕【補注】先謙曰：續志後漢因。河水注「河水自五原來，東過臨沃縣南，又東，枝津出焉。又合石門水，下入稒陽。石門水自稒陽來，逕臨沃城東，東南入河。枝津上承大河於臨沃縣，下入稒陽」。一統志「故城在故九原城東」。紀要「稒陽縣東」。

〔九〕【補注】先謙曰：續志後漢因。「文」或譌「父」。

〔一〇〕【補注】先謙曰：續志後漢因。河水注「河水自東部都尉所治稒陽來，東逕河陰縣故城北，下入九原」。一統志「故城在故九原城東」。紀要「故豐州西南」。董祐誠云：當在今鄂爾多斯左翼後旗界内。

〔一一〕【補注】錢大昭曰：南監本、閩本作「蒲澤」。朱一新曰：汪本、正統本作「蒲」。先謙曰：官本作「蒲」。續志後漢省。一統志「故城在故豐州東」。

〔一二〕【補注】齊召南曰：河水注於「雲中北輿縣」下曰「五原有南輿，故此加『北』」。據此，則縣名南輿，不名南輿也。各本俱誤。先謙曰：續志後漢省。

〔一三〕【補注】先謙曰：續志後漢因。寰宇記「在銀州界」。

〔一四〕【補注】先謙曰：續志後漢因。河水注「河水自成宜來，東逕宜梁縣故城南。闞駰云『五原西南六十里，今世謂之石崖城』。河水下入東部都尉所治稒陽」。一統志「故城在故九原城西」。紀要「故豐州東」。

〔一五〕師古曰：曼音萬。【補注】先謙曰：續志後漢因。一統志「故城在黃河北岸」。紀要「故勝州西」。

〔一六〕師古曰：辟讀曰壁。艾讀曰刈。【補注】先謙曰：續志後漢因。河水注「河水自西安陽來，東逕田辟城南，又東逕成宜縣故城南，又東逕原亭城南，下入宜梁」。案，據此，志「高」當作「亭」。一統志「故城在故九原城西」。紀要「在故豐州界」。董祐誠云：當亦在烏喇特旗南。

〔一七〕【補注】先謙曰：戰國魏地，作「固陽」。魏世家「惠王築長城，塞固陽」。正義「魏築長城，自鄭濱洛，北達銀州，至勝州固陽縣爲塞」。

〔一八〕【補注】王鳴盛曰：南監本「此」作「北」，是。朱一新曰：汪本作「北」。汪本「又西」下有「北」字。錢坫曰：「虖河」，括地志作「牢河」。先謙曰：官本「此」作「北」。光祿城，徐自爲築，見武紀。頭曼城，蓋即冒頓父所築。河水注「河水自臨沃來，東逕稒陽縣故城南。地理志曰『自縣北出石門障』。河水決其西南隅，又東合枝津，又東逕塞泉城南而東注，下入雲中咸陽。石門水出石門山。地理志曰『北出石門障』，即此山也。西北趣光祿城，其水自障東南流，下入臨沃。河水枝津自臨沃來，東流七十里，北溉田南北二十里，入河」。

〔一九〕師古曰：曼音莫安反。虖音呼。【補注】先謙曰：續志後漢省。一統志「故城在故九原城東北，近雲中郡」。紀要「廢勝州西南」。

〔二〇〕如淳曰：音忉怛。師古曰：音丁葛反。【補注】先謙曰：説文「黖，白而有黑也」。五原有莫黖縣」。續志後漢省。

〔二一〕【補注】何焯曰：汝南有安陽，故此加「西」，代郡加「東」也。

〔二二〕【補注】錢大昭曰：河水注作「鄣安」。朱一新曰：汪本「漳」作「鄣」。先謙曰：官本「漳」作「鄣」。後漢因。續志「北有陰山」。河水注「河水自河目來，南逕馬陰山西。漢書音義云『陽山在河北，陰山在河南』，謂是山也，而即實不在河南。史記音義云『五原安陽縣北有馬陰山』，今山在縣北。言陰山在河南，又傳疑之非也。陰山在河東南則可矣。河水下入朔方朔方。又自朔方渠搜東逕西安陽故城南，下入成宜」。一統志「故城在故九原城西」。紀要「豐州東北」。

〔二三〕【補注】先謙曰：續志後漢省。河水注「北河自朔方臨河來，南屈逕河目縣，在北假中。地名也。自高闕以東，夾山帶河，陽山以往皆北假也。北河又南合南河，下入西安陽。南河自朔方廣牧來，東會北河」。一統志「故城在故九原城西。當在陽山南，高闕東南，北河之閒」。紀要「廢豐州東北」。

雲中郡，〔一〕秦置。〔二〕莽曰受降。屬并州。〔三〕户三萬八千三百三，口十七萬三千二百七十。縣十一：〔四〕雲中，莽曰遠服。〔五〕咸陽，莽曰賁武。〔六〕陶林，東部都尉治。〔七〕楨陵，緣胡山在西北。西部都尉治。莽曰楨陸。〔八〕犢和，〔九〕沙陵，莽曰希恩。〔一〇〕原陽，〔一一〕沙南，〔一二〕北輿，中部都尉治。〔一三〕武泉，〔一四〕莽曰順泉。〔一五〕陽壽。莽曰常得。〔一六〕

〔一〕【補注】先謙曰：據河水注，郡治雲中。續志後漢治同。

〔二〕【補注】先謙曰：趙武靈王破林胡樓煩，攘地至此，因置郡，見趙世家、匈奴傳。秦始皇十三年因之，見河水注。全祖望云：「楚漢之際屬趙國，尋分屬代國，高帝三年屬漢，四年復以屬趙國，六年屬代國，十一年以邊郡收。」見本紀。

〔三〕【補注】先謙曰：續志後漢因，屬同。

〔四〕【補注】錢大昭曰：周勃世家「定雲中郡十二縣」，是秦領縣十二。先謙曰：郡人李沮、郭昌，見本傳。

〔五〕【補注】先謙曰：續志後漢因。郡治。河水注「白渠水自定襄成樂來，西南逕雲中故城南，下入沙陵。芒干水自原陽來，西南逕白道南谷口，有城在右，縈帶長城，背山面澤，謂之白道城。芒干水又西南逕雲中城北，合白道中溪水，又西合懷朔鎮東北芒中塞水，下入沙陵。中溪水發源武川北塞中，南流，逕武川鎮城，又西南歷中溪出山，西南流于雲中城北，南入芒干水」。一統志「故城今大同府西北塞外托克托城地。其嶂縣西南雲中故城乃後漢建安中移置」。

〔六〕【補注】先謙曰：續志後漢因。河水注「河水自五原稒陽來，東逕咸陽縣故城南，又屈西流，合沙陵湖水，見沙陵。下入楨陵」。一統志「故城今托克托城地」。

〔七〕【補注】先謙曰：續志後漢省。一統志「故城今朔平縣、左雲縣西北，塞外歸化城界内」。

〔八〕【補注】先謙曰：續志後漢省。河水注「河水自咸陽來，南入楨陵縣西北緣胡山。下入沙南。楨陵縣在山南，王莽之楨陸也，北去雲中城一百二十里」。一統志「故城今托克托城地，與河南縣隔河相對，即遼金東勝州地也」。董祐誠云：緣胡山當即今托克托城西北臨河諸山。楨陵城當在托克托城西南。寰宇記謂在榆林縣西北，非。

〔九〕【補注】先謙曰：續志後漢省。

〔一〇〕【補注】朱一新曰：汪本「恩」誤「思」。先謙曰：續志後漢因。河水注「白渠水自雲中來，西北逕沙陵縣故城南，又西注沙陵湖」。本志「定襄武進」下云「白渠水西至沙陵入河」也。「芒干水自雲中來，西南注沙陵湖。湖水西南入河。」見咸陽。本志「定襄武皋」下云「荒干水西至沙陵入河」也。董祐誠云，據志，白渠、荒干俱至縣入河，是漢時二水各入河。此注俱入沙陵湖，是白渠下流徙而東北與荒干水相合。今黃水河合黑水河更在沙陵湖之上流，是白渠益徙而東也。今圖爾根必拉，逕薩拉齊廳南境，又西南匯爲澤，西流入河，即沙陵湖也。注又云「諸次水自上郡來，緣歷沙陵，下入上郡龜茲。黑水自上郡奢延來，東南歷沙陵，入奢延水」。一統志「故城今托克托城北」。

〔一一〕【補注】先謙曰：戰國趙地。武靈王破原陽爲騎邑，見趙策。續志後漢因。河水注「芒干水自定襄武皋來，南逕原陽縣故城西，合武泉水，見武泉。下入雲中」。一統志「故城今歸化城西」。

〔一二〕【補注】先謙曰：續志後漢因。河水注「河水自楨陵來，歷沙南縣東北兩山二縣之閒而出。楨陵縣南六十許里，有東西大山。山西枕河，河水南流，下入定襄桐過」。一統志「故城蓋在河套內，今鄂爾多斯左翼後旗地。元和志『榆林、河濱二縣本漢(河)〔沙〕南縣地』是也。漢雲中地惟沙南在河南，餘在河東」。

〔一三〕師古曰：闞駰云廣陵有輿，故此加「北」。【補注】錢大昕曰：輿屬臨淮，後漢始屬廣陵。先謙曰：續志後漢因。河水注「武泉水自武泉來，南流，又西屈，逕北輿縣故城南。按地理志五原有南輿縣，故此加『北』。闞駰云『廣陵有輿，故此加「北」』。疑太疏遠也。其水又西南入荒干水」。董祐誠云：今哲爾德必拉西流至歸化城東境，合哈喇烏蘇，通爲圖爾根必拉。北輿故城當在今歸化城東，哲爾德必拉之北。一統志「當在古雲中城北，武泉縣南」。

〔一四〕【補注】先謙曰：縣見景紀。周勃、灌嬰破胡騎於此，見本傳。

〔一五〕【補注】先謙曰：續志後漢因。河水注「武泉水東出武泉縣故城西南，下入北輿」。一統志「故城今右玉縣西北塞外歸化城西界」。董祐誠云：當在今歸化城東。武泉水，今之哲爾德必拉也。

〔一六〕【補注】先謙曰：續志後漢省。一統志故城今歸化城界內。吳卓信云：隋志金河縣初曰陽壽，蓋相近故取名也。

定襄郡，〔一〕高帝置。〔二〕莽曰得降。屬并州。〔三〕户三萬八千五百五十九，口十六萬三千一百四十四。縣十二：〔四〕成樂，〔五〕桐過，莽曰椅桐。〔六〕都武，莽曰通德。〔七〕武進，白渠水出塞外，西至沙陵入河。〔八〕西部都尉治。莽曰伐蠻。〔九〕襄陰，〔一〇〕武皋，荒干水出塞外，西至沙陵入河。〔一一〕中部都尉治。莽曰永武。〔一二〕駱，莽曰遮要。〔一三〕定陶，莽曰迎符。〔一四〕武城，〔一五〕莽曰桓就。〔一六〕武要，東部都尉治。莽曰厭胡。〔一七〕定襄，莽曰著武。〔一八〕復陸。莽曰聞武。〔一九〕

〔一〕【補注】先謙曰：一統志「漢置成樂縣爲定襄郡治」。紀要同。續志後漢治善無。

〔二〕【補注】先謙曰：高帝六年置，見河水注。全祖望云：故屬秦太原、雁門二郡，高帝分置，屬代國，景帝後以邊郡收。

〔三〕【補注】先謙曰：續志後漢因，屬同。

〔四〕【補注】吳卓信曰：漢縣並在今歸化城左右。

〔五〕【補注】先謙曰：續志後漢改屬雲中。河水注「白渠水自武進來，西北逕成樂城北。魏土地記云『雲中城東八十里有成樂城』。白渠水下入雲中雲中」。一統志「故城今殺虎口北、歸化城南」。

〔六〕師古曰：過音工禾反。【補注】先謙曰：續志後漢因。河水篇「河水南過赤城東，又南過桐過縣西」。注云「河水自雲中沙南來，至縣。於二縣之閒，濟有君子之名。君子濟在雲中城西南二百餘里。河水又東南合契吳東山水、樹頹水、見雁門沃陽。太羅水、見雁門武州。滴水、見西河富昌。呂梁洪水，見雁門善無。下入西河圁陽」。一統志「故城今右玉縣東北塞外歸化城西南濱河」。紀要「朔州西」。寰宇記引冀州圖云，在雲中郡西五十里者，誤。

〔七〕【補注】先謙曰：續志後漢省。

〔八〕【補注】先謙曰：沙陵，雲中縣。河水注「白渠水出塞外，西逕武進縣故城北，下入成樂」。董祐誠云：白渠水當即今黄水河，蒙古曰西拉烏蘇，出托克托東山。

〔九〕【補注】先謙曰：續志後漢改屬雲中。一統志「故城今成樂縣東南」。紀要「大同府西北塞外」。

〔一〇〕【補注】先謙曰：續志後漢省。

〔一一〕【補注】先謙曰：河水注「荒」作「芒」。云「芒干水出塞外，南逕鍾山，即陰山也。其水西南逕武皋縣，下入雲中原陽」。陳澧云：今歸化城廳。黑河出察哈爾右翼，西流，至薩拉齊廳入河，即荒干水。

〔一二〕【補注】先謙曰：續志後漢省。一統志「故城今歸化縣東北」。董祐誠云：當在綏遠城東北四子部落旗南。

〔一三〕【補注】先謙曰：續志後漢因。一統志「故城今平魯縣西北塞外歸化城界内」。紀要「今朔州北，俗名大駱城，即北魏大洛城也」。

〔一四〕【補注】朱一新曰：汪本作「安陶」。先謙曰：官本作「安陶」。續志後漢省。

〔一五〕【補注】先謙曰：趙策「封孟嘗君以武城」。秦攻定武城，見趙世家、始皇紀。

〔一六〕【補注】先謙曰：後漢因。續志作「武成」。一統志「故城今平魯縣西北塞外歸化城西南」。

〔一七〕師古曰：厭音一葉反。其下並同。【補注】先謙曰：續志後漢省。一統志「故城今右玉縣北塞外歸化城界内。後魏太祖紀『西登武要北原，觀九十九泉』，即此」。

〔一八〕【補注】先謙曰：續志後漢改屬雲中。一統志「故城今歸化城東。明統志謂在大同府西北三十八里，乃唐之定襄，非漢縣」。

〔一九〕師古曰：復音服。【補注】先謙曰：續志後漢省。

鴈門郡，〔一〕秦置。〔二〕句注山在陰館。〔三〕莽曰填狄。屬并州。〔四〕户七萬三千一百三十八，口二十九萬三千四百五十四。縣十四：〔五〕善無，莽曰陰館。〔六〕沃陽，鹽澤在東北。有長丞。西部都尉治。〔七〕莽曰敬陽。〔八〕繁畤，莽曰當要。〔九〕中陵，莽曰遮害。〔一〇〕陰館，樓煩鄉。景帝後三年置。〔一一〕累頭山，治水所出，東至泉州入海，〔一二〕過郡六，〔一三〕行千一百里。莽曰富代。〔一四〕樓煩，有鹽官。〔一五〕武州，〔一六〕莽曰桓州。〔一七〕洼陶，〔一八〕劇陽，莽曰善陽。〔一九〕崞，莽曰崞張。〔二〇〕平城，〔二一〕東部都尉治。莽曰平順。〔二二〕埒，莽曰填狄亭。〔二三〕馬邑，〔二四〕莽曰章昭。〔二五〕彊陰。諸聞澤在東北。莽曰伏陰。〔二六〕

〔一〕【補注】先謙曰：據河水注，郡治善無。續志後漢治陰館。劉注「雒陽北千五百里」。

〔二〕【補注】先謙曰：趙武靈王置鴈門郡，見匈奴傳。秦因之。全祖望云：楚漢之際屬趙國，尋分屬代國，高帝三年屬漢，四年仍屬趙國，六年屬代國，景帝後以邊郡收。

〔三〕【補注】段玉裁曰：陰館，前漢作「觀」，後漢、晉作「館」，見沈約宋書。先謙曰：夏侯嬰破胡騎於山北，見嬰傳。蘇意屯此，見文紀。一統志「山在今代州西二十里」。

〔四〕【補注】先謙曰：續志後漢因，屬同。

〔五〕【補注】錢大昭曰：周勃世家「定鴈門郡十七縣」，是秦領縣十七。

〔六〕【補注】先謙曰：續志後漢改屬定襄，爲郡治。河水注「中陵水自中陵來，西北流，逕善無縣故城西，又西北合吐文水，下入沃陽。呂梁洪水出善無縣故城西南八十里，西流，歷於呂梁之山，爲呂梁洪，在離石北以東可二百餘里入河」。見定襄桐過。一統志「故城今右玉縣南」。紀要「代州西北七十里」。

〔七〕【補注】先謙曰：河水注「中陵水自善無來，北分爲二。一水東北流，爲沃水，東逕沃陽縣故城南，北俗謂之可不埿城。又東北逕沃陽城東，又東合可不埿水，又逕參合縣南，後魏縣，非漢屬代郡者。西去沃野城二十里。縣北十里有都尉城，地理志曰『西部都尉治』者也，北俗謂之阿養城。又東合災豆渾水，又東北流，注鹽池，地理志曰『鹽澤在東北』者也，西南去沃陽城六十五里。池水澂渟，淵而不流，東西五十里，南北二十里。池北七里即涼城郡治。後魏郡。池西有舊城，俗謂之涼城也，郡取名焉。地理志曰『澤有長丞』，此城即長丞所治也。中陵水自枝津西北流，又合詰升袁河水亂流，西南合樹頹水。西南分爲二水：左水枝分南出，爲太羅河，下入武州；右水西逕昆新城南，入河。見定襄桐過。詰升袁河水出沃陽縣東北山下，北俗謂之烏伏真山，西南流，逕沃陽縣左，入中陵水」。陳澧云：鹽澤今寧遠廳代哈池。

〔八〕【補注】先謙曰：續志後漢省。一統志「故城今左雲縣西北塞外鑲藍旗察哈爾界中」。紀要「應州西南」。

〔九〕師古曰：時音止。【補注】先謙曰：續志後漢因。㶟水注「崞川水自崞來，北流，逕繁畤縣故城東，下入劇陽」。一統志「故城今渾源州西。其代州之繁畤縣乃後魏置，非漢縣」。

〔一〇〕【補注】先謙曰：續志後漢改屬定襄。河水注「中陵水出縣西南山，北俗謂之大浴真山。中陵水東北流，逕中陵縣故城東，北俗謂之北右突城。十三州志云『善無縣南七十五里有中陵縣』。其水又西北，右合貸敢山水，下入善無」。一統志「故城今平魯縣北。中陵水即兔毛河」。

〔一一〕【補注】王念孫曰：「樓煩」上當有「故」字，言陰館縣乃故樓煩鄉，景帝後三年始置縣也。志文若是者多矣。脱去「故」字則文義不明。㶟水注正作「故樓煩鄉」。

〔一二〕【補注】先謙曰：泉州，漁陽縣。㶟水篇「㶟水出陰館縣」。注云「㶟水出累頭山，一曰治水。泉發山側，沿波歷澗，東北流，出山，逕陰館縣故城西，又左會桑乾水，又東合崞山水，見崞。下入代班氏。桑乾水自太原汾陽來，於陰館縣西北上平，洪源七輪，謂之桑乾泉，即溹涫水也。右會馬邑川水，見馬邑。又東南，右合㶟水，亂流枝水南出。桑乾水又東，左合武州塞水，見武州。又右合枝津，又東北爲㶟水，自下並受通稱矣」。一統志「累頭山在今代州西北。州志『山有七峰，如斗形，一名北斗山』。治水今桑乾河」。

〔一三〕【補注】先謙曰：過雁門、代、上谷、廣陽、漁陽。「六」當爲「五」。

〔一四〕師古曰：累音力追反。治音弋之反，燕剌王傳作「台」字。【補注】王念孫曰：㶟水注作「富臧」，亦於義爲長。先謙曰：續志後漢因，郡治。一統志「故城今朔州東南八十里」。

〔一五〕應劭曰：故樓煩胡地。【補注】先謙曰：樓煩，始見王會解，戰國燕縣，蘇秦説齊閔王，胡人襲燕樓煩數縣是也。趙武靈王破林胡、樓煩，築高闕，見趙世家。是樓煩縣與樓煩戎爲二。秦爲縣。灌嬰傳「別降樓煩以北六縣」、周勃傳「還攻樓煩三城」是其證也。高帝逐韓王信至此，見高紀。續志後漢因。一統志「故城今寧武府界雁門關北。晉縣，今崞縣東。唐縣，今清樂縣南」。

〔一六〕【補注】先謙曰：武帝時匈奴穿武州塞，見匈奴傳。

〔一七〕【補注】先謙曰：續志後漢因。河水注「太羅水上承樹頽河，南流西轉，逕武州縣故城南。十三州志云『縣在善無城西南百五十里，北俗謂之太羅城，水亦藉稱焉』。西南流，合一水，又西南入河」。見定襄桐過。又㶟水注「武州塞水出故城東，南流出山，逕日没城，東流，右入桑乾水。武州川水出縣西南山下，二源翼導，俱發一山，東北流，合成一川。北流逕武州縣故城西，又東北合黄水，又東合火山西溪水。山有火井、湯井、風穴。武州川水又東南流，出山谿，土地記云『平城西三十里武州塞口』者也。自山口枝渠東出，入苑，溉諸園池。一水自枝渠南流，東南出，合火山水，下入平城」。一統志「故城今左雲縣南。後魏縣，今代州」。山西通志『武州山在今大同縣西二十里』。武州水出山之西白羊山溪谷中」。

〔一八〕孟康曰：音汪。【補注】先謙曰：官本引宋祁曰「汪」，景本作「汪」，音枉。段玉裁云：集韻三十六養「汪」，嫗往切。引汪陶縣名。十一唐「汪」，烏光切。不載縣名。然則，丁度所據志作「枉」也。先謙案：後漢因，續志作「汪陶」。㶟水注「桑乾枝水上承桑乾河，東南流，逕桑乾郡北，後魏郡。合夏屋山水東流。長津委浪，通結兩湖，淵潭相接，俗謂之南池。池北對汪陶縣之故城，故曰南池也。南池水又東北，入桑乾水」。一統志「故城今山陰縣東」。紀要「應州西」。

〔一九〕【補注】先謙曰：後漢因。㶟水注「崞川水自繁畤來，北逕劇陽縣故城西。十三州志云『在陰館縣東北一百三里』。其水東注㶟水」。見陰館。一統志「故城今應州西北」。

〔二〇〕孟康曰：音郭。【補注】先謙曰：説文「崞山在雁門」。續志後漢因。濕水注「崞川水出崞縣故城南。縣南面玄岳，右背崞山，處二山之中，故莽以崞張爲名。其水西出山爲崞口，下入繁畤」。一統志「故城今渾源州西。山西通志『二十里横山左側遺墉尚存』」。

〔二一〕【補注】先謙曰：縣見高紀，周勃、夏侯嬰、韓王信、匈奴傳。

〔二二〕【補注】先謙曰：續志後漢因。濕水注「如渾水出梁城郡旋鴻縣，後魏郡縣。東合旋鴻池水，又東南，逕永固縣，後魏屬代郡。右會羊水，又南分二水：一水逕平城西郭内，又南屈，逕平城縣故城南，後魏天興中都此。又南繞出郊郭，長塘曲池，所在布濩；一水南逕白登山西，高帝爲匈奴所圍處，又東逕平城縣故城東，又南合武州川水，下入代班氏。羊水出平城縣之西苑外武州塞，北入如渾水。武州川水自武州來，逕平城縣南，東流，入如渾水」。一統志「故城今大同縣東五里。白登臺在高陽縣南」。

〔二三〕【補注】朱一新曰：汪本作「垺」。陳奂云：集韻十一模「垺」，埒也。不引縣名。作「埒」是也。先謙曰：續志後漢因。

〔二四〕【補注】全祖望曰：故韓王信都。先謙曰：縣見高、武紀，韓王信、匈奴傳。

〔二五〕師古曰：晉太康地記云，秦時建此城輒崩不成，有馬周旋馳走反覆，父老異之，因依以築城，遂名爲馬邑。【補注】先謙曰：續志後漢因。濕水注「馬邑川水出馬邑西，川俗謂之磨川。馬、磨聲相近。其水東逕馬邑縣故城南，入桑乾水」。見陰館。一統志「故城今朔州治。舊志：城外西北隅」。

〔二六〕【補注】先謙曰：後漢因。續志作「彊陰」，蓋誤。一統志「故城今大同縣西北塞外。諸聞澤或曰即旋鴻池，或曰即威寧海」。先謙案：濕水注「旋鴻池東西二里，南北四里，北對涼川城之南池，方五十里，俗名乞伏袁池」。陳澧云：諸聞澤，今豐鎮廳奇兒池。

代郡，〔一〕秦置。〔二〕莽曰厭狄。有五原關、〔三〕常山關。〔四〕屬幽州。〔五〕户五萬六千七百七十一，口二十七萬八千七百五十四。縣十八：桑乾，莽曰安德。〔六〕道人，莽曰道仁。〔七〕當城，〔八〕高柳，西部都尉治。〔九〕馬城，東部都尉治。〔一〇〕班氏，秦地圖書班氏。〔一一〕莽曰班副。〔一二〕延陵，〔一三〕狋氏，莽曰狋聚。〔一四〕且如，于延水出塞外，東至寧入沽。〔一五〕中部都尉治。〔一六〕平邑，莽曰平胡。〔一七〕陽原，〔一八〕東安陽，莽曰竟安。〔一九〕參合，〔二〇〕平舒，〔二一〕祁夷水北至桑乾入沽。〔二二〕莽曰平葆。〔二三〕代，〔二四〕莽曰厭狄亭。〔二五〕靈丘，〔二六〕滱河東至文安入大河。〔二七〕過郡五。〔二八〕行九百四十里。并州川。〔二九〕廣昌，〔三〇〕淶水東南至容城入河。〔三一〕過郡三。〔三二〕行五百里，并州寖。莽曰廣平。〔三三〕鹵城。虖池河東至參合入虖池別，過郡九，行千三百四十里，并州川。從河東至文安入海，過郡六，行千三百七十里。〔三四〕莽曰鹵盾。〔三五〕

〔一〕【補注】先謙曰：據㶟水注，郡治高柳。閻若璩云：張守節云「蔚州飛狐縣北百五十里有秦漢故郡城」。飛狐，漢廣昌縣地，則漢代郡治廣昌縣。秦亦爾。云治高柳者，恐誤。案，續志後漢治高柳。劉注「雒陽東北二千五百里」。

〔二〕【補注】錢坫曰：始皇二十三年置。全祖望曰：楚漢之際屬趙國，尋爲代國，高帝三年屬漢，六年仍爲代國，武帝元鼎三年復故。

〔三〕【補注】先謙曰：説文「阮」下作「五阮關」。成紀同。如淳注讀阮爲近卷反。後書烏桓傳同。紀要「紫荆關在易州西八十里，廣昌縣東北百里。或云即五阮關」。「原」字蓋誤。

〔四〕【補注】先謙曰：寰宇通志：倒馬關在唐縣西北，漢置，名常山關。紀要「關在定州西北二百二十二里，廣昌縣南七十里」。滱水注「滱水自廣昌來，東逕倒馬關，關山險隘，最爲深峭，故關受其名。關水出西南長溪下，東北歷關，注滱。滱水又自倒馬關南流，合大嶺水、兩嶺溪水、懸水，又東歷鴻山，疑即地道記所謂鴻上關也。滱水左納鴻上水，下入中山唐」。

〔五〕應劭曰：故代國。【補注】先謙曰：續志後漢因，屬同。

〔六〕孟康曰：乾音干。【補注】先謙曰：續志後漢因。灅水注「灅水自上谷昌平來，東北逕桑乾縣故城西，又屈逕其城北。魏土地記曰：『代城北九十里有桑乾城。城西渡桑乾水。去城十里有温湯，療疾有驗。』灅水又東合祁夷水、石山水，下入上谷潘。祁夷水自代來，北逕桑乾縣故城東，而北入灅水。地理志曰『祁夷水北至桑乾入灅』是也」。一統志「故城今蔚州東北」。

〔七〕師古曰：本有仙人遊其地，因以爲名。【補注】先謙曰：續志後漢因。灅水注「灅水自狋氏來，東逕道人縣故城南。地理風俗記云『初築此城，有仙人遊其地，因以爲城名』。今城北有淵潭而不流，故俗謂之爲平湖也。十三州志曰『道人城在高柳東北八十里』，所未詳也。灅水下入陽原」。案：注「師古」二字乃「應劭」之譌。一統志「故城今陽高縣東南」。

〔八〕師古曰：闞駰云當桓都城，故曰當城。【補注】先謙曰：周勃斬陳豨於此，見高紀。續志後漢因。灅水注「連水自廣昌來，北逕當城縣故城西。應劭云『當桓都山作城，故曰當城也』。連水下入代」。先謙案：據此，「闞駰」乃「應劭」之譌。「桓都」下奪「山作」二字。一統志「故城今蔚州東。括地志『縣當常山，故曰當城』」。

〔九〕【補注】先謙曰：景帝時魏不害屯此，見五行志。續志後漢因。灅水注「山海經云『雁門水出雁門山，雁出其門，在高柳北。高柳在代中』。其山重巒疊巘，霞舉雲高，連山隱隱，東出遼塞。其水東南流，逕高柳縣故城北，城在平城東南六十七里，於代爲西北。雁門水又東南屈逕吡險城，又東北積爲潭，斜長二十餘里，廣十五里，敦水注之。見參合。又東北入陽門山，謂之陽門水。合神泉水、託台谷水，又東逕大寧郡北，後魏郡。合脩水，即山海經所謂『脩水東流注於雁門水』也。地理志有于延水而無雁門、脩水之名。山海經有脩水、雁門之目，而無于延河。自下亦通謂之于延水矣。水側有桑林，時人亦謂是水爲藁桑河也。下入上谷寧」。一統志「故城今陽高縣西北」。紀要「大同府東南九十里」。

〔一〇〕【補注】先謙曰：續志後漢因。灅水注「于延水即脩水，自且如來，東南逕馬城縣故城北。十三州志曰『馬城在高柳東二百四十里，俗謂是水爲河頭』。又東逕零丁城南，右合延鄉水，又東南，於大寧郡北後魏郡。合雁門水，見高柳。下入上谷寧。延鄉水出馬城縣西山，下入延陵。又自延陵來，東逕馬城南，入脩水」。先謙案：「雁門馬邑」下顔注引太康地記，有依馬走築城之異，道元云「或以爲代之馬城」。諸記紛競，未識所是也。一統志「故城今懷安縣北」。

〔一一〕【補注】錢大昕曰：注疑有脱誤。秦地圖蓋蕭何所收者。「琅琊長廣」下「奚養澤在西，秦地圖云劇清池」。班引秦地圖秖此二條。

〔一二〕【補注】先謙曰：續志後漢因。灅水注「灅水自雁門陰館來，東逕班氏縣南，合如渾水，下入平邑。如渾水自雁門平城來，南流，逕班氏縣故城東。十三州志云『班氏縣在郡西南百里，北俗謂之去留城』。如渾水又東南，入灅水」。一統志「故城今大同縣東南」。紀要「渾源州西北」。

〔一三〕【補注】先謙曰：戰國趙邑。趙世家有延陵鈞。韓非子有延陵生。續志後漢省。灅水注「延陵水自馬城來，東逕延陵縣故城北。地理風俗記曰『當城西北有延陵鄉，故縣也，俗指爲琦城』。延鄉水又逕羅亭，下仍入馬城」。據應説，縣并入當城。一統志「故城今天鎮縣北邊牆外正黄旗察哈爾界中。延鄉水即西洋河」。

〔一四〕孟康曰：狋音權。氏音精。【補注】先謙曰：説文「狋从示聲。代郡有狋氏縣。讀又如銀」。權精切，銀。明漢魏音讀合。「氏音」二字蓋衍。「精」下不著「反」字，本書此例多有。漢縣名「氏」者，無異讀也，後人誤竄「氏音」二字。篇韻因云狋有權音，莫能是正矣。續志後漢因。灅水注「灅水自平邑來，東逕狋氏縣故城北。十三州志云『縣在高柳南百三十里，俗謂之苦力干城』。灅水下入道人」。一統志「故城今廣靈縣西北」。紀要「渾源州東」。

〔一五〕【補注】王念孫曰：「寧」上脱「廣」字。此「沽」及下文「平舒祁夷水北至桑乾入沽」，「沽」皆當爲「治」字之誤。上文「陰館累頭山，治水所出」，即此水也。灅水注云「灅水一曰治水」，又云「東，左得于延水口。地理志云『于延水東至廣寧入治』，非矣」。案注云「于延水又東逕大寧縣故城南。地理志云廣寧也。又東南逕茹縣故城北，又南逕且居縣故城南，東南流，注於灅水」。是于延水至廣寧尚未入治，故云「地理志曰『于延水東至廣寧入治』，非矣」。趙氏東潛未解「非矣」二字之意，而改「入治」爲「入沽」，謂六朝時漢志已譌「治」爲「沽」，故道元以爲非，蓋誤會也。又案，注言灅水左會于延水於下洛縣故城東南。灅水即今之桑乾河。漢下落故城在今直隸保安州西。于延水即今之洋河，源出山西天鎮縣邊外，東至保安州入桑乾河，與水經注合。是于延水入治，非入沽也。又灅水注云「祁夷水出平舒東，東北至桑乾故城東，而北流注於灅水。地理志云『祁夷水出平舒縣北，至桑乾入灅』是也」。灅水即治水，是祁夷水入治非入沽也。又下文「漁陽郡漁陽，沽水出塞外，東南至泉州入海」，此即今之白河，源出直隸赤城縣邊外，東南至天津縣，由直沽入海者也，非于延、祁夷二水所入。且廣寧、桑乾皆治水所經，非沽水所經，則此志「入沽」明是「入治」之譌。先謙曰：灅水注「于延水出塞外柔玄鎮西後魏六鎮之一。通鑑胡注「城在漢且如縣西北塞外」。長川城南小山，東南流，逕且如縣故城南。應劭云『當城西北四十里，有且如城，故縣也』。代稱不拘，名號變改，校其城郭，相去遠矣。山海經云『梁渠之山，無草木，多金石，脩水出焉』。于延水出縣北塞外，即脩水也。下入馬城」。一統志「于延水即東洋河，一名兆哈河，在天鎮縣北，察哈爾東南六十里」。

〔一六〕師古曰：且音子如反。沽音姑，又音故。【補注】先謙曰：續志後漢省。按據上應説，縣併入當城。一統志「故城今天鎮縣北」。

〔一七〕【補注】先謙曰：後漢因。續志作「北平邑」。灅水注「灅水自班氏來，東逕平邑縣故城南。趙獻侯十三年城平邑。十三州志云『城在高柳南百八十里，北俗謂之醜寅城』。灅水又東逕沙陵南，下入狋氏」。先謙案，平邑後入魏。悼襄王時，魏欲通平邑、中牟之道，不成，見趙世家。一統志「故城今陽高縣西南」。紀要「靈丘縣西北」。

〔一八〕【補注】先謙曰：續志後漢省。灅水注「灅水自道人來，東逕陽原縣故城南，北俗謂之比郍州城。灅水下入東安陽」。一統志「故城今西寧縣南」。

〔一九〕師古曰：闞駰云五原有安陽，故此加「東」也。【補注】先謙曰：續志後漢因。灅水注「灅水自陽原來，東合安陽水，逕東安陽縣故城北。趙惠文王三年，主父封長子章爲代安陽君，此即章封邑。灅水下入上谷昌平。安陽水出縣東北澤中，北俗謂之太拔迴水，自澤東南流入灅水」。一統志「故城今蔚州西北」。

〔二〇〕【補注】先謙曰：柴武斬韓王信於此，見信傳。續志後漢省。灅水注「敦水導源西北少咸山南麓，東流，逕參合縣故城南，地理風俗記云『道人城北五十里有參合鄉，故縣也』。敦水又東合淴水，東北入雁門水。山海經云『少咸之山，敦水出焉，東流注于雁門之水』，謂斯水也」。見高柳。案，據應説，後漢縣併入道人。一統志「故城今陽高縣東北。其左雲縣北塞外參合廢縣，乃後魏分沃陽置」。

〔二一〕【補注】先謙曰：戰國燕地，與趙，見趙世家。

〔二二〕【補注】先謙曰：「沽」當作「治」，説詳上。灅水注「祁夷水出平舒縣東，逕平舒縣之故城南澤中，控引衆泉，以成一川。魏土地記云『代城西九十里有平舒城，西南五里，代水所出，東北流』。言代水，非也。又東北逕石門關北，舊道出中山故關也。下入代」。

〔二三〕【補注】先謙曰：續志後漢因。一統志「故城今廣靈縣西。縣志：十里平水村，南俗呼平水城，即『舒』之轉音字變」。

〔二四〕【補注】先謙曰：戰國代滅於趙。楚漢之際，趙王歇都，見項羽傳。

〔二五〕應劭曰：故代國。【補注】先謙曰：續志後漢因。灅水注「祁夷水自平舒來，東北得飛狐谷，廣野君所謂杜飛狐之口也。魏土地記云『代城南四十里有飛狐關』。祁夷水合關水東北流，逕代城西。梅福上事云『代谷者，恒山在其南，北塞在其北，谷中之地，上谷在東，代郡在西』是其地也。祁夷水合城内二泉，又合熱水、谷水、見上谷昌平。逆水、青牛淵水，下入上谷昌平。連水自當城來，逕故代城西北，入祁夷水」。見昌平。一統志「故城今蔚州東」。

〔二六〕【補注】先謙曰：戰國趙邑。敬侯敗齊於此，後入齊，與樂毅，復伐取之，孝成王以封楚黄歇，並見趙世家。魏武侯伐齊至此，見魏世家。周勃破陳豨於此，見勃傳。續志後漢省。一統志「故城今靈丘縣東。括地志：十里」。

〔二七〕【補注】段玉裁曰：滱水故道本由今清苑縣東南與濡、博諸水合流，注易後徙而東，不入縣境。大河之名，非志所有，當有誤。陳澧曰：今靈丘縣唐河東流至文安縣西境入西淀。云入大河者，以今西淀爲河水所匯也。博水、盧水、淶水入河並仿此。先謙曰：文安，勃海縣。滱水篇「滱水出靈丘縣高氏山」。注云「即漚夷之水也。山海經云『高氏之山，滱水出焉，東流注于河』者也。東南流，合温泉水、莎泉水，又東逕靈丘縣故城南，南流入峽，謂之隘門。歷南山，沿澗西轉，又南轉東屈，下入廣昌」。

〔二八〕【補注】先謙曰：代、常山、中山、涿、勃海。

〔二九〕應劭曰：武靈王葬此，因氏焉。臣瓚曰：靈丘之號在趙武靈王之前也。師古曰：瓚説是也。滱音寇，又音苦侯反。其下並同。【補注】全祖望曰：職方鄭注誤以嘔夷爲祁夷，而師古從之。不知班志已自了然。蓋以嘔夷即滱水，故於「滱河」下書曰「并州川」也。先謙曰：滱水注「史記趙敬侯九年敗齊于靈丘，則名不因武靈王事，如瓚注」。

〔三〇〕【補注】先謙曰：秦縣。樊噲破綦毋卬、尹潘於此，見噲傳。文帝發車騎材官屯焉，見五行志。易水注「南易水出廣昌縣東南郎山，經所謂閻鄉西山，下入涿故安。樊石山水出廣昌縣之樊石山，東流，逕覆釜山，入易水」。見涿故安。又滱水注「滱水自靈丘來，東逕嘉牙川，合南來一水。水北山行，即廣昌縣界，下入本郡常山關下。徐水出廣昌縣東南大嶺下，世謂之廣昌嶺，高四十餘里。徐水三源奇發，齊瀉一澗，東北逕南山，下入中山北平」。又㶟水注「連水自上谷雊瞀來，西逕廣昌城南。魏土地記云『代南二百里有廣昌城，南通大嶺』，即實非也。十三州記曰『平舒城東九十里有廣平城』，疑是城也。此道元以爲非廣昌。連水又西逕王莽城南，又合到刺山水，下入當城」。

〔三一〕【補注】先謙曰：容城，涿郡縣。巨馬河篇「巨馬河出廣昌縣淶山」。注云「即淶水也。有二源，俱發淶山。東逕廣昌縣故城南，又東北，逕西射魚城、東射魚城，又合白澗溪水、桑谷水、紫水，又東南，逕榆城，爲榆城河。又南，逕藏刀山下，層巖壁立，直上干霄。淶水下入涿郡遒」。注又云「淶水東南至容城入河，河即濡水也。濡謂南濡。蓋互以明會矣」。先謙案，淶水至容城，復逕益昌、東平舒二縣，方入滹沱也。

〔三二〕【補注】錢坫曰：過代、涿二郡，「三」字誤。先謙曰：併東平舒數之，則過勃海，爲三郡也。

〔三三〕師古曰：淶音來。【補注】先謙曰：續志後漢改屬中山。一統志「故城今廣昌縣北」。

〔三四〕【補注】齊召南曰：班注「參合」當是「參户」之譌。參户，勃海縣，故下文曰「過郡九」。若東至參合入虖池別，同在一郡，安得云過郡九乎？且參合故城在北塞之外，限隔重山，既北至參合，安能復南注勃海也？又案虖池別見「河閒國弓高」下，云「虖池別河首受虖池河，東至平舒入海」。「平舒」之上脱「東」字。東平舒，勃海屬縣也。但曰平舒，便疑向代郡之平舒矣。王念孫曰：齊説是也。「虖池別」下當有「河」字。下文「河閒國弓高」下云「虖池別河首受虖池河」，是其證。段玉裁曰：毛傳「沱江之別」，説文「勃澥海之別」，此云「虖池別」者，謂虖池之別，不必有「河」字。下文「弓高」下則或加「河」字矣。錢坫曰：「從河」當作「別河」。水經無虖池河，於二漳、滱、易、巨馬諸經中雜出一二語，蓋書逸也。今河上流爲虖池正流，下流則爲別河。正流爲漳水所亂，莫可攷矣。水出繁畤縣東北泰戲山，西流，逕縣城南折，南逕崞縣東折，東逕定襄縣東北五臺縣南折，東南出長城，逕平山縣北、獲鹿縣北，靈壽縣南，真定府城南、藁城縣北，晉州南、束鹿縣西，入大陸澤，曰北泊。出澤東北流，逕武邑縣北、武强縣南，至獻縣西分爲二。一流北出，逕河閒府城南、文安縣南、青縣西北、大城縣南，至東安縣東，會桑乾河。一流南出，逕交河縣北，東南至静海縣北，會桑乾河，同入於海。河北之水，惟虖池決溢無常，漸趨而南，無復舊迹矣。應過代、雁門、常山、信都、河閒、勃海六郡，九郡不可聞。徐松曰：「從河」當作「徒河」。周壽昌曰：代屬幽州。此與上滱水皆引并州川，知幽、并兩州地互相屬也。徒河屬遼西郡。狐蘇唐就水至徒河入海，距鹵城遠，無緣受此河。徐説非也。濁漳水注「衡漳東逕蒲領縣城」。趙一清云「案寰宇記引水經云，今滄州魯城縣」。水經注又云「又東北，右會桑社溝。溝上承從陂，世稱盧達從薄」。趙氏謂即此志鹵城縣下之從河也。壽昌謂「從」疑讀如從横之從。濁漳水注衡漳稱衡水，亦稱衡河。孔安國曰衡，横也，言漳水横流也。則從河之稱安知非因虖池別河之徑行入海而得此名乎？沽水直流者曰直沽，女祁水横流者曰横水，濡水東南迴曲謂之曲河，皆此類。陳澧曰：今虖池河出山西繁峙縣，東南流至直隸藁城縣，皆故道。自藁城以東，古今異流。考本志諸水出入虖池河之地，有新市、滋水入。東昌、寖水入。弓高、虖池別河首受。樂成、虖池別水首受。東光虖池別水入。諸縣，皆當時虖池河所過也。「參合」當作「參户」。既云「東至參户入虖池別」，又云「從河東至文安入海」，各記所過郡數、所行里數者，其水分二派也。以今地攷之，自今藁城縣漢新市。過武邑縣，漢東昌。今已湮。其二派之分，蓋始於此。其至參户入虖池別者，東一派也。「勃海成平」下云「虖池河，民曰徒駭河」，即此一派。當過今阜城、漢弓高。交河、漢成平。東光、漢東光。青縣。漢參户。今湮。其至文安入海者，西一派也。當過今獻縣漢樂成。至文安。漢文安。今武邑縣北境虖池河俗曰子牙河，蓋其故瀆。其自文安入海之瀆，今亦湮矣。云「從河東」者，漢時大河北至今天津縣入海，此水自河西絶河而過，從河之東入海，或「從」即「絶」之譌。段、錢云「從」當作「別」，謂虖池別河也。然別河見「弓高縣」下，無庸復出。此至文安入海者，必更爲一派。又滱河、博水、盧水、淶水、桃水皆在虖池河北，志皆云入河，則漢時河水過虖池河北，虖池河入海必東絶河水而過。「絶」字草書類「從」，傳寫之誤也。「過郡九」、「過郡六」亦當有譌字。二派相去不遠，不得一派多過三郡，一派少過三郡也。先謙曰：「河閒樂成」下有「虖池別水首受虖池河」，「弓高」下有「虖池別河首受虖池河」，明是二水。此志若祇稱「虖池別」，則文不分曉，是「別」下應有「河」字或「水」字。段説未審。虖池別者，受虖池河而別流，即水決復入，當云虖池別入虖池河，不當反云虖池河入虖池別。惟此，敘虖池大川正流又不應虖池別在上，疑「從」當作「絶」，陳説是也。虖池河至參户入虖池別，又出而絶河至文安入海，志分敘其所過之郡及所行里數，其郡數、里數不可究矣。案，虖池故瀆可考見者，濁漳水篇

「東北至昌亭與滹沱河會」。注云「衡漳又逕東昌縣故城北，經所謂昌亭也。又東北，左會滹池故瀆，謂之合口」。即班志「魏都武安」下云「濅水東北至東昌入虖池」也。東昌，信都縣。又寰宇記「鎮州真定縣蒲澤」下引水經注云「滹沱河水東逕常山城北，又東南爲蒲澤。濟水有梁焉，俗謂之蒲澤口」。「忻州秀容縣」下引（注）水經〔注〕云「滹沱南歷忻中口，俯會忻川水，水出西管涔山東也」。虖池別瀆可考見者：濁漳水篇「漳水至樂成陵縣北別出」。注云「衡漳於縣無別出之瀆。出縣北者，乃滹沱別水分滹沱故瀆之所纏絡也」。又云「衡漳自勃海建成下，又東，左會滹沱別河故瀆，又入清河，謂之合口」。又云「白馬河上承滹沱，至武邑入衡水」。又巨馬水注云「虖池枯溝自勃海安次東南至泉州縣入八丈溝，又南入巨馬水」。又鮑丘水注云「泉州渠故瀆上承虖池水於漁陽泉州縣，至雍奴入鮑丘水」。又寰宇記「深州饒陽縣枯白馬渠」下引水經云「滹沱河又東，有白馬渠出焉」。疑即上白馬河。它水入虖池可考見者：濁漳水注云「漳水枝津謂之濊水，逕東平舒，北注滹沱，謂之濊口」。又易水注「南易水至文安縣與滹沱合」。又滱水注「滱水歷中山安國縣東，分爲二水。一枝分東南，逕安國亭南，入虖沱」。又巨馬水注「巨馬水於勃海東平舒城北，南入虖池，同歸於海」。又寰宇記「真定縣滋水」下引水經注云「滋水東至新市入滹沱河」。又「河閒縣大浦淀」下引水經注云「大浦淀下導，陂溝競奔，咸注滹沱，是故，人因決入之處謂之百道口」。九域志「定襄縣三會水」下引水經云「三會水出九原縣西，入滹沱水，逕定襄界」。水經散逸，滹沱原委莫詳，姑存其略於此。

〔三五〕師古曰：虖音呼。池音徒河反。【補注】先謙曰：續志後漢改屬雁門。一統志「故城今繁畤縣東。州志：百里。其地多鹵，故名。故城周三里有奇」。

上谷郡，〔一〕秦置。〔二〕莽曰朔調。屬幽州。〔三〕户三萬六千八，口十一萬七千七百六十二。縣十五：〔四〕沮陽，莽曰沮陰。〔五〕泉上，莽曰塞泉。〔六〕潘，莽曰樹武。〔七〕軍都，〔八〕溫餘水東至路，南入沽。〔九〕居庸，有關。〔一〇〕雊瞀，〔一一〕夷輿，莽曰朔調亭。〔一二〕寧，西部都尉治。莽曰博康。〔一三〕昌平，莽曰長昌。〔一四〕廣寧，莽曰廣康。〔一五〕涿鹿，莽曰抪陸。〔一六〕且居，樂陽水出東，東入海。〔一七〕莽曰久居。〔一八〕茹，莽曰穀武。〔一九〕女祁，東部都尉治。莽曰祁。〔二〇〕下落。莽曰下忠。〔二一〕

〔一〕【補注】先謙曰：晉志「郡在谷之上頭，故因名焉」。灅水注「秦上谷郡治沮陽」。漢治蓋亦在此。聖水篇「聖水出上谷」。注云「水出郡之西南聖水谷，東南流逕大防嶺東，又東逕玉石山，伏流里餘，潛源東出，下入涿良鄉」。續志後漢治同，劉注「雒陽東北三千二百里」。

〔二〕【補注】先謙曰：本燕郡，見匈奴傳。舊三十六縣，爲秦、趙攻得，見戰國策。秦始皇二十三年置郡，見聖水注。全祖望云：楚漢之際屬燕國，高帝六年屬漢，仍屬燕國，景帝後以邊郡收。

〔三〕【補注】周壽昌曰：後書耿弇傳「父況爲王莽朔調連率」。又郭伋傳「王莽時爲上谷大尹」。既有朔調，復存上谷。莽傳「大郡至分爲五，其後，歲復變更，一郡至五易名而還復其故。吏民不能紀，每下詔書輒繫其故名」。朔調之又名上谷，亦其類也。先謙曰：續志後漢因，屬同。

〔四〕【補注】錢大昭曰：周勃傳「定上谷十二縣」。是秦領縣十二。段玉裁曰：說文「上谷有𨛫縣，讀若薊」。今志無。

〔五〕孟康曰：音俎。【補注】先謙曰：續志後漢因。灅水注「灅水自涿鹿來，合清夷水，南至馬陘山爲落馬洪，出山謂之清泉河，下入涿良鄉。清夷水自居庸來，合滄河水、靈亭水、馬蘭溪水、泉溝水、桓公泉水，又西逕沮陽縣故城北。魏土地記曰『城北有清夷水西流也』。其水又屈逕其城西，南入灅水。牧牛山水出沮陽城東八十里牧牛山，下有九十九泉，即滄河上源也。西南流，合谷水、浮圖溝水，見夷輿。分界水，下入居庸。又自居庸來，西合陽溝水，入清夷水。陽溝水自居庸來，西逕大翮、小翮山南。魏土地記云『山在沮陽城東北六十里』。合土亭山水，南入滄河。桓公泉水出沮陽縣東，西北入清夷水」。一統志「故城今懷來縣南」。

〔六〕【補注】先謙曰：續志後漢省。

〔七〕師古曰：音普半反。【補注】全祖望曰：據水經注，「潘」乃「瀵」字。自此志、續志、晉志、魏志俱作「潘」，以致今本水經注亦作「潘」。若非通鑑注引水經，則誰能蹤跡而正之？段玉裁曰：胡、全據水經河水注「潘」作「瀵」。攷集韻有「潘」無「瀵」，則知梅磵據誤本水經注也。先謙曰：續志後漢因。㶟水注「㶟水自代桑乾來，東逕潘縣故城北，合協陽關水，下入下落。協陽關水自下落來，東北流，歷笄頭山。闞駰云『笄頭山在潘城南也』。又北逕潘縣故城，左會潘泉故瀆，東北入㶟。潘泉故瀆上承潘泉於潘城中，或云舜所都也。魏土地記云『下落城西南四十里有潘城，城西北三里有歷山，山上有虞舜廟』。其泉從廣十數步，東出城，注協陽關水」。一統志「故城今保安州西南」。

〔八〕【補注】先謙曰：秦縣，一作「渾都」，見絳侯世家索隱及本書周勃傳注。續志後漢改屬廣陽。一統志「故城今昌平州西」。

〔九〕【補注】王念孫曰：「溫餘」本作「㶟餘」，㶟，力追反。「㶟」省作「漯」，與「齊濕」之「濕」相亂，譌而爲「濕」。濕，它合反，即濕字之省，故今本水經注作「濕餘水」。又譌而爲「溫」。「濕」字俗書作「湿」，「溫」字俗書作「温」，二形相似而誤。而師古「㶟」字無音，則所見本已譌爲「溫」矣。先謙曰：路，漁陽縣。趙一清云：朱彝尊日下舊聞云，後書王霸傳「從溫水漕」，章懷引水經注「溫餘水」以證之，因謂水經作「溫」不誤。謬矣。「㶟」誤爲「濕」，「濕」又誤爲「溫」。水經濕餘之名，連上篇出累頭山之濕水以受稱。漢昌平舊縣自有溫水，見漯水注中，豈可便以溫餘水當之？方輿紀要云，榆水一名濕餘河，或名溫榆河。即濕餘之訛也。金石文字記云，水經濕餘水亦「漯」字之異文。昌平山水記云，芹城水出芹城北，南入沙河。水經注：芹城水出北山，南逕芹城東，南注濕餘水。以此知沙河爲古濕餘水也。傳寫之訛，或爲溫水。遼史作「溫（餘）〔渝〕河」，本水經之濕餘河，以字相似而誤，即昌平之榆河，下流爲沙河，入順義西南謂之西河者也。金人名縣曰溫陽以此。先謙曰：㶟餘水注「㶟餘水自居庸來，故瀆東逕軍都縣故城南，又東，重源潛發，積而爲潭，謂之㶟餘潭。又合易荊水，見昌平。又東南，合芹城水，下入漁陽安樂」。

〔一〇〕【補注】先謙曰：續志後漢因。濕餘水篇「濕餘水出居庸關東」。注云「關在沮陽城東南六十里居庸界。濕餘水導源關山南流，歷故關下，又歷山南，逕軍都縣界，謂之軍都關。又南流，出關，謂之下口，水流潛伏十許里，下入軍都」。先謙案：志係「軍都」下，此上溯其源也。又濕水注「清夷水出長亭南，又西北，合平鄉川水，逕陰莫亭，在居庸關南十里，下入沮陽。清河自沮陽來，西逕居庸縣故城南，魏上谷郡治。合粟水，下仍入沮陽。粟水出縣下，城西枕水，又屈逕其縣南，入滄河。陽溝水出縣東北，西南逕居庸縣故城北，下入沮陽」。一統志「故城今延慶州東」。紀要「東南五十里。居庸關門南北相距四十里，兩山夾峙，巨澗中流，稱爲絶險。吕覽九塞之一也」。

〔一一〕孟康曰：音句無。師古曰：雊音工豆反。瞀音莫豆反。【補注】先謙曰：續志後漢因。濕水注「連水出雊瞀縣東，西北流，逕雊瞀縣故城南，下入代廣昌」。一統志「故城今蔚州東」。

〔一二〕【補注】先謙曰：續志後漢省。濕水注「谷水、浮圖溝水出夷輿縣故城西南，俱西南流，入滄河」。見沮陽。一統志「故城今延慶州東北」。

〔一三〕【補注】先謙曰：後漢因，續志作「甯」。濕水注「于延水自代高柳來，東逕罡城南，合寧川水，又逕小寧縣故城南，地理志寧縣也。魏土地記云『大寧城西二十里有小寧城』。于延水下入廣寧。寧川水出西北，東南流，逕小寧縣故城西，入于延水」。一統志「故城今宣化縣西北。寧川水今清水河」。

〔一四〕【補注】先謙曰：續志後漢改屬廣陽。濕水注「濕水自代東安陽來，東逕昌平縣，合溫水，又東逕昌平縣故城北，王莽之長昌也。下入代。桑乾谷水出昌平縣故城南，東北入祁夷水。祁夷水自代郡代縣來，北逕昌平郡東，後魏置。合連水，見代郡代。下入代桑乾濕餘水。易荆水自廣陽薊來，東逕昌平縣故城南，謂之昌平水。魏土地記云『薊城東北百四十里有昌平城，城西有昌平河』。又東入濕餘水」。一統志「故城今昌平州東南」。

〔一五〕【補注】先謙曰：後漢因，續志作「廣甯」。濕水注「于延水自寧來，東合黑城川水，又逕大寧縣故城南。地理志云『廣寧』也。魏土地記云『下洛城西北百三十里有大寧城』。于延水下入茹。黑城川水三源出黑土城西北，總爲一川，東南逕黑土城西，又逕大寧縣西，而南入于延水」。一統志「故城今宣化縣西北」。

〔一六〕應劭曰：黄帝與蚩尤戰于涿鹿之野。【補注】先謙曰：續志後漢因。㶟水注「㶟水自下落來，東過涿鹿縣北，合涿水，下入沮陽。涿水出涿鹿山，世謂之張公泉，東北流，逕涿鹿縣故城南，黄帝與蚩尤戰于涿鹿之野，留其民于涿鹿之阿，即於是也。又東北合阪泉，又東逕平原郡南，後魏僑郡。東北逕祚亭北，入㶟。阪泉水導源縣之東泉。魏土地記云『下洛城東南六十里有涿鹿城，城東一里有阪泉，泉上有黄帝祠』。泉水東北流，合蚩尤泉，入涿水。蚩尤泉水出蚩尤城，城無東面。魏土地記稱涿鹿城東南六里有蚩尤城，泉水淵而不流，霖雨則併注阪泉水」。一統志「故城今保安州南」。

〔一七〕【補注】王鳴盛曰：南監本下「東」作「南」，是。王念孫曰：「樂陽」當爲「陽樂」。「入海」當爲「入沽」。沽水注「陽樂水出且居縣」，引地理志云「水出縣東」。又曰「陽樂水東南合赤城河，又東南入沽水」，是其證。今猶謂之陽樂河。出宣化府龍門縣西娘子山，東南至鵰鶚堡，合南河，即赤城河。又東至赤城縣入沽河，與水經注合。其入沽之處在赤城縣南界，尚未出山，不得言入海也。此涉下文「沽水入海」而誤。先謙曰：官本「東東」作「東南」。沽水注「鵲谷水二源，南即陽樂水也，出且居縣。地理志曰『水出縣東南流』。逕大翮山、小翮山北，下入女祁」。陳澧云：今龍門縣龍門水東流至赤城縣，及赤城東南之白河是也。東南流，與潮河合。

〔一八〕【補注】先謙曰：續志後漢省。㶟水注「于延水自茹來，南逕且居縣故城南，又東南入㶟。地理志曰『于延水東至廣寧入治』，非矣」。一統志「故城今宣化縣東六十里。城周一里」。

〔一九〕【補注】先謙曰：續志後漢省。㶟水注「于延水自廣寧來，東南逕茹縣故城北，世謂之如口城。魏土地記云『城在(雞鳴)〔鳴雞〕山西十里，南通大道，西達寧川』。于延水又逕鳴雞山西。魏土地記云『下洛城東北三十里有延河東流，北有鳴雞山，亦名磨笄山，趙襄子姊代夫人於此自殺也』。于延水下入且居」。一統志「故城今宣化縣南」。

〔二〇〕【補注】先謙曰：續志後漢省。沽水注「陽樂水自且居來，歷女祁縣故城南，世謂之横水，又謂之陽田河。又東合候鹵水，又東南傍狼山南，又逕溫泉東，泉在山曲之中。又逕赤城西，屈逕其城南，東南入赤城河，即沽水之變稱也」。一統志「故城今龍門縣東」。

〔一一〕【補注】先謙曰：續志後漢因。㶟水注「落」作「洛」，云「㶟水自潘來，東逕雍洛城南。魏土地記云『下（落）〔洛〕城西南二十里有雍洛城，桑乾水在城南東流』者也。㶟水又逕下洛縣故城南。後魏燕州廣甯縣，廣甯郡治。魏土地記云『去平城五十里，城南二百步有堯廟』。㶟水又逕高邑亭北，又逕無鄉城北，又合溫泉水。魏土地記云『下洛城東四十里有橋山，山下有溫泉』。又東合于延水，見代且如。下入涿鹿。協陽關水出協溪。魏土地記曰『下洛城西南九十里有協陽關，關道西通代郡』。關水下入潘」。一統志「故城今保安州西」。

漁陽郡，〔一〕秦置。〔二〕莽曰北順。〔三〕屬幽州。〔四〕户六萬八千八百二，口二十六萬四千一百一十六。縣十二：〔五〕漁陽，〔六〕沽水出塞外，東南至泉州入海。〔七〕行七百五十里。有鐵官。莽曰得漁。〔八〕狐奴，莽曰舉符。〔九〕路，莽曰通路亭。〔一〇〕雍奴，〔一一〕泉州，有鹽官。莽曰泉調。〔一二〕平谷，〔一三〕安樂，〔一四〕厗奚，莽曰敦德。〔一五〕獷平，莽曰平獷。〔一六〕要陽，都尉治。莽曰要術。〔一七〕白檀，〔一八〕洫水出北蠻夷。〔一九〕滑鹽，莽曰匡德。〔二〇〕

〔一〕【補注】先謙曰：據鮑丘水注，漁陽郡治漁陽縣，蓋沿秦舊。續志後漢治同。劉注「雒陽東北二千里」。

〔二〕【補注】先謙曰：鮑丘水注「始皇二十二年置」。全祖望云：楚漢之際屬燕國，高帝六年屬漢，仍屬燕國，景帝後以邊郡收。

〔三〕【補注】錢大昭曰：右北平，莽改北順。此必不同。閩本作「通路」，當從之。朱一新曰：汪本作「通路」。先謙曰：官本作「通路」。御覽州郡部八同。鮑丘水注作「通潞」。此「北順」涉下「右北平」而誤。

〔四〕【補注】先謙曰：續志後漢因，屬同。

〔五〕【補注】錢大昭曰：周勃傳「定漁陽二十二縣」，與此文不同，疑彼傳衍「二」字。秦領縣亦止十二。

〔六〕【補注】先謙曰：秦縣。始皇時發閭左戍之，見紀。

〔七〕【補注】先謙曰：沽水篇「沽河從塞外來」。注云「沽水出禦夷鎮西北九十里城在居庸縣西北二百里，本名候鹵城，魏太初中更名。丹花嶺下，東南流，合大谷水，南出峽，合乾溪水，又西南，逕赤城東，爲赤城河。又東南，合鵲谷水、即陽樂水。見上谷且居。高峰水，又西南流，出山，逕漁陽縣故城西而南合七度水、漁水、螺山水，下入安樂。漁水出縣東南平地，泉流西逕漁陽縣故城南，應劭云『在漁水之陽也』。考諸地說則無聞，脈水尋川則有自。今城在斯水之陽，有符應説，漁陽之名當屬此。漁水又西南入沽水。螺山水出漁陽城南小山，西南入沽水」。陳澧云：沽河，今密雲縣潮河，出古北口外，南流，至縣南境，及縣南之白河是也。

〔八〕【補注】先謙曰：後漢因，續志「有鐵」。鮑丘水注「鮑丘水自獷平來，東南逕漁陽縣故城南，下入狐奴」。一統志「故城今密雲縣西南三十里」。漁水在縣南。

〔九〕【補注】先謙曰：續志後漢因。鮑丘水注「鮑丘水自漁陽來，西南歷狐奴城東，入沽河，亂流而南，下入路」。又沽水注「沽水自安樂來，西南逕狐奴山西，又南逕狐奴縣故城西，又合陽重溝水，又合濕餘水，又合鮑丘水，世所謂東潞也。下入路。陽重溝水出狐奴山南，轉逕狐奴城西，側城南注沽水」。又濕餘水注「濕餘水自安樂來，北屈，東南至狐奴縣西南，東入沽河。地理志曰『纝餘水東至路，南入沽』是也」。一統志「故城今順義縣東北」。

〔一〇〕【補注】先謙曰：後漢因，續志作「潞」。沽水注「沽水自狐奴來，南逕潞縣，爲潞河。魏土地記云『城西三十里有潞河』是也。下入雍奴」。又鮑丘水注「鮑丘水自狐奴來，至潞縣入潞，通得潞河之稱。合高梁水，又南逕潞縣故城西，屈而東南流，逕潞城南，入夏澤。澤南紆曲，渚十餘里，北佩謙澤，眇望無垠。下入雍奴。高梁水自廣陽薊來，東至潞縣入鮑丘水」。一統志「故城今通州東」。

〔一一〕【補注】先謙曰：續志後漢因。濛水注「濛水自廣陽薊來，東至雍奴縣西，入笥溝，潞水之別名也。濛水東入漁陽，所在枝分，散漫難尋，故俗諺云『高梁無上源，清泉無下尾』」。先謙案，本志「雁門陰館」下云「濛水東至泉州入海」者也。又沽水注「沽水自路來，東南至雍奴縣西，爲笥溝。濛水入焉，俗謂之合口。下入泉州」。又鮑丘水注「鮑丘水自路來，南至雍奴縣。自縣故城西北，舊分笥溝水東出。今笥溝水斷，衆川東注，混同一瀆，東逕其縣北，又合泃河、見平谷。泉(川)〔州〕、渠水、庚水，見右北平無終。又逕右北平縣故城南。魏土地記曰『薊城東北三百里有右北平城』。北平既治無終，不得別爲一城。此蓋後移治。鮑丘水又合巨梁水。自是水之南，南極虖沱，西至泉州、雍奴，東極於海，謂之雍奴藪。其澤野有九十九淀，枝流條分，往往逕通，東入於海。庚水自右北平無終來，世亦謂之柘水。南逕燕山下，又逕北平城西，入鮑丘水，謂之柘口」。先謙案，本志「無終」下「浭水西至雍奴入海」者也。「泉州渠水自泉州來，北逕雍奴縣東，西去雍奴故城百二十里，自虖池北入其下，歷水澤百八十里，入鮑丘水。曹操從泃口鑿渠，逕雍奴、泉州以通河、海。今無水」。又濡水注「新河故瀆自雍奴縣承鮑丘水東出，曹魏與泃口俱導以通海，世謂之新河。東北絶庚水，下入右北平」。一統志「故城今武清縣東」。

〔一二〕【補注】先謙曰：後漢因。續志「有鐵」，此云「有鹽官」，未知孰謌。沽水注「沽河自雍奴來，東南逕泉州縣故城東，與清淇漳洹滱易淶濡沽滹池同歸于海」。又淇水注「清河自勃海章武來，東北至泉州縣北，入虖沱。水經曰『笥溝東南至泉州縣，與清河合，自下爲派河尾也』。又東，泉州渠出焉。清河下入勃海高成」。又鮑丘水注「泉州渠故瀆上承滹沱水於泉州縣，故以泉州爲名。北逕泉州縣東，下入雍奴」。又巨馬水注「八丈溝水自勃海安次來，東南逕泉州縣故城西，又南，右合滹沱河故溝。滹沱河故溝自安次來，又東南，至泉州縣西南，東入八丈溝，又南，入巨馬河」。見勃海東平舒。又易水篇「易水東過泉州縣南，東入於海」。注云「南易水自勃海文安來。經書水之所歷，沿次注海也」。一統志「故城今武清縣東南四十里」。

〔一三〕【補注】先謙曰：續志後漢因。鮑丘水注「泃河水自右北平無終來，逕平谷縣，屈西南流，合獨樂水、盤山水，又東南，逕平谷縣故城東南，合洳河，又南逕紻城東，合五百溝水，又東南，逕臨泃城北，屈而歷其城東，側城南出，入鮑丘水。見雍奴。獨樂水出北抱犢固，南逕平谷縣故城東，入泃。洳水自厗奚來，東南流，逕平谷縣故城西，入泃。五百溝水出七山北，東逕平谷縣之紻城南，入泃」。一統志「故城今平谷縣東北十二里城子莊」。

〔一四〕【補注】先謙曰：續志後漢因。灅餘水注「灅餘水自上谷昌平來，東南逕安樂縣故城西，下入狐奴」。又沽水注「沽水自漁陽來，南逕安樂縣故城東，俗謂之西潞水，下入狐奴」。又濡水注「五渡水出安樂縣丁原山，南流，逕其縣故城西，本三會城也。五渡水南入濡。高石水出安樂縣東山，西流，歷三會城南，入濡」。見白檀。一統志「故城今順義縣西南」。

〔一五〕孟康曰：厗音題，字或作「蹄」。【補注】王念孫曰：「厗」皆當爲「虒」。韻書虒、厗二字竝有題音，易於相亂。又隸書「虒」字或作「𢈔」，形與「厗」亦相亂，案，古諺云「書三寫，魚成魯，帝成虎」。蓋俗書「虎」字作「𢈔」，與「帝」字相似，故二字互譌也。今經傳相承「嗁」字作「啼」，「蹏」字作「蹄」，皆其類。然則「虒奚」之作「厗奚」，當亦是傳寫者以「𢈔」爲「席」，因譌而爲「厗」矣。故「虒」誤作「厗」。郡國志、鮑丘水注竝作「傂奚」。「傂」字以虒爲聲，則漢志之本作「虒奚」甚明。集韻厗、虒二字竝田黎切。厗字注引說文「唐厗，石也」。虒字注云「虒奚，縣名」。是厗字自爲唐厗石，而虒字則爲虒奚縣。作「厗奚」者，誤也。御覽州郡部八引十道志云「檀州本漢虒奚縣」，又引漢志「虒奚屬漁陽。虒音題」。則宋祁本尚不誤。先謙曰：王說是也。孟云或作「蹄」，蓋本作「傂」，誤爲「蹏」，再誤爲「蹄」也。續志後漢因。鮑丘水注「鮑丘水自滑鹽來，南逕傂奚縣故城東，下入獷平。洳河水出北山，山在傂奚縣故城東南。洳水東南逕博陸故城北，又屈逕其城東，武帝封霍光爲侯國。洳水下入平谷」。一統志「故城今密雲縣東北口外獷平城東北」。

〔一六〕服虔曰：獷音鞏。師古曰：音九永反，又音穬。【補注】先謙曰：官本「穬」作「鑛」。說文「獷，從犬，廣聲」。漁陽有獷平縣」。續志後漢因。鮑丘水注「鮑丘水自(厗)〔虒〕奚來，西逕三城，爲三城水。西南逕獷平縣故城東，又南合三城水，下入漁陽。三城水出臼里山，西北流，合石門水，西南逕獷平城東南，右注鮑丘水」。一統志「故城今密雲縣東北，在潮河西，近古北口地」。

〔一七〕師古曰：音一妙反。【補注】先謙曰：續志後漢省。濡水注「要水出塞外，三川並導，謂之大要水，東南流，逕要陽縣故城東，下入白檀」。一統志「故城今承德府西古白檀城西北。地形志『要陽縣有檀花山，在順義』，乃僑置，非漢縣」。

〔一八〕【補注】先謙曰：縣見李廣傳。

〔一九〕師古曰：洫音呼鵙反。【補注】齊召南曰：案水經注引此文云「濡水」，是古本作「濡」字也。然師古注洫音呼鵙反，則唐初本已作「洫」字。錢大昕曰：漢之白檀縣在今古北口外，灤水所經。濡、灤古今字，別無洫水之名。王念孫曰：白檀，塞外之濡水，字本作「渜」，從水、耎聲。「耎」俗作「軟」，故渜從其聲而音乃官反，聲相近故也。若出涿郡故安之濡水，則字從需聲，而讀若儒。兩字判然各異。說文「濡玉篇音儒。水出涿郡故安，東入淶」，不言出漁陽白檀北蠻夷中也。今本漢志、水經，「渜」字皆譌作「濡」，學者莫能是正。余謂隸書「需」字或作「耎」，易需卦釋文曰「需字從雨。重而者非」。與「耎」相似，故從耎之字多譌從需。若「愞」之爲「懦」、「𢱧」之爲「擩」、「碝」之爲「礝」、「蝡」之爲「蠕」，皆是。「渜水」之爲「濡水」，猶士喪禮「渜濯棄于坎」之「渜」，喪大記譌作「濡」也。渜與洫字形相似，故「渜」譌爲「洫」。若本是「濡」字，不得譌爲「洫」矣。世人多見「濡」，少見「渜」，故「渜水」字今皆作「濡」。此「渜」字若不譌爲「洫」，則後人亦必改爲「濡」矣。又考水經注，濡水亦名難水，又云「濡、難聲相近，狄俗語譌耳」。蓋其字本從耎聲，故聲與難相近。渜水亦名難水，猶有骨醘謂之腝，而字或作「鸋」也。今人謂之灤河，聲與耎亦相近也。集韻平聲二十六桓「渜，奴官切，水名，在遼西肥如，或作『濡』」。類篇同。云渜水在遼西肥如即本於漢志，而又云或作「濡」，則仍爲俗本所惑。然以「渜」爲正文，而以「濡」爲或字，則固非無據而云然矣。先謙曰：濡水篇「濡水自塞外來」。注云「濡水出禦夷鎮東南，二源雙引，夾山西北流，合成一川，又西北，逕禦夷故城東，北流，左合連淵水，右合汙水，又北逕沙野西，又逕箕安山東，又東北，逕林山北，又逕孤山南，合呂泉水、盤泉水，又東南，水流迴曲，謂之曲河，在鎮東北三百里。又東出峽，入安州界，東南流，逕白檀縣故城。地理志曰『濡水出縣北蠻中』也。又合要水、索頭水、武列水、五渡水、高石水，並見安樂。又東南，逕盧龍塞。塞道自無終縣東出，渡濡水，向林蘭陘，東至青陘。濡水又南合黃洛水，東南合洛水，又屈而流，左得去潤水、敖水，下入遼西令支。要水自要陽來，東南流，逕白檀縣入濡」。續志後漢省。一統志「故城今承德州西古北口東北百四十里」。後魏密雲郡白檀縣治漢厗奚城。北齊廢白檀入密雲。隋志密雲縣有漁(陽)〔水〕、螺山，則在故漁陽縣界，並非厗奚故治矣」。一統志稿云「金志興州興化縣有白檀鎮，泰和三年升爲宜興縣，此漢白檀縣也。明統志謂白檀廢縣在密雲南，有白檀山，非漢縣」。

〔二〇〕應劭曰：明帝改名鹽。【補注】先謙曰：續志後漢省。鮑丘水注「鮑丘水出禦夷北塞中，南流，逕九莊嶺東爲大榆河。又逕鎮東南九十里之西密雲戍西，又南合道人溪水、孟廣硎水、白楊泉水、龍芻溪水，又東南出峽，逕安州，舊漁陽郡之滑鹽縣南，合北溪水，南流爲鮑丘水。下入傂奚。北溪水出縣北廣長塹南，南流，逕滑鹽縣故城東。漢明帝改曰鹽田，世謂之斛鹽城，西北去禦夷鎮二百里。南入鮑丘水」。案，據此，應注「鹽」下脱「田」字。一統志「故城今承德府西南」。紀要「薊州平谷縣西北」。

右北平郡，〔一〕秦置。〔二〕莽曰北順。屬幽州。〔三〕户六萬六千六百八十九，口三十二萬七百八十。縣十六：〔四〕平剛，〔五〕無終，故無終子國。〔六〕浭水西至雍奴入海。〔七〕過郡二，〔八〕行六百五十里。〔九〕石成，〔一〇〕廷陵，莽曰鋪武。〔一一〕俊靡，灅水南至無終，東入庚。〔一二〕莽曰俊麻。〔一三〕薋，都尉治。莽曰裒睦。〔一四〕徐無，莽曰北順亭。〔一五〕字，〔一六〕榆水出東。〔一七〕土垠，〔一八〕白狼，莽曰伏狄。〔一九〕夕陽，有鐵官。莽曰夕陰。〔二〇〕昌城，莽曰淑武。〔二一〕驪成，大揭石山在縣西南。〔二二〕莽曰揭石。〔二三〕廣成，莽曰平虜。〔二四〕聚陽，莽曰篤睦。〔二五〕平明。莽曰平陽。〔二六〕

〔一〕【補注】閻若璩曰：鮑丘水注「無終縣，秦置，右北平郡治，漢李廣爲郡於此縣」。又案，田疇傳：舊北平郡治在平岡。是北平郡治先平岡而後無終矣。先謙曰：前漢右北平治當在平剛。續志後漢治土垠，劉注「雒陽東北二千三百里」。宋琬云：括地志：漁陽郡東南七十里有右北平城。當在今薊州玉田縣界，此後漢之右北平也。若平剛，則在盧龍塞之東北三四百里，此前漢之右北平而李廣之所守也。射虎石，道元言玉田無終之間，是以後漢之右北平爲李廣所治，與注中「東越青陘」之説自相矛盾。濡水注「新河故瀆自漁陽雍奴來，東北出，逕右北平絶巨梁水，下入昌城」。

〔二〕【補注】先謙曰：鮑丘水注「始皇二十二年滅燕置」。全祖望云：楚漢之際屬燕國，尋分爲遼東國，六月復故，高帝六年屬漢，仍屬燕國，景帝後以邊郡收。

〔三〕【補注】先謙曰：續志後漢因，屬同。

〔四〕【補注】錢大昭曰：秦領縣亦止十六，見周勃傳。

〔五〕【補注】先謙曰：續志後漢省。濡水注「庾仲初注揚都賦，言盧龍山在平岡城北，殊爲孟浪，遠失事實。余案，盧龍東越青陘，至凡城二百許里。自凡城東北出趣平岡故城可百八十里，向黄龍則五百里。平岡即平剛。魏志：田疇引軍出盧龍塞，塹山堙谷五百餘里，逕白檀，歷平岡，登白狼，望柳城。平岡在盧龍東北遠矣，仲初言在南，非也」。紀要「故城在營州故城西南五百里」。

〔六〕【補注】先謙曰：顧炎武云「無終爲故無終子國。證以史記、范書、韋昭國語注、水經注、魏土地記，無終之爲今玉田縣無可疑者。然左傳襄四年『無終子如晉請和諸戎』，昭元年『晉中行穆子敗無終及羣狄於太原』，漢書樊噲傳『擊陳豨，破得綦毋卬、尹潘軍於無終、廣昌』。則去玉田千餘里。豈無終國先在雲中、代郡之境，而後遷右北平歟？」趙一清云：顧説是也。不然，右北平去太原東北二千餘里，嘉父安得遠涉而與晉和？先謙案：「無終」一作「無窮」，終、窮字通。史記云「遂之代北至無窮也」。遼東王韓廣都，臧荼擊殺廣於此，見項羽傳。縣人徐樂，見本傳。

續志後漢因。一統志「故城今薊州治。舊以玉田縣爲古無終。考玉田乃唐初析置之無終，非漢縣」。

〔七〕【補注】先謙曰：浭水即庚水。雍奴，漁陽縣。言入海者，合鮑丘水以入海也。鮑丘水注「庚水自徐無來，至縣合灅水，下入雍奴」。

〔八〕【補注】先謙曰：右北平、漁陽。

〔九〕師古曰：浭音庚，即下所云入庚者同一水也。【補注】先謙曰：鮑丘水注「灅水自俊靡來，東南逕石門峽，爲北黄水，又屈而爲南黄水。又西南逕無終山，山有陽翁伯玉田，在縣西北。灅水又合藍水，西南入庚水。地理志曰『灅水南至無終，東入庚』者也。藍水出北山，東流，屈而南，逕無終故城東。魏土地記云『右北平城西北百三十里有無終城』。藍水又南入灅水。泃河出無終縣西山白楊谷，西北流，下入漁陽平谷」。一統志「以水經注證之，沽河即浭水，還鄉河乃巨梁水，遵化州西之沙河則灅水也」。

〔一〇〕【補注】王鳴盛曰：南監本作「石城」。先謙曰：戰國趙地，秦拔之，見趙世家。續志後漢省。大遼水注「石城川水出西南石城山，東流，逕石城縣故城南，北屈，逕白鹿山西，即白狼山也。石城川水下入廣成」。一統志「故城今口外大(甯)〔寧〕故衛界。其灤州西南石城故城乃遼置，非漢縣」。

〔一一〕【補注】朱一新曰：汪本「廷」作「延」，誤。先謙曰：續志後漢省。

〔一二〕【補注】先謙曰：說文作「俊靡」。鮑丘水注「灅水出俊靡縣東南流，世謂之車軬水，又合温泉水，見徐無。下入無終」。一統志「沙河在今遵化州西，源出州北，凡分十二派，與湯泉合，即古灅水也。舊志以沽河爲灅水，非」。程瑶田云：灅水自州西北十五里鮎魚石關入口，東經温泉，注所云温泉水也。又東迆南十五里，曰水門口，注所謂石門峽也。又西南，入梨河，即庚水也。庚水既得灅水，又稍西，淋河南入之。淋河即藍水也，潮河合泃水入之。潮河即鮑丘水也。又東，還鄉河西南入之，注所謂巨梁水也。灅水俗呼梨河，灅、梨一聲之轉，因使所入之庚水冒稱梨河，而巨梁水冒稱庚水，皆誤。

〔一三〕師古曰：灅音力水反，又音郎賄反。【補注】宋祁曰：「灅」當作「瀃」。先謙曰：「灅水」從水、壘聲，與「瀃」迴別，宋説謬。續志後漢因。一統志「故城今遵化州西北」。

〔一四〕師古曰：音才私反。【補注】先謙曰：續志後漢省。

〔一五〕【補注】先謙曰：續志後漢因。鮑丘水注「庚水出徐無縣北塞中而南流，歷徐無山，合黑牛谷水、沙谷水，逕徐無縣故城東。魏土地記云『右北平城東北百一十里有徐無城』。庚水又西南，合周盧溪水，下入無終。周盧溪水出徐無山，東南入庚。温泉水出北山温溪。魏土地記云『徐無城東有温湯』。其水南流百步，伏流入地，水盛則通注灅水」。見後靡。一統志「故城今遵化州西」。

〔一六〕【補注】錢坫曰：疑即城子谷口。古子、字聲同通用。在今山海關西北邊城外。先謙曰：續志後漢省。

〔一七〕【補注】先謙曰：紀要「榆水在城子谷，今曰榆河，亦曰右河」。提綱「榆水兩源，出北邊城外。一東北自城子谷口西南流入；一西北自義苑口東南流入。至石門寨東北合流，又東南，經山海關城之西南入海」。

〔一八〕師古曰：垠音銀。【補注】先謙曰：續志後漢因。鮑丘水注「巨梁水出土垠縣北陳宫山，西南流，逕觀雞山爲觀雞水，水東有觀雞寺。又西南，合區落水，又南逕土垠縣故城西，合寒渡水、淵于水、五里水，亂流入鮑丘水。區落水出縣北山。寒渡水出縣東北。淵于水出東北山，西南流，逕土垠縣故城東，並入巨梁水」。一統志「故城今豐潤縣東十里南關城是。其密雲之土垠城，後魏僑置」。

〔一九〕師古曰：有白狼山，故以名縣。【補注】先謙曰：續志後漢省。大遼水注「白狼水出白狼縣東南，北流，下入廣成。又自廣成來，北逕白狼縣故城東，又東合方城川水，下入遼西交黎」。紀要「故城在營州故城西南。白狼山亦在西南」。一統志「曹操登白狼山望柳城，其山必高峻，可俯覽二百里之遠，今喀喇沁左翼東三十里白鹿山近之。柳城，今土默特右翼西京板蘇巴爾薄城」。

〔二〇〕【補注】先謙曰：續志後漢省。一統志「故城今灤州西南。燕慕容寶封高雲爲夕陽公，即此」。

〔二一〕【補注】先謙曰：續志後漢省。濡水注「新河故瀆自右北平郡來，東北逕昌城縣城北，又東分爲二：一枝瀆東南入海；一自枝渠東出，下入遼西海陽」。一統志「故城今灤州西南」。

〔二二〕【補注】先謙曰：「揭」當爲「碣」。依志例「成」下當有「禹貢」二字。「大」字蓋衍。説文作「碣」，云「特立之石。東海有碣石山」。河水注「書禹貢『夾右碣石入于河』，山海經云『碣石之山，繩水出焉，東流注于河』。河之入海，舊在碣石，今川流所導非禹瀆也。漢王璜云，往者天嘗連雨，東北風，海水溢，西南出，侵數百里，故張折云碣石在海中，蓋淪於海水也。昔燕齊遼曠，分置營州，今城届海濱，海水北侵城垂，淪者半。王璜之言信而有徵。碣石入海，非無證矣」。又禹貢山水澤地篇「碣石山在遼西臨渝縣南水中」。注云「大禹鑿其石，夾右而納河。秦皇、漢武皆嘗登之。海水西侵，歲月逾甚，而苞其山，故言水中矣」。先謙案，驪成故縣，地説家皆失所在。班志「遼西絫縣」下但有揭石水，不言有揭石山也。自武紀文穎注云「碣石在絫縣。絫縣今罷入臨渝。碣石著海旁」，始與班異。後之言碣石者，不得驪成所在，皆從穎説矣。餘見「遼西絫」下。

〔二三〕師古曰：揭音桀。【補注】先謙曰：續志後漢省。一統志「輿地廣記『碣石〔在今石〕城縣，故驪成也』」。考石城在今灤州，則驪成當在今樂亭。縣志有古城在縣西南三十里，疑即是。然今縣境實無碣石山也」。

〔二四〕【補注】先謙曰：續志後漢省。大遼水注「白狼水自白狼來，西北屈逕廣成縣故城南，俗謂之廣都城。又西北合石城川水，下仍入白狼。石城川水自石城來，東北入廣成縣，東入白狼水」。

〔二五〕【補注】先謙曰：續志後漢省。

〔二六〕【補注】先謙曰：續志後漢省。

遼西郡，秦置。〔一〕有小水四十八，并行三千四十六里。〔二〕屬幽州。〔三〕户七萬二千六百五十四，口三十五萬二千三百二十五。縣十四：〔四〕且慮，有高廟。莽曰鉏慮。〔五〕海陽，〔六〕龍鮮水東入封大水。封大水、緩虛水皆南入海。〔七〕有鹽官。〔八〕新安平，〔九〕夷水東入塞外。〔一〇〕柳城，馬首山在西南。參柳水北入海。〔一一〕西部都尉治。〔一二〕令支，〔一三〕有孤竹城。〔一四〕莽曰令氏亭。〔一五〕肥如，〔一六〕玄水東入濡水。〔一七〕濡水南入海陽。〔一八〕又有盧水南入玄。〔一九〕莽曰肥而。〔二〇〕賓從，莽曰勉武。〔二一〕交黎，渝水首受塞外，南入海。〔二二〕東部都尉治。莽曰禽虜。〔二三〕陽樂，〔二四〕狐蘇，〔二五〕唐就水至徒河入海。〔二六〕徒河，莽曰河福。〔二七〕文成，莽曰言虜。〔二八〕臨渝，渝水首受白狼，東入塞外。〔二九〕又有侯水北入渝。〔三〇〕莽曰馮德。〔三一〕絫。下官水南入海。〔三二〕又有揭石水、賓水，皆南入官。〔三三〕莽曰選武。〔三四〕

〔一〕【補注】先謙曰：寰宇通志「遼西故城在今永平府治東一里，西漢爲郡於此。遺址尚存」。紀要「城在今永平府治東。杜佑謂盧龍縣西有遼西故城，漢郡治此，後廢。案，盧龍爲漢肥如縣地。漢遼西郡治且慮，後魏始治肥如。通典所言或後魏郡治也」。先謙案：濡水注「地理風俗記云『陽樂，故燕地，遼西郡治，秦始皇二十二年置』」。則是自秦至漢，以陽樂爲郡治，不獨後漢治陽樂也。舊説俱未審。續志劉注「雒陽東北三千三百里」。全祖望云：楚漢之際屬遼東國，六月復故，高帝六年屬漢，仍屬燕國，景帝後以邊郡收。

〔二〕【補注】錢大昭曰：當有「莽曰令支」四字。何以知之？鴈門郡，莽曰填狄，其屬縣埒則曰填狄亭。代郡，莽曰厭狄，其屬縣代則曰厭狄亭。上谷郡，莽曰朔調，其屬縣夷輿則曰朔調亭。漁陽郡，莽曰通路，其屬縣路則曰通路亭。右北平，莽曰北順，其屬縣徐無則曰北順亭。今遼西屬縣惟令支莽曰令氏亭，亦其例也。

〔三〕【補注】先謙曰：續志後漢因，屬同。

〔四〕【補注】錢大昭曰：絳侯世家「定遼東、遼西二十九縣」。今地理志，遼東、西有三十二縣，與史記不同，蓋後有析置。

〔五〕師古曰：且音子余反。慮音廬。【補注】先謙曰：續志後漢省。遼史地理志「興中府閭山縣本漢且慮縣」。盧、閭音近，字變「閭」。以山名，然則且慮是山也。又，遼山城在營州故城西，漢且慮縣地。紀要「故城今永平府東」。

〔六〕【補注】先謙曰：續志後漢因。紀要「故城今灤州西南」。

〔七〕【補注】先謙曰：濡水注「龍鮮水出新安平縣西北，世謂之馬頭水。二源俱導，南合一川，東流，注封大水，地理志曰『龍鮮水東入封大水』者也。封大水自新安平來，合龍鮮水，亂流南會新河，入於海，地理志曰『封大水於海陽縣南入海』也。緩虛水自令支來，西南流，與新河合，南注海，地理志曰『緩虛水與封大水皆南入海』也。新河故瀆自右北平昌城來，東出，合封大水，謂之交流口。又東出海陽縣，合緩虛水，又合素河水，又至九過口，分爲二：一南注海；一東逕海陽縣故城南。高帝封搖毋餘爲侯國。魏土地記曰『令支城南六十里有海陽城』者也。新河又東，合清水，又南流十許里，西入九過，注海。又東絶清水，下入絫。素河水自令支來，合新河，謂之白水口。清水出海陽縣東南，流逕海陽城東，又南入新河」。一統志「龍鮮水蓋今陡河。封大水蓋官渠河。緩虛水蓋沙河」。

〔八〕【補注】錢坫曰：王尊傳「尊補遼西鹽官長」。

〔九〕【補注】先謙曰：續志後漢省。濡水注「封大水出新安平縣西南，流逕新安平縣故城西，又東南流，下入海陽。緩虛水出新安平縣東北，謂之大籠川，下入令支」。一統志「故城今灤州西」。

〔一〇〕【補注】先謙曰：水經注不載。「入」當爲「出」之譌。陳澧云：今蒙古喀爾喀左翼，揚樫木河東流，至科爾沁左翼爲漢塞外地，又南入大遼水。大遼水之西惟此水東流，疑即夷水也。

〔一一〕【補注】先謙曰：馬首山未詳。陳澧云：今蒙古土默特左翼拿拉特河北流入澤中。大遼水以西惟此水入澤，當是參柳水也。

〔一二〕【補注】先謙曰：續志後漢省。一統志「故城即後魏及唐之營州，遼、金之興中府，在今錦州邊界」。

〔一三〕【補注】錢坫曰：齊世家作「離支」。離、令聲相轉。呂氏春秋「九塞有疵處」，淮南子作「令疵」。高誘云「令疵在遼西」，亦即此。支、疵聲相近，皆通用。

〔一四〕【補注】先謙曰：孤竹、不令支皆見王會解；亦見齊語，無「不」字。是其先二國也。爾雅作「觚竹」。一統志「孤竹山在盧龍縣西」。孤竹城在其陰」。

〔一五〕應劭曰：故伯夷國，今有孤竹城。令音鈴。孟康曰：支音秖。師古曰：令又音郎定反。【補注】先謙曰：續志後漢因。濡水注「緩虛水自新安平來，東南逕令支城西，下入海陽。素河水出令支縣之藍山，下入海陽。濡水自漁陽白檀來，東南流，逕令支縣故城東。魏土地記云『肥如城西十里有濡水』。南逕孤竹城西，右合玄水。濡水下入肥如。玄水自肥如來，西南逕孤竹城北，西入濡，世謂之小濡水，非也」。一統志「故城今遷安縣西」。

〔一六〕【補注】先謙曰：高帝封蔡寅爲侯國，見表。

〔一七〕【補注】段玉裁曰：「濡」乃「渜」之譌。集韻「渜，奴官切。水名，在遼西」。類篇亦同。是知宋初班、酈之書尚未誤，丁度、温公所據可攷也。至脱脱宋史乃易其字爲「灤」，易其音爲盧丸切，而「渜」之音義亡矣。渜訓熱水。水經注「武列水入渜水」，「武列」即「熱」之反語。其地多温泉，渜之所以得名也。先謙曰：濡水注「玄水出肥如縣東北玄溪，西南流，逕其縣東，東屈南轉西迴，逕肥如縣故城南，俗又謂之肥如水。應劭云『晉滅肥，肥子奔燕，燕封於此，故曰肥如也』。西南流，右會盧水。温水下入令支，故地理志曰『玄水東入濡』，蓋自東而注也。肥如縣南十二里，二水之會也」。温水出肥如城北，西入玄」。先謙案：孤竹城在令支、肥如二縣界，濡水亦逕肥如，故志書濡水之委於此。一統志「玄水今白溝河，出陽山之陰，繞盧龍縣城東北，西入青龍河」。陳澧云：今灤平縣以西之灤河，東南流至縣東境，合熱河，即玄水也。

〔一八〕【補注】先謙曰：「陽」字當衍。此著濡水之委，但云南入海而已，海陽又非其入海處也。濡水篇「濡水東南過海陽縣西，南入於海」。注云「濡水自令支來，自孤竹城東南，逕西鄉北，合瓠溝水，又逕故城南，分爲二：北水枝出，爲小濡水；東逕樂安亭北，東南入海。濡水東南流，逕樂安亭南，東合新河故瀆，見絫。下至絫縣入海，不逕海陽西。蓋經誤證耳。瓠溝水出城東南，東入濡水」。陳澧云：今承德府熱河出蒙古喀喇沁右翼西南境，南流至府南境及府南之灤河，東南流至樂亭縣入海，即濡水也。

〔一九〕【補注】先謙曰：濡水注「盧水出肥如縣東北沮溪，南流爲大沮水。又南，左合陽樂水，又西南，合小沮水，爲盧水。盧水有二渠，號大沮、小沮，合而入於玄水。地理志曰『盧水南入玄』也」。一統志「盧水今青龍河」。陳澧云：今灤平縣北境，宜孫河南流入灤河，即盧水也。水經注言濡水西北流，又北流，東北流，東流，東南流，與今灤河上源自獨石口外西北流，屈而東南流正合。但灤河上源既爲濡水，則其西別無二水可當玄水、盧水者，道元遂謂玄水西入濡水，而以志言玄水東入濡水者爲自東而注矣。今以灤平縣灤河東流而宜孫河南流注之，與志言「玄東入濡，盧南入玄」正合，故知灤河爲玄水，宜孫河爲盧水，而熱河爲濡水之源也。

〔二〇〕應劭曰：肥子奔燕，燕封於此也。師古曰：濡音乃官反。【補注】宋祁曰：「入玄」當作「入畜」。全祖望曰：宋謂「玄作畜」，妄也。錢坫曰：古而、如字通用。先謙曰：應說以濡水注較之，引見上。似顏引不全。續志後漢因。一統志「故城今盧龍縣西北三十里」。

〔二一〕【補注】先謙曰：續志後漢改屬遼東屬國，作「賓徒」，晉志同。此作「從」，誤。通鑑晉趙王倫貶吳王宴爲賓徒縣公，秦苻堅封慕容垂賓徒侯，並取此名。晉書載記作「賓都侯」，都、徒音近而誤。遼史作「賓從」，沿漢志傳寫之誤。紀要「遼大定府長安、勸農、富庶、歸化四縣並在今大寧衞東南，皆漢賓徒縣地」。

〔二二〕【補注】先謙曰：大遼水注『渝水自臨渝來，又東南逕一故城東，俗曰女羅城。又南逕營丘城西，又東南入海，地理志『渝水自塞外南入海』也」。先謙案：志言「首受」者，皆必有所受之水，今言「首受塞外」，大爲不詞。據酈注「首受塞外」作「自塞外」是也。渝水，今大凌河，自土默特右翼東流，至義州又南入海。合下「臨渝」注觀之，益知「首受」二字爲復出誤文矣。

〔二三〕應劭曰：今昌黎。師古曰：渝音喻。其下並同。【補注】先謙曰：據應說，後漢爲昌黎，而續志無交黎亦無昌黎，惟「遼東屬國」下云「昌遼，故天遼，屬遼西」。此志無天遼縣。竊以爲昌遼即昌黎，遼、黎雙聲變轉。後書安紀作「夫黎」，鮮卑傳作「扶黎」，夫、扶一字，明「天」乃「夫」之誤。「交黎」改「夫黎」，又改「昌黎」，遼、黎一字，故續志云「昌遼，故夫遼，屬遼西」也。續志後漢遼東屬國都尉治此。劉注「雒陽東北三千二百六十里」。大遼水注「白狼水自右北平白狼來，東北逕昌黎縣故城西，地理志曰『交黎』也。合高平川水、自魯水，又逕龍山西，又北，逕黃龍城東。魏土地記云『黃龍城西南有白狼河，東北流，附城東北下』是也。又東北，合濫真水，又東分爲二：一下入臨渝；一東北出塞爲白狼水，下入遼東房」。紀要「故城今營州故城東南百七十里，晉爲棘城縣」。

〔二四〕【補注】先謙曰：續志後漢因，郡治。渝水注「陽樂水出東北陽樂縣溪。魏土地記云『海陽城西南有陽樂城』。其水西南入沮水爲陽口」。一統志「故城今撫寧縣西」。

〔二五〕【補注】先謙曰：續志後漢省。

〔二六〕【補注】先謙曰：寰宇記「彭盧水一名盧河水，即唐就水也。後魏風土記云『水至徒河入海，與地平，故曰平盧』。譌爲『彭盧』」。陳澧云今蒙古土默（持）〔特〕右翼小淩河東南流，至錦縣入海，疑即唐就水。

〔二七〕【補注】先謙曰：續志後漢改屬遼東屬國。一統志「故城今錦州西北。劉恕通鑑外紀『周惠王三十三年，齊桓公救燕，破屠河』，即徒河也。據遼志，天定府神水縣是其地」。

〔二八〕【補注】先謙曰：司馬相如傳「文成顛歌」是也。續志後漢省。遼志「中京松山縣，漢文成縣地」。

〔二九〕【補注】先謙曰：大遼水注「白狼水自交黎來，東分爲二水，右水疑即渝水也。地理志曰『渝水首受白狼水』也。西南循山，逕一故城西，世以爲河連城，疑是臨渝縣之故城。渝水又南流東屈，合檻倫水，下入交黎」。先謙案：塞外止當言「出」，不當言「入」。說文「渝水在遼西臨渝，東出塞」，明班志「入」爲「出」之譌。一統志云「酈注所言白狼水道，今不能一一考證，但今塞外入遼之水，惟老哈河合西喇木倫河。老哈河東北流經黃龍柳城之北，與水經注合。隋、唐時，白狼之名尚在，至遼、金時爲土河」。陳澧云：遼河以西之水東流屈南入海者，惟大淩河，故知爲渝水。大淩河首受西境阿喇善河、蘇巴爾噶圖河、塞因台河、和爾圖河諸水東流，至土默特右翼，所謂「首受白狼，東出塞外」也。又東流至義州，則復入塞內矣。

〔三〇〕【補注】先謙曰：大遼水注「榼倫水引見上。蓋戎方之變名，疑即地理志所謂『侯水北入渝』者也。十三州志云『侯水南入渝』。地理志蓋言自北而南也。又西南流，注於渝」。陳澧云：今大淩河之源曰喇木倫水，北流，與西境阿喇善河諸水合，即侯水也。今別無北入大淩河之水，惟大淩河源北流，故知爲侯水矣。

〔三一〕師古曰：馮讀曰憑。【補注】先謙曰：續志後漢因。一統志「謂漢臨渝縣唐改石城，有臨渝故城在縣北，今攷無的據」。

〔三二〕【補注】先謙曰：濡水注「新河自海陽來，東絶清水。木究水出焉，南入海。新河又東，左迆爲北陽孤淀，又東會於濡」。孫星衍、錢坫以爲即下官水。下、木，官、究，字形相亂。一統志「舊志下官水即潮河。案，在今昌黎縣東二十里，源出仙臺頂，後東南流，合飲馬河入海」。先謙案，舊志説較可據。

〔三三〕【補注】先謙曰：即下官水也。「官」上疑奪「下」字，單稱「官」則不詞。一統志「舊志云，碣石水今急流河，賓水今飲馬河。案，急流河在今昌黎縣西門外，一名西沙河，源出龍潭，下流至縣西南里許合飲馬河。飲馬河在昌黎縣南五里，源出盧龍縣界谿石中，東逕四安山下，又東與深江河合流爲沙河，又東合潮河入海」。

〔三四〕師古曰：絫音力追反。【補注】先謙曰：續志後漢省。武紀文穎注「縣併入臨渝」。濡水注「濡水自肥如來，東南至絫縣碣石山。漢武帝登之以望巨海，勒石於此。今枕海有石，如甬道數十里，當山頂有大石如柱形，往往而見，立於巨海之中。潮水大至則隱，及潮波退，不動不没，不知深淺，世名之天橋柱。韋昭亦指此爲碣石也」。一統志「故城今昌黎縣南」。

遼東郡，秦置。〔一〕屬幽州。〔二〕户五萬五千九百七十二，口二十七萬二千五百三十九。縣十八：襄平，〔三〕有牧師官。莽曰昌平。〔四〕新昌，〔五〕無慮，西部都尉治。〔六〕望平，大遼水出塞外，南至安市入海。〔七〕行千二百五十里。莽曰長説。〔八〕房，〔九〕候城，中部都尉治。〔一〇〕遼隊，莽曰順睦。〔一一〕遼陽，大梁水西南至遼陽入遼。〔一二〕莽曰遼陰。〔一三〕險瀆，〔一四〕居就，〔一五〕室僞山，室僞水所出，北至襄平入梁也。〔一六〕高顯，〔一七〕安市，〔一八〕武次，東部都尉治。〔一九〕莽曰桓次。〔二〇〕平郭，有鐵官、鹽官。〔二一〕西安平，莽曰北安平。〔二二〕文，莽曰受亭。〔二三〕番汗，沛水出塞外，西南入海。〔二四〕沓氏。〔二五〕

〔一〕【補注】先謙曰：大遼水注「襄平，始皇二十二年滅燕，置遼東郡，治此」。後漢亦爲郡治，前漢蓋同。續志劉注「雒陽東北三千六百里」。全祖望云，楚漢之際，屬燕國。尋分屬遼東國。六月，復故。高帝六年，屬漢，仍屬燕國。景帝後以邊郡收。

〔二〕【補注】先謙曰：續志後漢因，屬同。又「遼東屬國」下云「故西部都尉，安帝時以爲屬國都尉，別領昌遼、賓徒、徒河、無慮、險瀆、房六城。治昌遼，雒陽東北三千二百六十里。屬同」。

〔三〕【補注】先謙曰：戰國燕縣。築長城自造陽至此，見匈奴傳。高帝封紀通爲侯國，見表。

〔四〕【補注】先謙曰：續志後漢因，郡治。大遼水注「大遼水自望平來，屈而西南流，逕襄平縣故城西，下入遼隊」。又小遼水注「小遼水自遼陽來，西南逕襄平縣爲淡淵，下入遼隊」。遼志爲廣州、湯州、錦州、貴德縣、東平縣。金志爲咸平府銅山縣。一統志「故城今遼陽州北」。盛京通志：遼陽城西北隅，故定遼左、右、後三衛治」。

〔五〕【補注】先謙曰：續志後漢因。唐志爲安東都護府。金志鴻溟縣有新昌鎮。一統志「故城今海城縣東」。

〔六〕應劭曰：慮音閭。師古曰：即所謂醫巫閭。【補注】先謙曰：續志後漢因。又分爲遼東屬國屬縣，下注云「有醫無慮山」。遼志「顯州奉先縣本漢無慮縣，即醫巫閭」。又，乾州奉陵縣並無慮縣地。一統志「故城今廣寧縣治，又義州亦無慮縣地。醫無閭山在縣西十里，高十餘里，周二百四十里」。

〔七〕【補注】先謙曰：大遼水篇「大遼水出塞外衛白平山」。海内東經郭注作「塞外衛皐山」，「白平」二字係「皐」之誤。注云「亦言出砥石山，自塞外東流，直望平縣西，下入襄平」。案，「大遼水」山海經作「潦水」。一統志「即句驪河」。案，今名巨流河。句、巨，驪、流，音轉字變。

〔八〕師古曰：説讀曰倪。【補注】先謙曰：官本「倪」作「悦」。續志後漢因。遼志「遼陽府析木縣、顯州山東縣，漢望平縣地」。一統志「故城今廣寧縣東北」。

〔九〕【補注】先謙曰：續志後漢屬遼東屬國。大遼水注「大遼水自遼隊來，東南過房縣西，右會白狼水，下入安市。白狼水自遼西交黎來，東南流，至房縣注於遼。魏土地記云『白狼水下入遼』也」。一統志「故城今廣寧縣東南。考後漢遼東屬國六城，昌黎、賓徒、徒河舊屬遼西，無慮縣屬遼東，亦在遼水之西，不應房縣獨在水東。如在水東，則去遼東郡治甚近，且與安市、平郭接壤，何獨析隸屬國？蓋房與險瀆皆遼水西濱河海之地。水經『西』字乃『東』之譌」。

〔一〇〕【補注】先謙曰：續志後漢因，又分爲玄菟屬縣。後書陳禪傳「爲玄菟候城障尉」，即此。

〔一一〕師古曰：隊音遂。【補注】先謙曰：續志後漢省。小遼水注「小遼水自襄平來，西南逕遼隊縣，入大遼水」。又大遼水注「大遼水自襄平來，南逕遼隊縣故城西，下入房」。遼志「遼陽府仙鄉縣，本漢遼隊縣地」。一統志「故城今海城縣西」。

〔一二〕【補注】先謙曰：小遼水注「大梁水出北塞外，西南流，至遼陽入小遼水，故地理志曰『大梁水西南至遼陽入遼』。其水西南流，故謂之爲梁水也。小遼水自玄菟高句驪來，逕遼陽縣合大梁水，下入襄平」。一統志「大梁水今太子河，在遼陽州北十五里。國語曰塔思哈河，字音譌變爲太子河。又名東梁河。出（古）〔吉〕林薩穆禪山，自葦子峪東入邊，西南流，至州西北入渾河」。陳澧云：「『至遼陽』當作『至遼隊』。此水原委若皆在遼陽縣，則不當言所至也。」

〔一三〕【補注】先謙曰：續志後漢改屬玄菟。一統志「故城當在今遼陽州西北界，承德、遼陽之閒，梁水、渾河交會之處。今遼陽州則遼、金之遼陽也」。

〔一四〕應劭曰：朝鮮王滿都也。依水險，故曰險瀆。臣瓚曰：王險城在樂浪郡浿水之東，此自是險瀆也。師古曰：瓚説是也。浿音普大反。【補注】先謙曰：續志後漢屬遼東屬國。一統志「此遼東之西境。故城今廣寧縣東南。

遼志以集州爲漢險瀆縣，非是」。

〔一五〕【補注】先謙曰：續志後漢省。一統志「故城今遼陽州西南」。紀要「海州衛東北。遼志：遼陽府鶴野縣，漢居就縣地」。

〔一六〕【補注】先謙曰：「梁」上脱「大」字。一統志「湯河在遼陽州東南五十二里，源出分水嶺，北流，入太子河。分水嶺疑即室僞山。湯河疑即室僞水也」。陳澧云：今遼陽州沙河出千山，北流，至州西北境入太子河。

〔一七〕【補注】先謙曰：續志後漢改屬玄菟。

〔一八〕【補注】先謙曰：續志後漢因。大遼水篇「大遼水東過安市縣，西南入於海」。注云「大遼水自房來，至縣。十三州志云『大遼水自塞外西南至安市入於海』」。遼志「鐵州建武軍，本漢安市縣」。一統志「故城今蓋平縣東北」。

〔一九〕【補注】先謙曰：武帝時，涉何爲遼東東部都尉，見朝鮮傳。

〔二〇〕【補注】先謙曰：續志後漢省。紀要「故城在遼東都司北」。

〔二一〕【補注】先謙曰：後漢因。續志「有鐵」。新唐志「自安東都護府西南至建安三百里，故平郭縣也」。遼志「遼陽府興遼縣，漢平郭縣地」。一統志「故城今蓋平縣南」。今奉天府各州縣皆有鐵，出鹽。

〔二二〕【補注】何焯曰：涿郡有安平，故此加「西」，甾川加「東」。先謙曰：續志後漢因。劉注「魏氏春秋云『縣北有小水，南流入海。句驪別種因名之小水貊』」。案，即吴志所謂安平口也。新唐志「安東府南至鴨緑江北泊汋城七百里，故西安平縣也」。遼志「爲上京臨潢府」。一統志「故城今遼陽州城東」。

〔二三〕【補注】錢大昭曰：南監本、閩本「受」作「文」。朱一新曰：汪本作「文」。先謙曰：官本作「文」，是。後漢因。續志作「汶」。紀要「故城今蓋州衛西」。

〔二四〕應劭曰：汗水出塞外，西南入海。番音盤。師古曰：沛音普蓋反。汗音寒。【補注】王鳴盛曰：南監本無「應」下十二字，則「番音盤」似班自音矣，非是。朱一新曰：汪本無「沛」下九字。應注「汗水」作「沛水」。汪遠孫云：

九字乃注語，毛本誤入正文，又重出應注。惟「沛」作「汗」是也。顔注又爲「沛」字作音，殊不可解。案，説文「沛水出遼東番汗塞外，西南入海。從水，市聲」。大徐本説文「沛音普蓋反」。玉篇「沛，溥蓋切。水出遼東塞外」。宋重修廣韻十四泰「沛，普蓋切。水名。出遼東」。音與顔同。則此志「沛水」非誤字，亦非衍文也。應注云云，蓋別申一義以釋番汗所由得名，與班注不相蒙。先謙曰：續志後漢因。紀要「漢元封三年置真番郡。茂陵書云，郡治霅。昭帝時并入樂浪。霅縣，志不載。徐廣云，遼東郡有番汗縣，故城疑即真番也」。陳澧云：今朝鮮國博川城。大定江西南流入海，蓋沛水也。馬訾水不出塞外，此水出塞外，必更在馬訾水之東。馬訾水至西安平入海。西安平屬遼東。今鴨緑江入海處爲漢遼東地。大定江距鴨緑江入海處不遠，亦當爲遼東地。又其水西南入海，故知爲沛水也。

〔二五〕應劭曰：氏水也。音長答反。師古曰：凡言氏者，皆謂因之而立名。【補注】徐松曰：應注「氏水也」，謂縣以沓水得名。地之以山氏者，若緱氏、乘氏，以水氏者，若涅氏、泫氏。錢大昭曰：南監本、閩本「氏水」作「沓水」。朱一新曰：汪本作「沓水」。先謙曰：官本作「沓水」。案，説文「沓，語沓沓也。从水，从曰。遼東有沓縣」。據此，説文奪「氏」字。續志後漢因。一統志「故城今遼陽州界」。紀要「金州衛東南。縣西南臨海，謂之沓渚」。吴志：孫權謀討公孫淵，陸瑁諫曰『沓渚去淵，道里尚遠』。蓋泛海至遼，沓渚其登涉之所也。魏景初三年，以沓氏縣吏民渡海居齊郡界，因置新沓縣於濟南郡矣」。

玄菟郡，〔一〕武帝元封四年開。〔二〕高句驪，莽曰下句驪。屬幽州。〔三〕户四萬五千六，口二十二萬一千八百四十五。縣三：高句驪，〔四〕遼山，遼水所出，西南至遼隊入大遼水。〔五〕又有南蘇水，西北經塞外。〔六〕上殷台，莽曰下殷。〔七〕西蓋馬。馬訾水西北入鹽難水，西南至西安平入海。〔八〕過郡二，〔九〕行二千一百里。莽曰玄菟亭。〔一〇〕

〔一〕【補注】先謙曰：大遼水注「高句驪，武帝平右渠，置玄菟郡於此」。續志後漢治同，劉注「雒陽東北四千里」。

〔二〕【補注】王念孫曰：「四年」遼水注作「三年」，是也。武紀、朝鮮傳並作「三年」。史記朝鮮傳、漢紀並同。「樂浪郡」下亦云「元封三年開」。

〔三〕應劭曰：故真番，朝鮮胡國。【補注】先謙曰：莽更名事詳莽傳。續志後漢因，屬同。據武紀，玄菟、真番同時爲郡。玄菟非故真番也。應說「真番」二字衍文。

〔四〕【補注】先謙曰：王會解之高夷也。續志後漢因。東夷傳「高句驪在遼東之東千里，南與朝鮮濊貊，東與沃沮，北與扶餘接。武帝滅朝鮮，以高句驪爲縣，使屬玄菟」。一統志「故城在興京城北」。

〔五〕【補注】先謙曰：遼隊，遼東縣。小遼水篇「高句驪縣有遼山，小遼水所出」。注云「水出遼山，西南流，下入遼東遼陽」。一統志「渾河即古小遼水，在承德縣南十里」。提綱「渾河出盛京東北柳條邊英額門外東山，爲英額河，又合蘇子河西南流，至遼陽州西北合太子河，入大遼水」。

〔六〕應劭曰：故句驪胡。【補注】先謙曰：一統志「蘇子河在興京城北半里，蓋即南蘇水也。晉永和元年，燕王皝使慕容恪攻高句驪，拔南蘇。隆安二年，慕容盛襲高句驪，拔新城、南蘇二城。隋大業七年，伐高麗，遣段文振出南蘇道。唐顯慶中置南蘇州於此。後廢。遼志『蘇州，安復軍，節度。本高麗南蘇』。蓋因此水爲名」。陳澧云：今興京北界昌圖廳東境。黑爾蘇河西北流，出柳邊，經蒙古科爾沁左翼爲漢塞外地。又西南入大遼水，與志合。

〔七〕如淳曰：台音鮐。師古曰：音胎。【補注】先謙曰：續志後漢因。

〔八〕【補注】先謙曰：西安平，遼東縣。新唐書高麗傳「鴨绿水與鹽難水合」。一統志「馬訾水今鴨绿江，出長白山，西南流，至朝鮮國山陽公城入佟家江。鹽難水今佟家江，在興京南境，南流，合鴨绿江，又西南流，至其國義州入海」。陳澧云：「鹽難水」下當復舉「鹽難水」三字。「西北」當作「西南」。

〔九〕【補注】先謙曰：玄菟、遼東。

〔一〇〕【補注】先謙曰：後漢因。續志誤作「西蓋烏」。東夷傳「東沃沮在高句驪蓋馬大山之東」。李注「山在平壤西。平壤即王險城」。據此，蓋馬乃山名。一統志「漢之蓋馬，即唐蓋（平）〔牟〕城，今蓋平縣也。今海城西南至蓋平界八十里，是海城在蓋平東北境。自此説明，則知在漢爲沃沮，在唐爲沙卑，在渤海爲南海府，在遼爲海州無疑」。

樂浪郡，武帝元封三年開。〔一〕莽曰樂鮮。屬幽州。〔二〕户六萬二千八百一十二，口四十萬六千七百四十八。有雲鄣。〔三〕縣二十五：朝鮮，〔四〕䛁邯，〔五〕浿水，水西至增地入海。〔六〕莽曰樂鮮亭。〔七〕含資，帶水西至帶方入海。〔八〕黏蟬，〔九〕遂成，〔一〇〕增地，莽曰增土。〔一一〕帶方，〔一二〕駟望，〔一三〕海冥，莽曰海桓。〔一四〕列口，〔一五〕長岑，〔一六〕屯有，〔一七〕昭明，南部都尉治。〔一八〕鏤方，〔一九〕提奚，〔二〇〕渾彌，〔二一〕吞列，分黎山，列水所出，西至黏蟬入海，行八百二十里。〔二二〕東暆，〔二三〕不而，〔二四〕東部都尉治。〔二五〕蠶台，〔二六〕華麗，〔二七〕邪頭昧，〔二八〕前莫，〔二九〕夫租。〔三〇〕

〔一〕【補注】先謙曰：樂浪，王會解之良夷也。大遼水注「郡治朝鮮」。續志後漢治同，劉注「雒陽東北五千里」。

〔二〕應劭曰：故朝鮮國也。師古曰：樂音洛。浪音狼。【補注】先謙曰：續志後漢因，屬同。

〔三〕【補注】先謙曰：史記東夷傳有上、下鄣。

〔四〕應劭曰：武王封箕子於朝鮮。【補注】先謙曰：朝鮮見海内北經。續志後漢因。浿水注「浿水自鏤方來，西流，逕故朝鮮縣，下入增地」。據括地志，高麗王險城即古朝鮮。一統志「王險城即平壤城」。

〔五〕孟康曰：䛁音男。師古曰：䛁音乃甘反。邯音酣。【補注】先謙曰：説文「䛁，多語也。樂浪有䛁邯縣」。續志後漢因。

〔六〕【補注】朱一新曰：汪遠孫云「注文『水』上當有『浿』字」。案，此承上文省言之，汪説非。先謙曰：説文「浿水出樂浪鏤方，東入海。一曰出浿水縣」。所謂一曰者，即用志文。餘見鏤方。一統志「浿水，今大同江，在平壤城東，西流至三和城入海」。

〔七〕師古曰：浿音普大反。【補注】先謙曰：後漢因。續志「浿」誤「浿」。遼志「高麗改爲句驪縣，渤海爲常樂縣」。今隸朝鮮。

〔八〕【補注】先謙曰：後漢因。續志作「貪資」。一統志「故城今朝鮮南境」。紀要「隋大業中伐高麗，分軍出含資道，蓋以漢縣爲名」。成蓉鏡云：帶水，今朝鮮平壤城南黄州城北之黑河是也。陳澧云：朝鮮國水皆西流。大同江之南有駒苓山水，又南有臨津江水，源流五百里。凡志行千里之水，約得今六百里。列水行八百二十里，正合今五百里，疑即臨津江。帶水不言里數，其水必短，疑即駒苓山水也。

〔九〕服虔曰：蟬音提。【補注】先謙曰：後漢因。續志作「占蟬」。據本志，列水至縣入海。集韻十二齊「蟬」下云「黏蟬，縣名」，即用服音。一統志「故城在平壤西南」。

〔一〇〕【補注】先謙曰：後漢因。續志作「遂城」。晉志「秦築長城之所起」。太康地記「遂成縣有碣石山」。通典以爲左碣石。一統志「故城在平壤南境」。

〔一一〕【補注】先謙曰：續志後漢因。浿水注「浿水自鏤方來，逕朝鮮縣而西北流，故地理志曰『浿水西至增地縣入海』也」。紀要「故城在平壤南境。隋伐高麗，分軍出增地道。即此」。

〔一二〕【補注】先謙曰：續志後漢因。據本志，帶水至縣入海。紀要「故城在平壤南。漢末公孫度置帶方郡。隋伐高麗，分軍出帶方道。即此」。成蓉鏡云：含資在平壤南。志云，帶水至縣入海。則帶方當在平壤西南。紀要謂在南，恐非。

〔一三〕【補注】先謙曰：續志後漢因。

〔一四〕【補注】先謙曰：續志後漢因。遼志「興州興中軍，本漢海冥縣地」。

〔一五〕【補注】先謙曰：武帝滅朝鮮，楊僕兵先至此，見朝鮮傳。續志後漢因。一統志「故城今朝鮮國城西南」。

〔一六〕【補注】先謙曰：續志後漢因。遼志「崇州，隆安軍，本漢長岑縣地」。一統志「崇信廢縣在今承德縣東」。

〔一七〕【補注】先謙曰：續志後漢因。

〔一八〕【補注】吳卓信曰：樂浪有兩都尉。薛宣傳「爲樂浪都尉丞」，不知何縣。先謙曰：續志後漢因。

〔一九〕【補注】先謙曰：續志後漢因。浿水篇「浿水出鏤方，東南過臨浿縣，諸志無此縣，蓋「浿水縣」之誤文。東入於海」。注云「許慎云『浿水出鏤方，東入海。一曰出浿水縣』。分見浿水縣。十三州志云『浿水縣在樂浪東北。鏤方縣在郡東』。蓋出其縣南，逕鏤方也。昔燕人衛滿自浿水西至朝鮮。楊僕、荀彘破右渠於浿水，遂滅之。若浿水東流，無渡浿之理。其水西逕朝鮮縣而西北流，故地理志曰『浿水西至增地入海』。又漢興，以朝鮮爲遠，循遼東故塞至浿水爲界。考之今古，於事差謬，蓋經誤證也」。分見朝鮮。遼志「遼陽府紫蒙縣，本漢鏤方縣地」。紀要「紫蒙城在遼東都司東」。

〔二〇〕【補注】先謙曰：續志後漢因。

〔二一〕師古曰：渾音下昆反。【補注】先謙曰：續志後漢因。

〔二二〕【補注】先謙曰：海内北經「朝鮮在列陽東，海北山南。列陽屬燕」。列即列水也。史記張晏注「朝鮮有温水、列水、汕水，三水合流爲列口」。亦作「洌」。揚雄方言所云「朝鮮、洌水之閒」也。續志後漢省。一統志「故城今朝鮮國城東南」。

〔二三〕應劭曰：音移。【補注】先謙曰：武紀臣瓚注引茂陵書「臨屯郡治東暆縣，去長安六千一百三十八里，十五縣。真番郡治霅縣，去長安七千六百四十里，十五縣」。昭帝元始元年，罷真番郡。臨屯省併，不知其年。藝文志有東暆令延年。説文「暆」下云「日行暆暆也。樂浪有東暆縣。讀若酏」。又「鰅」下云「魚名。皮有文，出樂浪東暆。神爵四年初，捕收輸考工」。續志後漢省。

〔二四〕【補注】錢坫曰：魏志毌丘儉傳作「不耐」。通典同。隋書外國傳「新羅兼有沃沮、不而、韓、濊之地」。

〔二五〕【補注】朱一新曰：汪本「郡」作「部」，是。先謙曰：官本作「部」。據武紀，元朔元年以東夷薉君地置蒼海郡。三年罷。尋置樂浪，東部都尉治之也。魏志：漢武置樂浪郡。自單單大嶺以西屬樂浪，自嶺以東七縣，都尉主之。皆以濊爲名。即所謂不耐濊也。續志後漢省。遼志「正州東那縣，本漢東暆、不而縣地，在州西七十里」。一統志「故城今朝鮮國韓興府治」。

〔二六〕師古曰：台音胎。【補注】先謙曰：續志後漢省。

〔二七〕【補注】先謙曰：續志後漢省。東夷傳「元初五年，句麗王宫寇玄菟，攻華麗城」，則縣固在也。一統志「開原縣南四十里，有花露臺，疑即華麗縣遺址。音訛」。

〔二八〕孟康曰：昧音妹。【補注】先謙曰：説文「鮸魚、魵魚並出薉邪頭國」。薉、濊字同。邪頭，國名。後置縣，因名邪頭昧矣。續志後漢省。

〔二九〕【補注】先謙曰：續志後漢省。

〔三〇〕【補注】先謙曰：續志後漢省。

地理志第八下二

南海郡，〔一〕秦置。〔二〕秦敗尉佗王此地。武帝元鼎六年開。〔三〕屬交州。〔四〕户萬九千六百一十三，口九萬四千二百五十三，有圃羞官。縣六：番禺，〔五〕尉佗都。〔六〕有鹽官。〔七〕博羅，〔八〕中宿，〔九〕有洭浦官。〔一〇〕龍川，〔一一〕四會，〔一二〕揭陽。莽曰南海亭。〔一三〕

〔一〕【補注】先謙曰：據浪水注，郡治番禺。續志後漢治同，劉注「雒陽南七千一百里」。

〔二〕【補注】先謙曰：始皇三十三年置，見紀。

〔三〕【補注】先謙曰：見武紀。全祖望云「尉佗據南海，南武侯織亦稍分之，漢封爲南海王者也。淮南厲王滅織，遷之上淦，佗始得據之」。

〔四〕【補注】錢坫曰：書曰南交，故以名州。全祖望曰：南粵七郡，至後漢末始稱交州，前此但稱交阯刺史。班史安得遽稱交州？是必後人妄行竄改者。先謙曰：續志後漢因，屬同。

〔五〕【補注】先謙曰：始皇使尉屠睢爲五軍，一軍處番禺之都，見淮南人閒訓，亦見南粵、貨殖傳。續志後漢因。温水注「鬱水自蒼梧高要來，南逕南海郡西，浪水出焉。鬱水又右納西隨三水，下入四會」。先謙案：入四會者，下引浪水注所云「鬱水分浪」者也。「浪水出焉」者，浪水注所云「别逕番禺」者也。又浪水注「浪水合鬱水，自高要來，東至番禺縣西，仍分爲二。鬱水分浪，南入海。浪水東別逕番禺，山海經謂之賁禺者也。交州治中合浦姚文式問云『何以名爲番禺』？荅曰『南海郡昔治在今州城中，與番禺縣連接。今入城東南偏有水坈陵，城倚其上，此縣人目之爲番山。縣名番禺，倘謂之番山之隅也』。浪水逕番禺城下。漢書所謂浮牂柯，下離津，同會番禺。蓋乘斯水而入越也。浪水又東逕懷化縣入海。宋縣。今番禺縣東南。其枝津衍注，自番禺下入博羅」。一統志「今南海番禺、順德、從化、龍門、增城、香山、三水、花縣地。故城今南海縣治。西江即鬱水，自高要縣流入，逕三水縣南，又南逕南海縣西南，又南逕新會縣西南，又南入江門海」。先謙案：酈注「鬱水分浪，南入海」者也。一統志又云「牂柯江亦即鬱水東支，自三水縣南流，逕南海東入番禺縣界，又東南，至虎門入海」。先謙案：酈注「浪水東別逕番禺，又東逕懷化縣入海」者也。鬱、浪合流，後人不加識別，故皆以鬱水目之。其入博羅者爲東江，見「博羅」下。

〔六〕【補注】先謙曰：元和志「佗故城在今南海縣西三十七里。佗墓在縣東北八里」。

〔七〕如淳曰：番音潘。禺音愚。

〔八〕【補注】先謙曰：續志後漢因。劉注「有浮山，從會稽浮往博羅山，故置博羅縣」。浪水注「浪水枝津自番禺來，歷增城縣，後漢縣，今增城縣東北。又逕博羅縣，下入龍川」。一統志「今歸善、博羅、長寧、永安、東莞、新安縣地。故城今博羅縣。羅水、浮水出」。紀要「浮山在縣西北三十里，袤延五百里，高三千六百丈」。先謙案：一統志「東江即古浪水，在番禺縣南八十里，自博羅縣西流，逕東莞、增城二縣界，至番禺縣東南之南江頭與西、北二江合。寰宇記引廣州山水記云『有白路水、石庚水、胥水三水。上源出龍川，流經增城入海』，即此」。先謙案：水經注敘浪水由博羅東入龍川，今云此水由龍川西至增城入海，則不得謂即古浪水矣。據輿圖，今興寧、長樂一帶下至揭陽入海之水與東江並不相通。道元以爲由龍川下揭陽者，非也。後人述水道既與前哲相違，而不言龍江之非浪水枝津，則未加詳審故也。

〔九〕【補注】先謙曰：續志後漢因。溱水注「溱水自桂陽湞陽來，西南合洭水。山海經所謂『湟水出桂陽西北山，東南注肄，入敦浦西』者也。又逕中宿縣，會一里水。其處隘，名之爲觀岐。巉巖亂峙，川水沸騰。溱水又西南，逕中宿縣南。吴孫皓分四會之北鄉立焉。溱水又南注鬱而入海」。先謙案，本志「桂陽臨武」下「秦水東南至湞陽入洭」，「洭」爲「匯」改。下同。「桂陽」下云「洭水南至四會入鬱」。志以入鬱之委屬之洭，道元以委屬之溱，其實一也。中宿，漢縣。注略志不言，而汎引孫吴，疑有譌誤。一統志「故城今清遠縣西北六十里池水鄉。溱、洭、湞三水合流爲北江，入清遠縣，又南入三水縣，與鴨浦水合。水出四會縣萬山中，夏冷冬温，東南流，入北江，曰鴨浦水口，在三水縣北四十六里，疑即注之一里水也。北江又西南，入西江，即鬱水也」。互見下。

〔一〇〕師古曰：洭音匡。【補注】錢大昭曰：「官」當作「關」。王鳴盛曰：官即關也。「管叔」，墨子作「關叔」。錢坫曰：即湟溪關，在今韶州府英德縣西南四十里。周壽昌曰：此亦如南郡雲夢官之類。宋洪氏容齋隨筆、宋姚天麟西漢會要、宋王氏玉海漢官内俱引此，「官」無作「關」者，足知宋本漢書是洭浦官，即水經酈注亦無證及洭浦官之誤者，似未可輕改也。先謙曰：縣自有洭浦關耳，與洭浦官無涉，周説是也。溱水篇「溱水過湞陽縣，出洭浦關，與桂水合」。又洭水篇「洭水出洭浦關爲桂水」。注云「洭水自桂陽含洭來，南出洭浦關，關在中宿縣。洭水出關右，合溱水，謂之洭口。山海經謂之湟水。徐廣云『亦曰灌水也』。漢武帝時，路博德出桂陽，下湟水，即此水矣。桂水其别名也」。

〔一一〕師古曰：裴氏廣州記云，本博羅縣之東鄉也，有龍穿地而出，即穴流泉，因以爲號。【補注】先謙曰：秦縣。趙佗爲令，見南越傳。續志後漢因。一統志「今龍川、永安、海豐、陸豐、連平、河源、和平、興寧、長樂地。故城今龍川縣西北」。浪水篇「浪水餘水東至龍川爲涅水」。注云「浪水枝津自博羅來，西界龍川，左思所謂『目龍川而帶坰』也。趙佗乘此縣而跨據南越矣。浪水下入揭陽」。先謙案：一統志「東江即龍江，有二源。一出贛州府安遠縣，經定南縣流入龍川。一出長寧縣東尋鄔堡，西南逕興寧縣至龍川，合流。又西南，合利溪水、雷江水，又逕河源縣胡蜨山，合藍溪水。又西南，合新豐水，又南流，逕永安縣與博羅縣分界，左受神江、義容、秋鄉三江之水，右受瀧頭、公莊、玳瑁諸水。又西，逕惠州府歸善縣城北，合金雞瀝水。又西，逕博羅縣城南，合榕溪水。又西，受蘇州水、大羅坡水、横沙水、羅陽水，逕增城縣界，抵虎頭門入海」。案：水經所云涅水即龍江也，然非泿水支餘，辨見「博羅」。又溱水注「湞水出龍川縣西，下入桂陽湞陽」。先謙案，一統志「湞水出龍川縣，經連平州至翁源縣南，又東，逕英德縣，東南入溱水。連平州志『有銀梅水入州界，逕英村鋪入翁源縣』」。連平州在漢亦屬龍川縣。銀梅水西流入江，其爲湞水無疑。元和志云「湞水在曲江縣東一里」。輿地紀勝云「溱水亦名湞水，避仁宗名，改爲真水，混湞於溱」。寰宇記又謂「湞水從虔州信豐縣分流，西合大庾嶺艮岡水，入湞陽縣界，至韶州」。考元和志據漢書「征南越，出豫章，下湞水」語，不知龍川本與豫章接界，出虔州而至龍川，則下湞水矣。寰宇記謂「湞水出信豐」者，因水經注文云「東溪水出始興東，江州南康縣界」。晉之南康，唐宋之信豐也。注又云「西流，與連水合。水出南康縣涼熱山連溪。山即大庾嶺」。故記云「西合大庾艮岡水」者也。不知出信豐者乃東溪，一名東江，亦曰始興水，與龍川之湞水無與。若韶州湞水經行之道，則斷自翁源始。

〔一二〕【補注】先謙曰：續志後漢因。温水注「鬱水自番禺來，南逕四會浦，下入日南西捲」。一統志「今四會、廣寧、新會、三水、懷集縣地。故城今四會縣治」。先謙案，四會者，縣西有綏江水，又有溱、湞、洭水爲北江，泿、鬱水爲西江，四方來會，故名。寰宇記以爲四水俱臻此縣。所會之水，不止四也。鬱水所逕之四會浦則在新會境内。

〔一三〕韋昭曰：揭音其逝反。師古曰：音竭。【補注】先謙曰：東越王餘善擊南海兵至此，以海風波爲解，見東越傳。續志後漢因。泿水篇「涅水屈北，入員水。員水又東南一千五百里入南海」。注云「泿水自龍川來，東歷揭陽縣而注於海」。一統志「今潮州一府、嘉應州平遠、鎮平皆其地。故城今揭陽縣西。揭嶺在縣西北百五十里。縣以山氏」。案，泿水不至揭陽，辨見「博羅」。至所謂千五百里入海之員水，亦不知何指。

鬱林郡，〔一〕故秦桂林郡，〔二〕屬尉佗。武帝元鼎六年開，更名。〔三〕有小谿川水七，并行三千一百一十里。莽曰鬱平。屬交州。〔四〕户萬二千四百一十五，口七萬一千一百六十二。縣十二：布山，〔五〕安廣，〔六〕阿林，〔七〕廣鬱，〔八〕鬱水首受夜郎豚水，東至四會入海，〔九〕過郡四，行四千三十里。〔一〇〕中留，〔一一〕桂林，〔一二〕潭中，莽曰中潭。〔一三〕臨塵，〔一四〕朱涯水入領方。又有斤員水。又有侵離水，行七百里。〔一五〕莽曰監塵。〔一六〕定周，〔一七〕水首受無斂，東入潭，行七百九十里。〔一八〕增食，〔一九〕驩水首受牂柯東界，入朱涯水，行五百七十里。〔二〇〕領方，斤員水入鬱。〔二一〕又有橋水。〔二二〕都尉治。〔二三〕雍雞。有關。〔二四〕

〔一〕【補注】先謙曰：據牂柯水注，郡治布山。續志後漢治同，劉注「雒陽南六千五百里」。

〔二〕【補注】先謙曰：始皇三十三年置，見紀。舊唐志「江源多桂，不生雜木，故秦立爲桂林郡」。

〔三〕【補注】先謙曰：説文「鬱，芳艸也。遠方鬱人所貢。鬱，今鬱林郡也。從臼、缶、冖、鬯，彡其飾也」。

〔四〕【補注】先謙曰：續志後漢因，屬同。

〔五〕【補注】先謙曰：續志後漢因。温水注「鬱水自領方來，東逕布山縣北，下入中留。留水南出布山，下入中留」。一統志「今貴縣、興業地。故城今貴縣南」。先謙案，紅水江上見「領方」。又北逕來賓縣龍降村南，又東逕文筆山南，潭水來會，其地當阿林西北。紅水江又折而南流，直大禄山北，貴縣正在其南，故注云逕布山北。而水程所逕，尚隔中留也。留水見「中留」。

〔六〕【補注】先謙曰：續志後漢因。一統志「故城今横州境」。

〔七〕【補注】先謙曰：續志後漢因。温水注「潭水於中留東阿林縣西，右入鬱水」。先謙案：本志「鐔成」下「潭水東至阿林入鬱」者也。潭水於中留會鬱水，不至阿林始入也。注又云「鬱水自中留來，東逕阿林縣，下入蒼梧猛陵」。先謙案，紅水江自武宣又東流爲黔江。又東南，逕潯州府桂平縣北，分爲二。南逕府城東北，與西洋、麗江諸水會，詳「領方」。總曰潯江。又東北，與支流合，又北歷大黄江司，折而東，合相思江水，又東南，合乾江水，下入平南。一統志「故城今桂平縣東」。

〔八〕【補注】先謙曰：續志後漢因。一統志「故城今潯州府貴縣治」。温水注「文象水、蒙水、盧惟水、來細水、伐水竝自牂柯句町來，東歷廣鬱，下入增食」。先謙案，詳「句町」下。

〔九〕【補注】先謙曰：四會，南海縣。温水注「鬱水即夜郎豚水也。自牂柯毋斂來，逕廣鬱縣爲鬱水，下入領方」。先謙案：志所謂「鬱水首受夜郎豚水」者也。一統志「貴陽府牂柯江」下云「在定番州南，一名都泥江，源出州西北三十里亂山中，曰濛潭。經州南界，地名破蠶。又南入廣西泗城府界。名勝志『牂柯江南流入泗城界爲右江，至潯州與左江合』」。案，此水入廣西後，烏泥、紅水屢易其名，然其委曰黔江，則自來鬱水以夜郎豚水爲正源無疑。又温水篇云「温水東至廣鬱縣爲鬱水」。先謙案：本志「牂柯鐔封」下云「温水東至廣鬱入鬱」，不言温水爲鬱水也。豚、温雖并行，班專以鬱屬豚水，水經失其意矣。參證圖説，豚水、温水合流，上見鐔封。自舊都司東南流，爲烏泥江。又東南，逕三旺司西。又南，逕舊東蘭州東，折西南，至北荷山東麓。又南流，逕都彝山麓。又東南，逕十八鶴山，歷猺山中百餘里。又東南，逕思恩府西北境，折東北而東，逕安定土司，驩水於此南出也。詳「增食」下。又西南，逕大鳴山，歷忻城土縣西南。又東南，逕思吉鎮東，下入遷江縣。舊以廣鬱在今貴縣北。今案，自來賓以西，下旺土司以東，猺山以南，皆當爲廣鬱境。按之水道地望脗合。據水經，豚、温二水至廣鬱合爲一，可知不應至貴縣境方爲廣鬱地也。

〔一〇〕【補注】先謙曰：過牂柯、鬱林、蒼梧、南海。

〔一一〕師古曰：留音力救反，水名。【補注】先謙曰：説文「溜水出鬱林郡」。後漢因。續志作「中溜」，此作「留」，通借字。一統志「今象州、武宣縣地。故城今武宣縣西南」。温水注「留水自布山來，逕中留入鬱」。先謙案：據輿圖，留水蓋即武宣縣南之東鄉江，有二源，出賈利、仙石二山，合而東流，逕碁石山北入黔江。此水出布山北境，入鬱在中留、阿林界，方位脗合，它水不足以當之。注又云「潭水自潭中來，逕中留縣東，下入阿林」。先謙案，潭水即柳江，東南流，逕象州北爲象江。合運江水，又西南，右合曹顔堡水，又南合紅水江，即鬱水也。注又云「鬱水自布山來，逕中留縣南，合温水，右則留水注之，下入阿林」。先謙案：温水已於廣鬱入鬱，本志、水經可證，此道元之誤。據輿圖，紅水江合潭水後，東南逕武宣縣西北，又東逕碁石山，合東鄉江水，又東逕勒馬山南，入鬱平境。

〔一二〕【補注】先謙曰：續志後漢因。一統志「故城今象州東南」。

〔一三〕師古曰：潭音大含反。【補注】先謙曰：續志後漢因。一統志「今永寧、馬平、雒容、羅城、柳城、懷遠、融縣地。故城今馬平縣東南駕鶴山下」。存水注「周水自定周來，東北逕潭中縣，入潭水」。先謙案，本志「定周」下云「周水東入潭」者也。據一統志「周水即金城江，自宜山縣東南流，折而東爲龍江，又東逕柳城縣，西入柳江」。又温水注「潭水自武陵鐔成來，東逕潭中縣。周水自西南來，注之。又東南，合剛水，下入中留」。先謙案：潭水即福禄江，東南流，入懷遠縣，潭中北境也。潭水逕縣城西，吼江水、小溪水合注之，又南合保江水，又南合浪溪江水，又西南，逕融縣城東爲融江。又西屈南流，合諸水爲柳江。又南逕柳城縣城西，合龍江水，即周水，見「定周」下。又東南，逕柳州府馬平縣城西，繞逕其南，又北逕城東，又東逕三門塘，又南逕黎沖塘，又東逕江口司，與雒清江合，下入象州境。注又云「剛水自牂柯毋斂來，東至潭中入潭」。先謙案，本志「毋斂」下「剛水至潭中入潭」者也，詳「毋斂」下。又浪水注「鄰水自鐔成來，南逕潭中入浪。浪水自鐔成來，南至潭中縣合鄰水，下入蒼梧猛陵」。案，浪、鄰二水已詳「鐔成」。其入猛陵乃與潭水並行，志文不言，此通例也。

〔一四〕【補注】先謙曰：高紀臣瓚注「茂陵書：象郡治臨塵，去長安萬七千五百里」。

〔一五〕【補注】宋祁曰：「員」，邵本作「南」。先謙曰：温水注「朱涯水出臨塵縣，東北流，合驩水。見增食。朱涯水又逕臨塵縣。縣有斤南水、侵離水，並逕臨塵，下入領方」。又侵離水注「侵離水出晉興郡，晉分鬱林置。東至臨塵入鬱」。又斤江水注「斤江水自交趾龍編來，東北逕臨塵縣，下入領方」。先謙案：龍江水上見龍編。東流，逕南岸村北，又東南，逕江口塘，明江水入焉，即侵離水也。龍江水又東爲麗江，又東北，逕鄧勒塘，又東與麗江北源合，即朱涯水也。二水既合，東逕太平府崇善縣城西南，又逕其東，又東北逕土江州湍瀨塘北，又東北屈曲，逕馱盧塘南，又逕新寧州城西，納定淥江水。又東北流，爲左江也。明江水出上思州，爲馱白水。西南流，逕州城南，又逕龍東山南，爲明江。又逕摩天山南，又逕寧明州城東，上、下石土州水合板栗溪水，入之。又北逕盤龍嶂西，入龍江。麗江北源出歸順州北爲龍潭水，東南流，逕州城東，又逕呑墓村西，又出峨嶆隘東口，逕交趾高平府境四十餘里，又流入下雷州西境，又逕安平州北，又逕太平州北，又逕養利州城東，又逕舊縣北，又南逕太平府西北，與南源合爲麗江。斤員水見「領方」。

〔一六〕【補注】先謙曰：續志後漢因。一統志「今太平府崇善縣地」。

〔一七〕【補注】先謙曰：續志後漢因。錢坫云「今慶遠府西北地」。

〔一八〕【補注】先謙曰：無斂，牂柯縣。「水」上奪「周」字。周水首受無斂水也。存水篇「存水東南至定周爲周水。又東北至潭中縣，注於潭」。注云「牂柯水逕毋斂縣爲毋斂水，東注存水。存水自毋斂來，又東逕定周縣爲周水。蓋水變名也」。先謙案：一統志以龍江爲周水，是也。「柳州府」下云「龍江出慶遠府天河縣，與融水合，入潭江」。「慶遠府」下云「自都勻府荔波縣流入，經河池州東北，又東經府城北入柳州府界」。今案，此水源出獨山州爛土土司西唐朴砦，逕荔波縣東，西流，合勞村江水，又南，右合孟英山水，左合永長溪水，又東南，逕南丹州東北，合南丹州水，又逕河池州東北爲金城江。以宋置金城州而名。那地州紅盆江合諸水東流，逕河池州城南注之。又逕思南縣南爲龍江。又逕慶遠府宜山縣城北屈曲東流，與東小江合。東小江水出天河縣，流逕縣城西，又東南，合羅城縣水，又南入龍江。龍江水又東逕柳城縣西，與融水合爲柳江。融水即潭水也。就地望以推，班意蓋以出天河者爲周水，出獨山荔波者爲無斂縣水，與一統志所述相同。故云「周水首受無斂」。原委分明。提綱諸書則以出獨山者爲龍江上源，併爲一水，不加分析，而班氏「首受」之恉泯矣。水經注謂牂柯豚水逕毋斂爲毋斂水。又謂存水逕定周爲周水。此兩大誤。都勻以北皆牂柯且蘭地，其所出之水皆可蒙牂柯江之名，一統志「貴州省大定府七星關河」下云「廣輿圖烏撒七星關水即牂柯江，源出芒部界縈旋水西境，下流會可渡河爲盤江」。此盤江上流所受之水皆蒙牂柯江名之證。然非豚水也。豚水、温水同出夜郎，同逕談藁，不能遠越至毋斂。詳「毋斂」諸縣下。毋斂爲獨山、荔波地。毋斂水雖出其境，然與出獨山東入潭之剛水，詳「毋斂」。比地密邇，不相通注。即使移豚水於牂柯且蘭，欲其通爲毋斂水而亦不可得也。至存水，入北盤江後下流同爲烏泥江，南入廣西思恩，不能東逕河池。參證圖志，無入定周爲周水之理。惟那地土州之紅岔江見上。與入烏泥江之龍泉水見「牂柯鐔封」。相距至近，或當日地圖誤爲相通之水道，水經注遂爾相仍，致斯乖剌邪？班志無文，所當據正。

〔一九〕【補注】先謙曰：續志後漢因。温水注「文象水、蒙水、盧惟水、來細水、伐水自廣鬱來，並至增食縣注於鬱水」。先謙案，本志「牂柯句町」下云「文象水東至增食入鬱。又有盧唯水、來細水、伐水」者也。詳「句町」下。注又云「温水自益州來唯來，東逕增食縣合文象水，下入領方」。先謙案，温水既至廣鬱爲鬱水，則已與豚水合而東行，非來自來唯，亦不入領方。其合文象水者，惟驩水耳。此道元之誤。

〔二〇〕【補注】先謙曰：「東界」二字當作「水」。温水注「豚水即牂柯水，自牂柯毋斂來，又東，驩水出焉」。注又云「驩水源上承牂柯水，東逕增食縣，下注朱涯水」。先謙案，驩水即今馱蒙江也，東北與烏泥江通，西南與右江通，中歷思恩府武緣縣。舊志以武緣爲領方。今案，當爲增食。阮元雲南通志稿云「增食，今思恩境」是也。惟此水由南而北，則古今水道容有變遷，如廣陵中瀆水之比。當時蓋合右江水以注左江，故云「合文象水，入朱涯水」耳。

〔二一〕【補注】朱一新曰：汪本「員」作「南」。先謙曰：温水注「鬱水自廣鬱來，東北逕領方縣北，下入布山」。先謙案，豚、温二水爲鬱水後，上見「廣鬱」。東南流，逕遷江縣西北，注所云「領方北」也。又東北，逕來賓縣城南，一統志云屬潭中。案，當爲廣鬱境。爲紅水江。注又云「朱涯水、斤南水、侵離水自臨塵來，東入領方縣，流注鬱水」。先謙案：本志「臨塵」下云「朱涯水入領方。又有斤員水，又有侵離水」者也。又斤江水注「斤江水自臨塵來，至領方入鬱」。先謙案，道元此注引志文，又以斤江爲斤員水。「臨塵」云「又有斤員水」，此云「斤員水入鬱」，乃本志原委分見通例。志稿云「斤員水即龍江」。提綱云「龍江水流爲左江後，又逕宣化縣白沙塘，合龍床江水，又東，至合江鎮與右江水會」，即文象水也。「諸水既合，又東南，逕仙降山北，又逕南寧府城南，又東北，逕道人山南，又逕永淳縣西北，又東南，逕縣城東，又逕飛龍山北，又東北，逕横州南，又東北，爲鱷魚江。又逕興業縣西北，又東逕貴縣城南，納武思江水，又東納汎江水，又北逕縣東，納沙江水，又東納東津江水，又東北，納横眉江水，又逕潯州府桂平縣城南，又逕城東與黔江會」，所謂入鬱也。興業、貴縣皆布山地。今地説家以左、右江爲鬱水正源。不知鬱水自屬豚、温，古説昭然可案。自鬱源湮没而文象、朱涯諸水遂無能指目而追尋矣。

〔二二〕【補注】先謙曰：温水注「地理志曰『橋水東至中留入潭』，又云『領方縣又有橋水』」。今診其川流，更無殊津，正是橋、温亂流，故兼通稱。作者咸言至中留入潭，潭水又得鬱之兼稱而字當爲『温』，非橋水也，蓋書字誤矣」。先謙案，據注，道元所見漢志本作「橋」，不作「墧」。以地望推之，領方地廣，當以賓州爲治所。其所云（嶠）〔橋〕水即思攬江，下通遷江之清水江以入烏泥江。九域志云「賓州有賓水」者也。或漢世有（嶠）〔橋〕水之目，與益州兩橋水無涉。

〔二三〕師古曰：墧音橋。【補注】先謙曰：續志後漢因。一統志「今賓州、遷江、上林、宣化、永淳縣地。故城在賓州西。領方山在州南三十五里，漢以山氏縣」。

〔二四〕【補注】先謙曰：續志後漢省。一統志今崇善縣地。

蒼梧郡，〔一〕武帝元鼎六年開。〔二〕莽曰新廣。屬交州。〔三〕有離水關。〔四〕户二萬四千三百七十九，口十四萬六千一百六十。縣十：〔五〕廣信，莽曰廣信亭。〔六〕謝沐，〔七〕有關。〔八〕高要，有鹽官。〔九〕封陽，〔一〇〕臨賀，莽曰大賀。〔一一〕端谿，〔一二〕馮乘，〔一三〕富川，〔一四〕荔蒲，〔一五〕有荔平關。〔一六〕猛陵。龍山，合水所出，南至布山入海。〔一七〕莽曰猛陸。〔一八〕

〔一〕【補注】全祖望曰：故秦桂林郡。後爲蒼梧國，屬尉佗。先謙曰：淮南子所稱有浯也。浯，梧字之別。據浪水注，郡治廣信。元封五年，交州自羸𨻻縣移治於此。續志後漢治同，劉注「雒陽南六千四百一十里」。

〔二〕【補注】先謙曰：見武紀、南粤傳。

〔三〕【補注】先謙曰：續志後漢因，屬同。灕水注「灕水自零陵始安來，西逕平樂縣界，合平樂（水）〔溪〕口。孫皓割蒼梧之境立以爲縣，北隸始安。灕水下入荔浦。洛溪水出永豐縣西北洛溪山，東流逕其縣北。縣本蒼梧之北鄉，孫皓割以爲縣。洛溪水下入零陵始安」。先謙案，灕水上見「始安」。又東南，逕平樂府北浮嶼山西，又南逕府城西北，與龍江水合，即平樂水口也。

〔四〕【補注】先謙曰：紀要「關在今蒼梧縣西」。

〔五〕【補注】先謙曰：郡人陳欽，見儒林傳。

〔六〕【補注】先謙曰：續志後漢因。一統志「今蒼梧、封川縣地。故城今梧州府治」。灕水注「灕水自荔浦來，南至廣信縣入鬱」。先謙案：本志「零陵零陵」下「灕水東南至廣信入鬱」者也。又浪水注「浪水合鬱水，自猛陵來，逕廣信縣，下入高要」。又温水注「鬱水自猛陵來，東逕廣信縣，合灕水、封水，下入高要。臨水即封水，自封陽來，西南流，入廣信縣，南流注於鬱，謂之封溪水口」。據輿圖，潯江水上見猛陵。又東逕龍潭，又東分爲二，又東與長行江合，又東與支流合，又東，灕水自昭平縣東南流爲桂江，注之。潯江水又逕府治城南，又折而東南，與賀江水會。又東南，逕封川縣城西，合錦江水，下入德慶州。賀江水上見「封陽」。西逕扶靈村，西合廣信河水，又西南，逕豐壽山西，又逕黎山北大洲營南，又西逕封川縣，北入潯江。

〔七〕【補注】先謙曰：續志後漢因。一統志「故城今永明縣西南二十五里謝沐鄉」。温水注「封水出馮乘縣西謝沐縣東界牛屯山，亦謂之臨水。東南流，逕萌渚嶠西，左合嶠水，下入臨賀」。先謙案，據輿圖，臨水出江華縣春頭嶺山，直縣西南謝沐鄉，東即牛屯山也。水西南流，爲龍溪。臨、龍以聲轉變字。折南流，逕富川縣城東，左合四水，蓋皆嶠水矣。又灕水注「平樂溪水出謝沐縣南，歷山西北流，逕謝沐縣西南，西南流，逕平樂縣東南，孫吳立。左會謝沐衆溪，西逕平樂縣南，又西南入灕」。先謙案，一統志「沐水出永明縣西南三里謝沐鄉，西北流，逕桃川北，與遨水合。遨水出富川縣木馬山，西北流，入永明縣界，逕遨岡鎮西，與扶靈水合。扶靈水出恭城縣猺洞，北流，逕扶靈山東，入遨水。遨水又北，逕桃川，西入沐水。沐水又西逕荆峽鎮，又逕恭城縣南，爲樂川水，與平川水合。平川水一名上平江，出恭城縣北九十里灌陽縣界。平川南流，逕常家渡，入樂川水。樂川水又西，與南平江水合。水在恭城縣東南十六里，西入樂川水。樂川水又西，與沙江水合。水出平樂縣東北洛山，西流，合魯溪江水，又西逕榕津，合誕山江水，又西，入樂川水。樂川水又西南，逕平樂府城東北，入灕水」。又湘水注「觀水出謝沐縣界，下入零陵零陵」。先謙案，據輿圖，觀水出灌陽縣西龍川山，爲龍川水，東南流，合大溪水、市溪水，屈東北，逕冷水營，爲觀水，當謝沐西境。

〔八〕【補注】先謙曰：一統志「謝沐關即今永明縣六十里鎮峽關」。

〔九〕【補注】先謙曰：續志後漢因。温水注「鬱水自封陽來，東逕高要縣，合牢水，下入南海番禺。牢水自合浦臨允來，北逕高要縣入鬱水」。先謙案，本志「臨允」下「牢水北至高要入鬱」者也。又浪水注「浪水合鬱水，自廣信來，逕高要縣。晉志：縣東去郡五百里，刺史夏避毒，徙縣水居也。縣有鵠奔亭。浪水合鬱水，下入南海番禺」。一統志「今高要、高明縣地。故城今肇慶府高要縣」。據輿圖，潯江水上見「端谿」。又東逕高要縣城南，有西江之目。新江水流入之，即牢水也。又東北，逕高峽、望侯二山之間，又逕横查司，合員山水、青岐水，又東南，出大吉峽，下入番禺。

〔一〇〕應劭曰：在封水之陽。【補注】先謙曰：續志後漢因。温水注「封水即臨水，自臨賀來，西南逕封陽縣東，爲封溪水，故地理志曰『縣有封水』。下入廣信」。案，注誤記應説爲志文。一統志「今開建、賀縣、懷集地。故城今賀縣南百里信都鎮封陽墟」。據輿圖，賀江水上見「臨賀」。又東南，逕開建縣西，合水瀉山水、金裝水、金搥水，折西南流，合大玉水，下入封川縣。

〔一一〕【補注】先謙曰：續志後漢因。温水注「封水即臨水，自謝沐來，逕臨賀縣東，又南至臨賀郡，孫吴立。左會賀水。賀水出興安縣晉縣。今賀縣東北。西北羅山，東南流，逕興安縣西，又西南，至臨賀郡東，右注臨水。郡對二水之交會，故郡、縣取名焉。臨水又西南，逕郡南，下入封陽」。一統志「今昭平、賀縣地。故城今賀縣治」。先謙案，據輿圖，臨水上見「謝沐」。又南流，合石壩塘水，又南與賀水合，又南合長烏溪水、羊頭塘水、芳林塘水，又東南，逕賀縣城北，繞其東，折而西南，右合四水，有賀江之目。又逕樂安村，折而東南，下入開建。賀水出賀縣東北大拱岡，南流，合數水，爲金高塘河水。又東南，逕磨刀山北，左合宜善河水，又西北，逕桂嶺北、臨賀嶺南，又西北，出龜石塘北，入臨水。明統志以出桂嶺之小水爲臨水，提綱已糾之。

〔一二〕【補注】先謙曰：續志後漢因。舊唐志「端山下有谿」。一統志「今德慶州、羅定州、信宜、東安、西寧縣地。故城今德慶州治。端山在州東北。端谿水在州東」。據輿圖，潯江水上見廣信。又東逕西寧縣北，合武倉水，又逕德慶州南，左合端山水、勞山水，右有瀧江水自羅定州合上烏水注之，又東合靈陵河水，又逕大湘峽，合大湘水，又逕小湘峽，合小湘水，下入肇慶高要。端溪爲鬱水所必經，而酈注不及。

〔一三〕【補注】先謙曰：續志後漢因。温水注「封水出馮乘縣西，互見「謝沐」。下入謝沐」。又湘水注「馮水出馮乘縣東北馮岡。其水導源馮溪，西北流，帶約衆流，渾成一川，謂之北渚。歷縣西至關下，地名也，是商舟改裝之始。馮水又左合萌渚嶠水，下入零陵營道。萌渚水南出萌渚嶠北，逕馮乘縣西而北注馮水」。一統志「今江華、富川縣地。故城在江華西南六十里，富川東北七十里。馮水在縣東南」。據輿圖，馮水出江華縣南新造營，二源合注，北流，逕平立鋪，又北逕安東營，蓋即注「關下」。又北，洪洞水自大溪猺、下江猺山中北流，逕永明縣西，合牛堂營、大橋鋪、十字鋪諸水，匯帶衆川，總歸一壑，入於馮水，即注「萌渚嶠水」矣。馮水又北，逕永明縣東，右合山叉營水，又北，逕曲溪口而入於營水。舊志以萌渚水爲西河，馮水爲東河。又謂東河即麻、貝二江，自錦田嶺東流，合半逢山之半逢水，皆古馮水派。不知自錦田嶺出者，營水正流，非馮水也。詳「泠道」。一統志「萌渚嶺在江華縣西南十五里」。通典道州有屺渚嶺，今謂之白芒嶺」。先謙案，嶺嶠連綿，不專一地。今江華縣東南有白芒營，道州東又有白芒鋪，皆緣嶺隨在立名也。

〔一四〕【補注】先謙曰：續志後漢因。灕水注「靈溪水出富川縣北符靈岡，南流，逕其縣東入灕」。見「荔浦」。一統志「今平樂、恭城、富川縣地。故城今富川縣西南」。

〔一五〕【補注】先謙曰：續志後漢因。灕水注「灕水自蒼梧郡來，南過荔浦縣，合瀨水、靈溪水，見「富川」。下入廣信。瀨水出縣西北魯山，東逕縣西，合濡水入灕。濡水出永豐縣西北濡山，東南逕其縣西，又東南，入荔浦縣，注瀨水」。據一統志，今平樂、荔浦、修仁縣、永安州地。故城今荔浦縣治」。荔江即注「瀨水」。荔、瀨雙聲字。出永福縣，西南流，逕修仁縣北十里，朝陽、東坡諸水注之。又東逕荔浦縣，山月、丹竹、延賓諸江水注之。山月江即注「濡水」也，出荔浦縣北雞籠猺南，東南流，逕山月嶺，入荔水。荔水又逕平樂縣西五里入灕，爲荔浦江口。灕水逕平樂縣西，上見本郡。右合荔江水，又東南，逕昭平縣東，與富江合，即注「靈溪水」也，出富川縣西四十里浮蓋山，南流爲沙江，又南逕白霞寨，歷思勤廢縣，爲思勤江，與韋峒濁水江合，又西南，逕昭平縣東北入灕。

〔一六〕師古曰：荔音（肄）〔隸〕。【補注】錢坫曰：灕水注「灕水之上有關」，然則即灕水關矣，在今荔浦縣東。先謙曰：郡下灕水自別一關。李尤函谷關賦「其南則有蒼梧、荔浦、離水、謝沐、涯浦、零中」。注云「蒼梧以下六關在南」。明荔浦、離水各自爲關。錢說謬。元和志「荔浦縣南有荔平關，久廢」。

〔一七〕【補注】先謙曰：布山，鬱林縣。此水水經注不載。以今地覈之，蒼梧、岑溪、平南、藤縣皆漢猛陵地。布山在猛陵之西。凡出猛陵之水，俱東合鬱水入海，無西行至布山者。一統志「潯州府」下云「相思江在桂平縣東六十五里，與平南縣接界，源出平南麒麟山，自官塘堡分港而入，直通朋化内猺，流入潯江」。今桂平縣，漢阿林、布山二縣地。相思江出猛陵境，入布山境，又係南流，似足當合水之目。「入海」者，入鬱以達海耳。

〔一八〕【補注】先謙曰：續志後漢因。浪水篇「浪水東至猛陵縣爲鬱溪」。注云「浪水自鬱林潭中來，東至猛陵縣，左合鬱水」。先謙案，浪水合鬱不在猛陵。詳「潭中」。此下仍二川并行。注又云「鬱水自鬱林阿林來，東逕猛陵縣。縣在廣信之西南。鬱水於縣合浪水，亂流下入廣信」。温水注同。先謙案，潯江水又東，逕平南縣城南，爲龔江。又東逕白馬塘。又東，蒙江水自永安州南入之。又東北，逕藤縣北，左則四涪江水南入之，右則藤江水北入之」。一統志「故城今蒼梧縣西北」。

交趾郡，〔一〕武帝元鼎六年開。〔二〕屬交州。〔三〕户九萬二千四百四十，〔四〕口七十四萬六千二百三十七。〔五〕縣十：羸𨻻，有羞官。〔六〕安定，〔七〕苟屚，〔八〕麊泠，都尉治。〔九〕曲昜，〔一〇〕北帶，〔一一〕稽徐，〔一二〕西于，〔一三〕龍編，〔一四〕朱[illegible]。〔一五〕

〔一〕【補注】宋祁曰：「趾」，景本作「止」。先謙曰：交趾國見山海經。交趾見禮王制。顓頊紀作「阯」，通借字。尉佗攻破安陽王，令二使典主交趾、九真二郡，即甌駱也。詳南越傳索隱廣州記。據葉榆水注引交州外域記，郡治羸𨻻。續志後漢治龍編，劉注「雒陽南萬一千里」。又葉榆水篇「葉榆水自髊泠來，分爲五水，絡交阯郡中，至南界，復合爲三水，東入海」。見「龍編」、「西于」、「九真郡」下。

〔二〕【補注】先謙曰：見武紀、南粤傳。

〔三〕【補注】先謙曰：續志後漢因，屬同。

〔四〕【補注】徐松曰：宋本「二千」作「一千」。

〔五〕【補注】王鳴盛曰：「三」下脱「十」字。朱一新曰：汪本有「十」字。先謙曰：官本有「十」字。

〔六〕孟康曰：羸音蓮。𨻻音受土簍。師古曰：𨻻、簍二字並音來口反。【補注】先謙曰：後漢因。續志作「嬴𨻻」。晉書地道記作「蠃𨻻」，蓋後人因孟音而製「蠃」字，廣韻載之，皆誤。葉榆水注「交阯次水自西于來，東逕羸𨻻縣北，下入北帶。又中水自稽徐來，東逕羸𨻻縣南，下入安定」。紀要「故城今安南國交州府西」。隋改交阯縣。據元和志，唐交州南定縣本漢羸𨻻縣地。漢故城在州治宋平縣西七十五里。

〔七〕【補注】先謙曰：續志後漢因。或誤「定安」。劉注「交州記：越人鑄銅爲船，在江湖退時見」。葉榆水注「交阯中水自羸𨻻來，東逕安定縣，北帶長江。其水又東流，隔水有泥黎城。又東南，合南水。南水自苟屚來，其水對安定縣，林邑記所謂『外越安定紀粟』者也。又東合北水，三水合一。又東注鬱，亂流而逝矣。平撮通稱，同歸鬱、海。故經有入海之文矣」。

〔八〕師古曰：屚與漏同。【補注】段玉裁曰：廣韻四十五厚、五十候皆言「笱屚，縣名」，字皆從竹，不從艸。先謙曰：官本考證云「苟」訛「荀」，今改正。此縣即後世所謂句漏也。後漢因。續志作「苟漏」。劉注「交州記云，有潛水牛，上岸共鬥，角軟，還復出」。據水經注，「復出」上當有「入水角堅」四字。葉榆水注「交阯南水自九真無切來，東逕句漏縣。縣帶江水，下入安定」。一統志「句漏山在今安南國交州府石室縣。相傳古句漏縣在其下」。

〔九〕應劭曰：麊音彌。孟康曰：音螟蛉。師古曰：音麋零。【補注】王鳴盛曰：馬援傳注引越志同。但說文米部云「麊，漬米也。从米，尼聲。交阯有麊泠縣。武移切」。應劭音彌，與說文合。从鹿非聲，傳寫誤也，葉榆水篇作「麋」，皆非。先謙曰：續志後漢因。晉志作「麋泠」。宋志有壽泠，無麊泠。案，壽泠屬日南，當在占城國境。或以爲即麊泠，非也。江水注「勞水合僕水，自益州來唯來，東至麊泠，南流入於海」。先謙案，本志「來唯」下「勞水東至麊泠入南海」者也。阮元雲南通志稿云「瀾滄江自臨安府東南流上見「來唯」。入越南國界，爲洮江，亦曰洪水江。江以南爲老撾，江以北爲交阯。又東南，全入交阯境南，別爲沱江。又東逕宣光道南、歸化府北，又東與沱江會。又東逕臨洮府南，又東逕嘉興州蒙縣，左合清水江，亦曰龍門口。其上流即河底江也。又東爲富良江，逕白鶴縣南，分流南出。又東逕加林縣南，又分流南出。又東逕越南國奉天府北，又東，流至安林縣南分支東出，會諸流入海。其正支折南流，逕奉天府東，東南流，復會諸沱江，屈而東流，分合甚多。其正支折東南流，逕太平府北，又東南，合諸分流入南海」。又葉榆水注「葉榆水自牂柯進桑來，過卷泠縣北分爲五水，下入交趾郡」。紀要「故城今安南國太原府西」。

〔一〇〕師古曰：易，古陽字。【補注】先謙曰：後漢因。續志作「曲陽」。葉榆水注「交趾南水合北水，自龍編來，東逕曲易縣，東流注於浪鬱。經言於郡東界復合爲三水，此其二也」。此二水合一。

〔一一〕【補注】錢大昭曰：閩本作「比帶」，誤。先謙曰：續志後漢因。葉榆水注「交趾次一水自羸𨻻來，東逕北帶縣南，下入稽徐」。

〔一二〕師古曰：稽音古奚反。【補注】先謙曰：續志後漢因。葉榆水注「交趾次一水自北帶來，東逕稽徐縣，合涇水，併爲中水，下入羸𨻻。涇水自龍編來，東南入稽徐縣，注中水」。

〔一三〕【補注】先謙曰：續志後漢因。葉榆水注「葉榆水自交趾郡分五水後，北二水。左水即北水，東北逕望海縣南，後漢分西于置，見馬援傳。下入龍編。其次一水東逕封溪縣南，後漢亦分西于置。又西南，逕西于縣南，下入羸𨻻」。寰宇記「漢西于縣在今愛州無編縣」。錢坫云「屬安南國清化府」。

〔一四〕師古曰：編音鞭。【補注】先謙曰：續志後漢因。葉榆水注「交趾左水即北水，自西于來，東逕龍淵縣北，合南水。南水自卷泠縣東，逕封溪縣北，又逕浪泊，又逕龍淵縣故城南，左合北水。龍編即龍淵改名也。下入曲易」。又云「涇水出龍編縣高山，東南流，下入稽徐」。又斤江水注「斤江水出龍編縣東北流，下入鬱林臨塵」。先謙案，斤江水當即麗江別源。據提綱，出交趾廣源州，東流，入廣西上下凍州西，又東逕州南，又東南，逕龍州南，爲龍江。有憑祥州水西南自鎮南關北流，逕州城東而東北流注之，即麗江南源也。紀要「故城今安南國交州府東」。據元和志、寰宇記，漢縣在唐宋爲交州龍編縣。

〔一五〕【補注】先謙曰：續志後漢因。葉榆水注「交趾南水自九真郡來，對朱鳶縣，又東逕浦陽縣北，下入九真無切」。紀要「故城今安南國交州府東南」。

合浦郡，武帝元鼎六年開。〔一〕莽曰桓合。屬交州。〔二〕户萬五千三百九十八，口七萬八千九百八十。縣五：徐聞，〔三〕高涼，〔四〕合浦，有關。〔五〕莽曰桓亭。〔六〕臨允，牢水北入高要入鬱，過郡三，行五百三十里。〔七〕莽曰大允。〔八〕朱盧。都尉治。〔九〕

〔一〕【補注】全祖望曰：故屬秦桂林郡，後復爲駱、越諸種國，屬尉佗。先謙曰：温水注「合浦郡治合浦縣」。武帝平越所置，見武紀、南粤傳。續志後漢治同，劉注「雒陽南九千一百九十一里」。

〔二〕【補注】先謙曰：續志後漢因，屬同。

〔三〕【補注】先謙曰：續志後漢因。劉注「交州記云，出大吴公，皮以冠鼓」。温水注「朱崖、儋耳二郡，大海中南極之外，對合浦徐聞縣。清朗無風之日，徑望朱崖州如囷廩大。從徐聞對渡，北風舉帆，一日一夜而至」。一統志「今海康、遂溪，徐聞縣地。故城即海康縣治」。紀要「今徐聞縣西北」。

〔四〕【補注】先謙曰：續志後漢因。孫吴立高梁郡。一統志「今化州、陽春、陽江、恩平、茂名、電白、吴川縣地。故城今陽江縣西。有高涼山在茂名縣東北」。

〔五〕【補注】先謙曰：一統志「今合浦縣有條風關，舊名東關」。

〔六〕【補注】錢坫曰：疑當作「桓合亭」。先謙曰：温水注亦作「桓亭」，志文不誤。續志後漢因。一統志「今欽州、合浦、石城、北流、陸川、靈山、東安、容縣地。故城在合浦東北」。

〔七〕【補注】先謙曰：上「入」當爲「至」。「郡三」當作「郡二」：合浦、蒼梧。温水注「牢水南出合浦郡臨允縣，自縣北流，下入蒼梧高要」。一統志「新江即牢水。寰宇記『端州南有新江，出新州東南山谷閒』。新興縣志『縣南瀘溪諸水北流，逕縣城東，又北合錦山水爲新江，又北五十里至東安縣腰古驛，又北九十里出高要縣界入新江，曰新江口』。此水出新興，爲古臨允地，入江處又適在高要，故説者以爲即牢水。然源流不滿二百里，與志不合。或以羅定州之瀧水當之，近是」。先謙案，羅定，漢端溪地，水流雖遠，地望則乖，疑志文「五百三十里」五字有誤，終以新江爲合。

〔八〕【補注】先謙曰：後漢因。續志誤「臨元」。一統志「今新興、開平縣地。故城在縣南七十里」。

〔九〕【補注】先謙曰：後漢因。續志作「朱崖」。案志序，朱崖、儋耳二郡並立。昭帝罷儋耳。元帝竝罷朱崖。今併入瓊州府。是漢朱盧縣當今一府也。

九真郡，〔一〕武帝元鼎六年開。〔二〕有小水五十二，并行八千五百六十里。〔三〕户三萬五千七百四十三，口十六萬六千一十三。有界關。縣七：胥浦，莽曰驩成。〔四〕居風，〔五〕都龐，〔六〕餘發，〔七〕咸驩，〔八〕無切，都尉治。〔九〕無編。莽曰九真亭。〔一〇〕

〔一〕【補注】先謙曰：據溫水注，郡治胥浦。續志後漢治同，劉注「雒陽南萬一千五百八十里」。葉榆水注「交趾南水此又一南水。自交趾郡來，東南逕九德郡北。交州外域記曰『交趾郡界有扶嚴究，在郡之北』。隔渡一江，即是水也。下入交趾朱鳶」。又溫水注「交州外〈城〉〔域〕記云『九德縣屬九真郡，在郡南，與日南接。吳定爲九德郡，隸之周越裳氏之夷國』」。

〔二〕【補注】先謙曰：見武紀、南粵傳。據元和志，故秦象郡地。安南志略「清化府路，漢九真郡，隋、唐愛州」。

〔三〕【補注】先謙曰：溫水注「竺枝扶南記『山溪瀨中皆謂之究』。地理志曰『郡有小水五十二，并行』，大川，皆究之謂也」。先謙案，「大川」上當有「入」字。續志後漢屬交州。志失書。

〔四〕【補注】先謙曰：續志後漢因。紀要「故城在清化府西」。

〔五〕【補注】先謙曰：續志後漢因。劉注「交州記曰，縣有山，出金牛，往往夜見，光耀十里。山有風門，常有風」。一統志「金牛山在安南國北江府武寧縣」。紀要「故城在清化縣西北」。據通典、寰宇記，唐爲愛州九真、安順、崇平、日南四縣，宋爲愛州所治九真縣，及州東北二百二十里日南縣。

〔六〕應劭曰：龐音龍。師古曰：音聾。【補注】汪遠孫曰：「龐」，校本作「寵」。初學記獸部引吴録「地理志云，九真郡龐縣多象」。「郡」蓋「都」字之誤。然則「龐」字亦未必非也。集韻「都龐縣在九真。或作『寵』」。朱一新曰：作「寵」者本字。因「龐」音轉爲龍，傳寫作「寵」耳。先謙曰：官本「聾」作「龔」。續志後漢省。紀要「故城在清化府北」。據元和志，唐爲愛州軍寧縣。

〔七〕【補注】先謙曰：續志後漢省。

〔八〕【補注】先謙曰：後漢因。續志作「咸懽」。温水注「咸驩已南，麞麂滿岡，鳴咆命(儔)〔疇〕，警嘯聒野。孔雀飛翔，蔽日籠山」。紀要「故城在安南國新平府東南」。寰宇記：縣自漢迄隋不改。據元和志，唐爲演州忠義、懷驩二縣。

〔九〕【補注】先謙曰：後漢因。續志作「無功」。馬援傳同。葉榆水注「交趾南水自交趾朱䳒來，東逕無功縣北，下入交趾苟扇」。

〔一〇〕【補注】先謙曰：續志後漢因。紀要「故城在安南國清化府北」。據通典，唐爲愛州無編縣。元和志、輿地廣記，唐爲演州龍池縣，宋爲愛州長林縣。後書馬援傳：援兵南，自交趾入九真，由無切進入餘發，分兵入無編，至居風，九真乃靖。

日南郡，〔一〕故秦象郡。〔二〕武帝元鼎六年開，更名。〔三〕有小水十六，并行三千一百八十里。〔四〕屬交州。〔五〕户萬五千四百六十，口六萬九千四百八十五。縣五：朱吾，〔六〕比景，〔七〕盧容，〔八〕西捲，水入海，有竹，可爲杖。莽曰日南亭。〔九〕象林。〔一〇〕

〔一〕【補注】先謙曰：據温水注，郡治西捲。續志後漢治同，劉注「雒陽南萬三千四百里」。

〔二〕【補注】先謙曰：始皇三十三年置，見紀。唐志「因象山爲名，山形如象也」。温水注「朗湖浦口有秦時象郡，區域猶存」。

〔三〕【補注】先謙曰：見武紀、南粤傳。

〔四〕【補注】先謙曰：日南水篇「容容、夜、緬、湛、乘、牛渚、須無、無濡、營進、皇無、地零、侵離、無會、重瀨、夫省、無變、由蒲、王都、融、勇外，二十水」。注云「此皆出日南郡西，東入於海。容容水在南垂，名之以次轉北也」。

〔五〕師古曰：言其在日之南，所謂開北户以向日者。【補注】先謙曰：續志後漢因，屬同。

〔六〕【補注】先謙曰：續志後漢因。劉注引交州記云「其民依海際居，不食米，止資魚」。温水注「林邑記云『渡比景至朱吾。朱吾縣浦，今之封界。縣南有文狼究，下流逕通』。晉書地道記『朱吾縣去郡二百里，此縣民，漢時不堪二千石調求，引屈都乾爲國』。林邑記云『屈都，夷』也。朱吾浦内通無勞湖。無勞究水通壽泠浦」。紀要「故城今占城北境，本越裳地」。

〔七〕如淳曰：日中於頭上，景在巳下，故名之。【補注】吴仁傑曰：所謂開北户以向日者。考古編云「舊唐志景州北景縣。晉將灌邃破林邑，五月五日即其地立表，表在北而日影在表南，郡名日南，則縣爲北景固相應」。案，唐命太史往安南測候日影，夏至影在表南，與灌邃同。郡得名固以此。然王充書謂日南郡有徙民還者，問之，云日中之時，所居之地未能在日南也。蓋日南郡唯五月日影在南，常時影不在南，亦不在北。故水經云，北讀爲蔭芘之芘，言影爲身所芘。此爾雅所謂「岠齊州以南戴日」者也。漢民徙者但以常時所見言之。北景音芘影。水經言是也。若列缺倒景，則謂日月之光皆倒在下，又與芘影音訓不同。段玉裁曰：文選吴都賦注，引如淳注與此同：「比，方利反。一作『北景』」。云漢武時日南郡置北景縣，言在日之南，向北看日，故名」。此則漢志字本有二。先謙曰：續志後漢因。劉注「博物記云，日南出野女，羣行不見夫，其狀皛且白，裸袒無衣襦」。温水注「自盧容至無變，日南二十水中有無變水。越烽火，蓋地名。至比景縣」。紀要「故城在占城北境」。

〔八〕【補注】先謙曰：續志後漢因。劉注「交州記云，有採金浦」。温水注「四會浦水上承盧容縣西古郎究，東南曲屈通郎湖。郎湖水亦承郎究。究水北流，左會盧容、壽泠二水，見「西捲」。積爲郎湖。自湖南望，外通壽泠。從郎湖入四會浦，自四會南入，得盧容浦口。康泰扶南記云『從林邑至盧容浦口可二百餘里。從口南發往扶南諸國，常從此口出』。林邑記云『地濱滄海，衆國津逕鬱水，南通壽泠，即一浦也』。

〔九〕孟康曰：音卷。師古曰：音權。【補注】先謙曰：後漢因。續志作「西卷」。温水注「鬱水自南海四會來，南自壽泠縣注於海。山海經『鬱水出象郡而西南注南海，入須陵東南』者也」。先謙案：本志「鬱林廣鬱」下「鬱水南至四會入海」者也。又云「盧容水出區粟城南高山，東逕區粟城北，合壽泠水。壽泠水出壽泠縣界，東逕區粟故城南。古志無區粟之名。應劭云『日南郡治西捲縣』。林邑記云『城(出)〔去〕林邑，步道四百餘里』。交州外域記云『從日南郡南去，到林邑國四百餘里』。準逕相符。然則城故西捲縣也。地理志曰『水入海』。林邑記云『其城治二水之間，三方際山，東北瞰水，東西澗浦，流湊城下』。壽泠水自城南合盧容水」。先謙案，晉武帝太康十年，分西卷立壽泠縣。以注證之，注云「水入海」者，即盧容、壽泠二水合入四會之鬱水以注海也。紀要「故城今古城朱吾故縣東北」。據寰宇記，宋爲交州宋平縣及州西南六十里南定縣。

〔一〇〕【補注】先謙曰：續志後漢因，劉注「今之林邑國」。温水注「阿賁浦入彭龍灣。浦西即林邑都，治典沖，去海岸四十里，秦、漢象郡之象林縣也。東濱滄海，西際徐狼，南接扶南，北連九德，晉縣。西去廣州二千五百里。其嶺北接澗，有大源淮水。嶺南開澗，有小源淮水。其城西南際山，東北瞰水，水上懸起高橋，渡淮北岸即彭龍區粟之通逵也。其水又東南流，逕船官口。船官川源出徐狼，自此外行，得至扶南。扶南至林邑四千里，水步道通。船官川下注大浦之東湖，亦曰象水，又兼象浦之名。山海經曰『離耳國、雕題國皆在鬱水南』。林邑記云『漢置九郡，儋耳與焉』。儋耳即離耳也。大海中南極之外，對合浦、徐聞縣，清朗無風之日，徑望朱崖州如囷廩大。人民可十萬餘家，皆殊種異類，被髮雕身。南裔異物志云『儋耳、朱崖俱在海中，分爲東蕃。故山海經曰，在鬱水南也』。林邑記云『馬援樹兩銅柱於象林南界，與西屠國分漢之南疆也』」。一統志「故安南國有布政府路，林邑故地也」。紀要「象林故城在占城西北，隋改象浦」。

趙國，〔一〕故秦邯鄲郡。〔二〕高帝四年爲趙國。〔三〕景帝三年復爲邯鄲郡，〔四〕五年復故。〔五〕莽曰桓亭。屬冀州。〔六〕户八萬四千二百二，口三十四萬九千九百五十二。縣四：〔七〕邯鄲，〔八〕堵山，牛首水所出，東入白渠。〔九〕趙敬侯自中牟徙此。〔一〇〕易陽，〔一一〕柏人，〔一二〕莽曰壽仁。〔一三〕襄國。〔一四〕故邢國。〔一五〕西山，渠水所出，東北至任入寖。〔一六〕又有蓼水、馮水，皆東至朝平入湡。〔一七〕

〔一〕【補注】閻若璩曰：治邯鄲縣，以趙幽王友及趙敬肅王彭祖傳知之。秦時邯鄲郡即治邯鄲縣。先謙曰：續志後漢治同，劉注「雒陽北千一百里」。

〔二〕【補注】先謙曰：始皇十六年置，見紀。

〔三〕【補注】先謙曰：封張耳，表作「三年」。全祖望云「楚漢之際爲趙國。秦爲常山國。八月，復爲趙國。高帝四年屬漢，仍爲趙國」。

〔四〕【補注】錢坫曰：耳子敖以高帝八年廢除。九年，立子如意爲趙王，惠帝元年爲呂后所殺。復徙淮陽王友爲趙王，高后七年自殺。孝文元年，友子遂紹封，孝景三年以反誅。史記景紀作「四年」，非。

〔五〕【補注】先謙曰：封子彭祖。

〔六〕【補注】先謙曰：續志後漢因，屬同。

〔七〕【補注】錢大昭曰：秦領縣六，見靳歙傳。先謙曰：國人吾丘壽王，見本傳。毛公、貫長卿見儒林傳。

〔八〕【補注】先謙曰：邯鄲始見左定傳。戰國入趙，魏拔之，復歸趙，見趙、魏世家。高帝擊陳豨至此，見高紀，亦見貨殖傳。縣人蔡癸，見藝文志。

〔九〕【補注】先謙曰：北山經「錫山，牛首之水出焉，東流注於滏水」。濁漳水注「牛首水出邯鄲縣西堵山，東流分爲二。洪湍雙逝，澄映兩川。酈寄圍邯鄲，引牛首、拘水灌城是也。其水東入邯鄲城，又逕叢臺南，六國時趙王之臺也。

又歷邯鄲阜，又出城，合成一川。又澄而爲渚，東南流，注拘澗水」。先謙案，班因拘澗入白渠，故志文以白渠統之。注又云「拘澗水自魏武始來，東合牛首水，入白渠」。先謙案，本志「武始」下「拘澗水東南入白渠」者也。「白渠水自魏武安來，東南逕邯鄲縣南，又東合拘澗水，又東，故瀆出焉。一水下入廣平曲梁。其白渠故瀆南出，所在枝分，右出者下入魏邯鄲」。一統志「堵山，今邯鄲縣三十里。渚河、沁河即古牛首、拘澗二水」。紀要「堵河在城南五里，沁河在城西半里，合爲西河」。

〔一〇〕張晏曰：邯鄲山在東城下。單，盡也。城郭從邑，故加邑云。師古曰：邯音寒。【補注】段玉裁曰：水經注引此注無「鄲」字。後書注亦云，邯，山名；單，盡也；邯山至此而盡也。亦無「鄲」字。「鄲」本作「單」。單與殫同，故訓盡。單字後人加邑，自左傳已然。先謙曰：敬侯元年都邯鄲，見趙世家。後漢因。續志「有叢臺」。劉注「有洪波臺」。一統志「故城今邯鄲縣西南十里趙王城」。

〔一一〕應劭曰：易水出涿郡故安。師古曰：在易水之陽。【補注】全祖望曰：此是洺水，亦謂之南易水，故曰易陽。應說非。先謙曰：續志後漢因。劉注「魏都賦云『溫泉毖涌而自浪』。注『溫泉在易陽，世以治疾，洗百病』」。案，易水即洺水，全說是也。廣韻「洺水在易陽，春秋時爲赤狄之地，後屬晉」。水經注失洺水篇。寰宇記「磁州武安縣」下引水經注云「洺水出易陽縣西山」。「洺州永年縣」下云「風土記云，南易水本名漳水，源出三門山，西自肥鄉縣界流入趙。地記云，六國時此水名易水。(培)〔埤〕蒼及水經云，洺水之目不知誰改。俗謂山之下地名洺，水因經之，故曰洺水」。初學記「邢州」下引注云「洺水一名漳水，俗名千步」。又注云「洺水東逕柏暢亭」。又「洺州」下引注云「狗山頂上有狗迹，今在臨洺縣西。蓋清、濁二漳會流於滹沱，斯有洺水之目也」。一統志「故城今永年縣西十五里」。

〔一二〕【補注】先謙曰：堯都，見帝王世紀。春秋晉地，見左哀傳。戰國入趙，王遷城之，見趙世家。高帝過此弗宿，見高紀。

〔一三〕師古曰：本晉邑。【補注】先謙曰：續志後漢因。一統志「故城今唐山縣西」。

〔一四〕【補注】先謙曰：常山王張耳都，見項羽紀。後漢因。續志「秦爲信都，項羽更名。有檀臺。有蘇人亭」。一統志「故城今邢臺縣南百泉村，遺址尚存」。

〔一五〕【補注】陳奐曰：説文「邢，周公子所封，地近河内懷」。許與班説不同者，漢襄國縣即今直隸順德府附郭邢臺縣，漢懷縣今河南懷慶府武陟縣，襄國爲邢始封國，懷即春秋之夷儀，爲邢徙封國也。凡班志「故國」，皆是始封國矣。

〔一六〕【補注】先謙曰：任，廣平縣。説文「湡水出趙國襄國之西山，東北入濅」。即用志文。據此，「渠」當作「湡」，濅即漳也。寰宇記「邢州龍岡縣」下云「湡水一名澧水，俗謂之百泉水，出縣東平地，以其導源總納衆泉，合成一川故也。亦謂之鴛鴦水。魏都賦云『鴛鴦、交合』」。「合」當作「谷」。劉良云「鴛鴦水在南和縣西，交谷水在鄴南」。又「沙河縣」下云「沙河即湡水也。水經云『湡水出趙國襄國』」。通鑑胡注引水經此句下有「東過沙河縣」五字。宋白云「沙河即湡水也」。先謙案，「湡」亦作「隅」，「澧」亦作「醴」。濁漳水注「衡漳水與隅澧通，爲衡津」，知「入濅」即入漳矣。「湡」亦作「耦」。列子「(中)〔牛〕缺下之邯鄲，遇盜於耦沙之中」。隅醴、耦沙連言，實即一水也。一統志「湡水，今百泉河，在邢臺縣東南八里。寰宇記『西山即湯山也』。山海經云『湯山之下，湯水出焉』」。紀要「西山今封山，在順德府西二十里」。

〔一七〕師古曰：湡音藕。又音牛吼反。【補注】先謙曰：朝平，廣平縣。寰宇記「龍岡縣」下云「蓼水一名達活水。水經云，蓼水出襄國西石井岡。岡上有井，大如車輪」。朱弁曲洧舊聞云「去鉅鹿郡西北一舍，有泉，水經名達活，源流深長，廣輪數百步，人享其利」。説文「㴲水出趙國襄國，東入湡」。今志舉入湡之水有馮無㴲。然則馮水蓋㴲水之誤，或别稱也。隋志亦云「龍岡縣有㴲水」。當以㴲爲正。一統志「達活水出邢臺縣治西北五里，東流，合牛尾河。又東，經小吕社，合百泉支流。又東北，經任縣城北，又東入大陸澤，古蓼水也。㴲水一名任水，出邢臺縣東南，東流，逕南和縣西南，又東北，逕任縣，又東，入大陸澤」。

廣平國，武帝征和二年置，爲平干國，宣帝五鳳二年復故。〔一〕莽曰富昌。屬冀州。〔二〕户二萬七千九百八十四，口十九萬八千五百五十八。縣十六：〔三〕廣平，〔四〕張，〔五〕朝平，〔六〕南和，〔七〕列葭水東入滬。〔八〕列人，〔九〕莽曰列治。〔一〇〕斥章，〔一一〕任，〔一二〕曲周，武帝建元四年置。〔一三〕莽曰直周。〔一四〕南曲，〔一五〕曲梁，〔一六〕侯國。〔一七〕莽曰直梁。〔一八〕廣鄉，〔一九〕平利，〔二〇〕平鄉，〔二一〕陽臺，侯國。〔二二〕廣年，莽曰富昌。〔二三〕城鄉。〔二四〕

〔一〕【補注】先謙曰：據表，平干國封趙敬肅王子偃。偃子元以五鳳二年國除。全祖望云「故屬鉅鹿郡。景帝中六年分置廣平郡。武帝置平干國。水經注云『景帝中六年改鉅鹿爲廣平』，誤。廣平乃鉅鹿之分郡，鉅鹿故無恙也，故中興復省廣平入鉅鹿」。錢大昕云「王温舒爲廣平都尉在元朔、元狩之閒，是平干國未置之前已爲廣平郡矣。五鳳二年，平干繆王坐殺謁者，會薨，不得代，國除，仍爲廣平郡，故云復故也。當云故廣平郡某年置，乃與復故之文相應。哀帝建平三年更置廣平國，志文失書，蓋脱漏之甚者」。

〔二〕【補注】先謙曰：續志「鉅鹿郡」下云「建武十三年省廣平國，以其縣屬」。

〔三〕【補注】先謙曰：見王子侯表者有襄嚵、邯平、成陵、祚陽四縣無考。

〔四〕【補注】先謙曰：續志後漢屬鉅鹿。初學記「洺州」下引水經注云「洺水東北逕廣平縣故城東。水積於大澤之中，爲澄泉，南北四十里，東西二十里，亦謂之黄塘泉」。一統志「故城今雞澤縣東二十里舊城村」。

〔五〕【補注】錢坫曰：元和志「張城一名渚陽城，在任縣西南二十七里。史記曹參世家云東張，即此」。先謙曰：侯表：毛釋之國，高帝封；彭昭，景帝封；趙頃王子嵩，宣帝封。續志後漢省。一統志「故城今任縣西南」。

〔六〕【補注】先謙曰：續志後漢省。本志「襄國」下，蓼水、馮水至縣入湡。

〔七〕【補注】先謙曰：續志後漢屬鉅鹿。寰宇記「南和縣」下引水經注云「北有和城縣，故此云南也」。「鴛鴦水在縣北五里。水經注『南和西官治，東有便水，一名鴛鴦水』」。先謙案，即湡水也。亦見「襄國」下。一統志「故城今南和縣治」。

〔八〕師古曰：葭音家。湸音斯。【補注】段玉裁曰：湸入湡。湡入寖。寖入虖沱。虖沱移徙不常，故道今不可考。先謙曰：武五子傳所云葭水也。寰宇記「邢州南和縣」下云「列家水在縣西南十里，下至狼溝河」。「列家」即「列葭」之同音變字。又「滄州清池縣」下引水經云「長蘆水出列人縣。以其旁多蘆葦，故名」。今本無。濁漳水注「衡水自鉅鹿堂陽分爲二水。其右水東北出石門，謂之長蘆淫水。蓋變引葭之名也」。引葭當即列葭之譌，是列葭水即長蘆水。列人、南和壤地相比，故寰宇記云，長蘆出列人，而志係列葭於南和下也。餘見「堂陽」下。湸水見「襄國」下。

〔九〕【補注】先謙曰：戰國趙地。梁惠成王八年取之，見紀年。

〔一〇〕【補注】先謙曰：續志後漢屬鉅鹿。濁漳水注「漳水自魏即裴來，東北逕列人縣故城南，合白渠故瀆，下入斥章。白渠故瀆自魏邯溝來，東逕肥鄉縣故城北。晉縣。紀年『梁惠成王八年，伐邯鄲取肥』者也。渠道交徑，互相纏縻，與白渠同歸，逕列人右，會漳津，今無水。地理志曰『白渠至列人入漳』是也」。一統志「故城今肥鄉縣東北」。

〔一一〕應劭曰：漳水出治北，入河。其國斥鹵，故曰斥章。【補注】先謙曰：續志後漢屬鉅鹿。濁漳水注「漳水自列人來，東北過斥章縣南。後漢建安十八年，曹魏鑿渠引漳水，東入清垣以通河漕，名曰利漕渠。漳津故瀆水斷，舊溪東北出，涓流濡注而已。尚書所謂『覃懷底績，至于衡漳』者也。衡，橫也，言漳水橫流也。衡漳故瀆下入魏平恩」。一統志「故城今曲周縣東南」。

〔一二〕師古曰：本晉邑也。鄭皇頡奔晉，爲任大夫。【補注】先謙曰：春秋晉邑，齊取之，見哀四年傳。高帝封張越爲侯國，見表。本志「襄國」下「湡水至縣入寖」。續志後漢屬鉅鹿。一統志「故城今任縣東南」。名勝志：任水在縣東南二十里，從南和流入，縣以此名。

〔一三〕【補注】先謙曰：濁漳水注「衡漳故瀆自南曲來，東北逕曲周縣故城東。地理志曰，武帝建元四年置。余案史記，酈商以高祖六年封曲周縣爲侯國，漢書同，是知曲周舊縣非始孝武。衡漳故瀆下入鉅鹿」。錢大昕云「景帝之世，酈寄以罪免，國除爲鄉。孝武復置也」。

〔一四〕【補注】先謙曰：續志後漢屬鉅鹿。一統志「故城今曲周縣東北」。

〔一五〕【補注】先謙曰：昭帝封清河綱王子遷爲侯國，見表。續志後漢省。濁漳水注「衡漳故瀆自魏平恩來，東北逕南曲縣故城西。應劭云『平恩縣北四十里有南曲亭，故縣也』。衡漳故瀆下入曲周」。據應説，縣併入平恩。一統志「故城今丘縣北」。

〔一六〕【補注】先謙曰：春秋晉地，見左桓、襄傳。

〔一七〕【補注】先謙曰：平干頃王子敬國，宣帝封。錢大昕云「漢侯國例不屬諸侯王，故王子而侯者必別屬漢郡。廣平、信都亦諸侯王國也。而得有侯國者，班志郡國之名以元始二年户口籍爲斷，其侯國之名則以成帝元延之末爲斷，元延之世，廣平、信都皆郡也，非國也。國已除爲郡，則從前之改屬它郡者，復返其舊。迨哀帝建平中復置此二國，則侯國必仍改屬它郡。特史家不能一一載之耳。試觀廣平領縣十六，户二萬七千有奇，信都領縣十七，户止萬五千有奇，以附近郡國準之，不應縣多而户少乃爾。蓋改郡爲國之後，未必仍領若干縣也」。

〔一八〕【補注】先謙曰：後漢改屬魏郡。續志「有雞澤」。濁漳水注「白渠水自趙邯鄲來，一水東爲澤渚，曲梁縣之雞澤也。國語所謂雞丘矣。東北通澄湖，下合白渠故瀆，入列人」。九域志邢州古迹引水經云，洺水東流逕曲梁城。一統志「故城今永年縣治」。

〔一九〕【補注】先謙曰：宣帝封平干頃王子明爲侯國，見表。續志後漢省。一統志「故城今任縣界」。

〔二〇〕【補注】先謙曰：宣帝封平干頃王子世爲侯國，見表。續志後漢省。

〔二一〕【補注】錢坫曰：劉向列仙傳「木羽，鉅鹿南和平鄉人」，是其先爲鄉。先謙曰：宣帝封平干頃王子〔壬〕〔王〕爲侯國，見表。通典「元和志以爲秦鉅鹿郡。王離圍趙王歇在此」。續志後漢屬鉅鹿。一統志「今平鄉縣西北六里大老營南」。

〔二二〕【補注】錢大昭曰：「臺」，閩本作「臺」。說文「籀文，堂从高」，疑此即「臺」字。先謙曰：平干頃王子田國，宣帝封。表作「陽城」，未知孰是？續志後漢省。

〔二三〕【補注】陳奐曰：廣平國，莽既更名富昌，則「廣年」下當云「富昌亭」。此脱「亭」字。他郡國皆如是。先謙曰：續志後漢屬鉅鹿。一統志「故城今永年縣西北」。

〔二四〕【補注】先謙曰：宣帝封平干頃王子慶爲侯國。表「城」作「成」。續志後漢省。

真定國，武帝元鼎四年置。〔一〕屬冀州。〔二〕户三萬七千一百二十六，口十七萬八千六百一十六。縣四：**真定**，〔三〕故東垣。高帝十一年更名。〔四〕莽曰思治。〔五〕**稾城**，〔六〕莽曰稾實。〔七〕**肥纍**，〔八〕故肥子國。〔九〕**緜曼**。斯洨水首受太白渠，東至鄡入河。〔一〇〕莽曰緜延。〔一一〕

〔一〕【補注】先謙曰：中山憲王子平國。表作「三年」。全祖望云，故屬常山郡。

〔二〕【補注】先謙曰：續志「常山國」下云「建武十三年省真定國，以其縣屬」。

〔三〕【補注】先謙曰：縣見成紀。

〔四〕【補注】先謙曰：戰國中山地，趙取之，見趙世家。高帝更名，見陳豨傳。

〔五〕【補注】先謙曰：續志後漢屬常山。一統志「故城今正定縣南」。

〔六〕【補注】先謙曰：縣見五行志。武帝元鼎四年置，見元和志。濁漳水注「緜蔓水自常山樂陽來，又東，逕烏子堰，枝津出焉。緜蔓水又東，謂之大白渠。地理志所謂首受緜蔓水者也。白渠水下入常山關。白渠枝津俗謂之泜水，上承白渠於稾城縣之烏子堰，下入肥纍」。

〔七〕師古曰：稾音工老反。【補注】先謙曰：續志後漢省。一統志「故城今稾城縣西南丘頭社」。

〔八〕【補注】先謙曰：戰國趙地。亦稱肥下，見趙世家。五行志作「肥累」。續志後漢省。濁漳水注「白渠枝水自稾城來，東逕肥纍縣故城南，又逕陳臺南，下入鉅鹿新市」。一統志「故城今稾城縣西七里」。

〔九〕師古曰：纍音力追反。【補注】先謙曰：詳見「鉅鹿下曲陽」下。

〔一〇〕【補注】先謙曰：河即漳河也。鄡，鉅鹿縣。濁漳水注「斯洨水首受大白渠。大白渠首受緜蔓水。緜蔓水上承桃水。桃水自常山桑中來，東南流，逕緜蔓縣故城北，自下通謂之緜蔓水。下入常山欒陽」。又云「白渠水自下曲陽爲斯洨水，東分爲二枝津右出，下入鉅鹿和成。斯洨水下入鉅鹿」。

〔一一〕師古曰：鄡音口堯反。【補注】先謙曰：續志後漢省。一統志「故城今獲鹿縣北。今平山縣治河，漢時分派爲大白渠，東南流，至今獲鹿縣爲斯洨水，又東至東鹿縣。今湮」。

中山國，〔一〕高帝郡，景帝三年爲國。〔二〕莽曰常山。屬冀州。〔三〕戶十六萬八百七十三，口六十六萬八千八十。縣十四：〔四〕盧奴，〔五〕北平，〔六〕徐水東至高陽入博。〔七〕又有盧水，亦至高陽入河。〔八〕有鐵官。莽曰善和。〔九〕北新成，〔一〇〕桑欽言易水出西北，東入滱。〔一一〕莽曰朔平。〔一二〕唐，〔一三〕堯山在南。莽曰和親。〔一四〕深澤，〔一五〕莽曰翼和。〔一六〕苦陘，〔一七〕莽曰北陘。〔一八〕安國，〔一九〕莽曰興睦。〔二〇〕曲逆，〔二一〕蒲陽山，蒲水所出，東入濡。又有蘇水，亦東入濡。莽曰順平。〔二二〕望都，〔二三〕博水東至高陽入河。莽曰順調。〔二四〕新市，〔二五〕新處，〔二六〕毋極，〔二七〕陸成，〔二八〕安險。莽曰寧險。〔二九〕

〔一〕【補注】先謙曰：滱水注「十三州志云，中山治盧奴」。續志後漢治同，劉注「雒陽北一千四百里」。

〔二〕【補注】先謙曰：封子靖王勝。全祖望云「故屬代郡，高帝分置，屬趙國。景帝二年別爲國。宣帝五鳳三年爲郡。元帝永元元年復爲國」。

〔三〕應劭曰：中山，故國。【補注】先謙曰：續志後漢因，屬同。

〔四〕【補注】先謙曰：見王子侯表者有柏暢縣，無考。

〔五〕應劭曰：盧水出右北平，東入河。【補注】先謙曰：注「右」字衍。水經注可證。本秦縣，灌嬰降之，見本傳。續志後漢因。滱水注「滱水之右，盧水注之。水上承盧奴城内黑水池。地理志曰『盧水出北平』。案此以爲班注。疑爲疎闊。闞駰、應劭之徒，亦咸言是矣。案此言北平盧水不能至縣。余案，城内西北隅有水，淵而不流，南北百步，東西百餘步，水色正黑，俗名曰黑水池。或曰水黑曰盧，不流曰奴，故此城藉水以取名矣。池水東北際水有漢中山王故宫處，臺殿觀榭皆上國之制。簡王尊貴，壯麗有加，始築兩城，開四門，穿北城累石爲宫，下通池流於城中，東北注滱」。又云「長星溝自上曲陽來，東南合胡泉水。胡泉水亦自上曲陽來，東逕平樂亭北，合長星川，東南逕盧奴城南，又東北，入滱」。又云「滱水自安險來，東逕鄉城北，舊盧奴之鄉也。中山記云『盧奴有三鄉，斯其一焉』」。後隸安憙城。滱水下入安國」。一統志「故城今定州治」。

〔六〕【補注】先謙曰：趙簡子築北平距燕，見趙世家。高帝封張蒼爲侯國，見表。滱水注「魚水出北平縣西南魚山，東入蒲水」。

〔七〕【補注】先謙曰：滱水注「徐水自代廣昌來，又逕北平縣，又東南，歷石門中。其山上合下開，山開處高六丈，飛水歷其間，南出，乘崖傾澗，洩注七丈有餘，東南出山，逕其城中。其水東流，別名順水。又東逕蒲城北，元和志「蒲城縣本漢北平縣地」。又逕清苑城，又合盧水、曹水，見「北新成」。下入涿樊輿」。案，志繫徐水北平下，注更於廣昌，溯源也。一統志「徐河出易州五回嶺，東南逕滿城縣北，又東逕清苑縣北，又東逕安州，合清苑、石橋二河」。

〔八〕【補注】先謙曰：「河」當作「博」。滱水注「盧水出蒲城西，俗謂之泉頭水也。地理志曰『北平縣有盧水』，即是水也。東逕其城，又東南，左入徐水。地理志曰『東至高陽入博』，今不能也」。一統志「清苑河出滿城縣，東南流逕保定府城南，又東與石橋河合，即古盧水也」。

〔九〕【補注】先謙曰：後漢因。續志「有鐵」。滱水注「魚水出北平縣西南魚山。山石若巨魚，水發其下，東流，入蒲水」。見「曲逆」。一統志「故城在滿城縣西二里眺山下」。

〔一〇〕【補注】何焯曰：河南有新成，故此加「北」。先謙曰：志末論十二國分域，北新成屬涿郡。

〔一一〕【補注】先謙曰：易水注「南易水自涿容城來。水側有渾埿城，易水逕其南，東合滱水，故桑欽曰『易水出北新成西北，東入滱』。自下，滱、易互受通稱矣。南易水下入涿易縣」。

〔一二〕【補注】先謙曰：續志後漢省。滱水注「曹水出西北朔寧縣曹河澤，東南流，合岐山水，又逕北新成縣故城南，又東，入徐水」。見「北平」。一統志「故城今安肅縣西南二十里」。

〔一三〕【補注】先謙曰：春秋燕別邑，見左昭傳。齊策云，趙可取唐，即其地。

〔一四〕應劭曰：故堯國也。唐水在西。張晏曰：堯爲唐侯，國於此。堯山在唐東北望都界。孟康曰：晉荀吴伐鮮虞及中人，今中人亭是。【補注】先謙曰：後漢因。續志「有中人亭，有左人鄉」也。滱水篇「滱水東過唐縣南」。注云「滱水自代郡常山關來，東逕左人城南。縣有雹水，亦曰唐水，出中山城西北，西逕郎山北，又歷左人亭入滱。滱水又東，左會一水，出中山城北郎阜下，亦曰唐水，俗又名之爲雹水。西南流，入滱。滱水下入常山上曲陽。又自上曲陽來，東逕中人亭南，又逕樂羊城北，又逕唐縣故城南。有一水出縣西北平地，俗一名唐水，東流至唐城西北隅，堨而爲湖，俗名唐池，南入小溝，下注滱。應劭云『唐縣西四十里得中人亭』，今於此城取中人鄉，則四十也。唐水在西北入滱，與應符合。惟言堯山在南，則無山以擬之，爲非也。唐城北去堯山五里，俗謂之都山。山南有堯廟，是即堯所登之山也。餘見「望都」。滱水又合盧水、見「盧奴」。胡泉水、長星溝水，見「上曲陽」。下入安險」。一統志「故城今唐縣東北」。

〔一五〕【補注】先謙曰：高帝封趙將夕爲侯國，見表。又乘丘侯將夜，表注「深澤」，蓋嘗析爲乘丘縣。

〔一六〕【補注】先謙曰：續志後漢省。一統志「故城今深澤縣東南」。寰宇記云『祁州深澤縣南二十五里有南深澤故城。以城名言之，則涿郡屬縣。以去國里數較近，則中山屬縣』。餘詳「涿郡」下。

〔一七〕【補注】先謙曰：戰國中山邑，入魏，見説苑。陳餘游此，得公乘氏女，見餘傳。中山孝王后湯沐邑，見平紀。

〔一八〕應劭曰：章帝更名漢昌。陘音邢。【補注】先謙曰：續志後漢更名漢昌。一統志「故城今無極縣東北」。

〔一九〕【補注】先謙曰：高帝封王陵，成帝封趙共王子吉爲侯國，見表。

〔二〇〕【補注】先謙曰：續志後漢因。滱水注「滱水自盧奴來，歷安國縣東，分爲二。一枝分東南，逕解瀆亭南，又逕任丘城南，又逕安郭亭南。武帝封中山靖王子傳富爲侯國。其水東南入虖沱。滱水逕解瀆亭北，下入陸城」。一統志「故城今祁州南」。

〔二一〕【補注】先謙曰：戰國燕地，見齊策。一作「曲吾」，見趙策。高帝封陳平爲侯國，見表。

〔二二〕張晏曰：濡水於城北曲而西流，故曰曲逆。章帝醜其名，改曰蒲陰，在蒲水之陰。師古曰：濡音乃官反。【補注】先謙曰：續志後漢更名蒲陰，有陽城。劉注「有陽安關，陽城。蒲城山，蒲水出也」。滱水注「蒲水出縣西北蒲陽山，西南流，積水成淵，東西百步，南北百餘步，深而不測。南逕陽安亭東，世俗名斯水爲陽安壙。蒲水又東南，歷壙，逕陽安關下，出關北流，又東逕夏屋故城，實中險絶。紀年『魏趙伐燕，還取夏屋，城曲逆』者也。蒲水又東南，逕蒲陰縣故城北。地理志曰『縣在蒲水之陰』。此以張説爲志文。又合魚水，見「北平」。東入濡，爲蒲水口。蘇水出縣西南近山，東北流，逕堯姑亭南，又東逕其縣入濡，故地理志曰，蒲水、蘇水並從縣東入濡也。濡水此南濡。出蒲陰縣西昌安郭南。自源東逕其縣故城南，枉渚迴湍，率多曲復，亦謂之爲曲逆水也。張晏云，濡水於城北曲而西流，是受此名。故縣亦因水名而氏曲逆矣。濡水又東合蘇水，又合蒲水，又東北，逕樂城南，又東入博水。自下博水亦兼濡水通稱矣。博水自望都來，東逕陽城縣，散而爲澤渚，廣數里，世謂之爲陽城淀。陽城縣故城近在西北，故陂得其名。今城在蒲陰縣東南三十里，其水又伏流循瀆，届清樂亭西北，重源又發，下入涿廣望」。先謙案，濡乃南濡也。北濡即北易，在今易州界。下流爲定興縣之沙河。明統志溷爲一。一統志「故城今完縣東南。蒲水在縣北。蘇水在縣西南。濡水自縣發源爲祁水，東南流爲方順河，又東至清苑縣南爲石橋河。蒲陽山在完縣西北四十里，俗譌爲白崖山」。

〔二三〕【補注】先謙曰：戰國屬趙，爲慶都邑，秦始皇七年攻之，見始皇紀。

〔二四〕張晏曰：堯山在北，堯母慶都山在南，登堯山見都山，故以爲名。【補注】先謙曰：高陽，涿郡縣。「河」當爲「滱」。續志後漢因。劉注「縣西北有中人城。有馬安關」。滱水注「自唐縣城之南如東十餘里，有一城，謂之高昌縣城，或望都縣之故城也。縣在唐南。皇甫謐云『相去五十里』，稽諸城地，猶十五里，蓋書誤耳。城東有山孤峙，名曰孤山。孤、都聲相近，疑即都山也。堯母慶都〔所居〕，故縣目之曰望都」。餘見「唐」。又云「博水出望都縣，東南流，逕其縣故城南，又東南潛入地下，又東南循瀆，重源湧發，逕三梁亭南，又逕穀梁亭南，下入曲逆」。一統志「故城今望都縣西北三十里。博水，今界河」。

〔二五〕應劭曰：鮮虞子國，今鮮虞亭是。【補注】先謙曰：後漢因。續志「有鮮虞亭，故國，子姓」。劉注「杜預云，白狄別種」。一統志「故城今新樂縣西南四十五里新城鎮」。河朔訪古記「縣有藺相如、廉頗、李牧宅，相如祖塋，皆在城中」。

〔二六〕【補注】先謙曰：武帝封中山靖王子嘉爲侯國。表「新」作「薪」。又陸地侯義，表注「辛處」。薪、辛皆通用字。據表嘗析爲陸地縣。續志後漢省。一統志「故城今定州東北」。

〔二七〕【補注】先謙曰：續志後漢因。唐志：縣有無極山。一統志「故城今無極縣西二十五里新城村。無極山在元氏縣西，距縣百六十餘里」。

〔二八〕【補注】先謙曰：續志後漢省。滱水注「滱水自安國來，東北逕蠡吾縣故城南。應劭云『縣故饒陽之下鄉也，自河間分屬博陵』。滱水又逕博陵縣故城南，即古陸成。武帝封中山靖王子貞爲侯國。桓帝尊父翼陵曰博陵，因置郡縣。滱水又逕侯世縣故城南，又逕陵陽亭東，下入涿高陽」。先謙案，史表作「陘成」，本表「陸成」，田叔傳作「陘成」，三國志劉先主紀作「陸成」，或先名陘成，後改陸成也。一統志「故城今蠡縣南」。

〔二九〕應劭曰：章帝更名安憙。【補注】宋祁曰：「寧險」邵本作「寧陰」。先謙曰：武帝封中山靖王子應爲侯國，見表。續志後漢更名安憙。滱水注「滱水自唐來，東過安憙縣南。縣故安險也。其地臨險，有井塗之難。中山記云『縣在唐水之曲，山高岸險，故曰安險。邑豐民安，改曰安憙』。滱水下入盧奴」。一統志「故城今定州東三十里」。

信都國，〔一〕景帝二年爲廣川國，宣帝甘露三年復故。〔二〕莽曰新博。〔三〕屬冀州。〔四〕户六萬五千五百五十六，口三十萬四千三百八十四。縣十七：〔五〕信都，王都。〔六〕故章河、故虖池皆在北，東入海。〔七〕禹貢絳水亦入海。〔八〕莽曰新博亭。〔九〕歷，莽曰歷寧。〔一〇〕扶柳，〔一一〕辟陽，〔一二〕莽曰樂信。〔一三〕南宫，〔一四〕莽曰序下。〔一五〕下博，莽曰閏博。〔一六〕武邑，莽曰順桓。〔一七〕觀津，〔一八〕莽曰朔定亭。〔一九〕高隄，〔二〇〕廣川，〔二一〕樂鄉，侯國。〔二二〕莽曰樂丘。〔二三〕平隄，侯國。〔二四〕桃，〔二五〕莽曰桓分。〔二六〕西梁，侯國。〔二七〕昌成，〔二八〕侯國。〔二九〕東昌，侯國。〔三〇〕莽曰田昌。〔三一〕脩。莽曰脩治。〔三二〕

〔一〕【補注】先謙曰：據濁漳水注，治信都。續志後漢治同，劉注「雒陽北二千里」。

〔二〕【補注】先謙曰：漳水注「信都縣，信都郡治也。漢高帝六年置」。劉攽云「景帝前二年，初封王子彭祖爲廣川王，都信都。四年徙趙，國除，爲信都郡。中二年，封皇子越爲廣川王，傳國至王汝陽，廢，當甘露四年也。百官表成帝永始二年有信都太守，是廣川削國，除爲信都郡矣。後漢志劉昭注云『安平，故信都，高帝置』。疑此『信都』下注當云

『高帝置。景帝二年爲廣川國，宣帝甘露四年復故』。又案，志云『景帝增六郡』。若信都高帝置，則不及此數。疑注當云『景帝前二年爲廣川國，四年爲信都郡，中二年復爲廣川國，宣帝四年復故』也」。全祖望云「當云『故屬秦邯鄲郡』。信都縣是高帝置，郡則景帝置也。信都本秦縣，項羽改襄國，高祖分之，仍置信都。續志殆誤以置縣爲置郡也。元帝建始二年更爲信都國，成帝陽朔二年復故，哀帝建平二年復爲信都國」。先謙案，續志「趙國襄國」下云「秦爲信都，項羽更名」。此縣在今順德府邢臺縣，與信都國距遠，故錢坫以全説爲非。然其言置縣非置郡，則可從也。志文有奪誤，「三年」當作「四年」。

〔三〕【補注】吴卓信曰：後書李忠傳「王莽時爲新博長」。

〔四〕應劭曰：明帝更名樂安，安帝改曰安平。【補注】先謙曰：續志「安平國」下劉注「故信都。明帝名樂成，延光元年改」，仍屬冀州。應説樂安係樂成之誤。濁漳水注亦作「樂成」。

〔五〕【補注】先謙曰：見王子侯表者有東襄縣無考。國人泰恭，見儒林傳。

〔六〕【補注】先謙曰：縣見五行志。

〔七〕【補注】先謙曰：濁漳水篇「漳水東北過扶柳縣，又東北，過信都縣西」。注云「扶柳在信都西。漳水逕扶柳西」。明漳不過信都西也。餘見「扶柳」下。虖池水無考。陳澧云「虖池河自藁城至武邑，其閒必過冀州北境，爲漢信都北境矣。此故虖池之異者，蓋於信都絶故大河而東出耳。故大河即漢世漳水之瀆。水經『漳水過信都』，是故大河過信都也。故大河北流，故虖池東流，皆過信都，而故虖池東入海，其絶大河而東出明矣。志存古水道，故於其絶河東出之地著之，此似無可疑者。惟故章河，即清、濁二漳，至鄴合流，而故大河在鄴東，故章河至鄴必入故大河，鄴縣爲今河南臨漳縣，北至冀州三百餘里，故章河不得如故虖池，在信都絶河東出也。志以故章河、故虖池並言。今以故章河疑不能明，故於故虖池亦闕疑矣」。

〔八〕【補注】先謙曰：濁漳水注「絳水故瀆自清河繚來，左逕安城南，故信都之安城鄉也。下入辟陽，又自辟陽來，北逕信都城東，散入澤渚，西至於信都城東，連於廣川縣之張甲故瀆，同歸於海。故地理志曰，禹貢絳水在信都東入於海也」。胡渭云「漢志雜採古記，故漳、絳二水並存，實一川也。漳、絳本入河，及河徙之後，漳、絳循河故道而下，故道元云，水流間關，所在著稱，信都復見絳名而東入於海也。然漢志信都之絳水則又有別。志云『故漳河在北，東入海』；『禹貢絳水亦入海』。蓋縣北故漳即禹河之故道，而絳水出其南，則漳水之徙流，道元所謂絳瀆也。蓋漢時信都之漳水從其縣南，故地志以此爲絳水，而目縣北之瀆曰故漳河。其後漳又復北道，故水經敘漳水仍自信都西，東北過下博縣，而道元云，絳瀆今無水，唐人遂謂之枯洚。通典云『清河郡經城縣界有枯洚渠，北入信都郡界』是也」。一統志「洚水故道自順德府廣宗縣流入冀州，逕南宮縣北，又東北逕州城北，又東逕衡水縣南，至武邑縣界合於漳水。亦名枯洚。舊志：今南宮縣東南有虹江，一曰牛口峪，又有破塘，在縣東北二十里，疑即古洚水所經。今皆湮塞」。

〔九〕【補注】先謙曰：後漢因。續志「有絳水、呼沱河」。濁漳水注「長蘆水自扶柳來，又東，屈北逕信都縣故城西。其水側城北注，又北逕安陽城東，又北逕武陽城東，故縣無考。下入下博」。一統志「故城今冀州治」。

〔一〇〕【補注】先謙曰：高帝封程黑爲侯國，見表。續志後漢省。淇水注「清河自廣川來，東北逕歷縣故城南。應劭云『廣川縣西北三十里有歷城亭，故縣也』。今亭在東如北，水濟尚謂之歷口渡。清河下入脩」。據應説，縣省入廣川。一統志「故城今故城縣北。括地志『樂毅云，故鼎返乎歷室』，即此」。

〔一一〕師古曰：闞駰云其地有扶澤，澤中多柳，故曰扶柳。【補注】先謙曰：戰國中山地，趙取之，見國策。高后封呂平爲侯國，見表。續志後漢因。濁漳水注「長蘆水自常山九門來，東逕扶柳縣故城南，下入信都。衡水自鉅鹿堂陽來，東北逕扶柳縣故城西，下入昌城」。一統志「故城今冀州西南六十里蒲笠城」。

〔一二〕【補注】先謙曰：高帝封審食其爲侯國，見表。

〔一三〕師古曰：辟音珪璧。【補注】先謙曰：官本作「辟音壁」。續志後漢省。濁漳水注「絳水故瀆自信都來，東北逕辟陽亭。應劭云『廣川縣西南六十里有辟陽亭，故縣也』。絳瀆下仍入信都」。案，據應説，縣併入廣川。一統志「故城今冀州東南三十里」。

〔一四〕【補注】先謙曰：高后封張買爲侯國，見表。

〔一五〕【補注】先謙曰：續志後漢因。河水注「張甲河左瀆自清河繚來，逕南宮縣西北，注絳瀆」。又濁漳水注「衡漳故瀆自鉅鹿堂陽來，逕南宮縣故城西，王莽之序中也。隋諱「忠」，當時改之。其水與隅醴通爲衡津，又有長蘆淫水之名，絳水之稱。今漳水既斷，絳水非復纏絡矣。又北，絳瀆出焉，下入常山九門。又自九門來，東南逕南宮城北，下入清河繚。漳水下入鉅鹿堂陽」。一統志「故城今南宮縣西北」。

〔一六〕應劭曰：博水出中山望都入河。【補注】先謙曰：續志後漢因。濁漳水注「長蘆水自信都來，北爲博廣池。又北逕下博縣故城東，而北入衡漳。衡漳自鉅鹿鄡來，右逕下博縣故城西。應劭云『太山有博，故此加「下」』。衡漳於下博城西逶迆東北注，謂之九絳。下入樂鄉」。先謙案，出望都入河之博水與縣無涉，應説誤。一統志「故城今深州南」。

〔一七〕【補注】先謙曰：續志後漢因。濁漳水注「衡漳自河間武隧來，東逕武邑縣故城北，晉武邑郡治此。又東北，右合張平溝，下入東昌。張平溝水上承武强淵。淵西南側水有武强縣治。淵水東北爲張平澤，北注衡漳」。一統志「故城今武邑縣治」。

〔一八〕【補注】先謙曰：戰國魏地，齊、宋敗魏於此，見齊、魏世家。後入趙，以封樂毅，見毅傳。

〔一九〕師古曰：觀音工喚反。【補注】先謙曰：續志後漢因。濁漳水注「桑社溝見「河間弓高」。上承從陂，世稱盧達從薄，亦謂之摩訶河。東南通清河，西北達衡水。春秋雨泛，觀津城北，方二十里盡爲澤藪，蓋水所鍾也。其瀆逕觀津縣故城北，又南，屈東逕竇氏青山南，側堤東出青山，即文帝竇后父少翁冢也。下入勃海脩市」。一統志「故城今武邑縣東南」。

〔二〇〕師古曰：隄音丁奚反。【補注】先謙曰：續志後漢省。一統志「故城今棗强縣東」。

〔二一〕師古曰：闞駰云其縣中有長河爲流，故曰廣川也。至隋仁壽元年，初立煬帝爲皇太子，以避諱故，改爲長河縣，至今爲名。【補注】先謙曰：武帝封中山靖王子頗爲侯國，見表。縣人董仲舒，見本傳；孟但、段仲温、吕步舒見儒林傳。後漢改屬清河。續志「有棘津城」。案，長河即清河也。淇水注「清河自清河郡棗强來，北逕廣川縣故城南，下入歷」。又河水注「張甲河右瀆自清河棗强來，東北逕廣川縣，與絳瀆水故道合，又逕廣川縣故城西，又東，逕棘津亭南，下入脩」。一統志「故城今棗强縣東三十里」。

〔二二〕【補注】先謙曰：河間獻王子佟國，宣帝封。

〔二三〕【補注】先謙曰：續志後漢省。濁漳水注「衡漳自下博來，西逕樂鄉縣故城南，又東，合引葭水，下入河間武隧。白馬河水上承滹沱，東逕樂鄉縣北，下入涿饒陽」。一統志「故城今深州東南。其樂毅後所封樂鄉在清苑縣東南，見漳水注。地説家混而一之，非」。

〔二四〕【補注】先謙曰：河間獻王子招國，宣帝封。續志後漢省。一統志「故城今棗强縣東」。

〔二五〕【補注】先謙曰：高帝封劉襄，元帝封廣川繆王子良爲侯國，見表。

〔二六〕【補注】先謙曰：續志後漢省。濁漳水注「衡漳自西梁來，東北逕桃縣故城北，下入鉅鹿鄡」。一統志「故城今冀州西北」。

〔二七〕【補注】先謙曰：廣川戴王子闞兵國，宣帝封。續志後漢省。濁漳水注「斯洨水自鉅鹿貰來，東逕西梁城南，下入鉅鹿樂信。衡漳自昌成來，北逕西梁縣故城東。應劭云『扶柳縣西北五十里有西梁城，故縣也』。世以爲五梁城，蓋字狀致謬。衡漳下入桃」。先謙案，據應説，縣併入扶柳。一統志「故城今東鹿縣南六十里」。

〔二八〕【補注】先謙曰：戰國趙地。燕拔之，見趙世家。

〔二九〕【補注】先謙曰：廣川繆王子元國，宣帝封。濁漳水注「衡漳自扶柳來，東北逕昌城縣故城西。應劭云『堂陽縣北三十里有昌城，故縣也』。衡漳下入西梁」。續志後漢改名阜城。一統志「故城今冀州西北」。

〔三〇〕【補注】先謙曰：清河綱王子成國，宣帝封。

〔三一〕【補注】先謙曰：續志後漢省。濁漳水篇「衡漳東北至昌亭與滹沱河會」。注云「衡漳自武邑來，逕東昌縣故城北，經所謂昌亭也。俗名之曰東相，蓋昌、相聲韻合，故致茲誤。西有昌城，故目是城爲東昌矣。衡漳又東北，左會滹沱故瀆，謂之合口。下入河間弓高」。先謙案，漳水一名寖水。本志「魏郡武安」下「寖水至東昌入滹沱河」者也。一統志「故城今武邑縣東北」。

〔三二〕師古曰：脩音條。【補注】先謙曰：官本「洽」作「治」，是。案，脩縣，景紀、周亞夫傳作「條」，晉志作「蓨」，魏志作「脩」，高肇諸傳仍作「蓨」，蓋蓨、脩通用。續志後漢改屬勃海。淇水注「清河自歷來，東北，左與張甲屯絳故瀆合，阻深隄高鄣，無復有水矣。又逕脩縣故城南，屈逕其城東，又東北，左與横漳枝津故瀆合，又東北，逕脩國故城東，文帝封周亞夫爲侯國，故世謂之北脩城也。又東北，逕邸閣城東，城臨側清河。**晉脩縣治。**清河下入勃海東光」。又河水注「王莽河故瀆自平原鬲來，北逕脩縣故城東，下入平原安。張甲河左瀆自廣川來，東北至脩縣，東會清河。十三州志云『張甲河東北至脩縣入清漳』」。先謙案，本志「清河信成」下「張甲河東北至蓨入漳水」者也。又濁漳水注「桑社溝水自勃海脩市來，東會從陂。陂水南北十里，東西六十步，亦曰桑社淵。從陂南出夾隄，東派逕脩縣故城北，合清漳。漳泛則北注，澤盛則南播，津流上下，互相逕通。從陂北出者，下入河間弓高」。一統志「故城今景州南」。

河間國，〔一〕故趙，〔二〕文帝二年別爲國。〔三〕莽曰朔定。〔四〕户四萬五千四十三，口十八萬七千六百六十二。縣四：樂成，虖池別水首受虖池河，東至東光入虖池河。〔五〕莽曰陸信。〔六〕候井，〔七〕武隧，莽曰桓隧。〔八〕弓高。〔九〕虖池別河首受虖池河，東至平舒入海。〔一〇〕莽曰樂成。〔一一〕

〔一〕【補注】先謙曰：濁漳水注「治樂成」。續志後漢治同，劉注「雒陽北二千五百里」。

〔二〕【補注】錢大昕曰：河閒與真定、信都、廣昌皆故趙地。常山、中山雖爲郡，仍屬趙也。志或書或不書。周壽昌曰：高祖置河間郡。功臣表：張相如、趙衍俱爲河間守是也。

〔三〕【補注】先謙曰：封趙幽王辟彊。全祖望云「十五年復爲郡。景帝二年復爲國。元帝建昭元年復爲郡。成帝建始元年復爲國」。

〔四〕應劭曰：在兩河之間。【補注】何焯曰：兩河謂虖池河、虖池別河。先謙曰：續志後漢爲河間郡，屬冀州。志失書。

〔五〕【補注】先謙曰：東光，勃海縣。濁漳水篇「衡漳東北至樂成陵縣北別出」。桓帝加「陵」字。注云「衡漳於縣無別出之瀆。出縣北者，乃虖沱別水，分虖沱故瀆之所纏絡也。衡漳東分爲二，左出爲向氏口，瀆水自此決入也」。互見「弓高」。先謙案，此志所云「虖池別首受虖池河」者也。陳澧云「漢時，虖池河西派過今直隸獻縣，又分一派東流至東光縣西北境，入虖池河，東派也。今時虖池河至獻縣分一派東流，蓋其故瀆。今又東北流至滄州，則與古異矣」。

〔六〕【補注】先謙曰：續志後漢因。濁漳水注「衡水自勃海阜城來，東逕樂成縣故城南。今城中有故池，方八十步，舊引衡水北入城注池。衡漳下入勃海建成」。一統志「故城今獻縣東南」。

〔七〕【補注】先謙曰：續志後漢省。寰宇記「定遠軍東光縣有候井城」。候井，漢縣也。舊地理書並失其所在，以理推之，當在今弓高縣西北三十五里房將池側。舊傳此池每日再增再減，疑其與海潛通，而池形窄小，有似於井，故以候井名其縣。歲月既久，今其泉不復有增減之候矣。一統志「故城今東光縣西」。

〔八〕師古曰：隧音遂。【補注】先謙曰：續志後漢改屬安平，作「武遂」。濁漳水注「衡漳自信都樂鄉來，東北逕武邑郡南，後魏郡。又東逕武强縣北，後魏縣。又東北，逕武隧縣故城南。史記：秦破趙將扈輒於武隧，斬首十萬。即於此處也。又合白馬河，下入信都武邑。白馬河自涿饒陽來，東南逕武邑郡北，而東入衡漳，謂之交津口」。又易水注

「南易水自涿故安來，東流，屈逕長城西，又南，逕武隧縣南、新城縣北。史記：李牧伐燕取武隧、方城。是也。俗謂是水爲武隧津。津北對長城門，謂之汾門。趙世家：趙以龍兑、汾門與燕，燕以葛城、武陽與趙。是也。亦曰汾水門，又謂之梁門。下入涿范陽」。一統志「故城今武强縣東北沙窪村」。

〔九〕【補注】先謙曰：文帝封韓隤當爲侯國，見表。

〔一〇〕【補注】齊召南曰：「平舒」上脱「東」字。東平舒，勃海縣。但曰平舒，則疑代郡之平舒矣。先謙曰：此又一虖池別河也，與上至東光仍出虖池者不同。陳澧云「漢時虖池河至今直隸阜城縣又分一派，在正流二派之東也。志言虖池河至參户入此水，是此水自今阜城縣東北流過青縣。漢參户。今漳水東北流，一派過阜城至青縣，蓋其故瀆。又自青縣絶河而東，至静海縣入海，今湮。虖池河二派，又有此別河，則爲三派。志言滱河至文安入河，則虖池至文安一派與滱河相近，而參户一派在其東。參户一派東入別河，則別河更在東也」。

〔一一〕【補注】先謙曰：續志後漢因。濁漳水注「衡漳自信都東昌來，東北分爲二川。當其水泆處，名之曰李聰涣，左出爲向氏口。虖池故水自此決入也，亦曰柏梁溠。下入勃海蒲領。衡漳東逕弓高縣故城北，王莽之樂成亭也。多「亭」字。又東北，右合柏梁溠，又右會桑社溝，下入勃海阜城。柏梁溠水自勃海蒲領來，東北會桑社枝津，又逕弓高城北，又東入衡漳，爲柏梁口也。從陂水見信都脩。北出，東北分爲二川。一北逕弓高城西，入柏梁溠。一東逕弓高城南，又東北，楊津溝水出焉。下入阜城」。一統志「故城今阜城縣西南。其東光縣西之弓高故縣，隋改置」。

廣陽國，〔一〕高帝燕國，昭帝元鳳元年爲廣陽郡。〔二〕宣帝本始元年更爲國。〔三〕莽曰廣有。〔四〕户二萬七百四十，口七萬六百五十八。縣四：薊，〔五〕故燕國，召公所封。〔六〕莽曰伐戎。〔七〕方城，〔八〕廣陽，〔九〕陰鄉。莽曰陰順。〔一〇〕

〔一〕【補注】全祖望曰：㶟水注「秦始皇二十一年滅燕，以爲廣陽郡」。案，漁陽、上谷、右北平、遼東、遼西五郡，皆燕所置，以防邊也。漁陽四郡在東，上郡在西，而其國都不與焉。自薊至涿三十餘城，始皇無不置郡之理，亦無反併內地於邊郡之理。且始皇併六國，其國都如趙之邯鄲、魏之碭、楚之江陵、陳之九江、齊之臨淄，無不置郡，何以燕獨無之？道元之言，當必有據。志以爲昭帝始改，殆攷之未詳歟？顧炎武主漢志以駮水經，予則謂漢志明失黔中、楚郡，安保其不失廣陽，而廣陽之爲秦郡又以例推之而可信者。或曰，然則三十六郡多其一矣。曰，吾固嘗以九原不當在三十六郡之內，則進廣陽以足之，而退九原於南海四郡之列，所謂三十六郡者脗合矣。先謙曰：據五行志，燕王都薊，廣陽蓋仍之。續志後漢治薊，劉注「雒陽東北二千里」。

〔二〕【補注】先謙曰：高帝時，燕王臧荼、盧綰，帝子靈王建。建死，呂后立敬王澤。澤孫定國有罪，自殺。武帝立子刺王旦，謀反，誅，國除，爲郡。全祖望云「楚漢之際爲燕國。高帝六年屬漢，仍爲燕國。武帝元朔二年爲燕郡。見徐樂傳。元狩二年爲國。昭帝爲廣陽郡」。

〔三〕【補注】先謙曰：立刺王子建。

〔四〕【補注】先謙曰：續志後漢爲廣陽郡。屬幽州。志失書。

〔五〕【補注】先謙曰：樂記：武王封黃帝之後於薊。周紀云，帝堯之後。說文云「封於鄭。讀若薊。上谷有鄭縣」。是鄭即薊也。「上谷」當是誤文。本志「薊，南通齊、趙，勃、碣之間一都會也」。㶟水注「城內西北隅有薊丘，因丘以名邑也。猶魯之曲阜、齊之營丘矣」。

〔六〕【補注】先謙曰：燕世家「召公奭與周同姓，武王封于北燕」。蓋燕、薊各一國，後併，徙都之。燕王喜時，秦拔薊，見燕世家。

〔七〕【補注】先謙曰：續志後漢因。㶟水篇「㶟水過薊縣北」。注云「㶟水自廣陽來，東北逕薊縣故城南」。魏土地記云「薊城西七里有清泉河」，而不逕其北，蓋經誤證矣。㶟水又東，合洗馬溝水、高梁水，下入漁陽雍奴。洗馬溝水上承薊水，西注大湖。湖有二源，俱出縣西北平地，流結西湖。湖東西二里，南北三里。湖水東流，爲洗馬溝，側城南門，東注入濕。高梁水出薊城西北平地，泉流東注，逕燕王陵北，又東逕薊城北，又東南，入濕」。又鮑丘水注「高梁水自涿良鄉來，東南流，逕薊縣北，下入漁陽路」。又濕餘水注「易荊水出千蓼泉，東南逕郁山西，合虎眼泉水、孤山水，東逕薊城，下入上谷昌平」。一統志「故城今順天府大興縣西南。薊丘在宛平縣北」。

〔八〕【補注】先謙曰：戰國燕地，趙拔之，見燕、趙世家。後漢改屬涿。續志「有臨鄉。有督〔亢〕亭」。聖水注「聖水自涿陽鄉來，東逕方城縣故城北，又左會白祀溝水，見「廣陽」。又東南，逕韓城東。詩『溥彼韓城』。王肅云『涿郡方城縣有韓侯城』。世謂之寒號城，非也。聖水又右會清淀水，下入勃海安次」。又巨馬水注「督亢澤苞方城縣。縣有督亢亭」。見「涿郡涿」。一統志「故城今固安縣西南方城村」。

〔九〕【補注】先謙曰：續志後漢因。濕水注「濕水自涿良鄉來，東逕廣陽故城北，謂之小廣陽。濕水下入薊」。又聖水注「廣陽水出小廣陽西山，東逕廣陽縣故城北，合福祿水，下入涿陽鄉。福祿水亦出西山，東南逕廣陽縣故城南，而東入廣陽水。白祀溝水出廣陽縣之婁城東，東南合婁城水，入聖水」。一統志「故城今良鄉縣東北十里」。

〔一〇〕【補注】先謙曰：續志後漢省。寰宇記「舊失所在。蓋在今薊縣南界，良鄉東界，固安北界，三縣交入之地」。一統志「故城今宛平縣西南」。紀要「二十五里籠火城，唐武德三年，竇建德將高士興退軍籠火城是也」。

甾川國，〔一〕**故齊，**〔二〕**文帝十八年別爲國。**〔三〕**後并北海。**〔四〕**户五萬二百八十九，口二十二萬七千三十一。縣三：**〔五〕**劇，**〔六〕**義山，蕤水所出，北至壽光入海。**〔七〕**莽曰俞。**〔八〕**東安平，**〔九〕**菟頭山，女水出，東北至臨甾入鉅定。**〔一〇〕**樓鄉。**〔一一〕

〔一〕【補注】先謙曰：閻若璩云「國治劇縣」。先謙案，此據巨洋水注所敘推之，別無證據。

〔二〕【補注】先謙曰：言「故齊」者，悼惠王封國。

〔三〕【補注】先謙曰：封悼惠王子賢。王念孫云「『十八年』當爲『十六年』」。巨洋水注作『十八年』，則善長所見本已誤。

高五王傳：齊、濟北、菑川、膠東、膠西、濟南，孝文十六年同日立。諸侯王表及史記漢興以來諸侯表、齊悼惠王世家並同。漢紀亦同」。上文「濟南郡」下云「故齊，文帝十六年別爲濟南國」。下文「膠東國」下云「故齊，文帝十六年別爲國」。「高密國」下云「故齊，文帝十六年別爲膠西國」。皆與表、傳相符，唯菑川不合。全祖望云「景帝二年爲郡，四年復爲國。武帝時其地多并入北海，而割臨菑之東予之」。

〔四〕【補注】劉敞曰：案，菑川於漢俱不見并北海。時至建武年，乃省菑川入北海耳。先謙曰：續志「北海國」下劉注「建武十三年省菑川國，以其縣屬」。先謙案，「後并北海」四字不合志例，非班語。高密、膠東二國俱并北海，而志不書，知此爲後人竄入也。

〔五〕【補注】錢大昕曰：史記平津侯傳稱齊菑川薛縣人。漢書同。是漢初菑川與魯俱有薛縣，其後并省。班志據元、成以後版籍，故菑川無薛。徐松曰：菑川始立國恐不止領縣三。傳稱武帝爲悼惠王家園在齊，乃割臨菑東圜悼惠王家園邑，盡以予菑川。薛初屬楚，故爲薛郡，不止一縣地，實臨菑東境也。宣帝五鳳中，王終古有罪，詔削四縣。若止領縣三，何足當削，此恐薛先爲所屬，削後移屬之也」。先謙曰：國人公孫弘，見本傳；楊何、長孫順、任公見儒林傳。

〔六〕【補注】先謙曰：此與北海之劇即一地。彼是侯國，此爲縣治。漢世縣與侯國分治，仍各自爲縣者，二劇、二東安是也。其侯國在縣內，仍各自爲城治者，淇水注清河先逕脩縣故城，後逕脩國故城是也。趙一清疑「脩國」爲誤字，非。迨後漢，菑川併入北海，則菑川之劇轉爲北海郡治。互詳「北海劇」下。

〔七〕【補注】先謙曰：巨洋水注「堯水出劇縣南角崩山，即故義山也。俗人以其山角若崩，因名爲角崩山，亦名爲角林山。水即蕘水矣。地理志曰『劇縣有義山，蕘水所出也。北逕峴山東，俗亦名爲青山矣』。蕘水下入北海壽光」。

〔八〕應劭曰：故肥國，今肥亭是。【補注】先謙曰：注兩「肥」字皆「紀」之誤。後漢屬北海。續志「有紀亭，故紀國」。巨洋水注「巨洋水自齊臨朐來，東北合康浪水，又逕劇縣故城西，古紀國也，後改曰劇。故魯連子曰，胸劇之人，辨者也。巨洋水下入北海益。康浪水出縣西南峗山。齊都賦云『峗嶺鎮其左』是也。康浪水北入巨洋。丹水自琅邪朱虛來，北逕劇縣故城東，合東丹水。東丹水出方山，北逕縣，合西丹水，下入北海平壽。濁水亦出方山，下入平壽」。紀要「故城在壽光縣東南」。

〔九〕【補注】先謙曰：春秋紀酅邑，見左莊三年傳注。戰國齊田常自安平以東至琅邪爲封邑，見田齊世家。田單封此，見單傳。後漢屬北海。續志「有酅亭」。淄水注「淄水自齊臨淄來，東北逕東安平城北，下入齊鉅定」。一統志「故城今臨淄縣東十里」。

〔一〇〕孟康曰：紀季以酅入于齊，今酅亭是也。師古曰：闞駰云博陵有安平，故此加「東」。酅音攜。【補注】錢坫曰：闞說非也。千乘有安平耳。先謙曰：臨甾，齊郡縣。（巨洋）〔淄〕水注「女水出東安平縣葂頭山，東北流，甚有神焉。化隆則水生，政薄則津竭。東北流，逕東安平縣故城南。續述征記云『女水至安平城南，伏流十五里，然後更流，北注陽水。城，故酅亭也』。又逕東安平城東，下入齊臨淄」。一統志「葂頭山在今臨淄縣東南十五里。女水出，東北至樂安縣界入北陽水」。晉地道記作「羌頭山」。括地志「一名鼎足山，一名牛首岡」。

〔一一〕【補注】錢坫曰：今青州府諸城縣西南有樓鄉，水經注「涓水所逕」者也，去此遠，疑非是。先謙曰：續志後漢省。

膠東國，〔一〕故齊，高帝元年別爲國，五月復屬齊國，〔二〕文帝十六年復爲國。〔三〕莽曰郁秩。〔四〕户七萬二千二，口三十二萬三千三百三十一。縣八：〔五〕即墨，〔六〕有天室山祠。〔七〕莽曰即善。〔八〕昌武，〔九〕下密，有三石山祠。〔一〇〕壯武，〔一一〕莽曰曉武。〔一二〕郁秩，有鐵官。〔一三〕挺，〔一四〕觀陽，〔一五〕鄒盧。莽曰始斯。〔一六〕

〔一〕【補注】先謙曰：都即墨，見項羽傳。膠水注「膠水自下密來，東北逕膠東縣故城西。高帝元年別爲國，王莽更之郁秩也。後魏長廣郡治。伏晏言，膠水東北回，達於膠東城北百里。下入東萊當利」。先謙案，膠東，後漢始置縣。漢世王都在即墨，則膠東郡即即墨縣也。而水經注一書不見即墨，反以漢事繫膠東縣下，又不稱其國名，斯爲疏謬矣。

〔二〕【補注】先謙曰：項羽徙齊王田市爲膠東王，見羽傳。田榮擊破市，屬齊。全祖望云「屬秦琅邪郡。楚漢之際，屬齊國，尋別爲膠東國，五月復屬齊國，因置郡。高帝四年屬漢，仍屬齊國」。

〔三〕【補注】先謙曰：封悼惠王子雄渠，十一年反，誅。景帝四年立武帝，四年入爲皇太子。中二年立康王寄。

〔四〕【補注】先謙曰：續志「北海郡」下云「建武十三年省膠東國，以其縣屬」。

〔五〕【補注】先謙曰：國人庸生，見儒林傳。

〔六〕【補注】先謙曰：戰國齊地，見田齊世家、蘇秦、田單傳。

〔七〕【補注】先謙曰：宣帝置。郊祀志作「太室」。一統志「天室山在今即墨縣西南三十里」。

〔八〕【補注】先謙曰：後漢屬北海。續志「有棠鄉」。劉注「左襄六年，圍棠」。一統志「故城今平度州東南，俗名康王城」。

〔九〕【補注】先謙曰：高帝封單究爲侯國，見表。續志後漢省。

〔一〇〕應劭曰：密水出高密。【補注】先謙曰：續志後漢屬北海。濰水注「濰水自北海密鄉來，東北逕下密縣故城西。城東有密阜。案，應劭云『密者，水名，是有下密之稱』。俗以之名阜，非也。濰水下入北海都昌」。又膠水注「膠水自北海膠陽來，東北逕下密縣故城東，下入膠東國(下)」。先謙案，密水入濰，濰亦兼密通稱，故下密得蒙密水之目。見「高密」下。祠，宣帝置。「石」當爲「户」，見郊祀志。濰水注同。魏地形志「即墨縣有三户山，今譌爲三固山」。固又户之音變字。一統志「故城今昌邑縣東。其濰縣界二下密縣，皆隋徙置。三户山在今平度州西南七十里」。

〔一一〕【補注】先謙曰：文帝封宋昌爲侯國，見表。

〔一二〕【補注】先謙曰：後漢屬北海。續志「安帝復」。劉注「故夷國。左傳：紀伐夷」。紀要「故城今即墨縣西」。

〔一三〕【補注】先謙曰：續志後漢省。一統志「故城今平度州治」。

〔一四〕師古曰：挺音徒鼎反。【補注】先謙曰：續志後漢誤「拒」，屬北海，詳續志。一統志「故城今萊陽縣南七里」。

〔一五〕應劭曰：在觀水之陽。師古曰：觀音工喚反。【補注】先謙曰：續志後漢屬北海。一統志「故城今萊陽縣東七十里」。

〔一六〕【補注】先謙曰：續志後漢省。

高密國，〔一〕故齊，文帝十六年別爲膠西國，〔二〕宣帝本始元年更爲高密國。〔三〕户四萬五百三十一，口十九萬二千五百三十六。縣五：高密，莽曰章牟。〔四〕昌安，〔五〕石泉，莽曰養信。〔六〕夷安，莽曰原亭。〔七〕成鄉。莽曰順成。〔八〕

〔一〕【補注】先謙曰：據濰水注，國治高密。

〔二〕【補注】先謙曰：封悼惠王子卬，十一年反，誅。景帝三年立子端，元封三年薨，國除。全祖望云「故屬秦琅邪郡。楚漢之際屬齊國，分置膠西郡。高帝四年屬漢，仍屬齊國。文帝爲膠西國。景帝二年爲郡，三年復爲國。武帝元封三年爲郡」。

〔三〕【補注】先謙曰：立廣陵王胥子弘。續志「北海國」下劉注「建武十三年省高密國，以其縣屬」。

〔四〕【補注】先謙曰：續志後漢屬北海。濰水注「濰水自琅邪平昌來，北過高密縣西。應劭云『縣有密水，故有高密之名』。今所謂百尺水蓋密水也。水有二源：西源出奕山，亦曰鄣日山水，東北流；東源出五弩山，西北流；同瀉一壑，世稱百尺水。北流，逕高密縣西，下注濰水，自下亦兼通稱焉。亂流逕縣西碑産山西，又東北。水有故堰，舊鑿石暨柱，斷濰水，廣六十許步。掘東岸，激通長渠，東北逕高密縣故城南。縣南十里蓄以爲塘，方二十餘里，古所謂高密之南都也。陂水散流，下注夷安澤。濰水自堰北逕高密縣故城西，又北，即韓信決水斬龍且處也。水西有厲阜，下入昌安」。一統志「故城今高密縣西南。密水自諸城縣流入濰」。

〔五〕【補注】先謙曰：續志後漢屬北海。濰水注「濰水自高密來，北逕昌安縣故城東，下入北海淳于」。一統志「故城今安丘縣治」。

〔六〕【補注】先謙曰：續志後漢省。濰水注「濰水自琅邪東武來，北逕石泉縣故城西。應劭云『平昌縣東南四十里有石泉亭，故縣也』。下入琅邪平昌」。先謙案，據應說，縣併入平昌。一統志「故城今諸城縣東北。寰宇記謂在安丘西南者，乃誤指平昌故城」。

〔七〕應劭曰：故萊夷維邑。【補注】先謙曰：續志後漢屬北海。膠水注「膠水自琅邪黔陬來，北過夷安縣東。應云『故萊夷維邑』。太史公云『晏平仲，萊之夷維人也』。西去濰水四十里，下入北海膠陽。張奴水出夷安縣東南臯下，西北流，下入膠陽。膠水左爲澤渚。東北百許里，謂之夷安潭，周四十里，亦濰水枝津之所注也」。一統志「故城今高密縣治」。

〔八〕【補注】先謙曰：北海亦有成鄉。續志後漢並省。

城陽國，〔一〕故齊，文帝二年別爲國。〔二〕莽曰莒陵。屬兗州。〔三〕户五萬六千六百四十二，口二十萬五千七百八十四。縣四：莒，故國，盈姓，三十世爲楚所滅。少昊後。〔四〕有鐵官。莽曰莒陵。〔五〕陽都，〔六〕東安，〔七〕慮。〔八〕莽曰著善。〔九〕

〔一〕【補注】先謙曰：戰國齊地，襄王遭淖齒之難，走城陽山中，見國策。韓信追田廣至此，田横擊項羽於此，見信、横傳。官本「城」作「成」。考證云「案，當作『城陽國』，宋本誤也」。先謙案，據沭水注，國治莒。

〔二〕【補注】先謙曰：封悼惠王子章。全祖望云「本秦琅邪郡。楚漢之際屬齊國，分置郡。高帝四年屬漢，仍屬齊國。惠帝元年爲魯元公主湯沐邑，屬魯國。文帝元年復屬齊國。二年別爲國。八年復爲郡，屬齊國。城陽王徙淮南，後以城陽郡予齊，見史記諸侯王表。十二年復爲國。成帝鴻嘉三年復爲郡，永始元年復爲國」。

〔三〕【補注】先謙曰：續志「琅邪國」下劉注「建武中省城陽國，以其縣屬」。後漢琅邪屬徐州。

〔四〕【補注】陳奂曰：「少昊後」三字當在「故國」之下。下文「淮陽國：陳，故國，舜後」，「東平國：任城，故任國，太昊後」是其例也。先謙曰：「少昊後」三字在「三十世爲楚所滅」之下，文義不順，陳説是也。惟或在「故國」下，或在「盈姓」下，則不可定耳。沭水注引地理志曰「莒子之國，盈姓也，少昊後」，文略有增易。據此，則三字似在「盈姓」下矣。盈、嬴同字，春秋世族譜作「嬴姓」。正義引世本作「已姓」爲異。楚簡王滅莒，見楚世家。

〔五〕【補注】先謙曰：後漢屬琅邪。續志「有鐵。有崢嶸谷」。先謙案，有鼓里，見齊策。國人衡胡，見儒林傳。沭水注「沭水自琅邪東莞來，東南過莒縣東。其城三重，並悉崇峻，惟南開一門。内城方十二里，郭周四十許里，始皇縣之。沭水又南合袁公水、潯水、葛陂水，下入陽都。葛陂水出三柱山，西南流，逕辟城南，世謂之辟陽城。武帝封城陽共王子壯爲侯國。葛陂水積爲辟陽湖，西南入沭」。一統志「故城今沂州府莒州治」。

〔六〕應劭曰：齊人遷陽，故陽國是。【補注】先謙曰：高帝封丁復，宣帝封張彭祖爲侯國，見表。後漢屬琅邪。續志「有牟臺」。沂水注「沂水自東海東安來，南逕陽都縣故城東，縣故陽國也。沂水又南合蒙山水、温水，下入東海臨沂。蒙山水自蒙陰來，東逕陽都縣南，入沂」。又沭水注「沭水自莒來，南過陽都縣，下入東海即丘」。一統志「故城今沂水縣南」。

〔七〕【補注】先謙曰：續志後漢屬琅邪。一統志「故城今沂水縣南三十里」。錢坫云「東海亦有此縣，疑一地也。今沂水縣與海州壤境南北相接」。先謙案，錢説是也。東海侯國，此爲縣治，不妨接壤，與甾川、北海二劇同。

〔八〕【補注】王念孫曰：「慮」當爲「盧」字之誤。沂水注可證。全祖望云「今本漢書『盧』作『慮』。慮有廬音，如昌慮、取慮之類」。案，全説非也。慮字雖有廬音，而古書盧字無通作慮者。若盧通作慮，則注當云慮音盧。今注内無音，則本是盧字明矣。

〔九〕【補注】先謙曰：續志後漢省。沂水注「盧川水出鹿嶺山，東南流，左則二川臻湊，右有諸葛泉源，亂流逕城陽之盧縣，故蓋縣屬泰山郡。之上里也。武帝封城陽共王子豨爲侯國。盧水又入桑泉水」。見「泰山蒙陰」。先謙案，表作「雷侯豨」。盧、雷通用，益證縣字當爲「盧」，若是「慮」字，無緣與「雷」通也。一統志「故城今沂水縣西南」。

淮陽國，〔一〕高帝十一年置。〔二〕莽曰新平。屬兗州。〔三〕户十三萬五千五百四十四，口九十八萬一千四百二十三。縣九：〔四〕陳，〔五〕故國，舜後，胡公所封，爲楚所滅。〔六〕楚頃襄王自郢徙此。〔七〕莽曰陳陵。〔八〕苦，〔九〕莽曰賴陵。〔一〇〕陽夏，〔一一〕寧平，〔一二〕扶溝，渦水首受狼湯渠，東至向入淮，〔一三〕過郡三，〔一四〕行千里。〔一五〕固始，〔一六〕圉，〔一七〕新平，〔一八〕柘。〔一九〕

〔一〕【補注】先謙曰：據渠水注，國治陳縣。續志後漢治同，劉注「雒陽東南七百里」。晉志：漢分潁川立淮陽郡。全祖望云「淮陽是陳，陳乃楚地，安得云屬潁川？蓋因漢初韓王信兼有淮陽而誤」。先謙案，此因高紀「罷潁川郡，頗益淮陽」誤也。

〔二〕【補注】先謙曰：封子友。全祖望云「故屬秦楚郡。楚漢之際屬楚國。六年置淮陽郡，十一年爲國」。先謙案，惠帝元年友徙趙國，爲郡。高后元年復爲國，立强及武。文帝誅武，復爲郡。五年徙子武淮陽，十年徙梁，復爲郡。景帝二年立子餘，二年徙魯，又爲郡。宣帝元康三年立子欽。

〔三〕孟康曰：孝明帝更名陳國。【補注】先謙曰：續志「陳國」下劉注「高帝置爲淮陽，章和二年改」。屬豫州。

〔四〕【補注】先謙曰：國人冷豐，見儒林傳。

〔五〕【補注】先謙曰：秦楚郡治陳，故陳涉世家陳守、令並稱。亦見張耳、陳餘傳。縣人鄭當時，見本傳。

〔六〕【補注】先謙曰：胡公封此，見陳世家。楚惠王使公孫朝滅陳，見左哀十七年傳。

〔七〕【補注】先謙曰：二十一年爲秦白起所迫，徙都，見楚世家。(沙)〔渠〕水注「文穎以爲西楚。三楚，斯其一焉」。始皇滅楚後游焉，見始皇紀。

〔八〕【補注】先謙曰：續志後漢屬陳。渠水注「渠水即沙水，自汝南長平來，東南逕陳城北，故陳國也。伏羲、神農並都之。城之東門内有池，詩所謂『東門之池』也。城南郭裏又有一城，名曰淮陽城，子産所置也。地道記云『城北有故沙，名之爲死沙，而今水流津通，漕運所由矣』。沙水又東南屈逕陳城東，爲百尺溝，又南分爲二，新溝水出焉。百尺溝東南流，下入寧平。新溝水東南合谷水入潁，謂之交口」。先謙案，本志「河南滎陽」下「狼湯渠東南至陳入潁」者也。「谷水上承滂陂。陂在陳城西北，南暨犖城，皆爲陂，東流爲谷水，逕犖城北。王隱云『犖北有谷水』也。犖即櫂。春秋書『公會齊宋于櫂』者也。谷水又逕陳城南，入新溝水」。又潁水注「潁水自汝南博陽來，東南逕陳縣南，南合交口，下入汝南新陽」。一統志「故城今陳州府淮寧縣治」。

〔九〕【補注】先謙曰：春秋楚縣，見老子傳。秦因之，陳涉將葛嬰攻下之，見涉傳。

〔一〇〕師古曰：晉太康地記云，城東有賴鄉祠，老子所生地。【補注】先謙曰：後漢屬陳。續志「春秋時曰相。有賴鄉」。劉注「古史考云『曲仁里，老子里也』」。地道記云『城南三十里有平城』」。先謙案，賴鄉即史記厲鄉。厲、賴古通，莽氏縣以此。陰溝水注「過水自陳留襄邑來，東逕苦縣西南，分爲二水。枝流東北注於賴城，入谷水，爲死過也。過水又東南，屈逕苦縣故城南，又東北，屈至賴鄉西，合谷水，又北逕老子廟東，又屈東逕相縣故城南。其城卑小實中，邊韶老子碑『老子，楚相縣人也』。相縣虚荒，今屬苦。故城猶存，在賴鄉之東，過水處其陽，疑即此城也。過水下入沛郡譙」。先謙案，此戰國以前之相，非漢沛郡相縣也，故邊云今屬苦。沛郡之相爲睢水所經，與苦縣地中隔渙水，非過水所能至也。又云「谷水自柘來，東逕苦縣故城中。水(注)〔泛〕則四周隍塹，耗則孤津獨逝。谷水又逕賴鄉城南，東入過」。一統志「故城今鹿邑縣東十里。相城在縣東十五里」。

〔一一〕應劭曰：夏音賈。【補注】先謙曰：秦縣。縣人吳廣，見始皇紀。高帝追項羽至此，見羽傳。高帝封陳豨爲侯國，見表。縣人黃霸，見循吏傳。彭宣，見本傳。後漢屬陳。續志「有固陵聚」。陰溝水注「過水自扶溝來，東南逕陽夏縣西，又東逕邈城北，下入陳留寧陵」。又渠水注「魯溝水自圉來，東南至陽夏縣故城西，又南入過。今無水」。先謙案，本志「陳留陳留」下「魯渠水至陽夏入渦渠」者也。一統志「故城今太康縣治」。

〔一二〕【補注】先謙曰：續志後漢屬陳。渠水注「沙水自陳來，由百尺溝東，逕寧平縣故城南，又東爲陽都陂，下入汝南新陽」。一統志「故城今鹿邑縣西南五十里」。

〔一三〕【補注】先謙曰：向，沛郡縣。「渦」，説文、水經注並作「過」，字同。陰溝水篇「陰溝水東南至沛爲過水」。注云「陰溝水自陳留浚儀來，始亂蒗蕩，終別于沙，而過水出焉。過水受沙水於扶溝縣。與渠水注參看。許慎云『過水首受扶溝縣蒗蕩渠』，不得至沛方爲過水也。爾雅曰『過爲洵』。郭璞云『大水泆爲小水也』。吕忱云『洵，過水也』。過水逕大扶城西，下入陽夏」。一統志「過水在今扶溝縣東，即蔡水分流」。

〔一四〕【補注】先謙曰：河南、淮陽、沛。

〔一五〕師古曰：狼音浪。湯音徒浪反。渦音戈，又音瓜。【補注】先謙曰：續志後漢改屬陳留。渠水注「渠水即沙水，自陳留陳留來，南逕扶溝縣故城東。縣即潁川之穀平鄉也，有扶亭，又有洧水溝。故縣有扶溝之名焉。沙水又東合康溝水及南水。又合蔡澤陂水，又南逕小扶城西，即扶溝縣之平周亭。又東南，逕大扶城西，即扶樂故城也。後漢縣。渦水於是分焉。沙水又東南，逕東華城西，又有枝瀆西南達洧爲甲庚溝，今無水。沙水又南，合廣漕渠，下入汝南長平。康溝水自陳留尉氏來，東逕扶溝縣之白亭北。陳留風俗傳云『扶溝縣有帛鄉、帛亭，名在七鄉十二亭中』。下入尉氏。又自尉氏來，東南逕扶溝縣故城東，而東南入沙水。其南，水分爲二：一南逕闞亭東，東南合左水；一自枝瀆南逕召陵亭西，疑即扶溝之亭也。東南合右水，又東南，入沙水。蔡澤陂水自潁川傿陵來，東逕匡城北。城在新汲縣東北，即扶溝之匡亭也。陂水又東南，至扶溝城北，入沙水」。又洧水注「洧水自潁川新汲來，東逕匡城南，又左迆爲鴨子陂，謂之大穴口。又東南，逕洧陽城西，南逕茅城東北，又南，左合甲庚溝，又右合濩陂水，下入汝南長平。甲庚溝上承洧水於大穴口，東北枝分。東逕洧陽城南，又東南，爲鴨子陂。餘波南入甲庚溝，西注洧，東北注沙。濩陂水自新汲來，東翼洧隄，西面茅邑。陂水北出，東入洧」。一統志「故城今扶溝縣東北五十里」。

〔一六〕師古曰：本名寑丘，楚令尹孫叔敖所封地。【補注】先謙曰：據高紀晉灼注，固陵即固始，此班志之固始也。其世祖更名之固始，自屬汝南寑。周壽昌云「『寑』下注引應劭云『孫叔敖子所邑之寑丘』是也，世祖更名固始。續志『固始，侯國，故寑也，光武中興更名』。汝水注『汝水別瀆又東逕固始縣故城北。地理志云「縣，故寑也」。寑丘在南，故藉丘以名縣矣。城北又有孫叔敖碑。建武二年，司空李通又慕叔敖受邑，光武嘉之，更名固始』。茲淮陽國下已有固始，志文亦無『縣故寑也』四字。蓋縣境實與汝南之寑接壤，光武并固始入於陽夏，而以汝南之寑爲固始，故東漢但有固始，無寑縣也」。先謙案，續志自注「陽夏有固陵聚」，合之晉注，足爲前漢固始併入陽夏之確證。周説是也。高帝擊楚軍至固陵，見羽傳。史記作「故陵」。一統志「固始故城今淮寧縣西北。固陵聚在太康縣西」。

〔一七〕【補注】王念孫曰：王莽傳「其以益歲以南付新平」。蘇林云「陳留圉縣，莽改曰益歲」。然則「圉縣」下當脱「莽曰益歲」四字。先謙曰：春秋鄭地，見左昭傳。戰國入魏。楚世家云「射圉之東」。江喜爲嗇夫，見侯表。續志後漢改屬陳留。渠水注「魯溝水自陳留陳留來，東南逕圉縣故城北。縣苦楚難，修其干戈，以圉其患，故曰圉也。或曰邊陲之號矣。又歷萬人散，孫建破翟義處也。又歷魯溝亭，下入陽夏」。一統志「故城今杞縣南南圉鎮」。

〔一八〕【補注】先謙曰：高帝時杜恬先爲信平侯，又封張偃，並見表。信、新同字。續志後漢屬陳。一統志「故城今淮寧縣東北」。

〔一九〕【補注】先謙曰：春秋陳國株邑，見元和志。秦縣，葛嬰攻下之，見陳涉傳。灌嬰擊破柘公軍於此，見嬰傳。續志後漢因。陰溝水注「谷水自陳留寧陵來，東逕柘縣故城東，下入苦」。一統志「故城今柘城縣北。寰宇記『縣有柘溝，故以爲名』」。

梁國，〔一〕故秦碭郡，〔二〕高帝五年爲梁國。〔三〕莽曰陳定。〔四〕屬豫州。〔五〕户三萬八千七百九，口十萬六千七百五十二。縣八：〔六〕碭，山出文石。莽曰節碭。〔七〕甾，〔八〕故戴國。〔九〕莽曰嘉穀。〔一〇〕杼秋，莽曰予秋。〔一一〕蒙，〔一二〕獲水首受甾獲渠，東北至彭城入泗，〔一三〕過郡五，〔一四〕行五百五十里。莽曰蒙恩。〔一五〕已氏，莽曰已善。〔一六〕虞，〔一七〕莽曰陳定亭。〔一八〕下邑，〔一九〕莽曰下洽。〔二〇〕睢陽。〔二一〕故宋國，微子所封。〔二二〕禹貢盟諸澤在東北。〔二三〕

〔一〕【補注】閻若璩曰：秦碭郡，治碭縣，故沛公軍碭，遂以沛公爲碭郡長。長即守也。漢改爲梁國，治睢陽。又曰：梁國不治碭縣，而治睢陽，以梁孝王武傳知之。吳楚七國反，梁王城守睢陽。後廣睢陽城七十里，大治宫室。王國以内史治其民，而梁内史韓安國從王於睢陽，非以睢陽爲治而何？王鳴盛曰：賈誼請徙代王都睢陽。代王即孝王武。後果徙王梁如誼策。睢陽爲梁都甚明。志乃居末。此國至元始方除，蓋始終都睢陽，而志以居末，可見王國都不必定首縣。舉一可知其餘。先謙曰：據睢水注，梁國治睢陽。續志後漢治下邑，劉注「雒陽東南八百五十里」。

〔二〕【補注】先謙曰：睢水注「秦始皇二十二年爲碭郡。高帝嘗爲碭郡長」。

〔三〕【補注】先謙曰：王彭越。全祖望云「楚漢之際屬楚國。高帝五年屬漢，王越，六年尚爲碭郡，封楚王。是漢初仍有碭郡之名，且分屬楚。十一年越反，誅。十一年立子恢。高后七年徙恢王趙。文帝元年爲郡，二年立子揖，十年立子淮陽王武。平帝元始三年，嗣王以罪死，爲郡。五年，封孝王玄孫之曾孫音爲國」。案：水經注汳水、獲水、睢水三篇俱稱爲梁郡，本書王莽傳「陳定，故梁郡」。殆莽時國廢爲郡也。高紀「十一年罷東郡，頗益梁國」。孝王傳：梁爲大國，四十餘城，多大縣。景帝封孝王子五人爲王。太子買嗣梁。次子明王濟川。濟川即陳留郡。水經注引應劭云「今陳留濟陽縣」。是必初爲濟川國，武帝建元三年國除，始改陳留郡也。彭離王濟東，武帝元年王以罪廢，國除，爲大河郡，即東平國也。定王山陽，不識王濟陰，皆以無子，國除，爲郡。傳所云「分梁爲五國也」。梁國初建不止領八縣，迨孝王孫平王襄以罪削去五縣，又奪王太后湯沐成陽邑之屬陳留者，傳云「梁餘尚有八城」，即此志所書領縣八也。

〔四〕【補注】吴卓信曰：莽傳有陳定大尹沈意。

〔五〕師古曰：以有碭山，故名碭郡。【補注】先謙曰：續志後漢因，屬同。

〔六〕【補注】先謙曰：國人欒布、申屠嘉，見本傳；丁寬、項生、焦延壽、陳翁生、戴德、戴聖、橋仁、楊榮、周慶、丁姓，皆見儒林傳。

〔七〕應劭曰：碭山在東。師古曰：碭，文石也，其山出焉，故以名縣。碭音唐，又音徒浪反。【補注】先謙曰：縣人田王孫、魯賜，見儒林傳。續志後漢因。睢水注「睢水自沛郡芒來，縣北與碭縣分水，有碭山。芒、碭二縣之間，山澤深固，高祖隱於是處也。睢水下入沛郡相」。又獲水注「獲水自下邑來，東逕碭縣故城北。秦立碭郡，取山之名也。獲水又東，合穀水，下入杼秋。穀水上承碭陂。陂中有香城，城在四水之中。其陂散流爲零水、懷水、清水，積而成潭，爲碭水。又東注爲穀水，逕安山北，即碭北山也。有陳勝墓。穀水又東北，入獲」。一統志「故城今碭山縣南保山鎮。碭山在永城縣北八十里，與碭山縣接界」。

〔八〕【補注】先謙曰：秦縣。靳歙破邢説軍於菑南，見歙傳。王莽諸將破翟義於此，見義傳。

〔九〕【補注】先謙曰：見左隱十年傳。説文作「𢦏」。公羊傳作「載」。隋置載州。徐松云「左傳正義：古者甾、戴聲相近，故鄭玄詩箋讀『椒戴』爲『熾甾』，是其音大同，故漢於戴國立甾縣」。

〔一〇〕應劭曰：章帝改曰考城。【補注】先謙曰：續志後漢改名考城，屬陳留。劉注「有穀亭。古句瀆之丘」。汳水注「汳水自陳留成安來，東逕考城縣故城南，爲菑獲渠。縣，周之采邑，春秋爲戴國。高帝封祕彭祖爲侯國。是瀆蓋因縣以獲名矣。汳水下入陳留寧陵」。一統志「故城今考城縣南二十五里」。

〔一一〕師古曰：杼音食汝反。【補注】先謙曰：後漢改屬沛國。續志「有澶淵聚」。獲水注「獲水自碭來，東歷藍田鄉郭，又逕杼秋縣故城南，下入沛郡虵」。又泗水注「泡水上承睢水於杼秋縣界，北流，下入山陽平樂」。先謙案，杼秋及下下邑縣泡水所承之睢，皆獲水也，因與睢水往復逕通，故獲亦稱睢。一統志「今碭山縣東六十里」。

〔一二〕【補注】先謙曰：戰國楚地。邑人莊子，見史記。秦縣，周勃攻取之，見勃傳。

〔一三〕【補注】先謙曰：甾獲渠見「甾」下注。彭城，楚國縣。説文「汳水受陰溝，至蒙爲獲水」。獲水篇「獲水出汳水於蒙縣北」。注云「地理志曰『獲水首受甾獲渠』。亦兼丹水之稱。紀年『宋殺其大夫皇瑗於丹水之上』，又曰『宋大水，丹水壅不流』。蓋汳水之變名也。獲水自蒙東出，下入己氏」。一統志「汴水一名獲水，舊自河南永城流逕江南碭山、蕭縣，至徐州府城東北入泗。唐宋以來，汴渠多自夏邑、永城達宿州界，東至泗州入淮，而入泗之汴甚少。其後九河洪嚙，遂奪河之故道爲經流矣」。陳澧云「據酈注，汳水自考城逕寧陵、睢陽。以今地考之，爲自河南考城後漢考城。過寧陵、漢寧陵。商丘。漢睢陽。今河南考城以東之黄河，蓋其故瀆也。下流爲獲水，自蒙逕己氏、虞、下邑、杼秋、彭城，以今地考之，爲自今商丘漢蒙縣。過山東曹縣、漢己氏。河南虞城、漢虞縣。江蘇碭山、漢下邑、杼秋。蕭縣、漢蕭縣。銅山。漢彭城。今商丘縣之黄河，其故瀆也。東南流，至銅山。以下爲漢時泗水」。

〔一四〕【補注】先謙曰：據獲水注，過梁、沛、楚。「五」當作「三」。

〔一五〕【補注】先謙曰：後漢因。續志「有蒙澤」。宋萬弒湣公處。史集解引賈逵云，宋澤名也。亦見「己氏」下。汳水注「汳水自睢陽來，東逕貫城南，在蒙縣西北。春秋：齊、宋、江、黄盟於貫。杜預以爲貫也。汳水又逕蒙縣故城北，俗謂之小蒙城。西征記『城在汳水南十五六里，即莊周邑也』。其自縣南出者，仍入睢陽。汳水又東逕大蒙城北，即蒙亳也。所謂景亳爲北亳矣。闞駰云「湯都偃師」。皇甫謐以爲亳與葛比，寧陵去偃師八百里，不得童子饋餉而爲之耕。今梁國自有二亳。南亳在穀熟，北亳在蒙，非偃師也」。汳水下見獲水篇。一統志「故城今商丘縣東北」。

〔一六〕【補注】先謙曰：續志後漢改屬濟陰。劉注「有平和鄉。鄉有伊尹冢」。濟水注「黄溝枝流上承黄溝，俗謂之界溝也。北逕己氏縣故城西，下入山陽成武」。又獲水注「獲水自蒙來，東逕長樂、固北、己氏縣南，東南流，逕於蒙澤。十三州志云『蒙澤在縣東』」。獲水下入虞」。又泗水注「豐水上源自鉅鹿貫來，東逕己氏縣故城北，下入睢陽」。一統志「故城今曹縣東南」。

〔一七〕【補注】先謙曰：古史考：商均所封。秦爲縣。高帝至此使隨何説英布，見高紀。周勃攻取之，見勃傳，亦見五行志。

〔一八〕【補注】先謙曰：後漢因。續志「有空桐地，有桐亭。有綸城，少康邑」。獲水注「獲水自己氏來，東逕虞縣故城北。古虞國，少康所奔也。獲水又東南，逕空桐澤北。澤在虞城東南。又東，逕龍譙固，合黄水，又入櫟林，下入下邑」。一統志「故城今虞城縣西南三里」。

〔一九〕【補注】先謙曰：戰國魯地。楚滅魯，頃公遷此，見魯世家。周勃攻此，先登，見勃傳。

〔二〇〕【補注】朱一新曰：「治」，汪本作「治」，是。先謙曰：續志後漢因。劉注「左傳黍丘在縣西南」。獲水注「獲水自虞來，東南逕下邑縣故城北。楚、漢彭城之戰，吕后兄澤軍於下邑，高帝敗，從澤軍。子房肇捐地之策，收垓下之師，陸機所謂即謀下邑也。獲水下入碭」。又泗水注「泡水上承睢水於下邑縣界，東北注，下入山陽平樂」。一統志「故城今碭山縣東」。

〔二一〕【補注】先謙曰：世本：相土居商丘。宋更名睢陽。秦爲縣。項羽拔外黄，東下睢陽，見羽傳。縣人灌嬰，見本傳。後漢因。續志「有盧門亭。有魚門。有陽梁聚」。睢水注「睢水自陳留傿來，東逕横城北。左傳樂大心禦華向於横，今在睢陽縣西南。下入山陽薄。又自薄來，東逕睢陽縣故城南，於城之陽積爲逢洪陂。又合明水，又東南流，歷於竹圃，人言梁王竹園也。下仍入薄」。又泗水注「豐水上源自已氏來，東逕孟諸澤，下入山陽郜成」。又汳水注「汳水自陳留寧陵來，東逕睢陽縣故城北，而東歷襄鄉塢南瀆。述征記云，西去夏侯塢二十里。東一里，即襄鄉浮圖也。汳水逕其南，下入蒙，又自蒙南出。今無水，惟睢陽城南側有小水南入睢。汳水下仍入蒙」。一統志「故城今商丘縣南」。

〔一二〕【補注】先謙曰：見宋世家、元和志。齊、楚、魏滅宋，三分其地，魏得梁、陳留，齊得濟陰、東平，楚得沛。

〔一三〕師古曰：睢音雖。【補注】王念孫曰：此下當有「青州藪」三字。先謙曰：禹貢山水澤地篇「明都澤在睢陽縣東北」，與志合。濟水注「尚書『導菏澤，被孟豬』。孟豬在睢陽縣之東北。十三州記云『不言入而言被者，明不常入也，水盛方乃覆被矣。』」一統志「孟豬澤在今商丘縣東北，接虞城縣界。虞城縣北有孟豬臺，俗謂之嵋臺，亦故澤地。杜預所謂水草之交曰麋者也。元時，屢爲河水衝突，禹迹不可復問矣」。

東平國，〔一〕故梁國，〔二〕景帝中六年別爲濟東國，〔三〕武帝元鼎元年爲大河郡，〔四〕宣帝甘露二年爲東平國。〔五〕莽曰有鹽。屬兗州。〔六〕户十三萬一千七百五十三，口六十萬七千九百七十六。有鐵官。**縣七：**〔七〕**無鹽，**〔八〕有郈鄉。莽曰有鹽亭。〔九〕**任城，**故任國，太昊後，風姓。〔一〇〕莽曰延就亭。〔一一〕**東平陸，**〔一二〕**富城，**莽曰成富。〔一三〕**章，**〔一四〕**亢父，**〔一五〕詩亭，故詩國。〔一六〕莽曰順父。〔一七〕**樊。**〔一八〕

〔一〕【補注】閻若璩曰：國治無鹽，以東平思王宇及翟方進傳知之。先謙曰：續志後漢治同，劉注「雒陽東九百七十五里。任城國治任城，雒陽東千一百里」。

〔二〕【補注】先謙曰：孝王武國。全祖望云「東平本宋地，宋亡，齊得之。本不屬梁。其屬梁自封彭越始。秦屬齊郡，楚漢之際屬楚國也」。錢大昕云「當云故梁，衍『國』字。水經注引此文無『國』字」。

〔三〕【補注】先謙曰：立孝王子彭離。續志「景帝分爲濟東國」也。

〔四〕【補注】先謙曰：濟東國除爲大河郡，見文三王傳。徐松云「夏侯勝傳『初，魯共王分魯西寧鄉以封子節侯，別屬大河。大河後更名東平』。據此，則東平國舊魯西寧鄉地」。先謙案，此鄉爲大河屬地耳，非大河郡即西寧鄉也。韋玄成嘗爲大河都尉。

〔五〕【補注】先謙曰：立子宇。哀帝建平三年國除，爲郡。平帝元始元年，開明紹封，復爲國。

〔六〕【補注】先謙曰：續志後漢爲東平國。又「任城國」下劉注「章帝元和元年，分東平爲任城國」。屬並同。

〔七〕【補注】先謙曰：儒林傳「王式，東平新桃人」。今案，東平無新桃，止信都有桃縣，亦非新桃。國人夏侯勝，見本傳；唐長賓、嬴公，見儒林傳。

〔八〕【補注】先謙曰：秦縣。宋義送子襄相齊，至此，見項羽傳。有危山，見東平王、王莽傳。

〔九〕師古曰：郈音后。【補注】先謙曰：後漢因。續志「本宿國，任姓。有章城」。汶水注「禹貢汶水自泰山桃鄉來，分爲四。其左二水雙流，西南至無鹽縣之郈鄉城南，郈昭伯之故邑也。叔孫氏墮郈，今其城無南面。汶水下入東平陸。又自東平陸來，逕危山南，合爲一水，西南入茂都淀，淀，陂水之異名也。淀水下入東郡須昌。次一汶西逕郈亭北，下入東郡壽良。其右一汶西流，逕無鹽縣故城南，齊宣后之故邑，所謂無鹽醜女也。武帝封城陽共王子廣爲東平侯國。汶水又逕郈鄉城南，下入壽良。漆溝水出無鹽城東北五里阜山下，西逕無鹽縣故城北，入長直溝」。見「東郡須昌」。一統志「故城今東平州東二十里。郈城在州南四十里」。

〔一〇〕【補注】先謙曰：任國見左僖十一年傳。濟水注「夏后氏之任國也，在亢父北」。先謙案，孟子「季任爲任處守」是也。縣人周仁，見本傳。

〔一一〕【補注】先謙曰：後漢屬任城。續志「有桃聚」。一統志「故城今濟寧州治」。

〔一二〕應劭曰：古厥國，今有厥亭是。【補注】先謙曰：西河有平陸，故此加「東」。景帝封楚元王子禮爲侯國，見表。後漢因。續志「六國時曰平陸。有闞亭」。先謙案，戰國屬齊，齊策云，魏攻平陸也。魯敗齊於此，見田齊世家。

趙成侯與齊、宋會此，見趙世家。汶水注「禹貢汶水自無鹽來，西南逕東平陸縣故城北，下仍入無鹽」。一統志「故城今汶上縣北」。寰宇記云「中都縣，漢爲東平陸縣，亦古之厥國地。今邑界有厥亭存」。案，據汶水注，中都在須昌，蓋地與東平陸接界耳。

〔一三〕【補注】先謙曰：後漢因。續志作「富成」。汶水注「泌水自泰山肥成來，西南逕富城縣故城西，入汶」。見章。山東通志：故城今東平州東北平陰界上。

〔一四〕【補注】先謙曰：續志後漢因。汶水注「禹貢汶水自泰山剛來，西南過章縣南。章，任姓國，齊人降章者也。故城在無鹽縣東北五十里。汶水又合泌水，見「富城」。下入泰山桃鄉」。一統志「故城今東平州東六十里鄣城集」。

〔一五〕【補注】先謙曰：戰國齊地。齊策云，徑亢父之險。秦縣，見高紀。項梁攻之，見項羽傳。縣人寧壽，見兩龔傳。

〔一六〕【補注】先謙曰：「詩」當作「邿」，見左襄十三年傳。説文「邿，附庸國，在東平亢父」。一統志「在今濟寧州東南」。案，春秋時有兩邿。一在今平陰縣東南，晉魏絳以下軍克邿，杜預以爲在平陰西者是也，與此不同。

〔一七〕師古曰：音抗甫。【補注】先謙曰：續志後漢屬任城。劉注「左傳郚瑕，北有郚瑕城」。濟水注「黄水自山陽鉅野來，東南逕亢父縣故城西，謂之桓公溝。下入山陽方與」。一統志「故城今濟寧州南五十里」。

〔一八〕【補注】王鳴盛曰：成紀「建始二年，東平王宇有罪，削樊、亢父二縣」。志仍有者，其後又復，詳宇本傳。紀書削，不書復，脱漏也。先謙曰：文帝封蔡兼爲侯國，見表。續志後漢屬任城。一統志「故城今滋陽縣西南」。

魯國，〔一〕故秦薛郡，〔二〕高后元年爲魯國。〔三〕屬豫州。〔四〕户十一萬八千四十五，口六十萬七千三百八十一。縣六：〔五〕魯，伯禽所封。〔六〕户五萬二千。有鐵官。〔七〕卞，〔八〕泗水西南至方與入沛，〔九〕過郡三，〔一〇〕行五百里，青州川。〔一一〕汶陽，莽曰汶亭。〔一二〕蕃，〔一三〕南梁水西至胡陵入沛渠。〔一四〕騶，故邾國，曹姓，〔一五〕二十九世爲楚所滅。〔一六〕嶧山在北。莽曰騶亭。〔一七〕薛。夏車正奚仲所

國，後遷于邳，湯相仲虺居之。〔一八〕

〔一〕【補注】閻若璩曰：國治魯，以孔光傳知之。先謙曰：據泗水注，秦薛郡即治魯縣。續志後漢治同。

〔二〕【補注】先謙曰：濟水注：始皇二十四年置。泗水注云，二十三年。

〔三〕【補注】先謙曰：王張偃，據張耳傳在六年。八年廢。景帝二年，立子共王餘。

〔四〕【補注】先謙曰：續志「魯本屬徐州，光武改屬豫州」。此「豫」字傳寫之誤。王鳴盛云「魯世家：魯爲楚滅。秦滅楚後，改爲薛郡者，當以其所屬之薛而名之。高紀云『楚地悉定，獨魯不下，持羽頭示之，魯乃降』。其下又云『懷王封羽爲魯公，及死，魯又爲堅守，故以魯公禮葬羽』。然則楚漢之際，此地復爲魯也。羽王梁、楚地九郡，魯亦在九郡之中，蓋泗水郡地也，或魯或薛，殆錯言之。至張偃就封，方定，改薛郡爲魯國耳。又高紀云『沛公如薛，與立楚懷王』。時，諸侯兵初起，尚仍秦制。此地大約爲薛郡之屬縣，未必遽復魯國之稱」。全祖望云「成帝陽朔三年爲郡，哀帝建平三年復爲國。薛郡，高帝所以封楚王，而薛之魯縣，魯元公主之食邑。當高后時，未嘗奪楚之薛郡以封張偃也。張偃之國，乃齊所割之城陽郡，故莒國也。莒與魯接，而公主食邑在魯，因稱魯王，非能全得薛郡之地也。楚之薛郡至景帝時削，見鼂錯傳。次年，景帝始以封其子。志言『高后元年爲魯』，誤也」。

〔五〕【補注】先謙曰：國人丙吉，見本傳；夏侯始昌、申公、周霸、馮賓、許生、徐生、閭丘卿、夏侯敬、榮廣、晧星公，見儒林傳；朱家，見游俠傳。

〔六〕【補注】先謙曰：見魯世家。

〔七〕【補注】先謙曰：高帝封奚涓爲侯國，見表。後漢因。續志「奄國。有大庭氏庫。有鐵。有闕里，孔子所居。有牛首亭。有五父衢」。泗水注「泗水自卞來，西南流，逕魯縣分爲二水。側有一城，爲二水之分會也。北爲洙瀆，南則泗水。從征記云，洙、泗二水交於魯城東北十七里。闕里背洙面泗，南北百二十步，東西六十步，四門各有石閫，北門去洙水百步。泗水南有夫子冢。泗水自城北，南逕魯城西南，合沂水，下入山陽瑕丘。沂水出魯城東南尼丘山西北，平地發泉，流逕魯縣故城南，北對稷門，即魯南門，亦曰雩門。縣即曲阜之地。沂水又西逕圜丘北，又右，入泗」。又洙水注「洙水自卞來，入泗。亂流後，西南至魯縣東北，分爲二水。側有故城，二水之分會也。洙水西北流，逕孔里北，是謂洙泗之間矣。洙水又西南，枝津出焉。洙水下入山陽瑕丘。枝津亦下入瑕丘」。一統志「故城今曲阜縣治」。

〔八〕【補注】先謙曰：春秋魯地。子路，邑之野人，見尸子。後漢因。續志「有盜泉。有部鄉城」。劉注「有姑蔑城。有桃墟」。洙水注「洙水自泰山東平陽來，西南合盜泉水，又流於卞城西，入泗水。亂流下入魯縣。盜泉水出卞城東北卞山之陰，西北入洙」。一統志「故城今泗水縣東五十里」。

〔九〕【補注】王念孫曰：「入沛」當爲「入泲渠」。今本「泲」譌作「沛」，又脫「渠」字。泲渠者，泲水分出之渠，東入於泗水，一名菏水，即前「山陽郡湖陵」下所云「禹貢浮于淮、泗，通于菏，水在南」者也。水經云「濟水東至乘氏縣西，分爲二」。其一水東南流者，東過方與縣北爲菏水，又東過湖陸縣南，東入於泗水。湖陸即湖陵。章帝更名。又曰「泗水又南，過方與縣東，菏水從西來注之」。注云「菏水即濟水之所苞注以成湖澤也，而東與泗水合於湖陵縣西六十里穀庭城下」，即此所云「泗水西南至方與入泲渠」者也。泗水注云，泗、濟合流。故地記或言濟入泗，泗亦言入濟，互受通稱。又下文「蕃」下云「南梁水西至湖陵入沛渠」。「沛渠」亦當爲「泲渠」。水經注引此正作「泲渠」。今本水經注脫「渠」字。此言入泲渠，則知上文「泗水至方與入泲」，「泲」下當有「渠」字矣。先謙曰：方與，山陽縣。泗水篇「泗水出卞縣北山」。注云「地理志曰『出濟陰乘氏縣』，又云『出卞縣北』，經言『北山』，皆爲非矣。山海經云『泗水出魯東北』。余路逕洙泗，尋其源流，水出卞縣故城東南，桃墟東北。春秋『謝息遷於桃』也。杜預云『卞縣東南有桃墟』。墟有漏澤，方十五里。澤西際阜，連岡通阜，西北四十許里。岡之西際，便得泗水之源。博物志云『泗出陪尾』，蓋斯阜矣。石穴吐水，五泉俱導，穴各徑尺餘。泗水西逕卞縣故城南。南有姑蔑城，春秋魯、郲盟於蔑也。水出二邑間，西逕郚城北而會於洙水，下入魯縣」。

〔一〇〕【補注】先謙曰：魯、濟陰、山陽。

〔一一〕師古曰：即春秋僖十七年「夫人姜氏會齊侯於卞」者也。方與音房豫。

〔一二〕應劭曰：詩曰「汶水湯湯」。師古曰：汶音問。即左傳所云公賜季友汶陽之田者也。【補注】先謙曰：官本無「汶音問」三字。續志後漢因。汶水注「禹貢汶水自泰山鉅平來，西南逕汶陽縣北。縣北有曲水亭，春秋盟於曲池也。汶水又西逕汶陽縣故城北，而西注下入泰山蛇丘。蛇水自泰山剛來，西南流，逕汶陽之田，齊所侵也。自汶之北，平暢極目，僖公以賜季友。蛇水下入蛇丘」。一統志「故城今寧陽縣東北」。

〔一三〕【補注】先謙曰：縣人眭孟，見本傳。續志後漢因。劉注「左傳『戰狐台』。縣東南有狐台亭」。泗水注「漷水自騶來，西南逕蕃縣故城南，下入薛」。一統志「故城今滕縣治。滕國故城在縣西南十四里」。

〔一四〕應劭曰：邾國也，音皮。師古曰：白裒云陳蕃之子爲魯相，國人爲諱，改曰皮。此説非也。郡縣之名，土俗各有別稱，不必皆依本字。【補注】全祖望曰：顏説善矣。然未知蕃之本無皮音。胡三省云「據通典，則蕃乃音反」。然則「皮」字乃「反」字之譌，非真有皮音也。斯言足以埽除燕説。朱一新曰：汪本「裒」下有「公」字。先謙曰：胡陵，山陽縣。「沛」是「泲」之誤。泗水注正作「(濟)〔泲〕渠」也。注云「地理志『南梁水出蕃縣』。今縣之東北，平澤出泉若輪，發源成川，西南流，分爲二水。北水枝出，西逕蕃縣北，下入沛公丘。南梁水自枝渠西南，逕蕃縣故城東。俗以南鄰於漷，故謂之西漷水。南梁水又屈逕城南。應劭云『縣故小邾邑也』。下入胡陵」。案，據注引應説，知志注「邑」誤爲「國」，又奪「小」字也。一統志「南梁水在滕縣北十五里，源出趵突、荆溝二泉，合而爲一，會漷水，入運河。自明嘉靖閒，運河東徙，又遏漷水，導之北出趙溝，與南梁會而同入於漕。齊乘、明統志所言南梁河流皆與今不合。

〔一五〕【補注】先謙曰：寰宇記「邾，魯附庸國」。左傳「魯擊柝聞於鄒」是也。説文「騶」作「鄒」。韋賢傳作「魯國鄒人」。段玉裁云「邾婁之合聲爲鄒。周時或云鄒，或云邾婁者，語言緩急之殊也。周時作『鄒』，漢時作『騶』者，古今字之異也」。案，楚世家「陸終氏生子六人，五曰曹姓」。索隱「世本云『五曰安，是爲曹姓。曹姓者，邾是也』。宋忠云『曹姓，諸曹所生』」。

〔一六〕【補注】先謙曰：齊乘云，邾爲楚滅，遷之江夏。故黄岡縣有邾城。

〔一七〕應劭曰：邾文公卜遷于嶧者也。音驛。【補注】段玉裁曰：「嶧」當作「繹」，與下邳葛嶧山字從山者不同。先謙曰：秦李斯所篆嶧山碑作「繹」，後來通作，更不分别矣。續志後漢因。劉注「有騶山，高五里，秦始皇刻石焉。劉薈騶山記云『邾城在山南，去山二里。城北有繹山』」。泗水注「漷水自東海合鄉來，逕魯國騶山東南而西南流，左傳所謂嶧山也，邾文公之所遷。京相璠云『地理志嶧山在鄒縣北，繹邑之所依以爲名也』。山東西二十里，高秀獨出，積石相臨，殆無土壤，石間多孔穴，洞達相通，往往有如數間屋處，其俗謂之嶧孔，遭亂輒將家入嶧，外寇雖衆，無所施害。漷水下入蕃」。一統志「故城今鄒縣東南二十六里。嶧山在縣東南二十里」。古無鄒山之名，魯頌止稱嶧，史記始兼稱鄒嶧，漢志仍稱嶧山。劉昭、魏收始分鄒、嶧爲二。攷始皇勒石鄒嶧，宋書載魏主燾登鄒山，仆秦碑。可知鄒、嶧互稱，分爲二者誤。

〔一八〕【補注】先謙曰：項梁引兵入此，見項羽傳。高帝於此治竹冠，見高紀。縣人顔安樂，見儒林傳。後漢因。續志「六國時曰徐州」。劉注「史記云齊宣王九年與魏襄王會徐州而相王」。先謙案，戰國齊地。兩齊世家田氏執簡公於此。或以爲在東平舒。又，齊敗楚徐州在此。亦分屬魯。魯世家頃公時，「楚伐我，取徐州」是也。奚仲事，見左定傳。邳，上邳也。下邳在東海。泗水注「漷水自蕃來，西逕薛縣故城北。紀年『梁惠成王三十一年，邳遷於薛，改名徐州』。城南山上有奚仲冢。齊封田文於此，號曰孟嘗君。今郭側猶有文冢。漷水又西逕仲虺城北。晉太康地記云『奚仲遷於邳。仲虺居之，爲湯左相。其後當周世，爵稱侯。後見侵削，爲霸者所絀，爲伯。任姓也』。應劭云『邳在薛』。徐廣史記音義云『楚元王子郢客以吕后二年封上邳侯』。有下，故此爲上矣。地道記云『仲虺城在薛城西三十里』。漷水逕薛之上邳城西，而南注下入山陽胡陵」。一統志「故城今滕縣東南四十四里」。

楚國，〔一〕高帝置。〔二〕宣帝地節元年更爲彭城郡。〔三〕黄龍元年復故。〔四〕莽曰和樂。屬徐州。〔五〕户十一萬四千七百三十八，〔六〕口四十九萬七千八百四。縣七：〔七〕彭城，古彭祖國。〔八〕户四萬一百九十六。有鐵官。〔九〕留，〔一〇〕梧，〔一一〕莽曰吾治。〔一二〕傅陽，故偪陽國。莽曰輔陽。〔一三〕吕，〔一四〕武原，〔一五〕莽曰和樂亭。〔一六〕甾丘。莽曰善丘。〔一七〕

〔一〕【補注】閻若璩曰：治彭城，以楚元王交及龔勝傳知之。先謙曰：五行志「楚都彭城」。亦見獲水注。續志後漢治同，劉注「雒陽東千二百二十里」。

〔二〕【補注】先謙曰：王韓信。信死後，立弟交，及孫戊，以孝景三年反誅，復立元王子禮。全祖望云「故秦楚郡。楚漢之際爲楚國。高帝五年屬漢，仍屬楚國」。

〔三〕【補注】先謙曰：禮玄孫延壽反，誅。世家作「二年」。

〔四〕【補注】先謙曰：徙子定陶王囂。

〔五〕【補注】先謙曰：續志「彭城國」下劉注「高帝置爲楚，章帝改」。屬同。

〔六〕【補注】先謙曰：官本「一」作「二」。引宋祁曰「十二」邵本作「十一」。

〔七〕【補注】先謙曰：郡人季布、陸賈、朱建、伍被，見本傳；申章昌，見儒林傳；曹羽，見藝文志。

〔八〕【補注】先謙曰：世本堯封彭祖於彭城。彭祖即陸終氏第三子籛鏗，號爲大彭氏。彭城，春秋宋邑，見左成傳。戰國韓執宋君於此，見韓世家。秦縣，始皇過之，見本紀。項梁敗秦嘉於此，見項羽傳。羽爲西楚霸王都於此，見高紀。有廉里，見龔勝傳。

〔九〕【補注】先謙曰：後漢屬彭城國。續志「有鐵」。劉注「城北六里有山，臨泗，有宋桓魋石槨，皆青石，隱起龜龍麟鳳之象」。泗水注「泗水自留來，南逕桓魋冢西，又東南，過彭城縣東北，又南，合獲水，又逕彭城縣故城東，又逕龔勝墓南，亞父冢東，下入呂」。又獲水注「獲水自沛郡蕭來，東合安陂水，又逕彌黎城北，又於彭城西南回而北流，逕彭城城南，北有龔勝宅。又東轉，逕城北，而東注泗。城之東北角起層樓於其上，號彭祖樓。下曰彭祖冢。其樓之側，襟汳帶泗，東北爲二水之會也」。先謙案，本志「梁國蒙」下「獲水東北至彭城入泗」者也。又濟水注「濟水自留來，南逕彭城縣故城東北隅，獲水自西注之。城北枕水湄。濟水又南逕彭城縣故城東，下入臨淮徐」。一統志「故城今徐州府銅山縣治」。

〔一〇〕【補注】先謙曰：春秋宋邑，見左哀傳。秦縣，曹參定之，見參傳。高帝封張良爲侯國，見表。續志後漢屬彭城國。泗水注「泗水自沛廣戚來，東南逕留縣而南，逕垞城東，下入彭城」。又濟水注「濟水自沛郡沛縣來，東南過留縣北。留縣故城，翼佩泗、濟，城内有張良廟。濟水下入彭城」。一統志「故城今沛縣東南」。

〔一一〕【補注】先謙曰：高后封陽成延爲侯國，見表。

〔一二〕【補注】先謙曰：續志後漢屬彭城國。

〔一三〕師古曰：偪音福。左氏傳所云偪陽妘姓者也。【補注】先謙曰：傳、偪聲近字通。春秋傳「偪陽」，穀梁傳作「傅陽」，人表作「福陽」。續志後漢屬彭城國。沭水注沭水故瀆自東海司吾來，東南逕柤口城中合柤水，下入東海朐。柤水出於楚之柤地。襄公十年會吴於柤。京相璠云『宋地，今偪陽縣』。西北有柤水溝，去偪陽八十里，東南流，逕傅陽縣故城東北。武帝封齊孝王子就爲侯國。郡國志云『偪陽有柤水』。柤水又東南亂於沂而注於沭，謂之柤口。城得其名」。一統志「故城今嶧縣南五十里」。

〔一四〕【補注】先謙曰：春秋宋邑，見左襄傳。呂忿封呂成侯，蓋國此。續志後漢屬彭城國。泗水注「泗水自彭城來，東南過呂縣南。縣對泗水。水上有石梁，故曰呂梁。懸濤崩渀，實爲泗險。孔子云，魚鼈不能游。又云，懸水三千仞，流沫九十里。今則不能也。泗水又東南，合丁溪水，下入東海下邳。丁溪水上承泗水於呂縣，東南流，北帶廣隰高山，而注於泗」。先謙案，明嘉靖間，管河主事陳洪範惡石破害運船，鑿之使平，無復有險。一統志「故城今銅山縣北。呂梁洪在縣東南五十里」。

〔一五〕【補注】先謙曰：高帝封衞胠、武帝封代共王子罷軍爲侯國，見表。縣人龔舍，見本傳。

〔一六〕【補注】先謙曰：續志後漢屬彭城國。泗水注「武原水出武原縣西北，會注陂南，逕其城西。縣東有徐廟山。武原水又南合武水，謂之泇水，下入東海下邳」。一統志「故城今邳州西北八十里泇口社」。

〔一七〕【補注】先謙曰：續志作「菑丘」。後漢屬彭城國。睢水注「滭湖水上承甾丘縣之渒陂，西北百餘里，東西四十里，東至朝解亭，西届甾丘縣之故城東。其水自陂南系於睢水」。見「沛郡竹」。一統志「故城今宿州東北六十里」。

泗水國，〔一〕故東海郡。〔二〕武帝元鼎四年別爲泗水國。〔三〕莽曰水順。〔四〕户二萬五千二十五，口十一萬九千一百一十四。縣三：淩，〔五〕莽曰生夌。〔六〕泗陽，莽曰淮平亭。〔七〕于。莽曰于屏。〔八〕

〔一〕【補注】先謙曰：據淮水注，都淩。

〔二〕【補注】先謙曰：漢之東海郡，秦爲郯郡。此則秦東海郡也。全祖望云「高帝因秦郡，屬楚國。景帝二年復故」。

〔三〕【補注】先謙曰：封常山憲王舜子商，諸侯王表作「三年」。

〔四〕【補注】先謙曰：淮水注作「順水」。續志「廣陵郡」下劉注「建武中省泗水國，以其縣屬」。

〔五〕【補注】先謙曰：説文「淩水在臨淮。從水，夌聲」。秦縣，秦嘉起此，見陳涉世家。

〔六〕應劭曰：淩水所出，入淮南。【補注】王鳴盛曰：注「入淮南」南監本作「南入淮」，是。朱一新曰：汪本作「南入淮」。先謙曰：官本作「南入淮」。續志後漢屬廣陵。淮水注「淮水自臨淮淮陰來，左逕泗水國，南合淩水，下入臨淮淮浦。淩水出淩縣東，流逕縣故城東，又東南入淮，曰淩口。應劭云『淩水出縣，西南入淮』」。先謙案，據此應注「南入淮」上更有「西」字。又泗水注「泗水自臨淮厹猶來，東逕陵柵南。西征記云『舊陵縣之治也』」。又東南，逕淮陽城北。城臨泗水。又下入泗陽」。先謙案，「淩」作「陵」，蓋傳寫誤。趙一清本作「淩」。一統志「故城今宿遷縣東南五十里」。

〔七〕【補注】先謙曰：續志後漢省。泗水注「泗水自淩來，東南逕魏陽城北，城枕泗川。陸機行思賦云『行魏陽之枉渚』。故無魏陽，疑即泗陽縣故城也。蓋魏文帝幸廣陵所由，或因變之，未詳也。泗水又東逕角城北，又東南入淮。諸地説或言泗水於睢陵入淮，亦云於下相入淮，皆非實録也」。先謙案，本志「魯國卞」下「泗水西南至方與入沛渠」。蓋敘泗、菏交會而止。菏水即沛渠也。自湖陵以下皆不及焉，故道元補之。一統志「故城今桃源縣東角城。晉縣故城，今清河縣南」。

〔八〕【補注】先謙曰：續志後漢省。寰宇通志「故縣在海州西」。

廣陵國，〔一〕高帝六年屬荆州。〔二〕十一年更屬吴。〔三〕景帝四年更名江都。〔四〕武帝元狩三年更名廣陵。〔五〕莽曰江平。屬徐州。〔六〕户三萬六千七百七十三，口十四萬七百二十二。有鐵官。縣四：**廣陵**，〔七〕江都易王非、廣陵厲王胥皆都此，并得鄣郡，而不得吴。〔八〕莽曰安定。〔九〕**江都**，〔一〇〕有江水祠。〔一一〕渠水首受江，北至射陽入湖。〔一二〕**高郵**，〔一三〕**平安**。莽曰杜鄉。〔一四〕

〔一〕【補注】先謙曰：治廣陵。續志後漢治同，劉注「雒陽東一千六百四十里」。

〔二〕【補注】先謙曰：「州」字衍。錢大昕云「高帝六年封劉賈爲荆王，兼有廣陵之地，故云屬荆。其時未設諸州刺史，不得言荆州也」。全祖望云「故秦東海郡。楚漢之際置東陽郡，屬楚國。見高紀。高帝五年屬漢，仍屬楚。六年屬荆」。

〔三〕【補注】先謙曰：屬劉濞國。諸侯王表、史記諸侯表作「十二年」，「一」字誤。王念孫云「文選蕪城賦注引此已誤」。

〔四〕【補注】先謙曰：徙汝南王非。王念孫云「『四』當爲『三』。諸侯王表非以景帝二年三月甲寅立爲汝南王，二年徙江都。二年者，景帝之三年也。史表誤在四年。史記孝景紀『三年六月，徙汝南王非爲江都王』。漢紀同」。

〔五〕【補注】先謙曰：元狩二年非子建反，死，國入漢，爲廣陵郡，見建傳。三年更立子胥。全祖望云「宣帝五鳳四年爲郡。元帝初元二年復爲國。平帝元始二年分廣陵國爲廣世國以封江都易王後。廣世不知其地，莽所置」。

〔六〕【補注】先謙曰：續志後漢爲廣陵郡，屬同。

〔七〕【補注】先謙曰：春秋吴地。戰國時屬楚，懷王十年城廣陵，見史記六國表。二世二年，廣陵人召平爲陳王徇廣陵，則秦時已置縣矣。

〔八〕【補注】先謙曰：本志「丹陽郡」下云「故鄣郡屬江都，元封六年更名丹揚」，是胥得鄣郡不數年即別爲丹揚郡矣。史記吴王濞傳云「削吴會稽郡」。徐廣注云「荆王劉賈都吴。吴王移廣陵。」此吴王濞不都吴之明證。續志劉注「廣陵，濞所都。城周十四里半」。又非傳云「徙王江都，治吴故國」。是都廣陵自濞始。志專舉非、胥者，爲「不得吴」立文耳。廣陵，楚漢之閒爲東陽郡，兼有廣陵、臨淮二郡地。王子侯表封江都易王子蒙之盱眙侯、定國淮陵侯，皆臨淮郡屬縣。廣陵王胥傳「相勝之奏奪王射陂草田」。張晏云「射水之陂，在射陽縣」。射陽亦屬臨淮。是臨淮先屬江都，後屬廣陵。故晉志云，武帝分沛東陽置臨淮郡也。

〔九〕【補注】先謙曰：淮水注作「定安」。後漢因。續志有東陵亭」。淮水注「中瀆水自江都來，六十里至廣陵城。城東水上有梁，謂之洛橋。中瀆水自廣陵北出武廣湖東、陸陽湖西，二湖東西相直五里，今高郵州南。水出其閒，下注樊梁湖。高郵州西北五十里。下入臨淮射陽」。劉文淇揚州水道記云「洛橋在廣陵東門外。中瀆水從邗城引入，遂從廣陵城東門洛橋下出也」。中瀆水自廣陵云云，仍言吴邗溝舊道。元和志「合瀆渠在江都縣東二里」。此據唐縣言。合瀆即中瀆。寰宇記「廣陵有邵伯埭，有斗門，在縣東北四十里，臨合瀆渠」。蓋中瀆水由廣陵城北出至邵伯皆是渠，水不由湖。邵伯以北有武廣、陸陽二湖，中瀆水出二湖之閒，亦由渠不由湖也。至樊良則下注湖矣。注於中瀆水自廣陵北出之後，詳言邵伯以北，不言邵伯以南，以邵伯以南皆由渠不由湖，故略之。一統志「故城今揚州府東北」。元和志「江都縣北四里」。

〔一〇〕【補注】先謙曰：續志後漢因。一統志「故城今江都縣西南。又，儀徵縣北亦江都地」。通鑑地理通釋引元和志云「廣陵在江都縣北四里，州城正直其上」。新唐志「江都東十一里有雷塘」。此據唐江都縣治言之。至漢江都縣，酈注云「縣城臨江」。寰宇記「故城在縣西南四十六里，城臨江水。今爲水所侵，無復餘址」。先謙案，江水自臨淮堂邑來，左入儀徵縣境。江水東得泗源溝，又東得沙河口，由舊江口内通上江運道，東達於三汊河。冬月水涸。江水東得貓兒頸。儀徵、江都分界於此。江水東得瓜洲口，北通運河，以達江都縣，今揚州府治也。入口東行爲伊婁河，自此東北皆鹽河也。漢故縣城在今縣西南四十里，唐已無存。江水又東得七濠口，又東得八濠口，又東逕焦山北，山孤峙江中。又東屈南，逕順江洲，又東北爲三江口，下入臨淮海陵。右見「丹陽句容」、「會稽丹徒」。

〔一一〕【補注】先謙曰：祠，宣帝置，見郊祀志。淮水注「應劭地理風俗記曰，俗謂之伍相廟也。子胥但配食耳。歲三祭，與五岳同」。

〔一二〕【補注】先謙曰：射陽，臨淮縣。淮水篇「江水東過淮陰縣北。中瀆水出白馬湖東北注之」。注云「中瀆水首受江于江都縣。縣城臨江。應劭云，縣爲一江之會，故曰江都。舊江水道也。昔吴將伐齊，自廣陵城東南築邗城，城下掘深溝，謂之韓江，亦曰邗溟溝，自江東北通射陽湖，地理志所謂渠水也。西北至末口入淮。自永和中，江都水斷。其水上承歐陽埭，引江入埭，下入廣陵」。揚州水道記云「道元云『縣城臨江，舊江水道也』。此謂漢江都縣。至晉世，江都水斷，於歐陽引江入埭，則非舊道矣。『昔吴』至『入淮』云云，釋中瀆即渠水，與夫差溝通者」。閻若璩云「今儀徵縣南有上江口、下江口、舊江口。或者舊江口爲吴夫差所穿，故志云渠水首受江也。又志云渠水入湖，不言入淮，頗有分刌。桑、酈直以此水至山陽口入淮，而其説牢不可破矣。竊疑高郵、寶應地勢最卑，若釜底然。邗溝首受江水，東北流，至射陽湖而止。水經殆不如地志之確。此水自南入北，非自北入南。至隋文帝開山陽瀆，煬帝開邗溝，皆自山陽至揚子入江。水流與前相反，而孟子「淮注江」之言乃驗。

〔一三〕【補注】先謙曰：續志後漢因。寰宇記「本秦之高郵亭，因以立名」。一統志「故城今高郵州治西北三里。高郵湖一名新開湖，長闊百五十里。天長以東之水匯，北入運」。

〔一四〕【補注】先謙曰：續志後漢因。一統志「故城今寶應縣西北」。

六安國，〔一〕故楚，高帝元年別爲衡山國，〔二〕五年屬淮南，〔三〕文帝十六年復爲衡山，〔四〕武帝元狩二年別爲六安國。〔五〕莽曰安風。〔六〕户三萬八千三百四十五，口十七萬八千六百一十六。縣五：

六，〔七〕故國，皋繇後，偃姓，爲楚所滅。〔八〕如谿水首受沘，東北至壽春入芍陂。〔九〕蓼，〔一〇〕故國，皋繇後，爲楚所滅。〔一一〕安豐，禹貢大別山在西南。〔一二〕莽曰美豐。〔一三〕安風，莽曰安風亭。〔一四〕陽泉。〔一五〕

〔一〕【補注】先謙曰：據英布傳，都六。

〔二〕【補注】先謙曰：封吳芮。全祖望云「故屬秦九江郡。楚漢之際爲衡山國，仍屬楚國」。吳芮地爲項王所奪，見高帝詔。

〔三〕【補注】先謙曰：屬英布。布死，屬厲王長。

〔四〕【補注】先謙曰：立淮南厲王子勃，後徙廬江王賜。

〔五〕【補注】先謙曰：立膠東康王子慶。表作「三年」，史記作「二年」。

〔六〕【補注】先謙曰：續志「廬江郡」下云「建武十年省六安國，以其縣屬」。

〔七〕【補注】先謙曰：秦縣，見項羽紀。縣人英布，見布傳。續志後漢改六安，屬廬江。沘水注「淠水自九江博鄉來，東北，右會蹹鼓川水，又西北，逕六安縣故城西，又分爲二水，芍陂出焉。淠水下入安豐。芍陂下入九江浚遒」。一統志「故城今六安州北。寰宇記云，在舒城縣東六十里者誤」。

〔八〕【補注】先謙曰：沘水注「夏禹封皋陶少子，奉其祀。今縣都陂中有大冢，民傳曰公琴者，即皋陶冢也。楚人謂冢爲琴」。帝王世紀：皋繇生于曲阜。曲阜，偃地，故賜姓曰偃。楚滅六，見文五年傳。

〔九〕師古曰：沘音匕，又音鄙。芍音鵲。【補注】先謙曰：壽春，九江縣。沘水注「沘水或作淠」。泄水注「泄水自博鄉上承沘水於麻步川，西北出，歷濡溪，謂之濡水，下入安豐」。案，如谿即濡溪也。如、濡音同字變，今譌爲裕溪，説詳下。

〔一〇〕【補注】先謙曰：高帝封孔藂爲侯國，見表。續志後漢屬廬江。決水注「決水自安豐來，逕蓼縣故城東，又逕其北，世謂之史水。又西北合灌水，又北，右合陽泉水，見「陽泉」。北入淮。灌水自廬江雩婁來，東北逕蓼縣故城西，而北入決。故地理志曰決水北至蓼入淮，灌水亦至蓼入決也」。見「雩婁」下。一統志「故城今固始縣東北七十里蓼城岡」。

〔一一〕【補注】先謙曰：楚滅蓼，見左文五年傳。説文「蓼」作「鄝」。楚世家作「英」。

〔一二〕【補注】錢坫曰：山在今潁州府霍丘縣西南八十里。寰宇記縣在山北。攷大别山有二，一在今漢陽府城東北一里。京相璠云漢東山名，一即此。沈堯云大别山在光州西南，黄州西北，漢陽東北，霍丘西南。班志屬之安豐，但據山之東北一面言也。若論其西南，則直至漢水入江處，故商城西南，麻城、黄陂之山，古人皆目爲大别。洪氏亮吉有大别山釋一篇，甚詳核。先謙曰：禹貢山水澤地篇「大别山在安豐縣西南」，與志合。亦見「廬江雩婁」下。

〔一三〕【補注】先謙曰：續志後漢屬廬江。劉注云「縣南有雞備亭」。決水篇「決水北過安豐縣東」。注云「決水自廬江雩婁來，北逕雞備亭。春秋吳敗諸侯之師於雞父者也。晉立安豐郡。元魏邊城郡治。決水自縣西北流，下入蓼」。又沘水注「淠水自六來，北逕五門亭西，西北流，逕安豐縣故城西，又北合濡水，亂流西北入淮，爲沘口」。又泄水注「泄水自六來，爲濡水，逕安豐縣北流，注淠爲濡須口」。先謙案，本志「六」下云「如谿水至壽春入芍陂」。據沘水、肥水注，芍陂自淠水出，而淠水會濡水，亂流北注。此云濡水注淠，而志謂入芍陂者，以其沿流通注故云然耳。言至壽春，著其委也。又案，沔水注「江水自濡須口又東，左會柵口水，導巢湖」。一統志云「濡須水一名柵口水，自巢湖東口流出，北入於江」。詳見「廬江居巢」。注不言濡須水即柵口水，與一統志異。又注言濡須水注淠而今水注江，此古今水道變遷不能强合者。一統志「故城今固始縣東」。

〔一四〕【補注】先謙曰：續志後漢屬廬江。淮水注「窮水出安風縣窮谷，左傳楚沈尹戌與吴師遇於窮者也。川流泄注於決水之右，北灌安風之左，世謂之安風水，亦曰窮水。流結爲陂，謂之窮陂。陂水四分，北流注淮。京相璠云安風有窮水北入淮也。淮水自汝南女陰來，合窮水，又東爲安風津水。南有城，故安風都尉治曹魏立。淮水下入九江壽春」。一統志「故城今霍丘縣西南二十里，與固始接界」。

〔一五〕【補注】先謙曰：續志後漢屬廬江。劉注「有陽泉湖」。決水注「陽泉水受決水，東北流，逕陽泉縣故城東，故陽泉鄉也。陽泉水西北流，左入決水，爲陽泉口」。見「蓼」。又施水注「施水自廬江合肥來，東分二水，枝水北出，下注陽淵」。趙一清以爲即陽泉也。一統志「故城今霍丘縣西」。寰宇記「安陽山在霍丘縣西九十里，西屬固始，東屬霍丘。漢陽泉縣在山西北，安豐縣在山東北，各取縣之一字爲名。又霍丘縣西北九十里有臨水山，山東有古城，即漢陽泉縣也。其泉於縣西北流入決水。城在泉水之陽，故名」。

長沙國，〔一〕秦郡，高帝五年爲國。〔二〕莽曰填蠻。屬荆州。〔三〕户四萬三千四百七十，口二十三萬五千八百二十五。縣十三：臨湘，莽曰撫睦。〔四〕羅，〔五〕連道，〔六〕益陽，湘山在北。〔七〕下雋，莽曰閏雋。〔八〕收，〔九〕酃，〔一〇〕承陽，〔一一〕湘南，禹貢衡山在東南，荆州山。〔一二〕昭陵，〔一三〕荼陵，〔一四〕泥水西入湘，行七百里。〔一五〕莽曰聲鄉。〔一六〕容陵，〔一七〕安成。〔一八〕廬水東至廬陵入湖漢。〔一九〕莽曰思成。〔二〇〕

〔一〕【補注】先謙曰：都臨湘，見高紀及湘水注。續志後漢治同，劉注「雒陽南二千八百里」。

〔二〕【補注】先謙曰：王吴芮。全祖望云「楚漢之際爲義帝都，高帝爲國，文帝後七年爲郡，景帝元年王子發復爲國」。

〔三〕【補注】先謙曰：續志後漢爲長沙郡，屬同。

〔四〕應劭曰：湘水出零山。【補注】先謙曰：續志後漢因。湘水注「湘水自桂陽陰山來，北過醴陵縣西，後漢縣。合漉水，又逕建寧縣，晉立。有空泠峽。又逕建寧縣故城下，又逕臨湘縣南石潭山西，又逕昭山西，又逕南津城西，西對橘洲，爲南津洲尾。又左會瓦官水口，又逕船官西，北對長沙郡。郡在水東州城南，舊在城中，後移此。又左逕麓山東，上有故城，山北有白露水口。又右逕臨湘縣故城西，縣治湘水濱，臨川側，故即名焉。故楚南境之地也。秦滅楚，立長沙郡，即青陽之地也。秦始皇二十六年令曰『荆王獻青陽以西』。漢封吴芮，是城即芮築也。城西北有故市，北對臨湘縣之新治。縣治西北有北津城。湘水左合誓口，又得石槨口，右合麻溪水口，又得三石水口，水北有三石戍。又逕瀏口戍，合瀏水，又合潙水，又合斷口，又北合下營口，又合高水，又得陵子口。水之右岸，銅官浦出焉。又北逕銅官山，下入羅。潙水自益陽來，東入臨湘縣，歷潙口戍，東南入湘。高水自益陽來，逕高口戍南，合上鼻浦、下鼻浦水，西北右屈爲陵子潭，東北入湘爲陵子口」。又漣水注「漣水自湘南來，東至衡陽湘西縣界，晉郡縣。入湘，於臨湘縣爲西南」。見「連道」。又漉水篇「漉水出醴陵縣東漉山，西過其縣南，屈從縣西，西北流，至漉浦入於湘」。注云「醴陵縣，高后四年封長沙相侯越爲國。縣南臨渌水。水東出安城鄉翁陵山。余謂漉、渌聲近，後人藉便以渌爲稱。雖翁陵名異，而即麓實同」。又瀏水篇「瀏水出臨湘縣東南，瀏陽縣西北，過其縣東，趙一清云，孫吴析臨湘置。北合澇水，西入湘」。注云「瀏水出縣東首禅山，即大圍山。西北流，逕縣南，又注臨湘縣入湘」。一統志「今長沙、善化、瀏陽縣地。故城在長沙府城南」。參證圖志，湘水上見「湘南」。又北逕朱亭鎮，又北爲昭陵灘，又北逕渌口市，合漉水，又西北，合涓水，今名易俗河，因縣西易俗鄉得名。又北合漣水，又逕湘潭縣城東，又爲空靈灘。梁王僧辨傳「李洪雅自零陵率衆出空靈灘」是也。土人謂之空洲。兩岸石如懸鐘，故名。一曰空靈峽，一名空靈岸。唐杜甫有次空靈岸詩。在縣北六十里。湘水又逕石潭山，山在縣東，瀕江峭立，洞壑杳然。又逕昭山西，一名馬山，在善化縣南六十里，與湘潭分界，截江而起，仄立萬仞。又北，左會靳江河水，出湘鄉縣大𡶶塘，東北逕寧鄉，入善化界黑石渡，入湘。過楚大夫靳尚墓前，因有靳江之目。即注瓦官水口也，俗謂見家河，又謂建港河。湘水又左逕嶽麓山東，長沙府城西，今湖南省治也。據一統志，今長沙縣治即水經所謂臨湘新治，本在城外，隋唐時包入城中。湘水又歷牛頭洲而逕水陸洲。牛頭，古橘洲。語云「昭潭無底橘洲浮」。此洲水盛漲不没。湘水又歷城西北，而至三叉磯，瀏水自瀏陽縣大圍山總大、小二溪水，合流出駱駝觜，注之。方輿勝覽所云「駱駝觜在瀏口」者也。又北，潙溪水注之。今俗名潙塘河，又謂撈刀河。據水經，瀏、潙合爲一水。今案，潙水出界方嶺，數水西流，至洞陽鋪合爲一水，西入湘，不與瀏合。將古今異勢，抑舊説失真也？湘水又北合新康河水，即注潙水也。又北合喬口水，即注高口水也。銅官渚在西北銅官山下，舊傳楚鑄錢處，今謂爲同關。下入湘陰境。

〔五〕應劭曰：楚文王徙羅子自枝江居此。師古曰：盛弘之荆州記云縣北帶汨水，水原出豫章艾縣界，西流注湘。沿汨西北去縣三十里，名爲屈潭，屈原自沉處。【補注】先謙曰：官本考證云「艾」，監本訛「芰」。今改正。續志後漢因。湘水篇「湘水北過羅縣西，潰水從東來注之」。注云「湘水自臨湘來，北逕錫口戍東。左派爲錫水。湘水又合錫水，自錫口北出，又得望屯浦，又合門涇口、三溪水口，又東合大對水口，西接三津涇，又逕黃陵亭西，合黃陵水，又逕白沙戍西，又右會潰水，又左合決湖口，又合汨水。又枝分北出，逕磊石山東，又逕磊石戍西，爲苟導涇。又西北，逕磊石山西，而北對青草湖，西對懸城口，又北得九口並湘浦也」。又東北，爲青草湖口，右會苟導涇北口、[illegible]口、同拌口，下入下雋。汨水自豫章艾來，西南逕吳昌縣北，孫吴立。合純水，又西逕羅縣北，本羅子國，秦以爲縣，水亦謂之羅水。又逕玉笥山，又爲屈潭，即汨羅淵，屈原自沈於此。又逕汨羅戍南，入湘，春秋之羅汭也。錫水西北流，逕錫口戍北，又屈而東，北合玉池水、東湖水，爲三陽涇，入湘」。又潰水注「潰水自豫章艾來，西過羅縣西。羅子自枝江徙此，世猶謂之爲羅侯城也。潰水西流，積爲陂，謂之町湖。又西至累石山，亦謂之五木山。山方尖如五木狀，故以名之。山在羅口北。潰水又在羅水南，入湘，謂之東町口」。一統志「今湘陰、平江縣地。故城今湘陰縣東北六十里」。參證圖志，湘水上見「臨湘」。又北爲驛馬潭，又出於文、武二洲之間，爲鯿魚潭，注所謂「左派爲錫水」者也。其西縣志云,今縣治後二十里有上錫江、下錫江,蓋存其舊稱。又分流爲文逕江而西北流,注所謂門涇水口者也。或當日岸爲臨資口，因資水於此出，故以臨資爲名，俗謁陵子口，亦曰林子口。道元敘陵子口於銅官浦上，誤也。或當日自有陵子口名，而今無考矣。湘水北逕湘陰縣城西，又左會濠河，又北，爲楊雀潭。又左會埽帚口，又東北，匯爲蘆林潭。又北逕白沙戍，戍在縣北五十七里。唐杜甫詩注「白沙驛過湖南五里」者也。又與潰水合。考平江縣志，無潰水，以爲即汨水。案湘陰圖經，縣東少北有丁、傅二家湖，西流會汨水，又分流，逕汨羅祠南爲穆湖潭，又西北流爲荷包潭，入湖。疑即潰水故道。湘水又北與汨水合。提綱以爲平江水是也。湘水又逕磊石山入湖。汨水出今義寧州西南柏山，蓋桓山字誤。西流四十里，逕長壽司，與白鉛水合。水出瀏陽縣大圍山，北流入汨水。是有雙江之目。汨水又逕榔木潭義口，水可方舟。汨水又西，逕闊田，合横江水，又逕塔水橋，與純水合。水出平江縣連雲山，東北流，繞福石山東，又折而西北，至縣東南之昌江山，北入汨水。汨水又西逕潭灣，合淺灘大坑、小坑水，又逕香浦，合石潭新江水，又逕白湖，與中洞水合。水出縣北幕阜山，南入汨水。汨水又逕江口，與盧水合。水出縣東南盧山，入汨水。汨水又逕平江縣城南，又北出，其西昌水合梅仙水出幕阜山，西南注之。汨水又逕湘陰縣歸義市，歷磊石山入湘。

〔六〕【補注】先謙曰：續志後漢因。漣水篇「漣水出連道縣西。資水之別」。注云「水出邵陵縣界，南逕連道縣。縣故城在湘鄉縣後漢縣。西北六十里，控引衆流，合成一溪，東入衡陽晉郡。湘鄉縣，歷石魚山，又逕湘鄉縣。南臨漣水，本屬零陵，後漢零陵縣，晉改屬衡陽。長沙王子昌邑。漣水屈逕其縣東，下入湘南」。一統志「故城今湘鄉縣西，亦名龍城」。先謙案，漣水出邵陽縣龍山之陰。資水出其陽。水經以爲資水之別，即實非也。水北流入湘鄉縣西，折而東北，會藍田水、伏溪水，又東逕婁底司南，合望嶽河水、永豐河水、豆溪河水、花橋河水，逕湘鄉縣城南，繞而東，又合數水，至湘潭縣西八十里入湘。

〔七〕應劭曰：在益水之陽。【補注】先謙曰：續志後漢因。資水注「資水自昭陵來，東北出益陽縣。其間逕流山峽，名爲茱萸江。又東逕益陽縣北，爲資水。應劭云『縣在益水之陽』。今無益水，或亦資水之殊目矣。又東與沅水合於洞庭湖中。所入之處謂之益陽江口」。先謙案，本志「零陵都梁」下「資水東北至益陽入沅」者也。又湘水注「潙水出益陽縣馬頭山，東逕新陽縣南，晉改新康。今寧鄉縣西十里。下入臨湘。高水出益陽縣西北，下入臨湘」。一統志「今寧鄉、益陽、安化、新化、沅江縣地。故城在益陽縣(西)〔東〕八十里」。湘山見始皇紀。封禪書正義「湘山一名艑山，在巴陵縣南」。方輿勝覽「湘山在洞庭中，湘君所游處，一曰君山」。據二書則君山即艑山。湘水注分君山、編山爲二。編、艑音近字變，蓋湖中相近之山統曰湘山耳。

〔八〕師古曰：雋音字兗反，又音辭兗反。【補注】先謙曰：續志後漢因。湘水注「湘水自羅來，左合資水，左逕鹿角山東，右逕謹亭戍，又合查浦、萬石浦，又左合沅水，右合微水，又北逕金浦戍，北帶金浦水，又左合澧水。四水同注洞庭，北會大江，名曰五渚。國策秦取洞庭五渚者也。湘水又北，至巴丘山。山在湘水右岸，有巴陵故城，晉巴陵縣。西對長洲。其洲東分湘、浦，北屆大江，三水所會，亦曰三江口」。先謙案，本志「零陵零陵」下「湘水北至酃入江」者也。湘水過酃後，據水經注，歷湘南、陰山、臨湘、羅、下雋五縣，且江水亦不能上至酃縣，「酃」當爲「下雋」二字之誤。注序合資水於逕磊石山後，蓋以益陽江出角碧口者爲正流，與湘水同匯於湖中也。又北合沅水。則沅江出南岸觜後與湘流合也。又合微水，即合巴陵縣南之新牆河，出相思山自灌口注洞庭者也。又北澧水出安鄉縣會焉，而湖流益大。湖水又逕岳州府巴陵縣城西。巴丘山在府城內西南隅，一名天岳。湖水又逕城陵磯入江。又，沅水注「沅水自武陵臨沅來，東至下雋縣西，北入洞庭湖」。先謙案，本志「牂柯故且蘭」下「沅水東南至益陽入沅」者也。下雋、益陽，水次相比，非有歧出。又，澧水注「澧水自武陵孱陵來，東至下雋縣西，北入洞庭湖」。先謙案，本志「武陵充」下「澧水東至下雋入沅」者也。岳陽風土記云「據注，澧合沅乃入湖。今澧水注洞庭謂之澧口，沅水注洞庭謂之鼎江口。蓋歲月已久，水爲湖淤所隔，不復相通，遷變至斯耳」。又江水注「江水自南郡華容來，東至下雋縣北，右合洞庭諸水，又東，左得二夏浦。右岸有城陵山。即城陵磯。又逕彭城口，合玉潤水，今象骨港。又左，逕白螺山南，今白螺磯。右歷鴨蘭磯北，江中山也。今淤屬岸，不在江中。東得鴨蘭、治浦二口，西臨湘境，東嘉魚境。又逕上、中、下烏林南，又左得子練口，下入江夏沙羨。陸水出下雋縣西三山溪，東逕陸城北，又逕下雋縣南，又屈而西北流，逕其縣北，下入沙羨」。一統志「今巴陵、臨湘、通城地。故城在沅陵縣東北」。後書馬援傳：援征五谿，軍次下雋。計其地當在澧州安鄉縣。然歷代地志俱以通城、巴陵、臨湘當之。馬援軍次下雋，進壺頭，去岳州武昌相隔千里，必非其地。即以沅陵爲下雋，亦屬可疑。沅陵在武陵西。下雋屬長沙，不應反在武陵西也。紀要「巴陵縣本漢下雋縣地。故城今沅江縣東。章懷注云，在沅陵縣，誤也」。

〔九〕【補注】錢大昭曰：南監本、閩本作「攸」，下注云「音收」。今本「攸」作「收」，又脱注二字。王鳴盛曰：何氏所見北宋本「音收」二字在「音鈴」下。據此，可見皆孟注。其初「音收」之上别有「孟康曰」三字，在「攸」字下方。傳寫脱去三字，又誤移於下耳。北宋本亦誤。朱一新曰：汪本「收」作「攸」，下注云「音收」。集韻、類篇又作「攸」，亦誤字。先謙曰：官本作「攸音收」。音上奪文，王説是也。續志後漢因。洣水注「洣水自茶陵來，西北過攸縣南，下入桂陽陰山。攸水自安成來，西北流，逕其縣北。縣北帶攸溪，蓋即溪以名縣也。武帝封長沙定王子則爲攸輿侯，即地理志所謂攸縣者也。攸水下入茶陵」。一統志「故城今攸縣東」。攸水自安福縣流逕縣東司空山，左會銀坑水，又南流，右會東江水，又南，入洣。洣水合攸水西流，逕攸縣南白茅洲，又逕武甲洲。陰山江水出縣西北鳳皇山，分東西二流，各繞山下，合爲一水，注之。洣水又西，逕寒婁坳入衡山縣界。注云「逕桂陽陰山」。則陰山即今安仁縣地。舊説以安仁爲漢湘南地，非也。

〔一〇〕孟康曰：音鈴。【補注】先謙曰：續志後漢因。劉注「縣西南母山，周回四百里」。一統志「今衡陽、酃縣地。故城今清泉縣東十二里」。耒水注「耒水自桂陽耒陽來，北過酃縣東。縣有酃湖，湖中有洲。居人釀酒醇美，謂之酃酒，歲常貢之。湖邊尚有酃縣故治，西北去臨承縣十五里。晉縣。耒水西北至臨承縣入湘，爲耒口」。先謙案，本志「桂陽郴」下「耒水西至湘南入湘」者也。水會蓋在二縣界。一統志引輿地紀勝「酃湖冬夏不涸」。衡陽縣志「即今零湖，與耒水通，可溉田百頃」。注又云「大別水自耒陽來，北至酃縣入湖」。先謙案，一統志「潯江水在耒陽縣西北四十里，出安仁縣界，西北逕鶩山鄉大陂市，繞流而西南入耒水，又名大別水」。曹學佺名勝志云「陂、別，音近而譌」。孫星衍謂即春水。非也。又湘水注「承水自承陽來，至湘東臨承縣北，東入湘，爲承口。臨承即故酃縣也。湘水自零陵鍾武來，東北過酃縣西，合承水，下入湘南」。先謙案，湘水北流，逕衡州府治東，承水入焉。又北，耒水入焉。下入衡山縣。

〔一一〕應劭曰：承水之陽。師古曰：承水原出零陵永昌縣界，東流注湘也。承音丞。【補注】汪遠孫曰：零陵無永昌。朱一新曰：晉荊州零陵郡有永昌縣。南宋、南齊改屬湘州，其郡縣則同。顔注疑襲晉地道記之文而失改「永昌」二字。先謙曰：續志作「烝陽」，改屬零陵。一統志「今清泉縣地，故城在衡陽縣西。烝水在縣北二里，自邵陽縣流入，東北入湘」。先謙案，湘水注「承水自零陵鍾武來，武水入」。「承水」之下「至湘東臨承縣北」之上，文句有脱，當是脱承陽一縣水道也。承水下入酃。

〔一二〕【補注】先謙曰：續志後漢因。禹貢山水澤地篇「衡山在湘南縣南」。與志合。漣水注「漣水自連道來，東北過湘南縣南，下入臨湘」。見「連道」。又湘水注「湘水自酃來，北歷印石。石在衡山縣南，湘水右側。又逕衡山縣東，紀要：孫吳析湘南置衡陽，晉改衡山。衡山東南二面臨映湘川。湘水又東北，逕湘南縣東，又歷湘西縣南，吳分湘南置衡陽郡治。又北逕麓山東，下入桂陽陰山」。一統志「今湘潭、衡山縣地。故城在湘潭縣西六十里，俗名花石城。衡山在衡山縣西三十里」。

〔一三〕【補注】先謙曰：續志後漢因。資水篇「資水東北過邵陵縣北」。注云「資水自零陵夫夷來，縣治郡下，南臨大溪水，逕其北爲邵陵水，孫吳立邵陵郡邵陵縣。縣故昭陵也。邵水東合夫水、高平水、雲泉水，下入益陽。夫水自零陵夫夷來，東注邵陵水，爲邵陵浦水口。高平水自武陵沅陵來，西南逕高平縣南，晉縣。今新化縣西南。又東入邵陵縣界，南入邵水。雲泉水自零陵來，西北流，逕邵陽南，縣故昭陽也。後漢昭陽縣。趙一清云，析昭陵置。雲泉水又北注邵陵水，謂之邵陽水口」。又漣水注「漣水出邵陵縣界」。互見「連道」。又湘水注「應水出邵陵縣，東南流，下入零陵泉陵。餘溪水出邵陵縣，東南入湘。見「泉陵」。承水出邵陵縣界」。見「零陵鍾武」。又瀧水注「瀉水出邵陵縣界，東南流，下入零陵零陵」。一統志「今邵陽縣地，故城今寶慶府治」。

〔一四〕【補注】先謙曰：武帝封長沙定王子訢爲侯國，見表。

〔一五〕【補注】先謙曰：洣水篇「洣水出茶陵縣上鄉，西北過其縣西」。注云「水出江州安成郡廣興縣晉郡縣。證以水經，蓋析茶陵置。太平山，西北流，逕茶陵縣南。洣水又屈過其縣西北，地理志謂之泥水者也。又合攸水，下入攸。攸水自攸來，西南流，至茶陵縣入洣水」。一統志「洣水出酃縣東桃花坤，一名桃花澗，西南流，合太和山水。又北，河(滇)〔漠〕渡水出縣南萬洋山黃拿潭，西北流，注之。又北，雲秋水出縣西雲秋山，東流，注之。又北，逕茶陵州西南，稍折而東，顏江水出州西南青臺山，北流，注之。又東，與洮江水合。水出酃縣東萬洋山，曰沔渡水，西北流，逕縣北爲洮水，又逕州東，西流，入洣水。洣水又逕州城南，少東，百丈山水注之。繞城東而北，茶水出景陽山西流，合月江水、脂水、蒲江水注之。少西，腰坡水、青溪水注之。又西北流，與攸水合」。

〔一六〕師古曰：茶音弋奢反，又音(文)〔丈〕加反。【補注】先謙曰：後漢因。續志作「茶陵」。說文「茶，苦茶也，从艸，余聲」。徐鉉云「即今之茶字」。一統志「今茶陵州地。故城在州東五十里茶王城」。

〔一七〕【補注】先謙曰：武帝封長沙定王子福爲侯國，見表。續志後漢因。今無攷。洣水注「陰山縣上有容水，自侯曇山下注洣水，謂之容口水。有大穴，容一百石，水出於此，因以名焉」。容陵殆以此氏與？

〔一八〕【補注】先謙曰：武帝封長沙定王子蒼爲侯國，見表。

〔一九〕【補注】先謙曰：廬陵，豫章縣。贛水注「十三州志稱廬水西出長沙安成縣，吳立安成郡。晉改安復縣。下入廬陵」。據一統志，廬水即瀘江水，出安福、萍鄉二縣界之瀘瀟山，東流一百八十里，逕安福縣北。下見廬陵。

〔二〇〕【補注】先謙曰：後漢因。續志作「安城」。一統志「故城今吉安府安福縣西」。泚水注「攸水出安成郡安復縣封侯山，西北流，下入攸」。先謙案，一統志「吉安府」下云「義川水在安福縣西，一名南溪水，出袁州府萍鄉縣界。湖南攸縣水亦合流焉。南流合永新江水」。案，永新江入贛水，非攸水所匯也。據輿圖，攸水出今攸縣東柴嶺，曰水頭，直安福縣西。舊志於水源未晰。

本秦京師爲内史，〔一〕分天下作三十六郡。〔二〕漢興，以其郡大大，〔三〕稍復開置，又立諸侯王國。武帝開廣三邊。故自高祖增二十六，〔四〕文、景各六，〔五〕武帝二十八，〔六〕昭帝一，〔七〕訖於孝平，凡郡國一百三，縣邑千三百一十四，〔八〕道三十二，〔九〕侯國二百四十一。〔一〇〕地東西九千三百二里，南北萬三千三百六十八里。〔一一〕提封田一萬萬四千五百一十三萬六千四百五頃，〔一二〕其一萬萬二百五十二萬八千八百八十九頃，邑居道路，山川林澤，羣不可墾，〔一三〕其三千二百二十九萬九百四十七頃，可墾不可墾，〔一四〕定墾田八百二十七萬五百三十六頃。民戶千二百二十三萬三千六十二，口五千九百五十九萬四千九百七十八。〔一五〕漢極盛矣。

〔一〕師古曰：京師，天子所都畿内也。秦并天下，改立郡縣，而京畿所統，特號内史，言其在内，以别於諸郡守也。【補注】先謙曰：漢之京兆、馮翊、扶風是也。又弘農郡亦由内史東界廣之。全祖望云「内史不在三十六郡内，尊京師也。續志、晉志皆誤以爲三十六郡之一」。案，史記裴駰注、王應麟地理通釋、胡三省通鑑注，誤同。

〔二〕【補注】先謙曰：河東一，太原二，上黨三，三川四，漢河南。東郡五，潁川六，南陽七，南郡八，九江九，泗水十，漢沛郡。鉅鹿十一，齊郡十二，琅邪十三，會稽十四，漢中十五，蜀郡十六，巴郡十七，隴西十八，北地十九，上郡二十，九原二十一，漢五原。雲中二十二，雁門二十三，代郡二十四，上谷二十五，漁陽二十六，右北平二十七，遼西二十八，遼東二十九，邯鄲三十，漢趙國。碭郡三十一，漢梁國。薛郡三十二，漢魯國。長沙三十三，漢長沙國。南海三十四，桂林三十五，漢鬱林。象郡三十六，漢日南。並見本志。全謂班誤以内史爲三十六郡之一，謬也。史記始皇本紀云「秦初并天下，分以爲三十六郡」。三十三年略取陸梁地爲桂林、象郡、南海」。又尉佗傳云「秦時已并天下，略定揚、越，置桂林、南海、象郡」。是分三十六郡乃初并天下事，而置桂林等三郡在三十三年，故裴、全及王鳴盛皆以此三郡不在數内，而三十六郡尚闕其三。據國策、史記，楚置有新城郡、巫郡，秦皆併省。兩粵傳云「秦并天下，廢閩粵王無諸及粵東海王搖爲君長，以其地爲閩中郡」。案，秦雖置郡，地仍爲無諸、搖所據，秦不得而有之。漢又省屬會稽，不在數内。續志、晉志及裴、王、胡氏數楚漢閒置之鄣郡，三劉糾之。全云「楚世家、秦本紀、六國年表並載黔中郡，楚置，秦因。本志無，續志有。即漢武陵，水經注所謂「割黔中，置武陵」，誤。漢改其名，非割也。始皇二十四年置楚郡，見楚世家。胡云「三十六郡無楚郡，蓋滅楚時所暫置，後分爲九江、鄣、會稽三郡」。案，秦滅楚置楚、九江、泗水、薛、東海五郡。及定江南，又置會稽。無鄣郡也。楚郡蓋自淮陽以至彭城。泗水則沛也。薛則魯也。東海則郯以至江都也。皆江北地。會稽則江南地。惟九江跨兼江介，非由楚郡分置爲三也。胡因二漢、晉志皆無，欲護其失，而爲此語。又，據陳勝、周勃傳，秦有東海郡。本志『東海郡』下云『高帝置』，蓋誤。續志漏載。胡云秦無東海，非也。又，水經注：始皇二十三年置廣陽郡，高帝改曰燕，又分燕置涿郡。本志云，昭帝改廣陽。案，漁陽、上谷、右北平、遼西、遼東五郡皆燕所舊置以防邊。漁陽四郡在東，上谷在西，其國都不預焉。自薊至涿三十餘城，始皇無不置郡之理，亦無反并内地於邊郡之理。且始皇并六國，其國都如趙之邯鄲，魏之碭，楚之江陵、陳、九江，齊之臨甾，無不置郡。不應燕獨否。本志以爲昭帝改廣陽，殆考之未詳」。以上楚郡、東海、廣陽合黔中爲四。全又云「本志『五原郡』下，班云『秦九原郡』」。案匈奴傳，趙有雁門、代郡、雲中三郡以備胡，而九原特雲中北界，未置郡也。始皇二十五年以前，邊郡多仍前舊，不聞增設。三十三年，蒙恬闢河南地四十餘縣，蓋以此四十餘縣置九原。何以知之，徐廣所謂陽山在河北，陰山在河南者，劉昭以爲俱屬九原之安陽，則九原統屬河南四十餘縣可知矣。不然，不應以四十餘縣之多而不置郡也。然則九原不當在始皇二十六年所并三十六郡之内」。先謙案：如全説，去九原恰得三十六郡之數，較前人爲覈實。

〔三〕【補注】先謙曰：官本上「大」作「太」。

〔四〕【補注】先謙曰：河内一，河東分。汝南二，潁川、南陽分。江夏三，九江分。魏郡四，河東分。常山五，邯鄲分。清河六，鉅鹿分。涿郡七，漁陽分。勃海八，鉅鹿分。平原九，齊郡分。千乘十，齊郡分。泰山十一，齊郡分。東萊十二，琅邪分。豫章十三，九江分。桂陽十四，長沙分。廣漢十五，巴、蜀、漢中分。定襄十六，太原、雁門分。中山十七，邯鄲分。膠東十八，琅邪分。淮陽十九，楚國分。衡山二十，九江分。武陵二十一，黔中改。梁國二十二，秦碭郡改。楚國二十三，秦楚郡改。燕國二十四，秦廣陽郡改。鄣郡二十五，楚漢間郡，高帝因，後爲丹陽。東海二十六。秦郡。志以爲高帝置。

〔五〕【補注】宋祁曰：「各六」，越本作「五十六」。先謙曰：文帝：廬江一，濟南二，河間三，甾川四，膠西五，城陽六。景帝：山陽一，濟陰二，北海三，廣川四，濟東五，即東平。江都六。見本志。孝惠時，齊王獻城陽郡爲魯元公主湯沐邑，高后割齊濟南郡爲呂王奉邑。疑高帝即有此二郡名，而文帝因以爲二國名也。錢大昕云「景帝置濟川，不久即廢，故不數」。

〔六〕【補注】先謙曰：馮翊一，扶風二，弘農三，陳留四，臨淮五，零陵六，犍爲七，越嶲八，益州九，牂柯十，武都十一，天水十二，武威十三，張掖十四，酒泉十五，敦煌十六，安定十七，西河十八，朔方十九，玄菟二十，樂浪二十一，蒼梧二十二，交趾二十三，合浦二十四，九真二十五，平干二十六，即廣平。真定二十七，泗水二十八。並見本志。錢大昕云「沈黎、文山、珠厓、儋耳、臨屯、真番、蒼海後皆廢，故不數」。

〔七〕【補注】先謙曰：金城，見本志。

〔八〕【補注】朱一新曰：汪本作「二十四」。

〔九〕【補注】齊召南曰：百官公卿表「邑有蠻夷曰道」。志中縣邑之以道名者得二十九：南郡一，夷道。零陵二，營道、泠道。廣漢三，甸氏道、剛氏道、陰平道。蜀郡二，嚴道、湔氏道。犍爲一，僰道。越嶲一，靈關道。武都五，故道、平樂道、嘉陵道、循成道、下辨道。隴西四，狄道、氐道、羌道、予道。天水四，戎邑道、緜諸道、略陽道、豲道。安定一，月氏道。北地三，除道、略畔道、義渠道。上郡一，雕陰道。長沙國一，連道。尚缺其三。以續志證之，則蜀郡汶江道、緜虒道，武都武都道，與三十二之數合。本志於汶江、緜虒、武都三縣不言道，殆闕文。王鳴盛曰：後漢仲長統傳注作「三十四」。

〔一〇〕【補注】周壽昌曰：百官公卿表云「凡縣、道、國、邑千五百八十七」。綜此計之，適符其數。而以每郡國所領縣計之，止有一千五百七十八。本注侯國一百九十三，尚有四十八未注，則皆傳寫脱漏之失也。

〔一一〕【補注】王鳴盛曰：後書注「九千三百」作「九千二百」。無「三千」二字。

〔一二〕師古曰：提封者，大舉其封疆也。

〔一三〕【補注】王念孫曰：「山川林澤」當依漢紀作「山林川澤」。見周官大司徒。

〔一四〕【補注】宋祁曰：「可墾」下越本無「不可墾」三字。淳化本無「不墾」二字。邵本無「可」字。王鳴盛曰：此誤衍「不可墾」三字。南監無。

〔一五〕【補注】齊召南曰：帝王世紀「民户千三百二十三萬三千六百一十二，口五千九百一十九萬四千九百七十八人」。皇甫謐所計户口必本此志，而數目參差，似所見古本異也。王鳴盛曰：續志元始二年民户口數與世紀同。

凡民函五常之性，〔一〕而其剛柔緩急，〔二〕音聲不同，繫水土之風氣，故謂之風；好惡取舍，動靜亡常，〔三〕隨君上之情欲，故謂之俗。孔子曰：「移風易俗，莫善於樂。」〔四〕言聖王在上，統理人倫，必移其本，而易其末，此混同天下一之虖中和，然後王教成也。漢承百年之末，〔五〕國土變改，人民遷徙，成帝時劉向略言其域分，〔六〕丞相張禹使屬潁川朱贛條其風俗，猶未宣究，故輯而論之，〔七〕終其本末著於篇。〔八〕

〔一〕師古曰：函，苞也，讀與含同。

〔二〕【補注】王念孫曰：「其」本作「有」，言五常之性不同，故民函五常之性，亦有剛柔緩急及音聲之不同也。今本「有」作「其」，字之誤耳。管子小匡篇「則有制令」，史記律書「非有聖心，以乘聰明」，今本「有」字並誤作「其」。周南關雎正義，小雅谷風正義，采菽正義，左傳文六年、昭二十一年正義，文選東都賦注，後漢書班固傳注引此，並作「有」。

〔三〕師古曰：好音呼到反。惡音一故反。

〔四〕師古曰：孝經載孔子之言。

〔五〕【補注】朱一新曰：汪本「年」作「王」，是。先謙曰：官本作「王」。

〔六〕【補注】先謙曰：官本作「地分」，引宋祁曰「地」字景本作「域」。錢大昭云閩本「域」作「地」。

〔七〕師古曰：輯與集同。

〔八〕【補注】汪遠孫曰：案「秦地」不空格提行，因秦地即漢都也。毛本空格。舊本不如是。先謙曰：上文是總論，不專漢都也，提行是。

秦地，於天官東井、輿鬼之分野也。〔一〕其界自弘農故關以西，〔二〕京兆、扶風、馮翊、北地、上郡、西河、安定、天水、隴西，南有巴、蜀、廣漢、犍爲、武都，西有金城、武威、張掖、酒泉、敦煌，又西南有牂柯、越巂、益州，皆宜屬焉。

〔一〕【補注】錢坫曰：史記天官書「東井、輿鬼，雍州」。
〔二〕【補注】錢坫曰：秦故關在弘農弘農。

秦之先曰柏益，〔一〕出自帝顓頊，堯時助禹治水，爲舜朕虞，養育草木鳥獸，賜姓嬴氏，〔二〕歷夏、殷爲諸侯。至周有造父，〔三〕善馭習馬，得華騮、緑耳之乘，〔四〕幸於穆王，封於趙城，故更爲趙氏。〔五〕後有非子，爲周孝王養馬汧、渭之間。孝王曰：「昔伯益知禽獸，子孫不絕。」〔六〕乃封爲附庸，邑之於秦，〔七〕今隴西秦亭秦谷是也。〔八〕至玄孫，氏爲莊公，〔九〕破西戎，有其地。子襄公時，幽王爲犬戎所敗，平王東遷雒邑。襄公將兵救周有功，賜受郂、酆之地，列爲諸侯。〔一〇〕後八世，穆公稱伯，以河爲竟。〔一一〕十餘世，孝公用商君，制轅田，〔一二〕開仟伯，〔一三〕東雄諸侯。子惠公初稱王，得上郡、西河。孫昭王開巴蜀，滅周，取九鼎。昭王曾孫政并六國，稱皇帝，負力怙威，燔書阬儒，自任私智。至子胡亥，天下畔之。

〔一〕【補注】錢坫曰：古字柏與伯同，即伯益也。禹、益治水有功，故禹稱神，益稱化。律曆志「化益爲天子」。
〔二〕師古曰：伯益一號伯翳，蓋翳、益聲相近故也。
〔三〕師古曰：造音（於）〔千〕到反。父讀曰甫。
〔四〕師古曰：華騮，言其色如華之赤也。緑耳，耳緑色。
〔五〕【補注】錢坫曰：今霍州趙城縣。汾水注「汾水逕趙城西南，穆王以封造父。趙氏自此始」。
〔六〕【補注】錢坫曰：詩譜「孝王謂伯翳能知禽獸之言，子孫不絕，故封非子爲附庸」。按，蔡邕云「伯翳綜聲於語鳥，葛盧辨者於鳴牛」，是知禽獸者，謂知其語言也。
〔七〕【補注】宋祁曰：「秦」，晏本作「粲」。

〔八〕【補注】齊召南曰：此隴西非郡名，言隴縣之西有秦亭秦谷，即是其地。隴縣屬天水郡。後書郡國志「隴有大坂，名隴坻。豲坻聚有秦亭」。注云「秦之先起於此」。錢坫曰：今曰亭樂山，山下有秦亭，在秦州清水縣東三十里。

〔九〕師古曰：氏與是同，古通用字。【補注】周壽昌曰：案「氏爲莊公」，氏即謚也，亦猶名也。水經注於某水或稱縣受名焉，或云以氏縣，此常例也。古人名、謚，通用尤多。如幽厲，謚也，而孟子「名之曰幽厲」。洞簫，物名也，而王褒賦云「謚爲洞簫」。司馬相如告巴蜀檄有「身死無名，謚爲至愚」之語。顔注以氏、是古通，必訓氏爲是，拘矣。

〔一〇〕師古曰：郊亦岐字。

〔一一〕師古曰：伯讀曰霸。竟讀曰境。言其地界東至於河。

〔一二〕張晏曰：周制三年一易，以同美惡。商鞅始割列田地，開立阡陌，令民各有常制。孟康曰：三年爰土易居，古制也，末世侵廢。商鞅相秦，復立爰田，上田不易，中田一易，下田再易，爰自在其田，不復易居也。食貨志曰「自爰其處而已」是也。轅、爰同。【補注】錢坫曰：春秋傳「晉作爰田」。服虔曰「爰，易也」。國語作「轅田」。古爰、轅字同用。説文「爰，籀文以爲車轅字」。然轅田之轅，解字又作「趄」，是趄正字，爰、轅並通借。

〔一三〕師古曰：南北曰仟，東西曰佰，皆謂開田之疆畝也。伯音莫白反。【補注】錢坫曰：秦本紀作「阡陌」。按，仟伯爲田渠交午之稱，説文有「汗洦」，當是正字。蓋破溝洫之制而爲此。先謙曰：程瑶田阡陌考云「阡陌，田間之道也。訓故家釋阡陌者皆言南北阡，東西陌，惟風俗通具二義，曰『南北曰阡，東西曰陌。河東以東西爲阡，南北爲陌』」。

故秦地〔一〕於禹貢時跨雍、梁二州，詩風兼秦、豳兩國。昔后稷封斄，〔二〕公劉處豳，〔三〕大王徙郊，〔四〕文王作酆，〔五〕武王治鎬，〔六〕其民有先王遺風，好稼穡，務本業，故豳詩言農桑衣食之本甚備。〔七〕有鄠、杜竹林，南山檀柘，號稱陸海，爲九州膏腴。〔八〕始皇之初，鄭國穿渠，引涇水溉田，〔九〕沃野千里，〔一〇〕民以富饒。漢興，立都長安，徙齊諸田，楚昭、屈、景及諸功臣家於長陵。後世世徙吏二千石、高訾富人及豪桀并兼之家於諸陵。〔一一〕蓋亦以彊幹弱支，非獨爲奉山園也。〔一二〕是故五方雜厝，〔一三〕風俗不純。其世家則好禮文，富人則商賈爲利，豪桀則游俠通姦。瀕南山，〔一四〕近夏陽，〔一五〕多阻險輕薄，易爲盜賊，常爲天下劇。又郡國輻湊，浮食者多，民去本就末，列侯貴人車服僭上，衆庶放效，羞不相及，〔一六〕嫁娶尤崇侈靡，送死過度。

〔一〕【補注】先謙曰：故、古字同。

〔二〕師古曰：斄讀曰邰，今武功故城是也。【補注】錢坫曰：字應作「邰」。斄，借用也。

〔三〕師古曰：即今豳州栒邑是。

〔四〕師古曰：今岐山縣是。

〔五〕師古曰：今長安西北界靈臺鄉豐水上是。

〔六〕師古曰：今昆明池北鎬陂是。【補注】錢坫曰：豐在今西安府鄠縣東五里。鎬在西安府城西南三十二里。

〔七〕師古曰：謂七月之詩。

〔八〕師古曰：言其地高陸而饒物產，如海之無所不出，故云陸海。腹之下肥曰腴，故取諭云。【補注】先謙曰：官本「諭」作「喻」。

〔九〕師古曰：鄭國，人姓名。事具在溝洫志。【補注】錢坫曰：故渠在今西安府涇陽、三原二縣。

〔一〇〕師古曰：沃即溉也，言千里之地皆得溉灌。

〔一一〕師古曰：訾讀與貲同。高訾，言多財也。

〔一二〕如淳曰：黄圖謂陵冢爲山。師古曰：謂京師爲幹，四方爲支也。

〔一三〕晉灼曰：厝，古錯反。【補注】朱一新曰：汪本「反」作「字」，是。錢坫曰：厝、錯古字同用。先謙曰：官本「反」作「字」。

〔一四〕師古曰：瀕猶邊。瀕音頻，又音賓。

〔一五〕師古曰：夏陽即河之西岸也，今在同州韓城縣界。

〔一六〕師古曰：放，依也，音甫往反。

天水、隴西，山多林木，民以板爲室屋。及安定、北地、上郡、西河，皆迫近戎狄，修習戰備，高上氣力，以射獵爲先。故秦詩曰「在其板屋」；〔一〕又曰「王于興師，修我甲兵，與子偕行」。〔二〕及車轔、四臷、小戎之篇，皆言車馬田狩之事。〔三〕漢興，六郡良家子選給羽林、期門，〔四〕以材力爲官，名將多出焉。〔五〕孔子曰：「君子有勇而亡誼則爲亂，小人有勇而亡誼則爲盜。」〔六〕故此數郡，民俗質木，不恥寇盜。〔七〕

〔一〕師古曰：小戎之詩也。言襄公出征，則婦人居板屋之中而念其君子。

〔二〕師古曰：無衣之詩也。言於王之興師，則修我甲兵，而與子俱征伐也。

〔三〕師古曰：車轔，美秦仲大有車馬。其詩曰「有車轔轔，有馬白顛」。四臷，美襄公田狩也。其詩曰「四臷孔阜，六轡在手」，「輶車鸞鑣，載獫猲獢」。小戎，美襄公備兵甲，討西戎。其詩曰「小戎俴收，五楘良輈」，「文茵暢轂，駕我騏馵」，「龍盾之合，鋈以觼軜」。轔音隣。臷音耋。輶音猶，又音誘。獫音力贍反。獢音許昭反。俴音踐。楘音木。馵音霔。鋈音沃。觼音玦。軜音納。【補注】宋祁曰：「載獫」當作「載斂」。錢坫曰：臷，鐵古字。

〔四〕如淳曰：醫、商賈、百工不得豫也。師古曰：六郡謂隴西、天水、安定、北地、上郡、西河。羽林、期門，解在百官公卿表。

〔五〕【補注】錢坫曰：所謂山西出將，山東出相者，以華山爲界也。六郡並山西地。

〔六〕師古曰：論語載孔子對子路之言也。【補注】錢坫曰：誼、義古字通用。

〔七〕師古曰：質木者，無有文飾，如木石然。

自武威以西，本匈奴昆邪王、休屠王地，〔一〕武帝時攘之，〔二〕初置四郡，以通西域，鬲絶南羌、匈奴。〔三〕其民或以關東下貧，或以報怨過當，〔四〕或以誖逆亡道，家屬徙焉。〔五〕習俗頗殊，地廣民稀，水屮宜畜牧，〔六〕古涼州之畜〔七〕爲天下饒。保邊塞，二千石治之，咸以兵馬爲務；酒禮之會，〔八〕上下通焉，吏民相親。是以其俗風雨時節，穀糴常賤，少盜賊，有和氣之應，賢於内郡。此政寬厚，吏不苛刻之所致也。

〔一〕師古曰：昆音下門反。休音許虯反。屠音除。

〔二〕師古曰：攘，卻也，音人羊反。

〔三〕師古曰：鬲與隔同。

〔四〕師古曰：過其本所殺。

〔五〕師古曰：誖，亂也，惑也，音布内反。

〔六〕師古曰：屮，古草字。

〔七〕【補注】朱一新曰：汪本「古」作「故」，是。先謙曰：官本作「故」。

〔八〕【補注】朱一新曰：案，「禮」通「醴」。

巴、蜀、廣漢本南夷，秦并以爲郡，土地肥美，有江水沃野，山林竹木疏食果實之饒。〔一〕南賈滇、僰僮，〔二〕西近邛、莋馬旄牛。〔三〕民食稻魚，亡凶年憂，俗不愁苦，而輕易淫泆，柔弱褊阸。〔四〕景、武間，文翁爲蜀守，教民讀書法令，〔五〕未能篤信道德，反以好文刺譏，貴慕權埶。及司馬相如游宦京師諸侯，以文辭顯於世，鄉黨慕循其跡。後有王褒、嚴遵、揚雄之徒，〔六〕文章冠天下。繇文翁倡其教，相如爲之師，〔七〕故孔子曰：「有教無類。」〔八〕

〔一〕師古曰：疏，菜也。

〔二〕師古曰：言滇、僰之地多出僮隸也。滇音顛。僰音蒲北反。【補注】先謙曰：賈猶市也。官本重「滇僰」二字，引宋祁曰，正文「滇僰」二字當刪。

〔三〕師古曰：言邛、莋之地出馬及旄牛。莋音材各反。【補注】先謙曰：官本重「莋」字，引宋祁曰，正文「莋莋」當刪一「莋」字。

〔四〕師古曰：言其材質不彊，而心忿阸。

〔五〕【補注】先謙曰：言讀書兼讀律也。

〔六〕師古曰：遵即嚴君平。

〔七〕師古曰：繇讀與由同。倡，始也，音充向反。【補注】錢坫曰：三國志秦宓傳云「蜀本無學士，文翁遣相如受七經，還教吏民」。

〔八〕師古曰：論語載孔子之言。言人之性術在所教耳，無種類。

武都地雜氐、羌，及犍爲、牂柯、越巂，皆西南外夷，武帝初開置。民俗略與巴、蜀同，而武都近天水，俗頗似焉。

故秦地天下三分之一，而人衆不過什三，然量其富居什六。秦豳〔一〕吴札觀樂，爲之歌秦，〔二〕曰：「此之謂夏聲。〔三〕夫能夏則大，大之至也，其周舊乎？」〔四〕

〔一〕【補注】王念孫曰：「秦豳」二字與上下文皆不相屬，蓋涉上文「兼秦豳兩國」而衍。

〔二〕師古曰：札，吴王壽夢子也，來聘魯而請觀周樂。事見左氏傳襄二十九年。

〔三〕師古曰：夏，中國。

〔四〕【補注】先謙曰：先天文，次地形，次世繫，次風俗。

自井十度至柳三度，謂之鶉首之次，秦之分也。〔一〕

〔一〕【補注】錢大昕曰：十二次宿度，惟載鶉首、鶉火、壽星、析木，餘皆闕如。蓋班氏未定之。本其述，分壄既以東平、須昌、壽張爲宋分，又云「東平、須昌、壽張皆在濟東，屬魯，非宋地也，當考」。亦疑而未決之詞也。所述星度與蔡邕月令章句合，較之律曆志每次大率差五六度。

魏地，觜觿、參之分野也。〔一〕其界自高陵以東，〔二〕盡河東、河内，南有陳留及汝南之召陵、濦彊、新汲、西華、長平，〔三〕潁川之舞陽、郾、許、傿陵，〔四〕河南之開封、中牟、陽武、酸棗、卷，〔五〕皆魏分也。〔六〕

〔一〕師古曰：巂音弋隨反。【補注】錢坫曰：天官書「觜巂、參，益州」。與武帝所置益州異。

〔二〕【補注】先謙曰：魏初，地自鄭濱洛以東，故起高陵。

〔三〕師古曰：召讀曰邵。隱音於靳反，又音殷。【補注】先謙曰：「疆」當爲「彊」，見本志。新汲屬潁川，非汝南。

〔四〕師古曰：郾音一扇反。傿音偃。

〔五〕師古曰：卷音去權反。【補注】先謙曰：酸棗屬陳留，非河南。

〔六〕【補注】顧炎武曰：左傳：子産曰「遷實沈於大夏，主參。故參爲晉星」。然其疆界，亦當至河而止。若志所列陳留以下郡縣，並在河南，於春秋自屬陳、鄭二國，角、亢、氐之分也，不當併入。魏本都安邑，至惠王始徙大梁，乃據後來之疆土割以相附，豈不謬哉！

河内本殷之舊都，周既滅殷，分其畿内爲三國，詩風邶、庸、衛國是也。〔一〕鄁以封紂子武庚；〔二〕庸，管叔尹之；衛，蔡叔尹之：以監殷民，謂之三監。〔三〕故書序曰「武王崩，三監畔」，〔四〕周公誅之，盡以其地封弟康叔，號曰孟侯，〔五〕以夾輔周室。遷邶、庸之民于雒邑，故邶、庸、衛三國之詩相與同風。〔六〕邶詩曰「在浚之下」，〔七〕庸曰「在浚之郊」。〔八〕邶又曰「亦流于淇」，〔九〕「河水洋洋」，〔一〇〕庸曰「送我淇上」，〔一一〕「在彼中河」，〔一二〕衛曰「瞻彼淇奥」，〔一三〕「河水洋洋」。〔一四〕故吴公子札聘魯觀周樂，聞邶、庸、衛之歌，曰：「美哉淵乎！吾聞康叔之德如是，是其衛風乎？」至十六世，懿公亡道，爲狄所滅。齊桓公帥諸侯伐狄，而更封衛於河南曹、楚丘，是爲文公。〔一五〕而河内殷虚，更屬于晉。〔一六〕康叔之風既歇，而紂之化猶存，故俗剛彊，多豪桀侵奪，薄恩禮，好生分。〔一七〕

〔一〕師古曰：自紂城而北謂之邶，南謂之庸，東謂之衛。邶音步內反，字或作「鄁」。「庸」字或作「鄘」。【補注】錢坫曰：「邶」字本或作「鄁」，別字。說文「邶，自河內朝歌以北」。詩譜「自紂城而北邶，以南庸，以東衛」。今衛輝府滑縣東南有邶水。府城西有故庸城，有庸水出宜蘇山，當是其地。

〔二〕【補注】朱一新曰：「鄁」當作「邶」，涉上注文而誤。

〔三〕師古曰：武庚即祿父也。尹，主也。管叔、蔡叔皆武王之弟。【補注】先謙曰：陳奐云「監者，以監殷民。三監者，管、蔡及武庚也。武庚既叛，管、蔡流言，見於國語、左傳、詩序、詩傳，信而有徵。惟逸周書作雒篇有霍叔監殷之說。鄭作詩譜遂以管、蔡、霍爲三監，始與古相背。梅氏僞書又從而附會之，有降霍叔之語」。又逸周書作雒解言「中旄父宇于東」。孔晁注云「中旄父代管叔」。此與志言「盡以邶庸封康叔」不合。鄭作詩譜依據逸書，故有後世稍併邶庸之說。

〔四〕師古曰：周書大誥之序。

〔五〕師古曰：康叔亦武王弟也。孟，長也。言爲諸侯之長。【補注】先謙曰：官本注在「周室」下。

〔六〕【補注】先謙曰：謂同爲一國風。惟毛詩誤分爲三卷，故說不可通。

〔七〕師古曰：凱風之詩也。浚，衛邑也，音峻。

〔八〕師古曰：干旄之詩。

〔九〕師古曰：泉水之詩。

〔一〇〕師古曰：今邶詩無此句。【補注】王念孫曰：盧文弨云「玉篇水部『𣳚，亡爾切，亦瀰字』。集韻『瀰或作𣳚』。然則，『洋洋』乃『𣳚𣳚』之訛，即新臺之『河水瀰瀰』也。廣雅釋丘有『𣳚』字，今亦譌爲『洋』」。念孫案，廣雅釋丘「洣，厓也」。宋本「洣」譌作「泮」，集韻遂誤收入「泮」字，音迷浮切，引廣雅「泮，厓也」。今本廣雅又譌「泮」爲「洋」。盧以「洋」爲「𣳚」之誤，非也。「河水𣳚𣳚」，「𣳚」不得訓爲厓。案，盧說是也。𣳚字本作「𣳚」，以芈姓之芈爲聲。俗書芈姓字作「羋」，與篆文羊字無異，故泮譌爲「洋」也。下文引衛詩「河水洋洋」，則此「洋洋」爲「泮泮」之譌明矣。

〔一一〕師古曰：桑中之詩。淇上，淇水之上。

〔一二〕師古曰：柏舟之詩也。中河，河中也。

〔一三〕師古曰：淇奧之詩也。奥，水隈也，音於六反。【補注】朱一新曰：奥，古澳字，汪本作「澳」。

〔一四〕師古曰：碩人之詩也。洋洋，盛大也，音羊，又音翔。

〔一五〕師古曰：曹及楚丘，二邑名。【補注】先謙曰：陳奂云「曹、楚丘皆衛邑名。『曹』，詩作『漕』，即漕虚。戴公初廬於漕虚，未踰年而卒。立文公。文公初年在漕虚，自漕虚而徙楚丘。或謂詩序露于漕邑野處，漕邑皆指戴公不及文公，自誤」。錢坫云「漕在今滑縣南二十里，舊白馬縣也。楚丘在滑縣東六十里」。

〔一六〕師古曰：殷虚，汲郡朝歌縣也。虚讀曰墟。

〔一七〕師古曰：生分，謂父母在而昆弟不同財產。【補注】先謙曰：生分蓋夫婦乖異。下韓地，民以生分爲失同義。顔以生爲父母在，分爲昆弟不同財，於文不順。且昆弟同財固善，分亦未爲大失。若以父母在而分財爲非，豈父母死而分財即是乎？知其義之未安矣。

河東土地平易，有鹽鐵之饒，本唐堯所居，詩風唐、魏之國也。周武王子唐叔在母未生，〔一〕武王夢帝謂己〔二〕曰：「余名而子曰虞，將與之唐，屬之參。」〔三〕及生，名之曰虞。至成王滅唐，而封叔虞。唐有晉水，及叔虞子燮爲晉侯云，故參爲晉星。其民有先王遺教，君子深思，小人儉陋，故唐詩蟋蟀、山樞、葛生之篇曰「今我不樂，日月其邁」；〔四〕「宛其死矣，它人是媮」；〔五〕「百歲之後，歸于其居」。〔六〕皆思奢儉之中，念死生之慮。〔七〕吴札聞唐之歌，曰：「思深哉！其有陶唐氏之遺民乎？」〔八〕

〔一〕師古曰：謂懷孕時。

〔二〕師古曰：帝，天也。

〔三〕師古曰：屬音之欲反。參音所林反。

〔四〕師古曰：蟋蟀之詩也。邁，行也。言日月行往，將老而死也。蟋音悉。蟀音率。

〔五〕師古曰：山有樞之詩也。媮，樂也。言已儉吝，死亡之後當爲他人所樂也。媮音愉，又音偷。樞音甌。

〔六〕師古曰：葛生之詩也。居謂墳墓也。言死當歸于墳墓，不能復爲樂也。

〔七〕師古曰：中音竹仲反。

〔八〕【補注】先謙曰：陳奂云，詩唐風正義引左傳作「遺風」。此作「遺民」者，後人依誤本左傳改之。

魏國，亦姬姓也，在晉之南河曲，故其詩曰「彼汾一曲」；〔一〕「寘諸河之側」。〔二〕自唐叔十六世至獻公，滅魏以封大夫畢萬，〔三〕滅耿以封大夫趙夙，〔四〕及大夫韓武子食采於韓原，〔五〕晉於是始大。至於文公，伯諸侯，尊周室，〔六〕始有河內之土。〔七〕吳札聞魏之歌，曰：「美哉渢渢乎！〔八〕以德輔此，則明主也。」文公後十六世爲韓、趙、魏所滅，三家皆自立爲諸侯，是爲三晉。趙與秦同祖，韓、魏皆姬姓也。自畢萬後十世稱侯，至孫稱王，徙都大梁，故魏一號爲梁，七世爲秦所滅。

〔一〕師古曰：汾沮洳之詩。沮音子豫反。洳音人豫反。

〔二〕師古曰：伐檀之詩。寘，置也，音之豉反。

〔三〕師古曰：畢萬，畢公高之後，魏犨祖父。

〔四〕師古曰：趙夙，趙衰之兄。

〔五〕師古曰：韓武子，韓厥之曾祖也，本與周同姓，食采於韓，更爲韓氏。此説依史記，而與釋春秋傳者不同。【補注】錢坫曰：春秋傳：秦穆公、晉惠公戰于韓原。杜注，韓原，晉地。舊解相承以爲在今同州府韓城縣東南二十里，非也。攷傳「穆公伐晉，涉河，侯車敗」。又曰「獲晉君，歸至于王城」。穆公都，今鳳翔府城。若戰晉在韓城，不得路出王城。今韓城縣，自古相傳，並稱梁國，本非韓侯國。惟括地志云「韓國在今韓城縣南十八里」，此乃無稽謬證，非由經。故秦晉戰地，自當在今解州芮城縣。郡國志「河東河北有韓亭」者是也。今謂武子所封，亦應是此。又史記韓世家「韓之先與周同姓，其後苗裔事晉，得封于韓原，曰韓武子」。按水經注「聖水逕韓城東」。詩韓奕曰「溥彼韓城，燕師所完。王錫韓侯，其追其貊，奄受北國」。王肅云「今涿郡方城縣有韓侯城」。今順天府固安縣地也。潛夫論亦云然。是韓侯國非韓城縣之證。又，春秋傳稱邘、晉、應、韓爲武王之後，而世本謂曲沃桓叔生武子萬，萬生定伯，定伯生子輿，則晉之支庶又與武穆之誼不同，於世家更戾矣。

〔六〕師古曰：伯讀曰霸。

〔七〕師古曰：左氏傳所謂「始起南陽」者。

〔八〕師古曰：渢渢，浮貌也。言其中庸，可與爲善，可與爲惡也。渢音馮。

周地，柳、七星、張之分野也。〔一〕今之河南雒陽、穀成、平陰、偃師、鞏、緱氏，〔二〕是其分也。

〔一〕【補注】錢坫曰：天官書「柳、七星、張，三河」。

〔二〕【補注】先謙曰：官本「成」作「城」。

昔周公營雒邑，以爲在于土中，諸侯蕃屏四方，〔一〕故立京師。至幽王淫褒姒，以滅宗周，子平王東居雒邑。其後五伯更帥諸侯以尊周室，〔二〕故周於三代最爲長久。八百餘年至於王赧，〔三〕乃爲秦所兼。初雒邑與宗周通封畿，〔四〕東西長而南北短，短長相覆爲千里。至襄王以河内賜晉文公，又爲諸侯所侵，故其分墜小。〔五〕

〔一〕師古曰：言雒陽四面皆有諸侯爲蕃屏。

〔二〕師古曰：伯讀曰霸。解在刑法志。更，互也，音工衡反。【補注】先謙曰：官本「周」作「王」。

〔三〕【補注】王鳴盛曰：南監本作「赧王」，是。先謙曰：官本作「赧王」。

〔四〕韋昭曰：通在二封之地，共千里也。師古曰：宗周，鎬京也，方八百里，八八六十四，爲方百里者六十四也。雒邑，成周也，方六百里。六六三十六，爲方百里者三十六。三都得百里者，方千里也。故詩云「邦畿千里」。【補注】王鳴盛曰：南監作「二都得百里者百方千里也」，是。朱一新曰：「三都」當作「二都」，言宗周及雒邑也。汪本并脱此字。「者」下當有「百」字，此脱。汪本有。顔監此注全襲臣瓚。見詩王城譜、正義。今據以補改。先謙曰：官本作「二都得百里者百方千里也」。

〔五〕師古曰：墜，古地字。【補注】錢坫曰：墜，籀文地字。

周人之失，巧僞趨利，貴財賤義，高富下貧，憙爲商賈，不好仕宦。〔一〕

〔一〕師古曰：憙音許吏反。

自柳三度至張十二度，謂之鶉火之次，周之分也。

韓地，角、亢、氐之分野也。〔一〕韓分晉得南陽郡〔二〕及潁川之父城、定陵、襄城、潁陽、潁陰、長社、陽翟、郟，〔三〕東接汝南，西接弘農得新安、宜陽，皆韓分也。及詩風陳、鄭之國，與韓同星分焉。

〔一〕【補注】錢坫曰：天官書「角、亢、氐，兖州」。

〔二〕【補注】全祖望曰：楚有南陽，韓亦有南陽。蓋潁川之西，如宛如穰，與楚南陽接，故並取名焉，六國年表、秦紀、韓世家可攷。非故晉所啟之南陽也。晉之南陽，趙得其温原，韓得其州，魏得其脩武，即河内也。三晉同分河内之地，而魏獨多。及韓、趙相繼失上黨，而河内道斷，魏之脩武亦不保。是非可并晉楚之南陽而合之也。志云「韓分晉，得南陽」，下文云「秦滅韓，徙天下不軌之民於南陽」，又云「宛西通武關，東受江淮，一都會也」，則即以爲楚南陽矣。不知河内之南陽得名在春秋之世，三晉分之，非韓所獨。始皇十六年所受之南陽地，在宛穰，與楚境相犬牙者，不得混而舉之。秦并天下，蓋并韓地以入楚之南陽矣。

〔三〕師古曰：郟音工洽反，即今郟城縣是也。

鄭國，今河南之新鄭，本高辛氏火正祝融之虛也。〔一〕及成皋、滎陽，潁川之崇高、陽城，皆鄭分也。本周宣王弟友，〔二〕爲周司徒，食采於宗周畿内，是爲鄭。〔三〕鄭桓公問於史伯曰：「王室多故，何所可以逃死？」史伯曰：「四方之國，非王母弟甥舅則夷狄，不可入也，其濟、洛、河、潁之間乎！〔四〕子男之國，虢、會爲大，〔五〕恃埶與險，崈侈貪冒，〔六〕君若寄帑與賄，周亂而敝，必將背君；〔七〕君以成周之衆，奉辭伐罪，亡不克矣。」公曰：「南方不可乎？」對曰：「夫楚，重黎之後也，黎爲高辛氏火正，昭顯天地，以生柔嘉之材。姜、嬴、荆、芈，實與諸姬代相干也。〔八〕姜，伯夷之後也；嬴，伯益之後也。伯夷能禮於神以佐堯，伯益能儀百物以佐舜，〔九〕其後皆不失祠，而未有興者，周衰將起，不可偪也。」桓公從其言，乃東寄帑與賄，虢、會受之。後三年，幽王敗，威公死，〔一〇〕其子武公與平王東遷，卒定虢、會之地，右雒左沛，〔一一〕食溱、洧焉。〔一二〕土陿而險，山居谷汲，男女亟聚會，〔一三〕故其俗淫。鄭詩曰：「出其東門，有女如雲。」〔一四〕又曰：「溱與洧方灌灌兮，士與女方秉菅兮。」「恂盱且樂，惟士與女，伊其相謔。」〔一五〕此其風也。吴札聞鄭之歌，曰：「美哉！其細已甚，民弗堪也。是其先亡乎？」〔一六〕自武公後二十三世，爲韓所滅。

〔一〕師古曰：虗讀曰墟。後皆類此。

〔二〕【補注】朱一新曰：詩鄭譜、正義引「弟」上有「母」字。

〔三〕師古曰：即今之華陰鄭縣。

〔四〕師古曰：濟音子禮反。

〔五〕師古曰：會讀曰鄶，字或作「檜」。檜國在豫州外方之北，滎播之南，溱、洧之間，妘姓之國。【補注】齊召南曰：案，顔注引康成詩譜，應作「滎播」。宋本、監本作「滎皤」，訛也。別本作「滎波」，依禹貢較是。錢坫曰：會即鄶也，妘姓之國。史記楚世家所稱會人是也。詩作「檜」。今開封府新鄭縣地。

〔六〕師古曰：冐，蒙也，蔽於義理。【補注】先謙曰：崈、崇字同。故上文之崇高即潁川之崈高縣。即嵩高。而此崇侈爲崈侈。

〔七〕師古曰：帑讀與孥同，謂妻子也。

〔八〕師古曰：代，遞也。干，犯也。

〔九〕師古曰：儀與宜同。宜，安也。

〔一〇〕【補注】朱一新曰：威公即桓公也。汪本仍作「桓」。先謙曰：官本作「桓公」。

〔一一〕【補注】朱一新曰：「沛」當作「泲」，汪本不誤。

〔一二〕師古曰：溱、洧，二水也。溱音臻。洧音鮪。【補注】錢坫曰：「溱」，説文作「潧」。水經同。惟詩、春秋内外傳作「溱」。古溱、潧字音聲皆異，無通用之例。或水有二名，故詩以「溱」與「人」字相協爲韻。若以潧協人，則(夫)〔失〕之遠矣。

〔一三〕師古曰：亟，屢也，音丘吏反。

〔一四〕師古曰：出其東門之詩。東門，鄭之東門也。如雲，言其衆多而往來不定。【補注】先謙曰：陳奂云「毛詩以此閔亂而作。孟堅以爲俗淫，蓋魯詩説」。

〔一五〕師古曰：溱洧之詩也。灌灌，水流盛也。菅，蘭也。恂，信也。盱，大也。伊，惟也。謔，戲言也。謂仲春之月，二水流盛，而士與女執芳草於其間，以相贈遺，信大樂矣，惟以戲謔也。灌音胡貫反。菅音姦。【補注】先謙曰：陳奂云「毛詩『渙渙』韓詩作『洹洹』，則『灌灌』爲魯詩也。聲並同。毛韓作『蕑』，魯作『菅』」。

〔一六〕臣瓚曰：謂音聲細弱也，此衰弱之徵。

陳國，今淮陽之地。〔一〕陳本太昊之虚，周武王封舜後嬀滿於陳，是爲胡公，妻以元女大姬。婦人尊貴，好祭祀，用史巫，故其俗巫鬼。〔二〕陳詩曰：「坎其擊鼓，宛丘之下，亡冬亡夏，值其鷺羽。」〔三〕又曰：「東門之枌，宛丘之栩，子仲之子，婆娑其下。」〔四〕此其風也。吴札聞陳之歌，曰：「國亡主，其能久乎！」〔五〕自胡公後二十三世爲楚所滅。陳雖屬楚，於天文自若

其故。〔六〕

〔一〕【補注】王鳴盛曰：「地」下誤空一格，南監下「陳」字誤提行起，皆非是。

〔二〕【補注】王念孫曰：案「巫鬼」上原有「好」字。此言大姬好祭而用巫，故其民化之而皆好巫鬼也。脱去「好」字，則文義不明。詩譜云「大姬無子，好巫覡禱祈鬼神歌舞之樂，民俗化而爲之」。正義引此志正作「其俗好巫鬼」，又云「在女曰巫，在男曰覡，巫是總名。故漢書唯言『好巫』」。正義兩引此，皆云「好巫」，則有「好」字明矣。匡衡傳亦云「陳夫人好巫而民淫祀」。

〔三〕師古曰：宛丘之詩也。坎坎，擊鼓聲。四方高，中央下，曰宛丘。值，立也。鷺鳥之羽以爲翿，立之而舞，以事神也。無冬無夏，言其恆也。

〔四〕師古曰：東門之枌之詩也。東門，陳國之東門也。枌，白榆也。栩，杼也。子仲，陳大夫之氏也。婆娑，舞貌也。亦言於枌栩之下歌舞以娛神也。枌音扶云反。栩音許羽反。杼音神汝反。【補注】錢坫曰：「婆」應作「媻」。婆，俗字。

〔五〕師古曰：言政由婦人，不以君爲主也。

〔六〕【補注】宋祁曰：「世」字下淳化本有「亦」字。

潁川、南陽，本夏禹之國。夏人上忠，其敝鄙朴。韓自武子後七世稱侯，六世稱王，五世而爲秦所滅。秦既滅韓，徙天下不軌之民於南陽，〔一〕故其俗夸奢，上氣力，好商賈漁獵，藏匿難制御也。宛，西通武關，東受江、淮，一都之會也。〔二〕宣帝時，鄭弘、召信臣爲南陽太守，〔三〕治皆見紀。信臣勸民農桑，去末歸本，郡以殷富。潁川，韓都。士有申子、韓非，刻害餘烈，〔四〕高士宦，〔五〕好文法，民以貪遴爭訟生分爲失。〔六〕韓延壽爲太守，先之以敬讓；黄霸繼之，教化大行，獄或八年亡重罪囚。南陽好商賈，召父富以本業；〔七〕潁川好爭訟分異，黄、韓化以篤厚。「君子之德風也，小人之德草也」，信矣。〔八〕

〔一〕師古曰：不軌，不循法度者。

〔二〕【補注】王念孫曰：案，「都會」之閒不當有「之」字。篇内皆言「一都會」，無「之」字。史記貨殖傳亦無。

〔三〕師古曰：召讀曰邵。

〔四〕師古曰：申子，申不害也。烈，業也。

〔五〕【補注】錢大昭曰：「士」，南監本、閩本作「仕」，是。朱一新曰：汪本作「仕」。先謙曰：官本作「仕」。

〔六〕師古曰：遴與吝同。【補注】錢坫曰：説文「遴，行難也。易曰『以往遴』」。今易作「吝」。王莽傳「性實遴嗇」，杜欽傳「誠難以忽，不可以遴」，義皆與吝同。

〔七〕師古曰：召父，謂召信臣也。勸其務農以致富。

〔八〕師古曰：論語載孔子之言也。曰「君子之德風，小人之德草也，草上之風必偃」。言從教而化。

自東井六度至亢六度，謂之壽星之次，鄭之分野，與韓同分。〔一〕

〔一〕【補注】齊召南曰：壽星之次，星曰角、亢。律曆志「壽星，初軫十二度，中角十度，終于氐四度」，烏在其爲自東井六度至亢六度也。夫自東井十度至柳三度，爲鶉首之次，秦分野也。柳、七星、張，爲鶉火之次，周分野也。翼、軫，爲鶉尾之次，楚分野也。豈有自未至辰，遠及四次，以爲一地之分星乎！二句必係傳寫之誤。

趙地，昴、畢之分壄。〔一〕趙分晉，得趙國。北有信都、真定、常山、中山，又得涿郡之高陽、鄚、州鄉；〔二〕東有廣平、鉅鹿、清河、河間，又得渤海郡之東平舒、中邑、文安、束州、成平、章武，河以北也；南至浮水、繁陽、内黄、斥丘；〔三〕西有太原、定襄、雲中、五原、上黨。上黨，本韓之別郡也，遠韓近趙，後卒降趙，皆趙分也。

〔一〕【補注】王引之曰：「昴」上當有「胃」字。史記天官書正義引星紀曰「胃、昴，趙之分野」。晉書天文志引費直周易分壄曰「自婁十度至畢八度，胃、昴在其中。趙之分野」，又引蔡邕月令章句曰「自胃一度至畢五度，趙之分野」，高注呂氏春秋有始篇、淮南天文篇竝曰「胃、昴，趙之分野」，皆其證。漢紀高后紀云「胃、昴、畢，趙也」，廣雅同。即本漢書，尤其明證矣。史記正義論例引此已脫「胃」字。錢坫曰：天官書「昴、畢，冀州」。

〔二〕師古曰：鄚音莫。

〔三〕【補注】汪遠孫曰：繁陽，繁淵，酈注云即浮水，蓋縣併入。

自趙夙後九世稱侯，四世敬侯徙都邯鄲，至曾孫武靈王稱王，五世爲秦所滅。

趙、中山地薄人衆，猶有沙丘紂淫亂餘民。〔一〕丈夫相聚游戲，悲歌忼慨，起則椎剽掘冢，〔二〕作姦巧，多弄物，〔三〕爲倡優。女子彈弦跕躧，游媚富貴，徧諸侯之後宮。〔四〕

〔一〕晉灼曰：言地薄人衆，猶復有沙丘紂淫地餘民，通係之於淫風而言之也，不說沙丘在中山也。【補注】宋祁曰：正文「中山地」下別本又一「地」字。

〔二〕師古曰：椎殺人而剽劫之也。椎音直追反，其字從木。剽音頻妙反。掘冢，發冢也。

〔三〕【補注】朱一新曰：「弄」，史貨殖傳作「美」。徐廣曰，「美」一作「弄」，一作「推」。

〔四〕如淳曰：跕音蹀足之蹀。躧音屣。臣瓚曰：躡跟爲跕，桂指爲躧。師古曰：跕音它頰反。躧字與屣同。屣謂小履之無跟者也。跕謂輕躡之也。【補注】錢坫曰：躧，舞履也。跕即疌字。跕躧，服虔所謂「跦屣履」是也。古無跦屣二字，跦亦即疌，屣即躧耳。先謙曰：官本「桂」作「挂」，是。

邯鄲北通燕、涿，南有鄭、衞，漳、河之間一都會也。其土廣俗雜，大率精急，高氣埶，輕爲姦。

太原、上黨又多晉公族子孫，以詐力相傾，矜夸功名，報仇過直，〔一〕嫁取送死奢靡。〔二〕漢興，號爲難治，常擇嚴猛之將，或任殺伐爲威。父兄被誅，子弟怨憤，至告訐刺史二千石，〔三〕或報殺其親屬。

〔一〕師古曰：直亦當也。【補注】宋祁曰：一本「傾」下有「務」字。朱一新曰：汪本有「務」字。

〔二〕師古曰：取讀曰娶。其下並同。

〔三〕師古曰：訐，面相斥罪也，音居列反，又音居謁反。【補注】宋祁曰：註「相」字，邵本作「猶」。

鍾、代、石、北，迫近胡寇，〔一〕民俗懻忮，〔二〕好氣爲姦，不事農商，自全晉時，已患其剽悍，〔三〕而武靈王又益厲之。故冀州之部，盜賊常爲它州劇。

〔一〕如淳曰：鍾所在未聞。石，山險之限，在上曲陽。【補注】錢坫曰：鍾，鍾山，亦曰陰山也，在今榆林府城北鄂爾(都)〔多〕斯界黄河北岸。如以爲未聞，非矣。代，郡縣名。石，石城。北，北平。如以石爲在上曲陽者，常山石邑非此耳。先謙曰：官本「如淳」作「師古」。

〔二〕臣瓚曰：懻音冀，今北土名彊直爲懻中。師古曰：懻，堅也。忮，恨也，音章豉反。【補注】錢坫曰：懻即冀，字別也。釋名亦云「堅懻」。冀爲北方州者，以民俗堅冀稱之歟？

〔三〕師古曰：剽，急也，輕也。悍，勇也。剽音頻妙反，又音疋妙反。悍音胡旦反。

定、襄、雲中、五原，本戎狄地，頗有趙、齊、衞、楚之徙。〔一〕其民鄙朴，少禮文，好射獵。雁門亦同俗，於天文別屬燕。

〔一〕師古曰：言四國之人被遷徙來居之。

燕地，尾、箕分壄也。〔一〕武王定殷，封召公於燕，其後三十六世與六國俱稱王。東有漁陽、右北平、遼西、遼東，西有上谷、代郡、雁門，南得涿郡之易、容城、范陽、北新城、〔二〕故安、涿縣、良鄉、新昌及勃海之安次，皆燕分也。樂浪、玄菟，亦宜屬焉。

〔一〕【補注】錢坫曰：天官書「尾、箕，幽州」。朱一新曰：「燕」下汪本提行。王鳴盛曰：誤連上。南監提行是。先謙曰：官本提行。

〔二〕【補注】王鳴盛曰：「城」當作「成」。南監亦誤。先謙曰：北新成屬中山，非涿郡。此與上新汲、酸棗或班偶誤，或先後改屬，皆不可知。

燕稱王十世，〔一〕秦欲滅六國，燕王太子丹遣勇士荆軻西刺秦王，不成而誅，秦遂舉兵滅燕。

〔一〕【補注】朱一新曰：正統本、汪本作「七世」，是。

薊，南通齊、趙，勃、碣之間一都會也。〔一〕初，太子丹賓養勇士，不愛後宮美女，民化以爲俗，至今猶然。賓客相過，以婦侍宿，嫁取之夕，男女無別，反以爲榮。後稍頗止，然終未改。其俗愚悍少慮，輕薄無威，亦有所長，敢於急人，〔二〕燕丹遺風也。

〔一〕師古曰：薊縣，燕之所都也。勃，勃海也。碣，碣石也。【補注】先謙曰：官本注末多「此石著海旁，揭揭然特立之貌也」十三字。

〔二〕如淳曰：赴人之急，果於赴難也。

上谷至遼東，地廣民希，數被胡寇，俗與趙、代相類，有魚鹽棗栗之饒。北隙烏丸、夫餘，〔一〕東賈真番之利。

〔一〕如淳曰：有怨隙也。或曰，隙，際也。師古曰：訓際是也。烏丸，本東胡也，爲冒頓所滅，餘類保烏丸山，因以爲號。夫餘在長城之北，去玄菟千里。夫讀曰扶。

玄菟、樂浪，武帝時置，皆朝鮮、濊貉、句驪蠻夷。〔一〕殷道衰，箕子去之朝鮮，〔二〕教其民以禮義，田蠶織作。樂浪朝鮮民犯禁八條：〔三〕相殺以當時償殺；相傷以穀償；相盜者男没入爲其家奴，女子爲婢，欲自贖者，人五十萬。〔四〕雖免爲民，俗猶羞之，嫁取無所讎，〔五〕是以其民終不相盜，無門户之閉，婦人貞信不淫辟〔六〕。其田民飲食以籩豆，〔七〕都邑頗放效吏及內郡賈人，往往以杯器食。〔八〕郡初取吏於遼東，吏見民無閉臧，及賈人往者，夜則爲盜，俗稍益薄。今於犯禁浸多，至六十餘條。可貴哉，仁賢之化也！然東夷天性柔順，異於三方之外，〔九〕故孔子悼道不行，設浮於海，欲居九夷，有以也〔一〇〕夫！〔一一〕樂浪海中有倭人，分爲百餘國，以歲時來獻見云。〔一二〕

〔一〕師古曰：濊音穢，字或作「薉」，其音同。

〔二〕師古曰：史記云「武王伐紂，封箕子於朝鮮」，與此不同。

〔三〕師古曰：八條不具見。

〔四〕【補注】先謙曰：官本「贖」作「償」。

〔五〕師古曰：讐，匹也。一曰，讐讀曰售。

〔六〕師古曰：辟讀曰僻。

〔七〕師古曰：以竹曰籩，以木曰豆，若今之檕也。檕音其敬反。

〔八〕師古曰：都邑之人頗用杯器者，效吏及賈人也。放音甫往反。

〔九〕師古曰：三方，謂南、西、北也。

〔一〇〕師古曰：論語稱孔子曰：「道不行，乘桴浮於海，從我者其由也歟！」言欲乘桴筏而適東夷，以其國有仁賢之化，可以行道也。桴音孚。筏音伐。【補注】朱一新曰：顏注失引「子欲居九夷」事。

〔一一〕【補注】劉攽曰：「夫」字宜屬上句。

〔一二〕如淳曰：如墨委面，在帶方東南萬里。臣瓚曰：倭是國名，不謂用墨，故謂之委也。師古曰：如淳云「如墨委面」，蓋音委字耳，此音非也。倭音一戈反，今猶有倭國。魏略云倭在帶方東南大海中，依山島爲國，度海千里，復有國，皆倭種。

自危四度至斗六度，謂之析木之次，燕之分也。〔一〕

〔一〕【補注】齊召南曰：按析木之次，星曰尾、箕。律曆志「析木，初尾十度，中箕七度，終于斗十一度」。此言一次之全度也。燕地祇占尾、箕，不及南斗，何緣自危四度至斗六度乎？若順數之，幾乎週天矣；若逆數之，則自危而虛，而女，而牽牛，而南斗，正當元枵星紀二次又何以云析木也？宋本、監本俱誤。

齊地，虛、危之分壄也。〔一〕東有菑川、東萊、琅邪、高密、膠東，南有泰山、城陽，北有千乘，清河以南，勃海之高樂、高城、重合、陽信，西有濟南、平原，皆齊分也。〔二〕

〔一〕【補注】錢坫曰：天官書「虛、危，青州」。

〔二〕【補注】宋祁曰：「分也」一本作「分地」。

少昊之世有爽鳩氏，虞、夏時有季萴，〔一〕湯時有逢公柏陵，殷末有薄姑氏，皆爲諸侯，國此地。至周成王時，薄姑氏與四國共作亂，成王滅之，以封師尚父，是爲太公。〔二〕詩風齊國是也。臨菑名營丘，故齊詩曰：「子之營兮，遭我虖嶩之間兮。」〔三〕又曰：「竢我於著乎而。」〔四〕此亦其舒緩之體也。吴札聞齊之歌，曰：「泱泱乎，大風也哉！〔五〕其太公乎？國未可量也。」

〔一〕師古曰：萴音仕力反。

〔二〕師古曰：武王封太公於齊，初未得爽鳩之地，成王以益之也。

〔三〕師古曰：齊國風營詩之辭也。毛詩作「還」，齊詩作「營」。之，往也。嶩，山名也，字或作「峱」，亦作「巙」，音皆乃高反。言往適營丘而相逢於嶩山也。【補注】錢坫曰：説文作「峱」。今山在青州府臨淄縣東南十五里。錢大昕曰：古書營與環通。説文「營，帀居也」。讀如闤闠之闤。還與環音亦同也。峱、農聲相近，故文或爲嶩。

〔四〕師古曰：齊國風著詩之辭也。著，地名，即濟南郡著縣也。乎而，語助也。一曰，門屏之間曰著，音直庶反。

〔五〕師古曰：泱泱，弘大之意也，音烏郎反。

古有分土，亡分民。〔一〕太公以齊地負海舄鹵，少五穀而人民寡，〔二〕乃勸以女工之業，通魚鹽之利，而人物輻湊。後十四世，〔三〕桓公用管仲，設輕重以富國，〔四〕合諸侯成伯功，〔五〕身在陪臣而取三歸。〔六〕故其俗彌侈，織作冰紈綺繡純麗之物，〔七〕號爲冠帶衣履天下。〔八〕

〔一〕師古曰：有分土者，謂立封疆也。無分人者，謂通往來不常厥居也。

〔二〕師古曰：舄鹵解在食貨志。

〔三〕【補注】朱一新曰：汪本作「十五」。案齊世家，汪本是。

〔四〕師古曰：解在食貨志。

〔五〕師古曰：伯讀曰霸。

〔六〕師古曰：三歸，三姓之女。【補注】錢坫曰：戰國策「桓公設女市、女閭，而管仲有三歸之臺」，謂此也。

〔七〕如淳曰：紈，白熟也。純，緣也，謂條組之屬也。麗，好也。臣瓚曰：冰紈，紈細密堅如冰者也。純麗，温純美麗之物也。師古曰：如説非也。冰，謂布帛之細，其色鮮絜如冰者也。紈，素也。綺，文繒也，即今之所謂細綾也。純，精好也。麗，華靡也。紈音丸。純音淳。【補注】王念孫曰：案，冰紈，謂素色鮮絜如冰也。師古分冰、紈爲二物，亦非。

〔八〕師古曰：言天下之人冠帶衣履，皆仰齊地。【補注】錢坫曰：漢制，齊有三服之官。

初，太公治齊，修道術，尊賢智，賞有功，故至今其土多好經術，矜功名，〔一〕舒緩闊達而足智。其失夸奢朋黨，言與行繆，虚詐不情，〔二〕急之則離散，緩之則放縱。始桓公兄襄公淫亂，姑姊妹不嫁，於是令國中民家長女不得嫁，名曰「巫兒」，爲家主祠，嫁者不利其家，民至今以爲俗。痛乎，道民之道，可不慎哉！〔三〕

〔一〕【補注】蘇輿曰：「土」疑「士」之譌。

〔二〕師古曰：不可得其情。

〔三〕師古曰：上「道」讀曰導。【補注】宋祁曰：「慎」疑作「憤」。蘇輿曰：慎字於文自順，宋説贅。

昔太公始封，周公問：「何以治齊？」太公曰：「舉賢而上功。」周公曰：「後世必有篡殺之臣。」其後二十九世爲彊臣田和所滅，而和自立爲齊侯。初，和之先陳公子完有罪來奔齊，〔一〕齊桓公以爲大夫，更稱田氏。九世至和而篡齊，至孫威王稱王，五世爲秦所滅。

〔一〕師古曰：公子完，陳厲公之子也。左氏傳魯莊二十二年「陳人殺其太子禦寇，公子完與顓孫奔齊」，蓋禦寇之黨也。

臨甾，海、岱之間一都會也，其中具五民云。〔一〕

〔一〕服虔曰：士、農、商、工、賈也。如淳曰：遊子樂其俗，不復歸，故有五方之民也。師古曰：如說是。

魯地，奎、婁之分壄也。〔一〕東至東海，南有泗水，至淮，得臨淮之下相、睢陵、僮、取慮，皆魯分也。〔二〕

〔一〕【補注】錢坫曰：天官書「奎、婁、胃，徐州」。

〔二〕師古曰：睢音雖。取音趣，又音秋。慮音閭。【補注】先謙曰：官本無「睢音雖」三字。

周興，以少昊之虛曲阜封周公子伯禽爲魯侯，〔一〕以爲周公主。〔二〕其民有聖人之教化，故孔子曰「齊一變至於魯，魯一變至於道」，言近正也。〔三〕瀕洙泗之水，〔四〕其民涉度，幼者扶老而代其任。〔五〕俗既益薄，長老不自安，與幼少相讓，故曰：「魯道衰，洙泗之間齗齗如也。」〔六〕孔子閔王道將廢，乃修六經，以述唐虞三代之道，弟子受業而通者七十有七人。是以其民好學，上禮義，重廉恥。周公始封，太公問「何以治魯？」周公曰：「尊尊而親親。」太公曰：「後世寖弱矣。」〔七〕故魯自文公以後，祿去公室，政在大夫，季氏逐昭公，陵夷微弱，三十四世而爲楚所滅。然本大國，故自爲分壄。

〔一〕師古曰：少昊，金天氏之（地）〔帝〕。【補注】汪遠孫曰：詩魯頌譜、正義引應劭曰「曲阜在魯城中，委曲長七八里」。

〔二〕師古曰：主周公之祭祀。

〔三〕師古曰：魯庶幾至道，齊人不如魯也。

〔四〕師古曰：言所居皆邊於一水也。瀕音頻，又音賓。

〔五〕師古曰：任，負戴也。

〔六〕師古曰：齗齗，分辨之意也，音牛斤反。

〔七〕師古曰：言漸微弱也。【補注】錢坫曰：魯世家：太公、伯禽報政周公，周公曰「魯後世北面事齊」。與此異。

今去聖久遠，周公遺化銷微，孔氏庠序衰壞。地陿民衆，頗有桑麻之業，亡林澤之饒。俗儉嗇愛財，趨商賈，好訾毁，多巧僞，〔一〕喪祭之禮文備實寡，然其好學猶愈於它俗。〔二〕

〔一〕師古曰：以言相毁曰訾。訾音子爾反。

〔二〕師古曰：愈，勝也。

漢興以來，魯東海多至卿相。東平、須昌、壽良，〔一〕皆在濟東，屬魯，非宋地也，當考。〔二〕

〔一〕【補注】王鳴盛曰：南監本作「壽張」。此與前「東郡」下「良」字不當互異，作「良」是。先謙曰：官本作「張」。

〔二〕師古曰：當考者，言當更考覈之，其事未審。【補注】顧炎武曰：於「宋地」下云「今之沛、梁、楚、山陽、濟陰、東平及東郡之須昌、壽張，皆宋分也」。於「魯地」下又云「非宋地也，當考」。此並存異説，以備考，當小注於下而誤連書者。錢坫曰：自「東平」以下十八字似非原文。或後人因其地屬魯而分壄在宋，故增記於此，以俟再核耳。

宋地，房、心之分壄也。〔一〕今之沛、梁、楚、山陽、濟陰、東平及東郡之須昌、壽張，皆宋分也。

〔一〕【補注】錢坫曰：天官書「房、心，豫州」。

周封微子於宋，今之睢陽是也，本陶唐氏火正閼伯之虛也。濟陰定陶，詩風曹國也。武王封弟叔振鐸於曹，其後稍大，得山陽、陳留，二十餘世爲宋所滅。

昔堯作游成陽，〔一〕舜漁靁澤，〔二〕湯止于亳，故其民猶有先王遺風，重厚多君子，好稼穡，惡衣食，以致畜藏。〔三〕

〔一〕如淳曰：作，起也。成陽在定陶，今有堯冢靈臺。師古曰：作游者，言爲宮室游止之處也。

〔二〕師古曰：漁，捕漁也。靁，古雷字。

〔三〕師古曰：畜讀曰蓄。

宋自微子二十餘世，至景公滅曹，滅曹後五世亦爲齊、楚、魏所滅，參分其地。魏得其梁、陳留，齊得其濟陰、東平，楚得其沛。故今之楚彭城，本宋也，春秋經曰「圍宋彭城」。宋雖滅，本大國，故自爲分野。

沛楚之失，急疾顓己，地薄民貧，〔一〕而山陽好爲姦盜。

〔一〕師古曰：顓與專同。急疾顓己，言性褊狹而自用。

衞地，營室、東壁之分壄也。〔一〕今之東郡及魏郡黎陽，河內之野王、朝歌，皆衞分也。

〔二〕【補注】錢坫曰：天官書「營室至東壁，并州」。

衛本國既爲狄所滅，〔一〕文公徙封楚丘，〔二〕三十餘年，子成公徙於帝丘。故春秋經曰「衛遷于帝丘」，〔三〕今之濮陽是也。本顓頊之虚，故謂之帝丘。夏后之世，昆吾氏居之。成公後十餘世，爲韓、魏所侵，盡亡其旁邑，獨有濮陽。後秦滅濮陽，置東郡，徙之於野王。始皇既并天下，猶獨置衛君，二世時乃廢爲庶人。凡四十世，九百年，最後絶，故獨爲分野。

〔一〕師古曰：衛懿公爲狄人所滅，事在春秋閔公二年。

〔二〕【補注】先謙曰：官本無「封」字。

〔三〕師古曰：遷，古遷字。【補注】錢坫曰：説文「遷，升高也。遷，登也」。聲義同，故通用。

衛地有桑間濮上之阻，〔一〕男女亦亟聚會，聲色生焉，〔二〕故俗稱鄭衛之音。周末有子路、夏育，民人慕之，〔三〕故其俗剛武，上氣力。漢興，二千石治者亦以殺戮爲威。宣帝時韓延壽爲東郡太守，承聖恩，崇禮義，尊諫爭，至今東郡號善爲吏，延壽之化也。其失頗奢靡，嫁取送死過度，而野王好氣任俠，有濮上風。

〔一〕師古曰：阻者，言其隱阸得肆淫僻之情也。【補注】先謙曰：「桒」當爲「桑」，官本不誤。

〔二〕師古曰：亟，屢也，音丘吏反。

〔三〕師古曰：子路，孔子弟子仲由也，性好勇。夏育亦古之壯士。皆衛人。

楚地，翼、軫之分壄也。〔一〕今之南郡、江夏、零陵、桂陽、武陵、長沙及漢中、汝南郡，盡楚分也。

〔一〕【補注】錢坫曰：天官書「翼、軫，荆州」。

周成王時，封文、武先師鬻熊之曾孫熊繹於荆蠻，爲楚子，〔一〕居丹陽。後十餘世至熊達，是爲武王，濡以彊大。〔二〕後五世至嚴王，總帥諸侯，觀兵周室，并吞江、漢之間，内滅陳、魯之國。〔三〕後十餘世，頃襄王東徙于陳。〔四〕

〔一〕【補注】錢坫曰：鬻，古音讀米。説文「鬻，從弼，從米聲」是也。鬻熊本姓芈，古字芈與鬻聲同通用，故芈熊亦稱鬻熊耳。

〔二〕師古曰：濡，漸也。

〔三〕【補注】劉攽曰：嚴王未嘗滅魯也。齊召南曰：案，楚之滅魯在頃襄王時，去莊王時甚遠。又莊王雖嘗入陳，旋復其國，至惠王始滅陳也。汪遠孫曰：案此統後言，不指莊王。

〔四〕【補注】朱一新曰：案陳屬淮陽國，頃襄王自郢徙此。

楚有江漢川澤山林之饒；江南地廣，或火耕水耨。民食魚稻，以漁獵山伐爲業，〔一〕果蓏蠃蛤，食物常足。〔二〕故呰窳媮生，而亡積聚，〔三〕飲食還給，不憂凍餓，〔四〕亦亡千金之家。信巫鬼，重淫祀。而漢中淫失枝柱，與巴蜀同俗。〔五〕汝南之别，皆急疾有氣埶。江陵，故郢都，西通巫、巴，東有雲夢之饒，亦一都會也。

〔一〕師古曰：山伐，謂伐山取竹木。

〔二〕師古曰：蠃音來戈反。蛤音閤，似蜯而圜。【補注】錢坫曰：史記作「果隋」，隋，俗字。

〔三〕應劭曰：呰，弱也。言風俗朝夕取給媮生而已，無久長之慮也。如淳曰：呰或作「訾」，音紫。窳音庾。晉灼曰：呰，病也。窳，惰也。師古曰：諸家之說皆非也。呰，短也。窳，弱也。言短力弱材，不能勤作，故朝夕取給而無儲偫也。如音是也。

〔四〕師古曰：還，及也，言常相及而給足也。【補注】朱一新曰：史記正義「淮南子曰，古者，民食蠃蚌之肉，多疹毒之患也」。

〔五〕師古曰：失讀曰泆。柱音竹甫反。枝柱，言意相節卻，不順從也。

吳地，斗分壄也。〔一〕今之會稽、九江、丹陽、豫章、廬江、廣陵、六安、臨淮郡，盡吳分也。

〔一〕【補注】錢坫曰：天官書「斗，江、湖」。

殷道既衰，周大王亶父興郊梁之地，長子大伯，次曰仲雍，少曰公季。公季有聖子昌，大王欲傳國焉。大伯、仲雍辭行采藥，遂奔荆蠻。公季嗣位，至昌爲西伯，受命而王。故孔子美而稱曰：「大伯，可謂至悳也已矣！三以天下讓，民無得而稱焉。」謂「虞仲夷逸，隱居放言，身中清，廢中權。」〔一〕大伯初奔荆蠻，荆蠻歸之，號曰句吳。〔二〕大伯卒，仲雍立，至曾孫周章而武王克殷，因而封之。又封周章弟中於河北，是爲北吳，〔三〕後世謂之虞，十二世爲晉所滅。後二世而荆蠻之吳子壽夢盛大稱王。其少子則季札，有賢材。兄弟欲傳國，札讓而不受。自大伯壽夢稱王六世，〔四〕闔廬舉伍子胥、孫武爲將，戰勝攻取，興伯名於諸侯。〔五〕至子夫差，誅子胥，用宰嚭，〔六〕爲粤王句踐所滅。

〔一〕師古曰：皆論語載孔子之言也。虞仲，即仲雍也。夷逸，言竄於蠻夷而遁逸也。隱居而不言，故其身清潔，所廢中於權道。【補注】吴仁傑曰：史記周本紀、吴世家所載虞仲、仲雍事不同。自本紀言之，則仲雍爲太伯之弟，而虞仲乃仲雍曾孫周章之弟也。然本紀言太伯弟曰虞仲，而世家言太伯弟曰仲雍，是虞仲、仲雍合而爲一人也。本紀言虞仲爲太伯之弟，而世家言虞仲爲周章之弟，是虞仲有兩人也。紀與世家皆出太史公，而自相伐如此。太史公采論語、春秋傳爲書。今案左傳，宫之奇曰「太伯、虞仲，太王之昭」，則虞仲爲太伯之弟太王之子明矣。孔子亦謂虞仲隱居放言，與夷、齊並稱之曰逸民。夫虞仲唯未嘗有國也，故與夷、齊並稱。使其繼太伯君句吴，則安得謂之隱而以逸民名之？左氏又載子貢之言曰「太伯端委以治周禮，仲雍嗣之，斷髮文身」。以此推之，則虞仲、仲雍決非一人。虞仲則終於逸民，仲雍嗣有吴國。虞仲爲太伯之弟，則仲雍蓋太伯之子也。孟堅既承誤於太史公，顔注又從而和之，過矣。

〔二〕師古曰：句音鉤，夷俗語之發聲也，亦猶越爲于越也。【補注】先謙曰：官本「于」作「於」。

〔三〕師古曰：中讀曰仲。【補注】吴仁傑曰：案周章之弟世家作「虞仲」，志作「吴中」。吴聲變而爲虞，仲、中古字通，則吴中即虞仲矣。然周本紀以虞仲爲太伯之弟，而世家與志以虞仲爲周章之弟者，案周章弟其初必自有名，而史失之，方武王封周章弟爲虞公，本以爲逸民虞仲之後，當時因以虞仲目之，如二虢之後稱虢仲、虢叔，趙盾之後稱趙孟也。張守節云「周章弟名仲，初封於虞，後人以國配仲，故又號始祖爲虞仲」。如其説，則是以曾孫而變祖字，恐無是理。北吴亦謂之吴，故以北冠之，以別荆蠻之吴，如虢之分東、西耳。其轉而爲虞，則猶虢爲郭也。志以虞爲北吴，而齊語謂爲西吴者，蓋在北在西從周所都言之。世家曰，封周章弟於周之北，則以爲北吴者，以其在鎬京之北。鄭語曰，當成周者西有虞、虢，則以爲西吴者，以其在成周之西。二説所以不同。

〔四〕【補注】先謙曰：陳奂云，「大伯」二字疑衍。

〔五〕師古曰：伯讀曰霸。

〔六〕師古曰：嚭音披美反。

吳、粵之君皆好勇，故其民至今好用劍，輕死易發。

粵既并吳，後六世爲楚所滅。後秦又擊楚，徙壽春，至子爲秦所滅。

壽春、合肥受南北湖皮革、鮑、木之輸，〔一〕亦一都會也。始楚賢臣屈原被讒放流，作離騷諸賦以自傷悼。〔二〕後有宋玉、唐勒之屬慕而述之，皆以顯名。漢興，高祖王兄子濞於吳，招致天下之娛遊子弟，枚乘、鄒陽、嚴夫子之徒興於文、景之際。而淮南王安亦都壽春，招賓客著書。而吳有嚴助、朱買臣，貴顯漢朝，文辭竝發，故世傳楚辭。其失巧而少信。初，淮南王異國中民家有女者，〔三〕以待游士而妻之，故至今多女而少男。〔四〕本吳粵與楚接比，數相并兼，〔五〕故民俗略同。

〔一〕師古曰：皮革，犀兕之屬也。鮑，鮑魚也。木，楓柟豫章之屬。【補注】錢坫曰：鮑即鞄字。說文「鞄，柔革工也。讀若朴」。周禮曰，柔皮之工鮑氏。鞄即鮑也。

〔二〕師古曰：諸賦謂九歌、天問、九章之屬。

〔三〕晉灼曰：有女者見優異。

〔四〕如淳曰：得女寵，或去男也。臣瓚曰：周官職方云「楊州之民，二男而五女」，此風氣非由淮南王安能使多女也。師古曰：二說皆非也。志亦言土地風氣既足女矣，因淮南之化，又更聚焉。【補注】劉敞曰：班氏作史，雜采異說，亦安能無失。瓚舉楊州之說是矣。錢坫曰：多女少男，謂多少之也。生男無喜，生女無怒，獨不見衞子夫伯天下是其義，而説者乃訾議之，何歟？

〔五〕師古曰：比，近也，音頻寐反。

吳東有海鹽章山之銅，三江五湖之利，亦江東之一都會也。豫章出黄金，然堇堇物之所有，取之不足以更費。〔一〕江南卑溼，丈夫多夭。

〔一〕應劭曰：堇堇，少也。更，賞也。言金少耳，取不足用顧費用也。師古曰：應説非也。此言所出之金既以少矣，自外諸物蓋亦不多，故總言取之不足償功直也。堇讀曰僅。更音庚。【補注】錢大昭曰：「賞」，閩本作「償」。先謙曰：官本作「償」。

會稽海外有東鯷人，〔一〕分爲二十餘國，以歲時來獻見云。

〔一〕孟康曰：音題。晉灼曰：音鞮。師古曰：孟音是也。

粵地，牽牛、婺女之分壄也。〔一〕今之蒼梧、鬱林、合浦、交阯、九真、南海、日南，皆粵分也。

〔一〕【補注】錢坫曰：天官書「牽牛、婺女，揚州」。

其君禹後，帝少康之庶子云，封於會稽，〔一〕文身斷髮，以避蛟龍之害。〔二〕後二十世，至句踐稱王，與吳王闔廬戰，敗之雋李。〔三〕夫差立，句踐乘勝復伐吳，吳大破之，棲會稽，〔四〕臣服請平。後用范蠡、大夫種計，遂伐滅吴，兼并其地。度淮與齊、晉諸侯會，致貢於周。周元王使使賜命爲伯，諸侯畢賀。後五世爲楚所滅，〔五〕子孫分散，君服於楚。〔六〕後十世，至閩君搖，佐諸侯平秦。漢興，復立搖爲粤王。是時，秦南海尉趙佗亦自王，傳國至武帝時，盡滅以爲郡云。

〔一〕臣瓚曰：自交阯至會稽七八千里，百越雜處，各有種姓，不得盡云少康之後也。按世本，越爲芈姓，與楚同祖，故國語曰「芈姓夔、越」，然則越非禹後明矣。又芈姓之越，亦句踐之後，不謂南越也。師古曰：越之爲號，其來尚矣，少康封庶子以主禹祠，君於越地耳。故此志云其君禹後，豈謂百越之人皆禹苗裔？瓚説非也。【補注】劉攽曰：瓚所云越非禹後，亦謂百越之君耳，豈指七八千里内之民乎？班氏所舉，但是會稽一越爾。瓚以一越證之，亦未爲失。而顔遂曲排之，非通論也。

〔二〕應劭曰：常在水中，故斷其髮，文其身，以象龍子，故不見傷害也。

〔三〕師古曰：雋音醉，字本作「檇」，其旁從木。【補注】錢坫曰：「會稽郡」下作「就李」，即今醉李也。何焯曰：西漢會稽一郡，吴越共之，故前以會稽爲吴分，此仍敘封于會稽，爲百越始。

〔四〕師古曰：會稽，山名。登山而處，以避兵難，言若鳥之棲。

〔五〕【補注】朱一新曰：案史越世家作「六世」者是。

〔六〕師古曰：事楚爲君而服從之。

處近海，多犀、象、毒冒、珠璣、銀、銅、果、布之湊，〔一〕中國往商賈者多取富焉。番禺，其一都會也。

〔一〕韋昭曰：果謂龍眼、離支之屬。布，葛布也。師古曰：毒音代。冒音莫内反。璣謂珠之不圜者也，音祈，又音機。布謂諸雜細布皆是也。

自合浦徐聞南入海，得大州，〔一〕東西南北方千里，武帝元封元年略以爲儋耳、珠厓郡。民皆服布如單被，穿中央爲貫頭。〔二〕男子耕農，種禾稻紵麻，女子桑蠶織績。亡馬與虎，民有五畜，〔三〕山多麈麖。〔四〕兵則矛、盾、刀，木弓弩，竹矢，或骨爲鏃。〔五〕自初爲郡縣，吏卒中國人多侵陵之，故率數歲壹反。元帝時，遂罷弃之。〔六〕

〔一〕【補注】先謙曰：即今瓊州府。

〔二〕師古曰：著時從頭而貫之。

〔三〕師古曰：牛、羊、豕、雞、犬。

〔四〕師古曰：麈似鹿而大，麖似鹿而小。麈音主，麖音京。

〔五〕師古曰：鏃，矢鋒，音子木反。

〔六〕【補注】先謙曰：詳賈捐之傳。

自日南障塞、徐聞、合浦〔一〕船行可五月，有都元國；又船行可四月，有邑盧没國；又船行可二十餘日，有諶離國；〔二〕步行可十餘日，有夫甘都盧國。〔三〕自夫甘都盧國船行可二月餘，有黄支國，民俗略與珠厓相類。其州廣大，户口多，多異物，自武帝以來皆獻見。有譯長，屬黄門，與應募者俱入海市明珠、璧流離、奇石異物，齎黄金雜繒而往。所至國皆稟食爲耦，〔四〕蠻夷賈船，轉送致之。亦利交易，剽殺人。〔五〕又苦逢風波溺死，〔六〕不者數年來還。大珠至圍二寸以下。〔七〕平帝元始中，王莽輔政，欲燿威德，厚遺黄支王，令遣使獻生犀牛。自黄支船行可八月，到皮宗；船行可八月，到日南象林界云。〔八〕黄支之南，有已程不國，漢之譯使自此還矣。

〔一〕【補注】朱一新曰：障塞，猶築亭乘障塞之障塞，非縣名也。汪氏云「障塞無聞」，殊誤。

〔二〕師古曰：諶音士林反。

〔三〕師古曰：都盧國人勁捷善緣高，故張衡西京賦云「烏獲扛鼎，都盧尋橦」，又曰「非都盧之輕趫，孰能超而究升」也。夫音扶。

〔四〕師古曰：稟，給也。耦，媲也。給其食而侶媲之，相隨行也。

〔五〕師古曰：剽，劫也，音頻妙反。

〔六〕【補注】宋祁曰：「逢」，越本作「蓬」。

〔七〕【補注】先謙曰：通典云「至圓者，置之平地，終日不停」。

〔八〕【補注】錢大昭曰：「八」，南監本、閩本竝作「二」。先謙曰：汪本、官本作「二」。象林，日南縣也。

溝洫志第九〔一〕

〔一〕應劭曰：溝廣四尺，深四尺；洫廣深倍於溝。師古曰：洫音許域反。【補注】先謙曰：說文溝下云「水溝廣四尺，深四尺」；瀆下云「溝也，一曰邑中曰溝」；洫下云「十里爲成，成閒廣八尺，深八尺謂之洫」；渠下云「水所居也」。史遷作河渠書，班易爲溝洫志，用論語「盡力溝洫」之文。書云「予決九川，距四海，濬畎澮，距川」，孔子云「盡力」，以此溝瀆通訓，大小皆得稱之。釋水「注澮曰瀆」，又云「江、淮、河、濟爲四瀆」。參之說文「邑中曰溝」之訓，班用溝洫二字，即指距川通渠言之，不泥廣深尺數爲說，應說過拘，殊失班意。

夏書：禹堙洪水十三年，〔一〕過家不入門。陸行載車，水行乘舟，〔二〕泥行乘毳，〔三〕山行則梮，〔四〕以別九州；〔五〕隨山浚川，〔六〕任土作貢；〔七〕通九道，陂九澤，度九山。〔八〕然河災之羨溢，害中國也尤甚。〔九〕唯是爲務，故道河自積石，〔一〇〕歷龍門，南到華陰，東下底柱，〔一一〕及盟津、雒內，至於大伾。〔一二〕於是禹以爲河所從來者高，水湍悍，難以行平地，〔一三〕數爲敗，乃釃二渠以引其河，〔一四〕北載之高地，〔一五〕過洚水，至於大陸，播爲九河，〔一六〕同爲迎河，入於勃海。〔一七〕九川既疏，九澤既陂，諸夏乂安，〔一八〕功施乎三代。

〔一〕如淳曰：堙，没也。師古曰：堙，塞也。洪水汜溢，疏通而止塞之。堙音因。【補注】周壽昌曰：河渠書作「禹抑洪水」。案書言「鯀堙洪水」，非禹也，宜從史記。蘇輿曰：索隱「抑者，遏也」。案堙、抑同義，堙訓塞，塞亦遏也，抑、堙音轉。史賈誼傳「獨堙鬱兮」本書作「壹鬱」。書益稷正義引河渠書作「湮」，殆因志文作「堙」變字，索隱亦云「漢書作堙」，知舊本如是。司馬相如傳難蜀父老辭「昔者洪水沸出，夏后氏戚之，乃堙洪源」。史記亦作「乃湮鴻水」。可見西漢尚書必有「禹堙洪水」之文，故志文稱引亦同。書言「鯀陻洪水」，自爲障塞，義不相妨。石經洪範作「伊鴻水」。伊、抑、堙亦聲之轉，湮、陻、堙同字。今書無此語，班、馬異字，殆今古文之别與？先謙曰：官本無如注。

〔二〕【補注】先謙曰：夏本紀、河渠書同。書下「乘」作「載」，紀「舟」作「船」。吕覽慎勢篇、淮南修務訓高注並云「水用舟，陸用車」。文子自然篇及修務訓止云「水用舟」，不言「陸用車」。

〔三〕孟康曰：毳形如箕，擿行泥上。如淳曰：毳音茅蕝之蕝。謂以板置泥上以通行路也。師古曰：孟説是也。毳讀如本字。【補注】先謙曰：夏本紀「毳」作「橇」。河渠書「乘」作「蹈」。集解徐廣云「它書或作蕝」。正義「橇形如船而短小，兩頭微起，人曲一腳，泥上擿進，用拾泥上之物，今杭州、溫州海邊有之」。自然篇、修務訓並作「泥用楯」。慎勢篇作「塗用輴」，高注云「澤行用蕝」。澤行即泥行也。説文「澤行用軕」。僞孔傳作「輴」。案：毳、橇字同，徐、高作「蕝」，故如讀毳爲蕝。集解又引尸子曰「行塗以楯」，又云「行險以撮」。撮與蕝音義亦同，又分楯、蕝爲二事。

〔四〕如淳曰：梮謂以鐵如錐頭，長半寸，施之履下，以上山，不蹉跌也。韋昭曰：梮，木器，如今舉牀，人舉以行也。師古曰：如説是也。梮音居足反。【補注】先謙曰：河渠書作「即橋」，即、則字同。夏本紀作「乘欙」，集解「『欙』一作『橋』。欙，直轅車也」。又引如注與此同，而「梮」作「欙車」。正義謂「上山前齒短後齒長，下山前齒長後齒短」也。先謙案：直轅車與韋訓輿牀合，正義説乃晉世所用遊山屐，如注則似今蜀人所用腳馬子，三説各一物。若作欙車，而以鐵椎訓之則謬矣。書益稷疏引應劭云「梮或作欙，爲人所牽引也」。説文及集解引尸子並云「山行乘欙」。自然篇、慎勢篇並作「山用欙」。修務訓及高注作「山用蔂」。沈欽韓云：欙即蔂，盛土之器，越山者以此懸度，又爲鹿盧以轉，故亦謂之橋。段玉裁云：樺、梮、橋三字，以梮爲正，橋者，音近轉語也。欙與梮一物異名，梮自其盛載而言，欙自其輓引而言。虆，大索也。欙從纍，此聲義之相倚者也。應釋欙，韋釋梮，兼兩説而後全。孟子「虆梩」，趙云「虆，籠屬」。毛詩傳「捄虆也，亦謂土籠」。舁之曰梮，人引之而行則曰欙也。虆者，欙之借字，或省作樏者，非。毛詩之捄，亦梮之借字。先謙案：愼勢篇、脩務訓並云「沙用鳩」。自然篇云「沙用肆」。淮南齊俗訓亦云「譬若舟車，楯肆窮廬，各有所宜也」。又在四載之外。

〔五〕師古曰：分其界。

〔六〕師古曰：順山之高下而深其流。

〔七〕師古曰：任其土地所有，以定貢賦之差也。【補注】蘇輿曰：任土與作貢是兩事，周禮小司徒「以任地事而令貢賦」。大司徒「以任土事」。鄭注「任謂就物所生，因民所能」。載師「掌任土之灋，以物地事，授地職，而待其政令」。鄭注「任土者，任其勢力所能生育，且以制貢賦也」。案，周禮即沿夏法，既任土事，因定賦差，顔義微隔。

〔八〕師古曰：言通九州之道，及鄣遏其澤，商度其山也。度音大各反。【補注】先謙曰：九澤、九山，並詳地理志。

〔九〕師古曰：羨讀與衍同，音弋展反。【補注】先謙曰：河渠書作「衍」。

〔一〇〕師古曰：道，治也，引也。從積石山而治引之，令通流也。道讀曰導。【補注】先謙曰：積石見地理志「金城河關」。

〔一一〕師古曰：底音之履反。【補注】先謙曰：龍門見「馮翊夏陽」。華陰，京兆縣。底柱在河東大陽。

〔一二〕鄭氏曰：山一成爲伾，在修武、武德界。張晏曰：成皋縣山是也。臣瓚以爲今修武、武德無此山也。成皋縣山又不一成也。今黎陽山臨河，豈是乎？師古曰：内讀曰汭。伾音皮彼反。解在地理志。【補注】劉奉世曰：瓚説是也。師古以爲在成皋，非也。先謙曰：官本「盟」作「明」，引宋祁曰，「明」邵本作「盟」。先謙案：盟津見「河南平」。雒内見「河南鞏」。大伾見「河南成皋」。

〔一三〕師古曰：急流曰湍。悍，勇也。湍音它端反。

〔一四〕孟康曰：釃，分也。分其流，泄其怒也。二渠，其一出貝丘西南南折者也，其一則漯川也。河自王莽時遂空，唯用漯耳。師古曰：釃音山支反。漯音它合反。【補注】王念孫曰：「釃」本作「灑」，注內釃字竝同。此後人不識古字，而以意改之也。河渠書作「廝」，索隱「廝」，漢書作「灑」。史記舊本亦作「灑」，字從水。韋昭云「疏決爲灑」。據此，則漢書本作「灑」明矣。司馬相如傳「決江疏河，灑沈澹災」。楊雄傳「灑沈菑於豁瀆」。師古竝云「灑，分也，所宜反」。則此注亦作「灑」明矣。墨子兼愛篇「灑爲九澮」，字亦作灑。文選南都賦「開竇灑流」。李善注，漢書音義曰「灑，分也」。所引即孟康注。先謙曰：孟注貝丘，乃頓丘之誤。河水注「河水東逕燕縣故城北，東郡南燕。又東逕遮害亭南，有宿胥口，舊河水北入處也」。案此謂禹河故道。又云「河水又東北爲長壽津，見東郡白馬。河之故瀆出焉。溝洫志曰『二渠以引河』，一則漯川，今所流也；一則北瀆，王莽時空，故世俗名是瀆爲王莽河。王莽河故瀆東北，逕戚城、東郡畔觀。繁陽、陰安、並魏郡。樂昌、東郡。元城魏郡。諸縣。餘見下。漯水上承河水於東武陽縣東南，東郡縣。胡渭云「漯首受河自黎陽宿胥口始，不起東武陽也」。東北逕(平陽)〔陽平〕、清、聊城、並東郡。高唐、瑗、漯陰、並平原。著、朝陽、鄒平、並濟南。東鄒、建信、千乘並千乘。諸縣入海」。

〔一五〕【補注】沈欽韓曰：謂乘高注北也。王横亦云「使河緣西山足，乘高地而東北入海」。

〔一六〕師古曰：播，布也。【補注】先謙曰：河水注「河水東北逕元城縣故城西北，而至沙丘堰。堰，障水也。書曰『北過降水』。不遵其道曰降，亦曰潰。至於大陸北，播爲九河，謂徒駭、太史、馬頰、覆釜、胡蘇、簡、潔、句盤、鬲津也」。

〔一七〕臣瓚以爲禹貢「夾右碣石入於河」，則河入海乃在碣石也。武帝元光二年，河移徙東郡，更注勃海。禹時不注也。師古曰：解在地理志。【補注】齊召南曰：書云「入於海」，河渠書始云「入於勃海」，而班志用之，本無差訛。禹河自周定王以後，雖漸遷移不定，而入海口總在直沽，至漢如故。武紀元光三年「河水徙，從頓丘東南流入勃海」。

其入勃海與禹時不異。所異者，改道從頓丘移徙耳。地理志於魏郡鄴縣曰「故大河在東北入海」。於勃海郡成平縣曰「虖沱河，民曰徒駭河」。此則禹河故道也，豈可曰禹時不注勃海乎？使禹河不注勃海，則史記於宣房既築，又何以云道河北行二渠，復禹舊跡也？瓚説非。沈欽韓曰：地理志「勃海郡，莽曰迎河。南皮縣，莽曰迎河亭」。則以爲禹貢逆河在是也。先謙曰：官本「迎」作「逆」，迎、逆，古今文之異。河水注「鄭玄曰，下尾合曰逆河，言相迎受矣。蓋疏潤下勢，以通河海。及齊桓伯世，廣塞田居，同爲一河，故自堰以北，館陶、廮陶、貝丘、鬲般、廣川、信都、東光、河間、樂成以東，城地並存，川瀆多亡。漢世河決金隄，南北離其害，議者常欲求九河故迹而穿之，未知其所，是以班云，自茲距漢北，亡八枝者也」。

〔一八〕師古曰：疏，分流。【補注】蘇輿曰：河渠書「陂」作「灑」。

自是之後，〔一〕滎陽下引河東南爲鴻溝，〔二〕以通宋、鄭、陳、蔡、曹、衛，與濟、汝、淮、泗會。〔三〕於楚，〔四〕西方則通渠漢川、雲夢之際，〔五〕東方則通溝江淮之間。〔六〕於吴，則通渠三江、五湖。〔七〕於齊，則通菑、濟之間。〔八〕於蜀，則蜀守李冰鑿離碓，〔九〕避沫水之害，〔一〇〕穿二江成都中。〔一一〕此渠皆可行舟，有餘則用溉，〔一二〕百姓饗其利。至於它，〔一三〕往往引其水，用溉田，溝渠甚多，然莫足數也。

〔一〕【補注】先謙曰：謂禹以後。

〔二〕【補注】先謙曰：索隱「楚、漢中分之界，文穎云即今官渡水也。蓋爲二流：一南經陽武，爲官渡水；一東經大梁城，即(河)〔鴻〕溝，今之汴河是也」。先謙案：地理志河南滎陽下云「狼湯渠首受泲，東南至陳入潁」。汳水注云「陰溝即蒗蕩渠也」。陰溝水注云「陰溝水受河於河南卷縣，東南逕封丘縣，絶濟瀆，東南至大梁，合蒗蕩渠。蒗蕩渠故瀆實兼陰溝浚儀之稱，東南逕大梁城北，與梁溝合，王賁灌大梁者爲梁溝。同受鴻溝沙水之目，其東導者，即汳水也」。渠水注云「渠水即蒗蕩渠。北屈分爲二水。續述征記曰『汳沙到浚儀而分』。汳東注，沙南流，逕梁王吹臺東，渠水於此有陰溝、鴻溝之稱。蘇秦説魏襄王云『大王之地，南有鴻溝』」。則戰國時有之，然非禹迹也。

〔三〕【補注】先謙曰：據地理志及水經注，沙水自陳留浚儀始亂蒗蕩，别爲沙水，逕扶溝、淮陽。長平、汝南。陳，淮陽。一爲新溝水，入潁；一逕寧平、淮陽。新陽、汝南。城父、山桑、龍亢、義成並沛郡。諸縣入淮。又過水自沙出，逕扶溝陽夏、並淮陽。寧陵、襄邑、並陳留。苦、淮陽。譙、城父、山桑、龍亢、義成並沛郡。諸縣入淮。又睢水自浚儀首受狼湯水，至取慮臨淮縣。入泗。又魯渠水自陳留首受狼湯水，至陽夏淮陽縣。入渦。又汳水自浚儀逕陳留、小黄、雍丘、外黄、成安、並陳留。甾梁國。爲甾獲渠。又逕寧陵、陳留。睢陽、蒙並梁國。爲獲水。逕已氏、虞、下邑、碭、杼秋、並梁國。虹、蕭、並沛郡。彭城楚國。諸縣入泗。案濟水至定陶濟陰。爲菏水，又至湖陵山陽。入泗。書云「浮於淮、泗，達於菏」，從説文，正「河」爲「菏」。是其道也。獲水於彭城入泗，即入濟。汝、泗、濟、潁又皆入淮，故云「鴻溝與濟、汝、淮、泗會」也。睢陽，宋地；滎陽，鄭地；淮陽，陳地；下蔡，蔡地；潁水至下蔡入淮，見地理志。定陶，曹地；濮陽，衞地。濮水首受泲，見地理志。其餘枝瀆互通，不可悉記，故云「鴻溝以通宋、鄭、陳、蔡、曹、衞」也。

〔四〕【補注】劉奉世曰：一鴻溝固不能旁通六國數百里之間。又濟自從千乘入海，安得會於楚也？齊召南曰：汴渠首受滎澤，即是濟水，何必遠求於千乘注海之濟口乎？劉疑於所不必疑，何也？周壽昌曰：劉説固誤，齊説亦舛，困學紀聞引朱子云，溝洫志「於楚」字本屬下文，下有「於齊」「於蜀」字，皆是句首。而劉誤讀屬之上句，此本史記原文，劉、齊全未一考。又文穎注漢書時已誤讀「會於楚」，見高帝本紀鴻溝注。厥後程大昌論禹貢亦引河渠書作「會於楚」，是誤讀者不止一劉仲馮也。

〔五〕【補注】全祖望曰：皇覽「孫叔敖激沮水作雲夢大澤之地」，即此事也。雲夢見於禹貢，豈叔敖作？蓋激沮水以入之者，叔敖也。沮非沮漳之沮，即漢水也。漢一名沔，一名沮，見地理志。沈欽韓曰：沔水注「揚水又東入華容縣，有靈溪水，西通赤湖水口，已下多湖，周五十里，城下陂池，皆來會同。又有子胥瀆，蓋入郢所開也。水東入離湖，湖側有章華臺。言此瀆，靈王立臺之日，漕運所由也」。先謙曰：河渠書「際」作「野」。「激沮水作雲夢大澤之地」者，謂大澤旁地，激沮水通渠，而興作田功耳。全說未當，事無明文，不必遂謂非沮漳之沮也。

〔六〕【補注】沈欽韓曰：哀九年傳「吴城邗，溝通江淮」。外傳「吴王起師北征，闕爲深溝，于商、魯之間，商，宋也。北屬之沂，西屬之濟，會晉公午於黄池」。淮水注「昔吴將伐齊，北伯中國，自廣陵城東南築邗城，城下掘深溝，謂之韓江，亦曰邗溟溝，自江東北通射陽湖，地理志所謂渠水也，西北至末口入淮」。楚事無明文。楚世家「惠王四十四年，越已滅吴，而不能正江淮北。楚東侵，廣地至泗上」。又越世家「句踐已去，渡淮南，以淮上地與楚」。並是其時，當考。先謙曰：河渠書「溝」上衍「鴻」字，不可通。

〔七〕【補注】沈欽韓曰：案外傳，子胥曰「吴之與越也，三江環之，民無所移」。韋昭云：三江，松江、錢唐、浦陽江也。又范蠡曰：「與我爭三江、五湖之利者，非吴耶？」三江但就吴越言，與大江無與。先謙曰：三江蓋即禹貢南、北、中三江，見地理志「會稽郡」下。韋昭云「五湖，湖名，實一湖，今太湖是也」。先謙案：即禹貢震澤。

〔八〕【補注】先謙曰：地理志「泰山萊蕪」下云「原山，甾水所出，東至博昌入泲」。

〔九〕晉灼曰：崔，古堆字也。崔，岸也。師古曰：音丁回反。【補注】錢大昭曰：「崔」當作「嵟」，說文「嵟，高也，從屵，隹聲」。徐鉉音都回切。先謙曰：宋史河渠志「離堆之址，舊鑱石爲水則，則盈一尺至十而止。水及六則，流始足用。過則，從侍郎堰減水河瀉而歸於江。歲作侍郎堰，必以竹爲繩，自北引而南，準水則第四以爲高下之度」。元史河渠志「北江少東爲虎頭山，爲鬬雞臺。臺有水則，以尺畫之，凡十有一。水及其九則民喜，過則憂，沒其則則困。又書『深淘灘，低作堰』六字其旁，爲治水之法，皆冰所爲也。又東爲離堆」。一統志云「舊志，離堆在灌縣西一里，或曰灌口山也」。華陽國志「離堆在南安縣界」。洪氏隸釋「在今夾江縣，又保寧府南部、蒼溪二縣皆有之」。

〔一〇〕師古曰：沫音本末之末。水出蜀西南徼外，東南入江。【補注】先謙曰：沫水注「沫水出岷山西，東流過漢嘉郡，南流衝一高山，山上合下開，水逕其間，山即蒙山也。自蒙山至南安西溷厓，水脈漂疾，破害舟船，歷代爲害。蜀郡太守李冰發卒鑿平溷厓，河神贔怒，冰乃操刀入水與神鬬，遂平溷厓，通正水路」。

〔一一〕【補注】先謙曰：二江即郫江、流江，詳「蜀郡成都、郫」下。

〔一二〕師古曰：溉，灌也。音工代反。

〔一三〕【補注】蘇輿曰：河渠書作「至於所過」。

魏文侯時，西門豹爲鄴令，有令名。〔一〕至文侯曾孫襄王時，與羣臣飲酒，王爲羣臣祝曰：「令吾臣皆西門豹之爲人臣也。」〔二〕史起進曰：「魏氏之行田也以百畝，〔三〕鄴獨二百畝，是田惡也。漳水在其旁，西門豹不知用，是不智也。知而不興，是不仁也。仁智豹未之盡，何足法也！」於是以史起爲鄴令，遂引漳水溉鄴，以富魏之河內。〔四〕民歌之曰：「鄴有賢令兮爲史公，決漳水兮灌鄴旁，終古舄鹵兮生稻粱。」〔五〕

〔一〕師古曰：有善政之稱。

〔二〕【補注】先謙曰：官本「皆」作「如」，是。

〔三〕師古曰：賦田之法，一夫百畝也。

〔四〕【補注】先謙曰：河渠書「西門豹引漳水溉鄴，以富魏之河內」。褚先生補滑稽傳言「西門豹發民鑿十二渠，引河水灌民田，田皆溉」。後書安帝紀「初元二年，修西門豹所分漳水，爲支渠以溉田」。不及史起。班取呂覽樂成篇補之，然後起事以傳。左思魏都賦「西門溉其前，史起灌其後」。史正義引括地志云「按橫渠首接漳水，蓋西門豹、史起所鑿之渠也」。皆豹、起並稱。但豹既引漳，起無容不知而訾之，呂覽乃敵國記載之詞，不免失實。班因之全没豹事，亦病其偏。

〔五〕蘇林曰：終古，猶言久古也。爾雅曰「鹵，鹹苦也」。師古曰：舄即斥鹵也。謂鹹鹵之地也。【補注】先謙曰：呂覽云「鄴有聖令，時爲史公，決漳水，灌鄴旁，終古斥鹵，生之稻粱」。與此微異。

其後韓聞秦之好興事，欲罷之，無令東伐。〔一〕乃使水工鄭國間說秦，〔二〕令鑿涇水，自中山西邸瓠口爲渠，〔三〕並北山，東注洛，三百餘里，〔四〕欲以溉田。中作而覺，〔五〕秦欲殺鄭國。鄭國曰：「始臣爲間，然渠成亦秦之利也。臣爲韓延數歲之命，而爲秦建萬世之功。」秦以爲然，卒使就渠。渠成而用溉注填閼之水，溉舄鹵之地四萬餘頃，收皆畝一鍾。〔六〕於是關中爲沃野，無凶年，秦以富彊，卒并諸侯，因名曰鄭國渠。

〔一〕如淳曰：息秦滅韓之計也。師古曰：罷讀曰疲，令其疲勞不能出兵。

〔二〕師古曰：間音居莧反。其下亦同。

〔三〕師古曰：中讀曰仲，即今九嵏之東仲山也。邸，至也。【補注】先謙曰：邸，抵借字。索隱「瓠口即谷口，郊祀志所謂『寒門谷口』是也」。沈欽韓云：爾雅「十藪，周有焦穫」。郭注「今扶風池陽瓠中是也」。長安志「焦穫藪在涇陽縣北，亦名瓠口」。索隱云「即谷口」，非也。谷口即冶谷，在雲陽縣，與中山同處，何云「自中山西抵瓠口」乎？元李好文奉元州縣圖，於三原縣西注「焦穫」，又於永壽縣北圖瓠口。胡渭云「瓠口即冶谷，亦稱瓠中，冶水出谷處，俗謂之東谷口，距谷口二十餘里」。亦沿舊說。宋志「至道元年，詔大理寺丞皇甫選、光祿寺丞何亮經度鄭白渠利害，選等言『周覽鄭渠之制，用功最大。並仲山而東，鑿斷岡阜，首尾三百餘里，連亘山足，岸壁頹毀。度其制置之始，涇河平淺，直入渠口。曁年代浸遠，涇河斗深，水勢漸下，與渠口相懸，水不能至。峻崖之處，渠岸摧毀，荒廢歲久，實難致力」〔三〕。先謙案：沮水注「鄭渠首上承涇水於中山西邸瓠口，所謂瓠中也。爾雅以爲周焦穫。鄭渠故瀆東逕宜秋城北，又東逕中山南，俗謂之仲山，非也。鄭渠又東絶冶谷水。紀要「冶谷在涇陽縣西北五十餘里，亦謂之谷口」。鄭渠故瀆又東逕巀薛山南，池陽縣城北，又東絶清水，又東逕北原下，與濁水合。又東歷原，逕曲梁城北，又東逕太上陵南，又東與沮水合。又謂之爲漆沮水，即洛水也」。圖經「中山北絶崖峩，西距冶谷，南並九嵏，涇河自中而出，故名中山。一云，以山在冶谷水西、涇水東也」。

〔四〕師古曰：並音步浪反。洛水即馮翊漆沮水。

〔五〕師古曰：中作，謂用功中道，事未竟也。

〔六〕師古曰：注，引也。閼讀與淤同，音於據反。填閼謂壅泥也。言引淤濁之水灌鹹鹵之田，更令肥美，故一畝之收至六斛四斗。【補注】王念孫曰：上「溉」字涉下「溉」字而衍，下言「溉舄鹵之地」，則此句不得先言溉。據注云「引淤濁之水，灌鹹鹵之田」，則上句無「溉」字明矣。上文云「竝北山，東注洛，欲以溉田」。亦是先言注，而後言溉也。史記及水經瀘水注、通典食貨二皆無上「溉」字。

漢興三十有九年，孝文時河決酸棗，東潰金隄，〔一〕於是東郡大興卒塞之。

〔一〕師古曰：潰，潰決也。金隄，河隄名也，在東郡白馬界。隄音丁奚反。【補注】先謙曰：酸棗，陳留縣。河水注「孝文時，河決酸棗，東潰金隄，大發卒塞之」。濟水注「紀年，魏襄十年，大霖雨，疾風，河水溢酸棗郛，漢世塞之，故班云文堙棗野也」。案：紀年與漢二事不相蒙，道元微誤。濟水注敘酸水故瀆，自酸棗東至南燕東郡縣。入濮渠。詳地理志。

其後三十六歲，孝武元光中，河決於瓠子，〔一〕東南注鉅野，〔二〕通於淮泗。〔三〕上使汲黯、鄭當時興人徒塞之，輒復壞。是時武安侯田蚡爲丞相，〔四〕其奉邑食鄃。鄃居河北，〔五〕河決而南則鄃無水災，邑收入多。蚡言於上曰：「江河之決皆天事，未易以人力彊塞，彊塞之未必（順）〔應〕天。」而望氣用數者亦以爲然，是以久不復塞也。

〔一〕【補注】齊召南曰：案河渠書作「四十有餘年」。自孝文十四年河決東郡，至元光三年河決濮陽，實三十六年，無四十餘年也。此則志訂史記之失。

〔二〕師古曰：鉅野，澤名，舊屬兖州界，即今之鄆州鉅野縣。【補注】先謙曰：山陽郡鉅野縣有禹貢大壄澤。濟水注「鉅野湖澤廣大，南通洙、泗，北接清、濟」。

〔三〕【補注】先謙曰：瓠子河注「瓠子河口東出東郡濮陽縣北十里，逕句陽、濟陰。都關、山陽。爲羊里水，合濮水枝渠，又逕廩丘、東郡。城都、山陽。黎、東郡。秺、濟陰。范東郡。諸縣，合濟渠，又合將渠，逕東阿、臨邑、茌平東郡。爲鄧里渠。河塞之後，宣防以下，將渠以上，無復有水。鄧里渠下逕四瀆口。見臨邑。河、濟、淮、江水逕周通，有四瀆之名」。入淮即入泗，故云「通於淮泗」也。

〔四〕【補注】先謙曰：官本考證云「蚡」，監本訛「汾」，今改正。

〔五〕師古曰：奉音扶用反。鄃音輸，清河之縣也。【補注】錢大昕曰：「鄃」與「俞」同，清河縣。俞侯欒布子賁，以景帝中六年嗣侯，元狩六年，坐爲太常犧牲不如令，國除。當武安爲相時，賁尚無恙，而奉邑得食鄃者，布封邑僅千八百戶，除所封之外，仍屬之有司也。

時鄭當時爲大司農，〔一〕言「異時關東漕粟從渭上，〔二〕度六月罷，〔三〕而渭水道九百餘里，〔四〕時有難處，〔五〕引渭穿渠，起長安，旁南山下，〔六〕至河三百餘里，徑，易漕，〔七〕度可令三月罷；〔八〕罷而渠下民田萬餘頃〔九〕又可得以溉。此(捐)〔損〕漕省卒，而益肥關中之地，得穀」。上以爲然，令齊人水工徐伯表，〔一〇〕發卒數萬人穿漕渠，三歲而通。〔一一〕以漕，大便利。〔一二〕其後漕稍多，而渠下之民頗得以溉矣。

〔一〕【補注】齊召南曰：公卿表景帝後元年，更名大農令。武帝太初元年，更名大司農。然則元光時，止應言大農。史記作「鄭當時爲大農」是也。「司」字衍。

〔二〕師古曰：異時，往時也。

〔三〕師古曰：計度其功，六月而後可罷也。度音大各反。

〔四〕【補注】先謙曰：河渠書「渭」作「漕」，較合。

〔五〕【補注】先謙曰：言水運多阻。

〔六〕師古曰：旁音步浪反。【補注】蘇輿曰：「旁」，史作「並」字，同。但上文「並北山」，志仍作「並」，它傳文義類此者，亦皆作「並」，則此疑後人所改。

〔七〕〔師古曰：徑，直也。易音弋豉反。〕

〔八〕【補注】劉奉世曰：案今渭汭至長安僅三百里，固無九百餘里。而云穿渠起長安，旁南山至河，中間隔灞、滻數大川，固又無緣山成渠之理，此說可疑，今亦無其跡。沈欽韓曰：此謂關東漕粟，由河入渭之路耳。唐食貨志「北運自陝州太原倉，浮於渭，以實關中」。計漢時當由陝程起也。

〔九〕【補注】蘇輿曰：史不重「罷」字，疑衍。

〔一〇〕師古曰：巡行穿渠之處而表記之，今之豎(摽)〔標〕是。【補注】沈欽韓曰：長安志圖「凡水廣尺、深尺爲一徼，以百二十徼爲準」。古有徼道，水家取以爲量水準則之名。今農者耕地一方謂之一徼，義與此同。假令渠道上廣一丈四尺，下廣一丈，上下相折，則爲一丈二尺，水深一丈，計積一百二十尺，爲水一百二十徼，是水之至限也。守限者每日具徼數，申報所司。徼即表之字變也。

〔一一〕【補注】錢大昭曰：閩本作「二歲」。

〔一二〕【補注】先謙曰：渭水注「漕渠，鄭當時所開也。其渠自昆明池南傍山原，東至於河，且田且漕，大以爲便。今無水」。

後河東守番係〔一〕言：「漕從山東西，歲百餘萬石，〔二〕更底柱之艱，〔三〕敗亡甚多而煩費。穿渠引汾溉皮氏、汾陰下，引河溉汾陰、蒲坂下，〔四〕度可得五千頃。故盡河壖棄地，〔五〕民茭牧其中耳，〔六〕今溉田之，〔七〕度可得穀二百萬石以上。穀從渭上，與關中無異，〔八〕而底柱之東，可毋復漕。」上以爲然，發卒數萬人作渠田。數歲，河移徙，渠不利，〔九〕田者不能償種。〔一〇〕久之，河東渠田廢，予越人，令少府以爲稍入。〔一一〕

〔一〕師古曰：姓番名係也。番音普安反。

〔二〕師古曰：謂從山東運漕而西入關也。

〔三〕師古曰：更，歷也，音庚。【補注】蘇輿曰：史「艱」作「限」，通典食貨（志）〔典〕作「險」。

〔四〕師古曰：引汾水可用溉皮氏及汾陰以下，而引河水可用溉汾陰及蒲坂以下，地形所宜也。

〔五〕師古曰：謂河岸以下緣河邊地素不耕墾者也。壖音而緣反。【補注】先謙曰：故猶舊也。官本「壖」作「堧」，引宋祁曰「堧」，邵本作「壖」。

〔六〕師古曰：茭，乾草也。謂收茭草及牧畜産於其中。茭音交。

〔七〕師古曰：溉而種之。

〔八〕師古曰：雖從關外而來，於渭水運上，皆可致之，故曰與關中收穀無異也。

〔九〕【補注】先謙曰：汾水注「汾水又西逕皮氏縣南，番係穿渠，引汾水以溉皮氏縣。故渠尚存，今無水也」。

〔一〇〕師古曰：言所收之直，不足償糧種之費也。種音之勇反。

〔一一〕如淳曰：時越人有徙者，以田與之，其租稅入少府也。師古曰：越人習於水田，又新至，未有業，故與之也。稍，漸也。其入未多，故謂之稍也。

其後人有上書，欲通褒斜道及漕，〔一〕事下御史大夫張湯。湯問之，〔二〕言「抵蜀從故道，故道多阪，回遠。〔三〕今穿褒斜道，少阪，近四百里；而褒水通沔，斜水通渭，〔四〕皆可以行船漕。漕從南陽上沔入褒，〔五〕褒絶水至斜，間百餘里，以車轉，從斜下渭。如此，漢中穀可致，而山東從沔無限，〔六〕便於底柱之漕。且褒、斜材木竹箭之饒，儗於巴蜀」。〔七〕上以爲然。拜湯子卬爲漢中守，發數萬人作褒斜道五百餘里。〔八〕道果便近，而水多湍石，不可漕。

〔一〕師古曰：褒、斜，二谷名，其谷皆各自有水耳。斜音弋奢反。【補注】蘇輿曰：「道」字句絶，「及漕」當屬下爲文，謂以此及漕事，下湯議也。唐書食貨志裴耀卿言「漕事」二字，本此。史合刻本及通典十竝入注於「道」下，較合。顔習見本書以「事下」爲文，而忘「及漕」二字，文義未足也。

〔二〕【補注】先謙曰：河渠書作「湯問其事，因言」云云，疑本書作「湯阿之」，而以字形近，誤爲問也。又問義太淺易，明非志文。

〔三〕師古曰：抵，至也。故道屬武都，有蠻夷，故曰道，即今鳳州界也。回音胡内反。【補注】先謙曰：官本「遠」作

「還」，河渠書亦作「遠」。

〔四〕【補注】先謙曰：沔水注「褒水東南歷褒口，即褒谷之南口也。北口曰斜，所謂北出褒、斜」。褒、斜二水，並詳「扶風武功」。

〔五〕【補注】沈欽韓曰：泝漢水而上，自襄陽府均州，西入鄖陽府鄖西縣，又西入鄖縣，又西至陝西興安州，西北至漢中府西鄉縣也。

〔六〕【補注】先謙曰：漢世謂關外爲山東。無限，言無艱阻也。上文「更砥柱之艱」，河渠書作「更砥柱之限」，即其證。正義云「無限，言多也」，誤矣。

〔七〕師古曰：儗，比也。

〔八〕【補注】沈欽韓曰：鄐里頌云「嘉念高帝之開石門」。沔水注「褒水東南逕大石門，歷故棧道下谷，俗謂千梁無柱。又歷小石門，門穿山通道，六丈有餘，刻石，言漢永平中，司隸校尉犍爲楊厥所開」。案，張良勸高祖燒絶棧道，是漢初本通褒、斜，後來棧道崩壞，時從子午谷耳。西漢通蜀漢者，惟褒斜、子谷二道，漢魏間復有駱谷道。

其後嚴熊言〔一〕「臨晉民願穿洛以溉重泉以東萬餘頃故惡地。〔二〕誠即得水，可令畝十石」。於是爲發卒萬人穿渠，自徵引洛水至商顏下。〔三〕岸善崩，〔四〕乃鑿井，深者四十餘丈。往往爲井，井下相通行水。〔五〕水隤以絶商顏，〔六〕東至山領十餘里間。井渠之生自此始。穿得龍骨，故名曰龍首渠。〔七〕作之十餘歲，渠頗通，猶未得其饒。

〔一〕【補注】先謙曰：河渠書作「莊熊羆」。「莊」字避明帝諱。誤奪「羆」字。

〔二〕師古曰：臨晉、重泉皆馮翊之縣也。洛即漆沮水。【補注】先謙曰：河渠書「惡」作「鹵」。

〔三〕應劭曰：徵在馮翊。商顏，山名也。師古曰：徵音懲，即今所謂澄城也。商顏，商山之顔也。謂之顔者，譬人之顔額也，亦猶山額象人之頸領。【補注】劉奉世曰：洛水南入渭，商山乃在渭水之南甚遠，何由穿渠至其下也？蓋自別一山名，顔説失之。先謙曰：徵，馮翊縣，今同州府澄城縣也。寰宇記，同州馮翊縣下引水經注云「洛水東逕商原西，俗謂之許原也」。紀要引作「滸原」，云「沮水之滸也，在同州府北三十五里」。通典「商原亦謂之商顔」。同州志「俗名鐵鎌山，又名長虹嶺，西盡州境，絶於洛，東經朝邑，絶於河，延袤八十餘里」。集解引服虔云「顔音崖」。音義俱明，知小顔誤也。官本注「山額」作「山領」，是。

〔四〕如淳曰：洛水岸也。師古曰：善崩，言憙崩也。

〔五〕【補注】何焯曰：多鑿井，則可以灌溉，此法行之尤便易而有漸，非若大役難興也。金史「太和八年七月，詔諸路規畫水田，部民謂水田之利甚大，沿河通作渠，如平陽掘井種田，俱可灌溉。比年邳、沂近河，布種豆麥，無水則鑿井灌之，計六百餘頃，比之陸田所收數倍，以此較之，他境無不可行者。遂令諸路按察司因勸農，可按問開河或掘井如何爲便，規畫具申，以俟興作」。惜當時未及盡行，平陽、邳、沂則仿井渠而有效者也。然井非極深，亦不能蓄水。

〔六〕師古曰：下流曰隤。【補注】先謙曰：欲令水下相通，徑度此山而東也。

〔七〕【補注】先謙曰：正義「括地志云，伏龍祠在馮翊縣西北四十里。故老云，漢時自徵穿渠引洛，得龍骨，其後立祠，因以伏龍爲名」。

自河決瓠子後二十餘歲，歲因以數不登，而梁楚之地尤甚。上既封禪，巡祭山川，其明年，乾封少雨。〔一〕上乃使汲仁、郭昌發卒數萬人塞瓠子決河。於是上以用事萬里沙，〔二〕則還自臨決河，湛白馬玉璧，〔三〕令羣臣從官自將軍以下皆負薪寘決河。〔四〕是時東郡燒草，以故薪柴少，而下淇園之竹以爲揵。〔五〕上既臨河決，悼功之不成，乃作歌曰：

〔一〕師古曰：乾音干。解在郊祀志。

〔二〕【補注】先謙曰：以、已同。事見郊祀志。

〔三〕師古曰：湛讀曰沈。沈馬及璧，以禮水神也。

〔四〕師古曰：窴音大千反。

〔五〕晉灼曰：淇園，衛之苑也。如淳曰：樹竹塞水決之口，稍稍布插按樹之，水稍弱，補令密，謂之揵。以草塞其衷，乃以土填之。有石，以石爲之。師古曰：揵音其偃反。【補注】沈欽韓曰：元和志「李冰作揵尾堰，以防江決。破竹爲籠，圓徑三尺，長十丈，以石實中，累而壅水」。此下竹爲揵之法。先謙曰：河渠書「揵」作「楗」。集解引如注「按」作「接」，「衷」作「裏」。官本「揵」並作「犍」，「衷」作「中」。

瓠子決兮將奈何？浩浩洋洋，慮殫爲河。〔一〕殫爲河兮地不得寧，功無已時兮吾山平。〔二〕吾山平兮鉅野溢，〔三〕魚弗鬱兮柏冬日。〔四〕正道弛兮離常流，〔五〕蛟龍騁兮放遠游。〔六〕歸舊川兮神哉沛，〔七〕不封禪兮安知外！〔八〕皇謂河公兮何不仁，〔九〕泛濫不止兮愁吾人！〔一〇〕齧桑浮兮淮、泗滿，〔一一〕久不反兮水維緩。〔一二〕

〔一〕如淳曰：殫，盡也。師古曰：浩浩洋洋，皆水盛貌。慮猶恐也。浩音胡老反。洋音羊。【補注】王念孫曰：師古訓慮爲恐，謂恐殫爲河，非也。下句云「殫爲河兮地不得寧」，則是已殫爲河矣。今案：慮猶大氐也，言河水所漫之地，浩浩洋洋，大氐盡爲河矣。荀子議兵篇「焉慮率用賞慶刑罰，埶詐而已矣」。楊倞曰「慮，大凡也」。漢書賈誼傳「慮亡不帝制而天子自爲者」。亡與無同。師古曰「慮，大計也，言諸侯皆欲同帝制，而爲天子之事」。下文曰「宗室子孫慮莫不王」。亦言大氐莫不王也。師古曰：「慮，（許）〔計〕也。」計亦謂大計也。今本「慮莫」譌作「莫慮」。賈子五美篇曰「宗室子孫，慮莫不王」。今據改。又曰「借父耰鉏，慮有德色」。言大氐有德色也。又曰「逐利不耳，慮非顧行也」。言大氐非顧行也。師古曰：「念慮之中，非顧行之善惡。」失之。又曰「慮不動於耳目，以爲是適然耳」。言大氐不動於耳目也。是慮爲大氏之稱也。或謂之「無慮」疊韻字也。高注淮南俶真篇「無慮，大數名也」。食貨志「天下大氏無慮皆鑄金錢矣」。師古以無慮爲無小計慮，非是。辯見經義述聞。或作「亡慮」，趙充國傳「亡慮萬二千人」，師古曰「無慮，大計也」。慮與閭，古同聲而通用。宣十一年左傳注「無慮計功」。釋文曰「無慮，如字，一音力於反」。爾雅釋木「諸慮，山櫐」。釋文曰「諸慮，如字，又力余反」。又地理志「河内郡隆慮，東海郡昌慮，臨淮郡取慮，遼郡無慮」，竝音閭。故河渠書作「閭殫爲河」，猶遼東之無慮縣，因醫無閭山以爲名也。裴駰謂州閭盡爲河，尤失之。先謙曰：「浩浩洋洋」，河渠書作「皓皓旰旰」。

〔二〕如淳曰：恐水漸山使平也。韋昭曰：鑿山以填河。師古曰：韋説是也。已，止也。言用功多不可畢止也。

〔三〕如淳曰：瓠子決，灌鉅野澤使溢也。【補注】周壽昌曰：初學記八引漢書此語，並引注云「吾山即魚山也」。今無此注，必傳寫脱去。先謙曰：(河)〔濟〕水注「馬頰水東北流逕魚山南，山即吾山也。武帝瓠子歌所謂吾山平者也。西去東阿城四十里」。

〔四〕孟康曰：鉅野滿溢，則衆魚弗鬱而滋長，迫冬日乃止也。師古曰：孟説非也。弗鬱，憂不樂也。水長涌溢，濊濁不清，故魚不樂，又迫於冬日，將甚困也。柏讀與迫同。弗音佛。【補注】王念孫曰：「孟説非也」，汪本「非」作「是」，涉上注「韋説是也」而誤。據景祐本改，別本或删此四字，尤非。顔説亦非也。河水本濁，不待泛濫而始濁，魚本生於河中，亦不以水濁而不樂也。余謂「弗鬱」讀爲「沸渭」，河渠書作「沸鬱」。沸渭猶汾沄，魚衆多之貌也。楊雄長楊賦「汾沄沸渭」，李善曰「汾沄沸渭，衆盛貌也」。河溢鉅野，則其地皆魚矣，故曰魚弗鬱。下文「蛟龍騁兮放遠游」，意亦與此同。迫冬日者，言時已近冬而水猶泛濫也。迫冬日，指水災言之，非指魚言之。武紀元鼎二年詔曰「今水潦移於江南，迫隆冬至，朕懼其饑寒不活」。與此「迫冬日」同意。先謙曰：官本無「孟説非也」四字。又無「讀」字。

〔五〕晉灼曰：言河道皆弛壞。【補注】先謙曰：河渠書「正」作「延」。徐廣云「延」一作「正」。案「延」乃「正」誤字。

〔六〕【補注】先謙曰：河渠書「放」作「方」。

〔七〕臣瓚曰：水還舊道，則羣害消除，神祐滂沛也。師古曰：沛音普大反。

〔八〕師古曰：言不因巡將封禪而出，則不知關外有此水。【補注】先謙曰：官本注「將」作「狩」，是。

〔九〕張晏曰：皇，武帝也。河公，河伯也。【補注】先謙曰：河渠書作「爲我謂河伯兮」，下「河公」同。

〔一〇〕如淳曰：齧桑，邑名，爲水所浮漂。【補注】沈欽韓曰：楚世家「懷王十年，秦使張儀與楚、齊、魏盟齧桑」。徐廣云「在梁與彭城之間」。紀要「齧桑亭在徐州沛縣西南」。先謙曰：齧桑亦見周勃傳。

〔一一〕師古曰：水維，水之綱維也。

一曰：

河湯湯兮激潺湲，〔一〕北渡回兮迅流難。〔二〕搴長茭兮湛美玉，〔三〕河公許兮薪不屬。〔四〕薪不屬兮衛人罪，〔五〕燒蕭條兮噫乎何以御水！〔六〕隤林竹兮揵石菑，〔七〕宣防塞兮萬福來。〔八〕

〔一〕師古曰：歌有二章，自「河湯湯」以下更是其一，故云「一曰」也。湯湯，疾貌也。潺湲，激流也。湯音傷。潺音仕連反。湲音于權反。

〔二〕師古曰：迅，疾也，音訊。【補注】先謙曰：回，迂遠也。河渠書作「迂」。「迅」作「浚」。

〔三〕如淳曰：搴，取也。茭，草也，音茭。一曰，茭，竿也。取長竿樹之，用著石間以塞決河也。臣瓚曰：竹葦絙謂之茭，也，所以引置土石也。師古曰：瓚說是也。搴，拔也。絙，索也。湛美玉者，以祭河也。茭字宜從竹。搴音騫。茭音交，又音爻。湛讀曰沈。絙音工登反。【補注】錢大昭曰：注「音茭」，閩本作「音郊」。先謙曰：官本作「郊」，是。

〔四〕如淳曰：旱燒，故薪不足也。師古曰：沈玉禮神，見許福祐，但以薪不屬逮，故無功也。屬音之欲反。

〔五〕師古曰：東（都）〔郡〕本衞地，故言此衞之人罪也。【補注】先謙曰：官本注「衞之人」作「衞人之」，是。

〔六〕師古曰：燒草皆盡，故野蕭條然也。噫乎，歎辭也。噫音於期反。【補注】先謙曰：河渠書「御」作「禦」，義同。

〔七〕師古曰：隤林竹者，即上所説「下淇園之竹以爲楗」也。石菑者謂臿石立之，然後以土就填塞也。菑亦臿耳，音側其反，義與剚同。【補注】沈欽韓曰：菑讀如詩箋「熾菑」之「菑」，即宋志所云「馬頭鋸牙」也，俗謂之磯觜，累石爲之。先謙曰：官本注「塞」下有「之」字，「剚」作「臿」。

〔八〕【補注】先謙曰：防乃房之誤，河渠書作「宣房」。

於是卒塞瓠子，築宮其上，名曰宣防。而道河北行二渠，復禹舊跡，〔一〕而梁、楚之地復寧，無水災。〔二〕

〔一〕師古曰：道讀曰導。

〔二〕【補注】先謙曰：瓠子河注「平帝以後，未及修理，河水東漫，日月彌廣。永平十二年，顯宗詔王景治渠築隄，起自滎陽，東至千乘，一千餘里，防遏衝要，疏決壅積，瓠子之水，絶而不通，惟溝瀆存焉」。胡渭云：武紀「元光三年春，河水徙，從頓丘東南流入勃海。夏五月，河水決濮陽」。溝洫志言濮陽瓠子，而頓丘之決口入海，中間經過之地，皆不可得聞。今以水經注考之，北瀆初逕頓丘縣西北，至是改流，蓋自戚城西決，而東北過其縣，東南歷畔觀至東武陽，奪漯川之道，東北至千乘入海者也。漯川狹小，不能容，故其夏又自長壽津溢而東，以決於濮陽，則東南注鉅野，而北瀆之流微矣。及塞宣房，河道北行二渠，則正流全歸北瀆，餘波仍爲漯川。頓丘之決口，不勞而塞，故志略之。

自是之後，用事者爭言水利。朔方、西河、河西、酒泉皆引河及川谷以溉田。〔一〕而關中靈軹、成國、湋渠〔二〕引諸川，〔三〕汝南、九江引淮，〔四〕東海引鉅定，〔五〕泰山下引汶水，〔六〕皆穿

渠爲溉田，各萬餘頃。它小渠及陂山通道者，不可勝言也。〔七〕

〔一〕【補注】先謙曰：河水注「河水逕朔方臨戎縣故城西，又北，有支渠東出，謂之銅口，東注以溉田」。地理志「張掖郡觻得縣千金渠，至酒泉郡樂涫縣入澤中」。此渠引羌谷水，志所云引川谷也。西河郡有廣田縣，蓋亦因水利得名。又敦煌郡效穀縣，因孝武時，魚澤尉崔不意教力田，以勤效得穀，改名。龍勒縣氐置水東北入澤，溉民田。又河水注「河水北逕北地富平縣西，上河城東，典農城東，廉縣故城東，與枝津合。水受大河，東北逕富平城，所在分裂，以溉田圃，北流入河」。而志不及。

〔二〕如淳曰：地理志「盩厔有靈軹渠」。成國，渠名，在陳倉。湋音韋，水出韋谷。【補注】先謙曰：渭水注「盩厔縣北有蒙籠渠，承渭水於郿縣東，逕武功縣爲成林渠，「林」是「國」誤。又東逕縣北，亦曰靈軹渠」。故地理志「郿」下云「成國渠至上林入蒙籠渠」。而「盩厔」下但云「靈軹渠，武帝穿也」。長安志「韋谷渠在盩厔縣西南三十五里，自南山流下，至清化店入渭」。寰宇記「湋水在今縣北五里」。盩厔縣志「韋水源出韋谷，其正流西經郿縣境，支流東引爲渠，散没縣界」。

〔三〕【補注】先謙曰：河渠書作「引堵水」。徐廣曰，一作「諸川」。「堵水」誤字。渭水注云「河渠書以爲『引堵水』，徐廣曰，一作『諸川』，是也」。則其誤久矣。

〔四〕【補注】先謙曰：詳地理志「汝南郡富陂、慎陽」，「九江郡壽春」。

〔五〕臣瓚曰：鉅定，澤名也。【補注】先謙曰：詳地理志「齊郡鉅定」。

〔六〕師古曰：汶音問。【補注】先謙曰：汶水注「汶水西南逕亭亭山東，水上有石門，舊分水下溉處。汶水自桃鄉縣四分，當其派别之處，謂之四汶口」。

〔七〕師古曰：陂山，因山之形也。道，引也。陂音彼義反。道讀曰導。一曰，陂山，遏山之流以爲陂也，音彼皮反。【補注】先謙曰：河渠書「陂」作「披」。

自鄭國渠起，至元鼎六年，百三十六歲，而兒寬爲左内史，奏請穿鑿六輔渠，〔一〕以益溉鄭國傍高卬之田。〔二〕上曰：「農，天下之本也。泉流灌寖，所以育五穀也。〔三〕左、右内史地，名山川原甚衆，細民未知其利，故爲通溝瀆，畜陂澤，〔四〕所以備旱也。今内史稻田租挈重，不與郡同，〔五〕其議減。令吏民勉農，盡地利，平繇行水，勿使失時。」〔六〕

〔一〕師古曰：在鄭國渠之裏，今尚謂之輔渠，亦曰六渠也。【補注】蘇輿曰：六輔渠遺跡，唐時尚在三原、雲陽界，唐地志「雲陽有古鄭白渠」。見元和志。長安志圖經「開六小渠輔助鄭國，故名」。韋昭於三輔外，加三河爲六輔，誤甚。駁見兒寬傳注。御覽七十五引内黄圖經云「前漢倪寬遷内黄令，吏民大信，表開六輔渠，以大溉灌獲利，因名曰倪公渠」。案，寬未嘗令内黄，準以地望，亦與内黄無涉，圖經附會，殊難據信。

〔二〕師古曰：素不得鄭國之溉灌者也。卬謂上向也，讀曰仰。

〔三〕師古曰：寖，古浸字。

〔四〕師古曰：畜讀曰蓄。

〔五〕師古曰：租挈，收田租之約令也。郡謂四方諸郡也。挈音苦計反。【補注】先謙曰：官本考證云「收田租」，監本訛「收臣租」，今改正。又注「挈音苦計反」。據注，與「契」字同。顧炎武云：「挈，偏也」。説文有觢字，注云「角一俯一仰」，意同。先謙案：二義並通。

〔六〕師古曰：平繇者，均齊渠堰之力役，謂俱得水利也。繇讀曰傜。

後十六歲，太始二年，趙中大夫白公〔一〕復奏穿渠，引涇水，首起谷口，尾入櫟陽，〔二〕注渭中，袤二百里，〔三〕溉田四千五百餘頃，因名曰白渠。〔四〕民得其饒，歌之曰：「田於何所？池陽、谷口。鄭國在前，白渠起後。〔五〕舉臿爲雲，決渠爲雨。〔六〕涇水一石，其泥數斗。且溉且糞，長我禾黍。〔七〕衣食京師，億萬之口。」言此兩渠饒也。

〔一〕鄭氏曰：白，姓。公，爵。時人多相謂爲公。師古曰：此時無公爵也，蓋相呼尊老之稱耳。

〔二〕師古曰：谷口即今雲陽縣治谷是。【補注】先謙曰：官本注末有「也」字。

〔三〕師古曰：袤，長也，音茂。

〔四〕【補注】先謙曰：起馮翊郡谷口，歷池陽、高陵、櫟陽、蓮勺諸縣，入渭。詳地理志。

〔五〕師古曰：鄭國興於秦時，故云前。【補注】蘇輿曰：御覽七十五作「白公」。

〔六〕師古曰：臿，鍫也，所以開渠者也。

〔七〕如淳曰：水渟淤泥，可以當糞。

是時方事匈奴，興功利，言便宜者甚衆。齊人延年上書〔一〕言：「河出昆侖，經中國，注勃海，是其地勢西北高而東南下也。可案圖書，觀地形，令水工準高下，開大河上領，〔二〕出之胡中，東注之海。如此，關東長無水災，北邊不憂匈奴，可以省隄防備塞，士卒轉輸，胡寇侵盜，覆軍殺將，暴骨原野之患。天下常備匈奴而不憂百越者，以其水絶壤斷也。此功壹成，萬世大利。」書奏，上壯之，報曰：「延年計議甚深。然河乃大禹之所道也，〔三〕聖人作事，爲萬世功，通於神明，恐難改更。」

〔一〕師古曰：史不得其姓。【補注】蘇輿曰：廣韻「延」下云「亦姓」。案，後漢有延篤。

〔二〕晉灼曰：上領，山頭也。

〔三〕師古曰：道讀曰導。

自塞宣房後，河復北決於館陶，分爲屯氏河，〔一〕東北經魏郡、清河、信都、勃海入海，〔二〕廣深與大河等，故因其自然，不隄塞也。此開通後，館陶東北四五郡雖時小被水害，而兗州以南六郡無水憂。宣帝地節中，光禄大夫郭昌使行河。北曲三所水流之勢皆邪直貝丘縣。〔三〕恐水盛，隄防不能禁，乃各更穿渠，直東，經東郡界中，不令北曲。渠通利，百姓安之。元帝永光五年，河決清河靈鳴犢口，〔四〕而屯氏河絶。〔五〕

〔一〕師古曰：屯音大門反。而隋室分析州縣，誤以爲毛氏河，乃置毛州，失之甚矣。【補注】先謙曰：館陶，魏郡縣。王延世河隄成，是水亦斷。

〔二〕【補注】先謙曰：至章武入海，行千五百里。詳地理志。

〔三〕師古曰：直，當也。【補注】先謙曰：貝丘，清河縣。

〔四〕師古曰：清河之靈縣鳴犢河口也。

〔五〕【補注】先謙曰：據河水注「大河故瀆至靈縣别出爲鳴犢河，逕鄃縣而北合屯氏瀆。屯氏瀆兼鳴犢之稱，又逕鄃縣故城北，合大河故瀆，爲鳴犢口」。詳地理志。

成帝初，清河都尉馮逡〔一〕奏言：「郡承河下流，與兗州東郡分水爲界，城郭所居尤卑下，土壤輕脆易傷。頃所以闊無大害者，以屯氏河通，兩川分流也。〔二〕今屯氏河塞，靈鳴犢口又益不利，獨一川兼受數河之任，雖高增隄防，終不能泄。如有霖雨，旬日不霽，必盈溢。〔三〕靈鳴犢口在清河東界，所在處下，雖令通利，猶不能爲魏郡、清河減損水害。禹非不愛民力，以地形有勢，故穿九河，今既滅難明，〔四〕屯氏河不流行七十餘年，新絶未久，其處易浚。〔五〕又其口所居高，於以分殺水力，〔六〕道里便宜，可復浚以助大河泄暴水，備非常。又地節時郭昌穿直渠，後三歲，河水更從故第二曲間北可六里，復南合。今其曲勢復邪直貝丘，百姓寒心，宜復穿渠東行。不豫修治，北決病四五郡，南決病十餘郡，然後憂之，晚矣。」事下丞相、御史，白博士許商治尚書，善爲算，能度功用。〔七〕遣行視，〔八〕以爲屯氏河盈溢所爲，方用度不足，〔九〕可且勿浚。

〔一〕師古曰：逡音七旬反。【補注】先謙曰：逡，野王（子）〔弟〕，見本傳。

〔二〕師古曰：闊，稀也。【補注】先謙曰：闊猶久也。諸葛豐傳「間何闊」。

〔三〕師古曰：雨止曰霽，音子計反，又音才詣反。

〔四〕【補注】沈欽韓曰：鄭云「齊桓霸世，塞廣田居，同爲一河。今河間弓高以東，至平原鬲津，往往有其遺處焉」。書正義「許商上言三河，下言三縣，則徒駭在成平，胡蘇在東光，鬲津在鬲縣，餘不復知。爾雅九河之次，從北而南，既知三河之次，則其餘六者，太史、馬頰、覆釜在東光之北，成平之南，簡、潔、鉤盤在東光之南，鬲縣之北也。其河填塞，時有故道。春秋寶乾圖云『移河爲界在齊呂，填閼八流以自廣』。鄭據此文，言塞其東流八枝，并使歸於徒駭也」。案：後之言九河故迹者，水經注「故渠川派東入般縣爲般河，蓋亦九河之一道也」。明志「德州德平縣東北，有般河，或以爲古鉤盤」也。通典「古馬頰、覆釜二河在德州安德縣，鉤盤河在滄州樂陵縣，今爲武定府樂陵縣。古胡蘇河在東光縣北」。明志「景州東光縣東，有胡蘇枯河」。元和志「鬲津枯河在德州安德縣南七十里，即九河之一。馬頰河在平昌縣南十里。鉤盤河在棣州信陽縣北四十里。胡蘇河在滄州饒安縣西五十里」。明志「滄州東北有廢饒安城」。史記正義「簡河在貝州歷亭縣界」。明志「歷亭，元省入高唐州恩縣」。九域志「瀛州樂壽有徒駭河」。樂壽，今河間府獻縣。輿地廣記「滄州南皮縣有潔河」。金地理同。明一統志「太史河在南皮縣北」。于欽齊乘「許商、孔穎達之言簡而近實，後世圖志雖詳，反見淆亂。嘗往來燕、齊，西道河間，東履清、滄，熟訪九河故道。蓋昔北流，衡漳注之，河既東徙，漳自入海，安知北流之漳非古徒駭河歟？踰漳而南，清、滄二州之間，有古河隄岸數重，地皆沮洳沙鹵，太史等河當在其地。滄州之南有大連澱，西踰東光，東至海，此非胡蘇河歟？澱南至西無棣縣，百餘里間有曰大河，曰沙河，皆瀕古隄縣北，地名八會口，縣城南枕無棣溝，茲非簡、潔等河歟？無棣縣東北有陷河，闊數里，西通德棣，東至海，茲非所謂鉤盤河歟？濱州北有士傷河，西踰德(林)[棣]，東至海，茲非鬲津河歟？士傷河最南，比他河差狹，是謂鬲津無疑也」。紀要「士傷河在濱州北」。

〔五〕師古曰：浚謂治道之令其深也，浚音峻。【補注】劉奉世曰：河不流行，「不」字宜爲「水」字，或衍「不」字。先謙曰：官本注無「道」字。

〔六〕【補注】錢大昭曰：南監本、閩本「分」下竝有「流」字。朱一新曰：汪本有「流」字。先謙曰：官本有「流」字。

〔七〕師古曰：白，白於天子也。度音大各反。【補注】周壽昌曰：商字長伯，長安人，事光祿勳周堪，治尚書，由博士四至九卿。

〔八〕師古曰：行音下更反。

〔九〕師古曰：言國家少財役。【補注】先謙曰：官本注末有「也」字。

後三歲，河果決於館陶及東郡金堤，泛溢兗、豫，入平原、千乘、濟南，凡灌四郡三十二縣，水居地十五萬餘頃，深者三丈，壞敗官亭室廬且四萬所。御史大夫尹忠對方略疏闊，上切責之，忠自殺。遣大司農非調〔一〕調均錢穀河決所灌之郡，〔二〕謁者二人發河南以東漕船五百㮴，〔三〕徙民避水居丘陵，九萬七千餘口。河隄使者王延世使塞，〔四〕以竹落長四丈，大九圍，盛以小石，兩船夾載而下之。三十六日，河隄成。上曰：「東郡河決，流漂二州，校尉延世隄防三旬立塞。其以五年爲河平元年。卒治河者爲著外繇六月。〔五〕惟延世長於計策，功費約省，用力日寡，朕甚嘉之。其以延世爲光禄大夫，秩中二千石，賜爵關内侯，黄金百斤。」

〔一〕師古曰：大司農名非調也。【補注】錢大昭曰：廣韻「非，亦姓」。風俗通有非子，伯益之後。是姓非名調耳，公卿表亦有此人，顔以非調爲名，誤。

〔二〕師古曰：令其調發均平錢穀遭水之郡，使存給也。調音徒釣反。

〔三〕師古曰：一船爲一㮴，音先勞反，其字從木。【補注】錢大昭曰：說文「㮴，船總名，從木，叜聲」。徐鉉曰「今俗別作『艘』，非是」。先謙曰：官本「漕」作「灌」。

〔四〕師古曰：命其爲使而塞河也。華陽國志云「延世，字長叔，犍爲資中人也」。【補注】周壽昌曰：河隄使者，漢因事置，無常員，故不見百官表。後許商又爲河隄都尉，不稱使者，此詔稱校尉延世。案，漢置八校尉，皆無與治河事，延世故官校尉，特使治河，遂有河隄使者之稱。下云「哀帝初，平當使領河隄」。考當傳「當以經明禹貢，使行河，爲騎都尉領河隄」。與延世以校尉領河隄一也。又李尋爲騎都尉，使護河隄，馮野王以故二千石，使行河隄，光禄大夫郭昌使行河，皆以他官出使，河隄無專官。

〔五〕如淳曰：律說，戍邊一歲當罷，若有急，當留守六月。今以卒治河之故，復留六月。孟康曰：外繇，戍邊也。治水不復戍邊也。師古曰：如、孟二說皆非也。以卒治河有勞，雖執役日近，皆得比繇戍六月也。著謂著於簿籍也。

著音竹助反。下云「非受平賈，爲著外繇」，其義亦同。

後二歲，河復決平原，流入濟南、千乘，所壞敗者半建始時，復遣王延世治之。杜欽説大將軍王鳳，以爲「前河決，丞相史楊焉言延世受焉術以塞之，蔽不肯見。今獨任延世，延世見前塞之易，恐其慮害不深。又審如焉言，延世之巧，反不如焉。且水勢各異，不博議利害而任一人，如使不及今冬成，來春桃華水盛，必羨溢，有填淤反壤之害。〔一〕如此，數郡種不得下，〔二〕民人流散，盜賊將生，雖重誅延世，無益於事。宜遣焉及將作大匠許商、諫大夫乘馬延年雜作。〔三〕延世與焉必相破壞，深論便宜，以相難極。〔四〕商、延年皆明計算，能商功利，〔五〕足以分別是非，擇其善而從之，必有成功」。鳳如欽言，白遣焉等作治，六月乃成。復賜延世黄金百斤，治河卒非受平賈者，爲著外繇六月。〔六〕

〔一〕師古曰：月令「仲春之月，始雨水，桃始華」。蓋桃方華時，既有雨水，川谷冰泮，衆流猥集，波瀾盛長，故謂之桃華水耳。而韓詩傳云「三月桃華水」。反壤者，水塞不通，故令其土壤反還也。羨音弋縳反。淤音於庶反。

〔二〕師古曰：種，五穀之子也，音之勇反。

〔三〕孟康曰：乘馬，姓也。師古曰：乘音食證反。

〔四〕師古曰：壞，毁也，音怪。極，窮也，音居力反。

〔五〕師古曰：商，度也。

〔六〕蘇林曰：平賈，以錢取人作卒，顧其時庸之平賈也。如淳曰：律説，平賈一月，得錢二千。師古曰：賈音價。【補注】先謙曰：受平賈者，顧庸於官，得直既優，故不著外繇。其充役未受直者，乃著之。

後九歲，鴻嘉四年，楊焉言「從河上下，患底柱隘，可鐫廣之」。〔一〕上從其言，使焉鐫之。鐫之裁没水中，不能去，而令水益湍怒，爲害甚於故。

〔一〕師古曰：鐫謂琢鑿之也，音子全反。

是歲，勃海、清河、信都河水湓溢，灌縣邑三十一，〔一〕敗官亭民舍四萬餘所。河隄都尉許商與丞相史孫禁共行視，圖方略。〔二〕禁以爲「今河溢之害數倍於前決平原時。今可決平原金隄間，開通大河，令入故篤馬河。〔三〕至海五百餘里，水道浚利，又乾三郡水地，得美田且二十餘萬頃，足以償所開傷民田廬處，又省吏卒治隄救水，歲三萬人以上」。許商以爲「古説九河之名，有徒駭、胡蘇、鬲津，今見在成平、東光、鬲界中。〔四〕自鬲以北至徒駭間，相去二百餘里，〔五〕今河雖數移徙，不離此域。孫禁所欲開者，在九河南篤馬河，〔六〕失水之跡，處勢平夷，旱則淤絶，水則爲敗，不可許」。公卿皆從商言。先是，谷永以爲「河，中國之經瀆，〔七〕聖王興則出圖書，王道廢則竭絶。今潰溢横流，漂没陵阜，異之大者也。修政以應之，災變自除」。是時李尋、解光亦言「陰氣盛則水爲之長，故一日之間，晝減夜增，江河滿溢，所謂水不潤下，雖常於卑下之地，猶日月變見於朔望，明天道有因而作也。衆庶見王延世蒙重賞，競言便巧，不可用。議者常欲求索九河故跡而穿之，〔八〕今因其自決，可且勿塞，以觀水埶。河欲居之，當稍自成川，跳出沙土，然後順天心而圖之，必有成功，而用財力寡」。於是遂止不

塞。滿昌、師丹等數言〔九〕百姓可哀，上數遣使者處業振贍之。〔一〇〕

〔一〕師古曰：溢，踴也，音普頓反。

〔二〕師古曰：圖，謀也。行音下更反。

〔三〕韋昭曰：在平原縣。【補注】先謙曰：地理志「平原縣有篤馬河，東北入海」。據河水注，即屯氏別河南瀆，自平原城北首受大河者也。

〔四〕師古曰：此九河之三也。徒駭在成平，胡蘇在東光，鬲津在鬲。成平、東光屬勃海，鬲屬平原。徒駭者，言禹治此河用功極衆，故人徒驚駭也。（扶）〔胡〕蘇，下流急疾之貌也。鬲津，言其陿小，可鬲以爲津而度也。鬲與隔同。【補注】沈欽韓曰：地理志「勃海郡成平」下云「虖池河，民曰徒駭河」。滹沱非大河，則班氏不以爲徒駭河也，與許商各著所聞耳。先謙曰：官本考證云，注「陿」訛「順」，從宋本改正。

〔五〕【補注】王念孫曰：案「鬲」下有「津」字，而今本脱之。鬲津爲九河之一；而鬲乃縣名，非河名。九河以徒駭爲極北，鬲津爲極南，故曰「自鬲津以北至徒駭」，不當言自鬲以北也。周頌般正義引此無「津」字，亦後人依誤本漢志删之。案正義云「徒駭是九河之最北者，鬲津是九河之最南者」。此正釋「自鬲津以北至徒駭」之文，則有「津」字明矣。禹貢正義、爾雅釋水疏引此，並作「自鬲津以北」。

〔六〕【補注】先謙曰：胡渭云「鬲津出鬲縣，篤馬出平原，鬲在平原之西北，故商云然」。

〔七〕師古曰：經，常也。

〔八〕【補注】沈欽韓曰：宋志李垂言「兩漢而下言水利者，屢欲求九河故道而疏之，今考圖志，大河在平原西北，且河壞澶、滑，未至平原，而上已決矣，則九河奚利哉」。

〔九〕【補注】先謙曰：滿昌，見儒林傳。

〔一〇〕師古曰：處業，謂安處之使得其居業。

哀帝初，平當使領河隄，〔一〕奏言「九河今皆窴滅，按經義治水，有決河深川，〔二〕而無隄防雍塞之文。〔三〕河從魏郡以東，北多溢決，水跡難以分明。四海之衆不可誣，宜博求能浚川疏河者」。下丞相孔光、大司空何武，奏請部刺史、三輔、三河、弘農太守舉吏民能者，莫有應書。〔四〕待詔賈讓奏言：

〔一〕師古曰：爲使而領其事。

〔二〕師古曰：決，分泄也。深，浚治也。

〔三〕師古曰：雍讀曰壅。【補注】先謙曰：當言可謂明禹貢矣。然與後世築隄束水，藉水刷沙，情勢又自不同。

〔四〕【補注】先謙曰：言無應詔書者。

治河有上中下策。古者立國居民，疆理土地，必遺川澤之分，度水勢所不及。〔一〕大川無防，小水得入，陂障卑下，以爲汙澤，〔二〕使秋水多，得有所休息，左右游波，寬緩而不迫。夫土之有川，猶人之有口也。治土而防其川，猶止兒啼而塞其口，豈不遽止，然其死可立而待也。〔三〕故曰：「善爲川者，決之使道；〔四〕善爲民者，宣之使言。」〔五〕蓋隄防之作，近起戰國，雍防百川，各以自利。〔六〕齊與趙、魏，以河爲竟。〔七〕趙、魏瀕山，齊地卑下，〔八〕作隄去河二十五里。河水東抵齊隄，則西泛趙、魏，趙、魏亦爲隄去河二十五里。雖非其正，水尚有所遊盪。時至而去，則填淤肥美，民耕田之。或久無害，稍築室宅，遂成聚落。大水時至漂没，則更起隄防以自救，稍去其城郭，排水澤而居之，湛溺自其宜也。〔九〕今隄防陿者去水數百步，遠者數里。近黎陽南故大金隄，從河西西北行，至西山南頭，乃折東，與東山相屬。〔一〇〕民居金隄東，爲廬舍，住十餘歲〔一一〕更起隄，從東山南頭直南與故大隄會。又内黄界中有澤，方數十里，〔一二〕環之有隄，〔一三〕往十餘歲〔一四〕太守以賦民，〔一五〕民今起廬舍其中，此臣親所見者也。東郡白馬故大隄亦復數重，民皆居其間。從黎陽北盡魏界，故大隄去河遠者數十里，内亦數重，此皆前世所排也。河從河内北至黎陽爲石隄，激使東抵東郡平剛；〔一六〕又爲石隄，使西北抵黎陽、觀下；〔一七〕又爲石隄，使東北抵東郡津北；〔一八〕又爲石隄，使西北抵魏郡昭陽；〔一九〕又爲石隄，激使東北。百餘里間，河再西三東，迫阸如此，不得安息。

〔一〕師古曰：遺，留也。度，計也。言川澤水所流聚之處，皆留而置之，不以爲居邑而妄墾殖，必計水所不及，然後居而田之也。分音扶問反。度音大各反。

〔二〕師古曰：停水曰汙，音一胡反。

〔三〕師古曰：遽，速也，音其庶反。

〔四〕師古曰：道讀曰導。導，通引也。

〔五〕【補注】先謙曰：爲，猶治也。

〔六〕師古曰：雍讀曰壅。

〔七〕師古曰：竟讀曰境。【補注】沈欽韓曰：説苑臣道篇「齊鄒忌舉田子爲西河，而秦、梁弱」。田敬仲世家「威王曰『吾臣有盼子者，使守高唐，則趙人不敢東漁於河』」。趙策「武靈王曰『今吾國東有河、薄洛之水，與齊、中山同之』」。

魏策「蘇子説魏王曰『大王之地，北有河外卷、衍、燕、酸棗』」。蓋齊竟西北，趙竟東南，魏則三面跨河，南連鴻溝也。

〔八〕師古曰：瀕山，猶言以山爲邊界也。瀕音頻，又音賓。

〔九〕師古曰：湛讀曰沈。

〔一〇〕師古曰：屬，連及也，音之欲反。

〔一一〕【補注】王念孫曰：上既言「居」，則下不得更言「住」。「住」當爲「往」，言故大隄在河西，而民居在隄東，與水相迫，故往十餘歲時，民更於大隄内築直隄以自衛也。下文云「往十餘歲」，即其證。隸書從「彳」、從「亻」之字多相亂，故「往」譌作「住」。

〔一二〕【補注】沈欽韓曰：郡國志「内黄縣有黄澤」。元和志「在相州内黄縣西北五里」。

〔一三〕師古曰：環，繞也。

〔一四〕【補注】先謙曰：官本「往」作「住」。

〔一五〕師古曰：以隄中之地給與民。

〔一六〕師古曰：激者，聚石於隄旁衝要之處，所以激去其水也。激音工歷反。【補注】沈欽韓曰：地理志，東郡無平剛縣，疑當爲剛平。趙世家「敬侯四年，築剛平以侵衛。五年，齊、魏爲衛攻趙，取剛平」。剛平蓋衛地。正義云「剛平在河北」，非也。衛文公東徙渡河久矣。先謙曰：聚石隄旁曰激，水經注屢見，但此文爲石隄，與下文四「又爲石隄」相應，則「激」字不應上屬，又下文「激使東北」，與此文「激使東」義同，則當訓如孟子「激而行之」之激，非石激也。顔説誤。

〔一七〕師古曰：觀，縣名也，音工喚反。【補注】齊召南曰：案，觀下當是黎陽縣近河地名，不然，畔觀屬東郡，觀津屬信都，皆不得獨稱「觀」字。又上文言「東郡平剛」，下文言「魏郡昭陽」，皆非縣名，乃地名耳。先謙曰：畔觀，「畔」字衍，詳地理志。齊説非。

〔一八〕【補注】沈欽韓曰：河水注「河水東北逕濮陽縣北，爲濮陽津，又逕衞國縣南，爲郭口津，又逕鄄城縣北，河之北岸有新臺，爲盧關津」。

〔一九〕【補注】沈欽韓曰：紀要「昭陽亭在大名府濬縣東北」。

今行上策，徙冀州之民當水衝者，決黎陽遮害亭，放河使北入海。〔一〕河西薄大山，東薄金隄，勢不能遠泛濫，朞月自定。〔二〕難者將曰：「若如此，敗壞城郭田廬冢墓以萬數，百姓怨恨。」昔大禹治水，山陵當路者毁之，故鑿龍門，辟伊闕，〔三〕析底柱，破碣石，〔四〕墮斷天地之性。〔五〕此乃人功所造，何足言也！今瀕河十郡，治隄歲費且萬萬，及其大決，所殘無數。如出數年治河之費，以業所徙之民，遵古聖之法，定山川之位，使神人各處其所，而不相奸。〔六〕且以大漢方制萬里，豈其與水爭咫尺之地哉？此功一立，河定民安，千載無患，故謂之上策。

〔一〕【補注】沈欽韓曰：河水注「河水又逕東燕縣故城北，又東，淇水入焉，又東逕遮害亭」。一統志「遮害亭在衞輝府濬縣西南五十里」。紀要「大河經亭南，又東至黎陽縣東大伾山，北入開州」。

〔二〕【補注】先謙曰：官本考證云「朞」，監本訛「基」。今改正。

〔三〕師古曰：辟讀曰闢。闢，開也。【補注】沈欽韓曰：紀要「闕塞山在河南府西南三十里，亦曰龍門山，亦曰伊闕山。山之東曰香山，西曰龍門，大禹疏以通水。兩山對峙，石壁峭立，望之若闕，伊水歷其間」。

〔四〕師古曰：析，分也。

〔五〕師古曰：墮，毁也，音火規反。

〔六〕師古曰：奸音干。

若乃多穿漕渠於冀州地，使民得以溉田，分殺水怒，雖非聖人法，然亦救敗術也。難者將曰：「河水高於平地，歲增隄防，猶尚決溢，不可以開渠。」臣竊按視遮害亭西十八里，至淇水口，〔一〕乃有金隄，高一丈。自是東，地稍下，隄稍高，至遮害亭，高四五丈。往六七歲，河水大盛，增丈七尺，壞黎陽南郭門，入至隄下。〔二〕水未踰隄二尺所，從隄上北望，河高出民屋，百姓皆走上山。水留十三日，隄潰二所，〔三〕吏民塞之。臣循隄上，行視水勢，〔四〕南七十餘里，至淇口，水適至隄半，計出地上五尺所。今可從淇口以東爲石隄，多張水門。初元中，遮害亭下河去隄足數十步，至今四十餘歲，適至隄足。由是言之，其地堅矣。恐議者疑河大川難禁制，滎陽漕渠足以(下)〔卬〕之，〔五〕其水門但用木與土耳，〔六〕今據堅地作石隄，勢必完安。冀州渠首盡當卬此水門。治渠非穿地也，〔七〕但爲東方一隄，北行三百餘里，入漳水中，其西因山足高地，諸渠皆往往股引取之；〔八〕旱則開東方下水門溉冀州，水則開西方高門分河流。通渠有三利，不通有三害。民常罷於救水，半失作業；〔九〕水行地上，湊潤上徹，民則病溼氣，木皆立枯，鹵不生穀；〔一〇〕決溢有敗，爲魚鼈食：此三害也。若有渠溉，則鹽鹵下溼，填淤加肥；〔一一〕故種禾麥，更爲秔稻，高田五倍，下田十倍；〔一二〕轉漕舟船之便：此三利也。今瀕河隄吏卒郡數千人，伐買薪石之費歲數千萬，足以通渠成水門；又民利其溉灌，相率治渠，雖勞不罷。〔一三〕民田適治，河隄亦成，此誠富國安民，興利除害，支數百歲，故謂之中策。

〔一〕【補注】先謙曰：淇水注「淇水又南歷枋堰舊淇水口，東流逕黎陽縣界，南入河」。地理志「淇水東至黎陽入河」。溝洫志曰「遮害亭西十八里至淇水口」是也。後魏武於水口下大枋木成堰，遏淇水入白溝，故號其處爲枋頭」。

〔二〕如淳曰：然則隄在郭内也。臣瓚曰：謂水從郭南門入，北門出，而至隄也。師古曰：瓚説是也。【補注】劉奉世曰：如瓚説，則是河已没黎陽城矣，非也。如説爲是。不然，則黎陽因隄一面爲城，如今之澶州，故郭門乃在隄外矣。

〔三〕【補注】先謙曰：官本無「二所」二字，引宋祁曰，晏本「隄潰」下有「二所」兩字。朱一新云：汪本無「二所」兩字，以「水(流)〔留〕十三日隄潰」七字爲句，是也。「二所」字涉上文而衍。

〔四〕師古曰：行音下更反。

〔五〕如淳曰：今礫谿口是也。言作水門通水流，不爲害也。師古曰：礫谿，谿名，即水經所云涑水東通礫谿者。【補注】先謙曰：官本「涑」作「泲」，是。水經「濟水與河合流，東過滎陽縣北，又東至礫谿南，東出，過滎澤北」。注云「濟水分河東南流，漢明帝之世，王景始作浚儀渠云云。濟水又東逕敖山北，又東合滎瀆，引詳下。又東得宿須水口，水受大河渠，側有扈亭水，自亭東南流注濟。自西謂滎瀆以下，宿須口以上。緣帶山隰，秦漢以來，亦有通否。濟水與河渾濤東注，晉桓温將通之，不果。義熙十三年，又命劉遵考仍此渠而漕之，山崩壅塞，於北十里更鑿故渠通之。濟水又東逕滎陽縣北，又東，礫石溪水注之。水出滎陽城西南李澤，即古馮池也。池水逕滎陽縣北斷山，東北注濟，世謂之礫口澗，即經礫溪也」。據此，浚儀渠始於後漢，滎陽漕渠，當即滎瀆及宿須渠口一帶，故下文云「仍此而漕之」，然與滎陽縣東之礫溪口無涉。礫溪口並非漕渠，如注殊謬。

〔六〕【補注】先謙曰：濟水注「濟水又東合滎瀆。瀆首受河水，有石門，謂之爲滎口石門也。而地形殊卑，蓋故滎播所導，自此始也。門南際河，有故碑，云『陽嘉三年，使河隄謁者王誨』云云，則水門非用木與土矣。據注「秦漢以來，亦有通否」云云，明故渠水門非一，讓所指或更是誨前事。

〔七〕師古曰：卬音牛向反。

〔八〕如淳曰：股，支別也。

〔九〕師古曰：此一害也。罷讀曰疲。

〔一〇〕師古曰：此二害。

〔一一〕師古曰：此一利。

〔一二〕師古曰：此二利也。秔謂稻之不黏者也，音庚。

〔一三〕師古曰：罷讀曰疲。

若乃繕完故隄，增卑倍薄，〔一〕勞費無已，數逢其害，此最下策也。

〔一〕【補注】蘇輿曰：倍薄，謂薄者倍益使厚。御覽六十一引作「陪」，字通。

王莽時，徵能治河者以百數，其大略異者，長水校尉平陵關竝〔一〕言：「河決率常於平原、東郡左右，其地形下而土疏惡。聞禹治河時，本空此地，以爲水猥，盛則放溢，〔二〕少稍自索，〔三〕雖時易處，猶不能離此。上古難識，近察秦漢以來，河決曹、衞之域，其南北不過百八十里者，可空此地，勿以爲官亭民室而已。」大司馬史長安張戎〔四〕言：「水性就下，行疾則自刮除成空而稍深。〔五〕河水重濁，號爲一石水而六斗泥。今西方諸郡，以至京師東行，民皆引河、渭山川水溉田。春夏乾燥，少水時也，故使河流遲，貯淤而稍淺；雨多水暴至，則溢決。

而國家數隄塞之，稍益高於平地，猶築垣而居水也。可各順從其性，毋復灌溉，則百川流行，水道自利，無溢決之害矣。」御史臨淮韓牧〔六〕以爲「可略於禹貢九河處穿之，縱不能爲九，但爲四五，宜有益」。大司空掾王横〔七〕言：「河入勃海，勃海地高於韓牧所欲穿處。往者天嘗連雨，東北風，海水溢，西南出，寖數百里，九河之地已爲海所漸矣。〔八〕禹之行河水，本隨西山下東北去。〔九〕周譜云定王五年河徙，〔一〇〕則今所行非禹之所穿也。又秦攻魏，決河灌其都，決處遂大，〔一一〕不可復補。宜卻徙完平處，更開空，〔一二〕使緣西山足，乘高地而東北入海，乃無水災。」沛郡桓譚爲司空掾，典其議，爲甄豐言：「凡此數者，必有一是。宜詳考驗，皆可豫見，計定然後舉事，費不過數億萬，亦可以事諸浮食無産業民。〔一三〕空居與行役，同當衣食；衣食縣官，而爲之作，乃兩便，〔一四〕可以上繼禹功，下除民疾。」王莽時，但崇空語，無施行者。

〔一〕師古曰：桓譚新論云「竝字子陽，材智通達」也。【補注】朱一新曰：注「陽」，汪本作「揚」。

〔二〕師古曰：猥，多也。【補注】蘇輿曰：案此處文義，當以「猥」字絶句。「盛則放溢，少稍自索」，二語對文。猥與隈通訓，猥有曲義。本書律曆志、元后傳等注屢見。説文隈下云「水曲也」。據西都賦、海賦注。隩下云「水隈厓也」。言禹空此地，不置民居，爲水隈厓，水盛在其放溢，水少漸自索盡也。本志注「稍，漸也」。若訓猥爲多，而屬下爲義，則「以爲」二字無著，多、盛義亦復。御覽六十一引此文至「水猥」，無下數語，雖屬删節，而以「猥」字爲句，可資印證。

〔三〕師古曰：索，盡也，音先各反。

〔四〕師古曰：（雜）〔新〕論云「字仲功，習灌溉事」也。

〔五〕【補注】先謙曰：自刮除，即後世藉水刷沙之意。成空，謂河身疏通。稍深，謂日益就下也。

〔六〕師古曰：新論云「字子台，善水事」。

〔七〕師古曰：横字平中，琅邪人。見儒林傳。中讀曰仲。【補注】先謙曰：河水注作「王璜」。

〔八〕師古曰：漸，寖也，讀如本字，又音子廉反。【補注】閻若璩曰：「逆」訛爲「九」。先謙曰：河水注「寖」作「侵」。又引張折云「碣石在海中，蓋淪於海水也。昔燕、齊遼闊，分置營州，今城届海濱，海水北侵，城垂淪者半。王璜之言，信而有徵，碣石入海，非無證矣」。

〔九〕師古曰：行謂通流也。

〔一〇〕如淳曰：譜音補，世統譜諜也。【補注】沈欽韓曰：梁書文學傳「王僧孺被敕撰譜，訪劉杳血脈所因，杳云『桓譚新論云「太史三代世表，旁行邪上，並效周譜」。以此而推，當起周代』」。案，藝文志曆譜類有帝王諸侯世譜、古來帝王年譜，即此周譜也。先謙曰：敘傳云「商竭周移」。

〔一一〕【補注】沈欽韓曰：蘇秦傳「蘇代曰『決白馬之口，魏無黄、濟陽，決宿胥之口，魏無虚、頓丘』」。魏無忌謂魏王曰「決滎澤而水大梁，大梁必亡矣」。韓非子「決白馬之口以沃魏氏」。秦始皇二十二年，王賁攻魏，引河溝灌大梁，城壞，其王請降。蓋秦之滅魏，(加)〔如〕無忌之料，以前所指，皆虚擬耳。

〔一二〕師古曰：空猶穿。【補注】蘇輿曰：案説文「空，竅也」。謂開通孔竅，利水流行。上云「成空而稍深」，義同。但彼藉水刷泥，此則開由人力耳。

〔一三〕師古曰：事謂役使也。【補注】周壽昌曰：自上謂之使，自下謂之事，而語可通訓。高紀「民産子，復勿事二歲」。史記傳靳蒯成傳「坐事國人過律」，與此「事」義同。

〔一四〕師古曰：言無産業之人，端居無爲，及發行力役，俱須衣食耳。今縣官給其衣食，而使修治河水，是爲公私兩便也。

贊曰：古人有言：「微禹之功，吾其魚乎！」〔一〕中國川原以百數，莫著於四瀆，而河爲宗。孔子曰：「多聞而志之，知之次也。」〔二〕國之利害，故備論其事。

〔一〕師古曰：左氏傳載周大夫劉定公之辭也。言無禹治水之功，則天下之人皆爲魚鼈耳。

〔二〕師古曰：論語稱孔子之言曰：「多聞擇其善者而從之，多見而志之，知之次也。」志，記也，字亦作識，音式冀反。

藝文志第十

昔仲尼没而微言絶，〔一〕七十子喪而大義乖。〔二〕故春秋分爲五，〔三〕詩分爲四，〔四〕易有數家之傳。戰國從衡，真僞分爭，〔五〕諸子之言紛然殽亂。〔六〕至秦患之，乃燔滅文章，以愚黔首。〔七〕漢興，改秦之敗，大收篇籍，廣開獻書之路。〔八〕迄孝武世，書缺簡脱，禮壞樂崩，〔九〕聖上喟然而稱曰：〔一〇〕「朕甚閔焉！」〔一一〕於是建藏書之策，〔一二〕置寫書之官，下及諸子傳説，皆充祕府。至成帝時，以書頗散亡，使謁者陳農求遺書於天下。〔一三〕詔光禄大夫劉向校經傳諸子詩賦，〔一四〕步兵校尉任宏校兵書，〔一五〕太史令尹咸校數術，〔一六〕侍醫李柱國校方技。〔一七〕每一書已，〔一八〕向輒條其篇目，撮其指意，録而奏之。〔一九〕會向卒，哀帝復使向子侍中奉車都尉歆卒父業。〔二〇〕歆於是總羣書而奏其七略，〔二一〕故有輯略，〔二二〕有六藝略，〔二三〕有諸子略，有詩賦略，有兵書略，有術數略，有方技略。今删其要，以備篇籍。〔二四〕

〔一〕李奇曰：隱微不顯之言也。師古曰：精微要妙之言耳。

〔二〕師古曰：七十子，謂弟子達者七十二人。舉其成數，故言七十。【補注】先謙曰：二語亦見劉歆傳。

〔三〕韋昭曰：謂左氏、公羊、穀梁、鄒氏、夾氏也。

〔四〕韋昭曰：謂毛氏、齊、魯、韓。

〔五〕師古曰：從音子容反。

〔六〕師古曰：殽，雜也。

〔七〕師古曰：燔，燒也。秦謂人爲黔首，言其頭黑也。燔音扶元反。黔音其炎反，又音琴。

〔八〕【補注】齊召南曰：此二句既敘在孝武之前，則指高祖時蕭何收秦圖籍，楚元王學詩，惠帝時除挾書之令，文帝使鼂錯受尚書，使博士作王制，又置論語、孝經、爾雅、孟子博士。即其事也。

〔九〕師古曰：編絶散落，故簡脱。脱音吐活反。

〔一〇〕師古曰：喟，歎息之貌也。音丘位反。

〔一一〕【補注】先謙曰：劉歆傳云，故詔書稱曰：「禮壞樂崩，書缺簡脱，朕甚閔焉」。武紀元朔五年詔書删「書缺簡脱」二句。

〔一二〕如淳曰：劉歆七略曰「外則有太常、太史、博士之藏，內則有延閣、廣內、祕室之府」。【補注】何焯曰：文選注三十八引劉歆七略曰「孝武皇帝敕丞相公孫弘廣開獻書之路，百年之間，書積如山」。又「尚書有青絲編目録」，即此所謂藏書之策也。先謙曰：官本「藏」作「臧」，是。

〔一三〕【補注】先謙曰：成紀，在河平三年。

〔一四〕【補注】沈欽韓曰：文選魏都賦注引風俗通云，劉向別録「讎校者，一人讀書，校其上下，得謬誤爲校；一人持本，一人讀書，若怨家相對爲讎」。先謙曰：向傳「上方精於詩書，觀古文，詔向領校中五經祕書」。

〔一五〕【補注】陶憲曾曰：據哀紀、公卿表，有任宏，字偉公，爲執金吾，守大鴻臚。蓋即其人。

〔一六〕師古曰：占卜之書。【補注】先謙曰：案，太史令，奉常屬官。咸先爲丞相史，見劉歆傳。更始子，官至大司農，見儒林傳、百官表。

〔一七〕師古曰：醫藥之書。【補注】周壽昌曰：隋志作太醫監。葉德輝曰：百官表，奉常屬官有太醫令丞，少府屬官亦有之，無侍醫之名。惟張禹傳云「禹病，上書乞骸骨，成帝賜侍醫視疾」。顔注「侍醫，侍天子之醫」。蓋若今言御醫矣。先謙曰：官本句末有「也」字。

〔一八〕師古曰：已，畢也。

〔一九〕師古曰：撮，總取也，音千括反。【補注】沈欽韓曰：向上晏子、列子奏，並云「以殺青，書可繕寫」。然則其録奏者，並先殺青書簡也。御覽六百六引風俗通云「劉向別録『殺青』者，直治竹作簡書之耳。新竹有汗，善朽蠹，凡作簡者，皆於火上炙乾之。陳、楚間謂之汗。汗者，去其汁也。吴、越曰殺，殺亦治也。向爲孝成皇帝典校書籍二十餘年，皆先書竹，改易刊定可繕寫者，以上素也」。先謙曰：隋志「每書就，向輒撰爲一録，論其指歸，辨其訛謬，敘而奏之」。

〔二〇〕師古曰：卒，終也。【補注】先謙曰：傳作「騎都尉奉車光禄大夫」。

〔二一〕【補注】王應麟曰：古者史官既司典籍，蓋有目録以爲綱紀。孔子删書別爲之序，各陳作者所由，韓、毛二詩，亦皆相類。漢時別録、七略，各有其部，推尋事迹，則古之制也。先謙曰：隋志「哀帝使歆嗣父之業，乃徙温室中書於天禄閣上，歆遂總括羣書，撮其指要，著爲七略」。

〔二二〕師古曰：輯與集同，謂諸書之總要。【補注】吴仁傑曰：時猶未以集名書，故志載賦、頌、歌、詩一百家，皆不曰集。晉荀勖分書爲四部，其四曰丁部。宋王儉撰七志，其三曰文翰志，亦未以集名之。梁阮孝緒爲七録，始有文集録。隋志遂以荀況等詩賦之文，皆謂之集。而又有別集，史官謂別集之名，漢東京所創。案，閔馬父論商頌輯之亂，韋昭云「輯，成也」。竊謂別集之名，雖始於東京，實本於歆之輯略，而輯略又本於商頌之輯云。

〔二三〕師古曰：六藝，六經也。

〔二四〕師古曰：删去浮宂，取其指要也。其每略所條家及篇數，有與總凡不同者，轉爲脱誤，年代久遠，無以詳知。【補注】先謙曰：官本「轉」作「傳」，「爲」作「寫」。考證云，「傳」監本訛「轉」，今從舊本改正。

易經十二篇，施、孟、梁丘三家。〔一〕

〔一〕師古曰：上下經及十翼，故十二篇。【補注】王應麟曰：今易乾卦至用九，即古易之本文。秦漢之際，易亡説卦，宣帝時，河内女子發老屋得之。先謙曰：志言易經全文，惟此三家，其餘傳説諸家經文，蓋不悉録。王充論衡云「河内女子發屋，得逸易一篇」。隋志承之，以爲先失説卦三篇。案志既云「傳者不絶」，是此書未缺，發屋得易之事，乃俗説也。

易傳周氏二篇。〔一〕

〔一〕字王孫也。【補注】先謙曰：儒林傳「雒陽周王孫、丁寬，齊服生皆著易傳數篇。寬至雒陽，復從王孫受古義，號周氏傳」。

服氏二篇。〔一〕

〔一〕師古曰：劉向別録云「服氏，齊人，號服光」。【補注】先謙曰：御覽三百八十五會稽先賢傳「淳于長通年十七，説宓氏易經」。案「宓」與「伏」同，見本志及律曆志注。「服」亦與「伏」同，見文選陸機吴王郎中時從梁陳詩注。故「服」、「宓」、「伏」三字互相通假，所稱宓氏易即此服氏也。服宓字通，亦見後宓子下。

楊氏二篇。〔一〕

〔一〕名何，字叔元，菑川人。【補注】王應麟曰：太史公受易於楊何。先謙曰：儒林傳，何受易王同。

蔡公二篇。〔一〕

〔一〕衛人，事周王孫。【補注】先謙曰：李鼎祚周易集解上經謙卦稱，虞翻引彭城蔡景君説，疑即其人，或衛人而官彭城與？

韓氏二篇。〔一〕

〔一〕名嬰。【補注】王應麟曰：韓嬰傳「以易授人，推易意而爲之傳。蓋寬饒從受焉」。封事引韓氏易傳言「五帝官天下，三王家天下」。沈欽韓曰：經典序録「子夏易傳三卷」。七略云「漢韓嬰傳」。

王氏二篇。〔一〕

〔一〕名同。【補注】先謙曰：儒林傳「東武人，字子中，受易田何」。

丁氏八篇。〔一〕

〔一〕名寬，字子襄，梁人也。【補注】沈欽韓曰：册府元龜六百四「開元初，禮部奏議：荀勖中經簿子夏傳四卷，或云丁寬所作」。經典序録同。先謙曰：儒林傳「寬作易説三萬言，訓故舉大誼而已，今小章句是也」。陸德明經典釋文敘録「劉向典校書，考易説，以爲諸易家説皆祖田何、楊叔、丁將軍，大義略同」。

古五子十八篇。〔一〕

〔一〕自甲子至壬子，説易陰陽。【補注】齊召南曰：易有先甲、後甲、先庚、後庚、己日之文，然古人説易，未有以甲子配卦爻者，至漢始有，律曆志曰「日有六甲，辰有五子」。注云「六甲之中，惟甲寅無子」。然則後世占易以六辰定六爻，亦不自京房始也。沈欽韓曰：初學記文部引劉向別録云「所校讎中易傳古五子書，除復重，定著十八篇，分六十四卦，著之日辰，自甲子至於壬子，凡五子，故號曰五子」。

淮南道訓二篇。〔一〕

〔一〕淮南王安聘明易者九人，號九師法。【補注】王應麟曰：張平子思玄賦注引淮南九師道訓云「遁而能飛，吉孰大焉」。曹子建七啟注亦引之。沈欽韓曰：初學記「劉向別録云，所校讎中書傳淮南九師道訓，除復重，定著十三篇」。御覽六百九引劉向別録云「中書署曰淮南九師書」。志作「二篇」，與總數不合，明脱「十」字。王先慎曰：九師不著其名，疑即淮南高誘注所稱蘇飛、李尚諸人。朱氏彝尊謂陸氏釋文所引，稱師者當即九師本。案釋文所引乃陸氏授經之師，故羣經釋文皆稱師説，不得以九師當之。且道訓僅見漢志，後絶無引之者。文中子云「九師興而易道微」。則其書無資於聖經，故其亡獨早耳。錢大昭曰：「法」，南雍本、閩本竝作「説」。先謙曰：官本「法」作「説」。

古雜八十篇，〔一〕雜災異三十五篇，〔二〕神輸五篇，圖一。〔三〕

〔一〕【補注】沈欽韓曰：此即乾鑿度、稽覽圖之類，後書張衡歷言尚書、詩、春秋讖之謬妄，而不及易。則易説爲古書也。又乾坤鑿度「炎帝、黄帝有易靈緯，太卜掌三易之法，一曰連山，二曰歸藏」。杜子春云「連山，宓戲；歸藏，黄帝」。禮運注「殷陰陽之書，其書存者有歸藏」。據鄭注，則漢時二易尚存其一也。隋志云「漢初已亡」。蓋見志無其目。云古雜者，蓋年代汗漫，雖有其書，莫究其用，亦未知是周太卜所掌與否，故存疑云爾。或雜説古帝王卜筮之事，如汲郡師春，但取左傳卜筮事爲書耳。説苑、鹽鐵論引易皆本經所無，亦古雜之篇也。

〔二〕【補注】沈欽韓曰：後書郎顗傳「易天人應曰『君子不思遵利，茲謂無澤，厥災孽火燒其宫』。又曰『君高臺府，犯陰侵陽，厥災火』。又曰『上不儉，下不節，災火並作燒君室』」。蓋雜災異之流。

〔三〕師古曰：劉向別録云「神輸者，王道失則災害生，得則四海輸之祥瑞」。

孟氏京房十一篇，〔一〕災異孟氏京房六十六篇，〔二〕五鹿充宗略説三篇，〔三〕京氏段嘉十二篇。〔四〕

〔一〕【補注】王應麟曰：釋文序録云「孟喜章句十卷，無上經。七録云「又下經無旅至節，無上繫」。隋志「八卷殘缺」。京房章句十二卷」。七録五十卷。晁氏云「今其章句亡，乃略見於僧一行及李鼎祚之書」。先謙曰：新唐書曆志云「十二月卦出於孟喜章句，其説易本於氣，而後以人事明之」。

〔二〕【補注】沈欽韓曰：後書郎顗傳「臣伏案飛候，參察衆政」。李注「京房作易飛候」。隋志載周易占諸書，並京房撰，其名目重複誕異，不知誰所定也。儒林傳「房受易焦延壽。延壽云嘗從孟喜問易，會喜死，房以爲延壽易即孟氏學」。然則京氏之易，託諸孟喜，故京易冠以孟氏。隋志又有焦贛易林十六卷，今見行而志不列，殆以焦氏無師法，故不録，中祕或以京氏包之耳。先謙曰：傳稱「喜從田王孫受易，得易家候陰陽災變書」。云「師且死，獨傳喜」。故言災異，首孟氏。易林當在蓍龜家周易中。沈説非。

〔三〕【補注】沈欽韓曰：朱雲傳「充宗爲梁丘易」。

〔四〕蘇林曰：東海人，爲博士。晉灼曰：儒林不見。師古曰：蘇説是也。嘉即京房所從受易者也。見儒林傳及劉向別録。【補注】錢大昭曰：傳作「殷嘉」。沈欽韓曰：京房弟子所撰，故冠以京氏。史記索隱引別録「易家有救氏注」。『救』乃『段』之訛」。先謙曰：據傳，當云「從京房受易者也」。顔注誤。「蘇林」，官本作「蘇氏」。

章句施、孟、梁丘氏各二篇。〔一〕

〔一〕【補注】先謙曰：儒林傳「丁寬授碭田王孫，王孫授施讎、孟喜、梁丘賀」。隋志「梁丘、施氏亡於西晉，孟氏、京氏有書無師」。案，施、孟説略見禮曲禮郊特牲、王制、詩干旄諸疏、穀梁集解、經典釋文、朱震漢上易中。

凡易十三家，二百九十四篇。

易曰：「宓戲氏仰觀象於天，俯觀法於地，觀鳥獸之文，與地之宜，近取諸身，遠取諸物，於是始作八卦，以通神明之德，以類萬物之情。」〔一〕至於殷、周之際，紂在上位，逆天暴物，文王以諸侯順命而行道，天人之占可得而效，於是重易六爻，作上下篇。〔二〕孔氏爲之彖、象、繫辭、文言、序卦之屬十篇。〔三〕故曰易道深矣，人更三聖，〔四〕世歷三古。〔五〕及秦燔書，而易爲筮卜之事，傳者不絶。〔六〕漢興，田和傳之。〔七〕訖于宣、元，有施、孟、梁丘、京氏列於學官，〔八〕而民間有費、高二家之説。〔九〕劉向以中古文易經校施、孟、梁丘經，〔一〇〕或脱去「無咎」、「悔亡」，〔一一〕唯費氏經與古文同。〔一二〕

〔一〕師古曰：下繫之辭也。鳥獸之文，謂其跡在地者。宓讀與伏同。

〔二〕【補注】王應麟曰：重卦之人有四説：王輔嗣等以爲伏羲；鄭康成之徒以爲神農，淳于俊云「包羲因燧皇之圖而制八卦，神農演之爲六十四」；孫盛以爲夏禹；史遷等以爲文王。淮南子「伏戲爲之六十四變，周室增以六爻」。張行成云「伏羲先天示易之體，故孔子謂之作八卦，文王後天明易之用，故子雲謂之重六爻」。楊繪云「筮非八卦之可爲，必六十四之然後爲筮。舜、禹之際曰龜筮協從，則何文王重卦之有乎？八卦成，列象在其中矣，因而重之，爻在其中矣。據此而言，重卦之始其在上古乎」？京房引夫子曰「神農重乎八純」。齊召南曰：王氏糾漢志之失，是也。但易大傳明曰「因而重之」，即伏羲重爲六十四耳，王弼之説最當。

〔三〕【補注】沈欽韓曰：孔氏第六論夫子十翼云「數十翼亦有多家，既易經本分爲上、下二篇，則區域各别，彖、象釋卦，亦當隨經而分，故一家數十翼云，上彖一，下彖二，上象三，下象四，上繫五，下繫六，文言七，説卦八，序卦九，雜卦十。鄭學之徒，並同此説」。

〔四〕韋昭曰：伏羲、文王、孔子。師古曰：更，經也，音工衡反。

〔五〕孟康曰：易繫辭曰「易之興，其於中古乎」？然則伏羲爲上古，文王爲中古，孔子爲下古。【補注】沈欽韓曰：乾鑿度「垂皇策者犧，卦道演德者文，成命者孔」。辨終備云「至哉易，三聖謀」。注云「三聖，伏羲、文王、孔子」。則三聖之徵也，班氏以前並如此説。論衡正説篇云「文王、周公因彖十八章，究六爻」。始牽綴周公，馬融之徒因之，孔穎達、陸德明並承俗訛。

〔六〕【補注】葉德輝曰：秦始皇紀云「天下敢有藏詩書百家語者，悉詣守尉雜燒之，所不去者，醫藥卜筮種樹之書」。

〔七〕【補注】錢大昭曰：「和」當作「何」。先謙曰：官本作「何」。

〔八〕【補注】先謙曰：武帝立五經博士，易唯楊何。宣帝立施、孟、梁丘易。元帝立京氏易。見儒林傳贊。

〔九〕師古曰：費音扶味反。【補注】沈欽韓曰：隋志「梁有漢單父長費直注周易四卷，亡」。新、舊唐志「費直章句四卷」。隋志又言「直傳易，其本皆古字，號古文易。後漢陳元、鄭衆皆傳費氏之學，馬融又爲其傳，以授鄭玄。玄作易注，荀爽又作易傳，魏代王肅、王弼並爲之注，自是費氏大興」。案，儒林傳「費直長於卦筮，亡章句，徒以彖、象、繫辭十篇解説上下經」。則費氏無章句，或後師爲之。晁公武云「凡以彖、象、文言等參入卦中，皆祖費氏」。文獻通考亦云「彖、象、文言雜入卦中，自費氏始」。魏志「高貴鄉公問易博士淳于俊曰『孔子作彖、象，不與經文相連，而注連之何也？』俊對曰『鄭合彖、象於經者，欲使學者尋省易了也』」。則合彖、象等始自鄭氏，不關費氏，或鄭名重，遂專舉之耳。孔穎達又謂輔嗣之意，象本釋經，宜相附近，分爻之象辭各附當爻。是漢、魏間注費氏本者，共分析連綴之也。隋志「高氏亡於西晉」。儒林傳云「其學亦亡章句，專説陰陽災異」。

〔一〇〕師古曰：中者，天子之書也。言中以別於外耳。

〔一一〕【補注】周壽昌曰：「無」應作「无」，易經中未有「無」字。

〔一二〕【補注】王應麟曰：釋文引古文，如「彙」作「萺」，「翩」作「偏」，「介」作「砎」，「枕」作「沈」，「蹢躅」作「蹢䟕」，「繻」作「襦」。

尚書古文經四十六卷。〔一〕經二十九卷。〔二〕傳四十一篇。〔三〕

〔一〕爲五十七篇。師古曰：孔安國書序云「凡五十九篇，爲四十六卷。承詔作傳，引序各冠其篇首，定五十八篇」。鄭玄敘贊云「後又亡其一篇，故五十七」。【補注】先謙曰：四十六卷者，孔安國所得壁中古文，以考伏生二十九篇，得多十六篇，共四十五篇，加孔子序一篇，陸德明釋文云「馬、鄭之徒，百篇之序，總爲一卷」。爲四十六篇，故云四十六卷也。爲五十七篇者，據尚書孔疏云「伏生二十九篇是計卷，若計篇則三十四。攷二十九篇者，堯典一、連「慎徽」以下。臯陶謨二、連「帝曰來禹」以下。禹貢三、甘誓四、湯誓五、盤庚六、案三篇同卷。高宗肜日七、西伯戡黎八、微子九、太誓十、案三篇同卷。牧誓十一、洪範十二、金縢十三、大誥十四、康誥十五、酒誥十六、梓材十七、召誥十八、洛誥十九、多士二十、無逸二十一、君奭二十二、多方二十三、立政二十四、顧命二十五、連「王出」以下。案此二篇同卷。費誓二十六、呂刑二十七、文侯之命二十八、秦誓二十九也。鄭注於此内分出盤庚二篇，康王之誥一篇，泰誓二篇，爲三十四篇。其得多十六篇者，案舜典一、別有舜典，非梅賾所分。汨作二、九共九篇三、大禹謨四、棄稷五、別有棄稷。五子之歌六、胤征七、湯誥八、咸有一德九、典寶十、伊訓十一、肆命十二、原命十三、武成十四、旅獒十五、畢命十六。九共九篇出八篇，又爲二十四篇。以二十四加三十四，爲五十八篇」。桓譚新論所云「古文尚書舊有四十五卷，爲五十八篇」，是也。云四十五者，除序言之也。後又亡其一篇，僞武成疏引鄭云「武成逸書，建武之際亡」是也。桓譚没於世祖時，在建武前，武成未亡，故云五十八。班氏作漢書在顯宗時，武成已亡，故云五十七也。顔引孔安國序，乃梅賾所上僞序，梅氏卷數篇數，亦非孔壁卷數篇數也。

〔二〕大、小夏侯二家。歐陽經二十二卷。師古曰：此二十九卷，伏生傳授者。【補注】王應麟曰：伏生口傳二十八篇，後得泰誓一篇也。齊召南曰：案泰誓即僞泰誓，凡漢儒所引赤烏、白魚等語皆是也，故併伏生所傳爲二十九卷。先謙曰：大、小夏侯本經與伏生卷同，歐陽分析增多其數。注「二十二」，官本、汪本並作「三十二」。案「三十」是也。下云「歐陽章句三十一卷」，不應本經卷異，「卷」上「二」字當爲「三」。王氏引之謂當爲「三十三」，於二十九篇中三分盤庚及泰誓，改志文以就己説，非也。伏生二十九篇，非二十八篇，以本志及史記儒林傳爲定。王氏經義述聞謂「二十九篇，今文有太誓非宣帝時河内女子始得」，是也。王、齊説非。

〔三〕【補注】王鳴盛曰：以大傳系經下，尊伏生也。先謙曰：鄭敘云「張生、歐陽生從伏生學，數子各論所聞，以己意彌縫其闕，別作章句。又特撰大義，因經屬指，名之曰傳。劉子政校書，得而上之，凡四十一篇，至元始詮次爲八十三篇，今本並略説爲四卷」。官本「經二十九卷」三句，各自提行。

歐陽章句三十一卷。〔一〕

〔一〕【補注】沈欽韓曰：章句者，經師指括其文，敷暢其義，以相教授。左宣二年傳疏，服虔載賈逵、鄭衆、或人三説，解「叔牂曰，子之馬然也」。此章句之體。解故者，管子刑法解、墨子經説、尚書大傳、毛詩傳之類。解故不必盡人能爲，章句各師具有，煩簡不同耳。秦恭增師法至百萬言，桓榮受朱(善)〔普〕學章句四十萬言，榮減爲二十三萬言，其子郁復删省成十二萬言是也。先謙曰：鄭敘云「歐陽生別作章句」是也。儒林傳「尚書世有歐陽氏學」。

大、小夏侯章句各二十九卷。〔一〕

〔一〕【補注】先謙曰：大，夏侯勝小，夏侯建也。勝傳云「從(父)〔兄〕子建自師事勝及歐陽高，左右采獲，又從五經諸儒問與尚書相出入者，牽引以次章句」。

大、小夏侯解故二十九篇。〔一〕

〔一〕【補注】先謙曰：「故」、「詁」字同。

歐陽説義二篇。〔一〕

〔一〕【補注】先謙曰：歐陽、夏侯書説略，見近人陳喬樅輯本。

劉向五行傳記十一卷。〔一〕

〔一〕【補注】王應麟曰：本傳云「洪範五行傳論」。沈約云「伏生創紀大傳，五行之體始詳；劉向廣演洪範，休咎之文益備」。沈欽韓曰：隋志「伏生之傳，惟劉向父子所著五行是其本法，而又多乖戾」。其卷數與此同。後書郎顗奏便宜四事，引尚書洪範記。

許商五行傳記一篇。〔一〕

〔一〕【補注】先謙曰：商治尚書，善爲算，見溝洫志。著五行論曆，見儒林傳。

周書七十一篇。〔一〕

〔一〕周史記。師古曰：劉向云「周時誥誓號令也，蓋孔子所論百篇之餘也」。今之存者四十五篇矣。【補注】王先慎曰：顏云存四十五篇者，係據孔鼂注本，其亡二十五篇，當在唐初，今孔注止四十二篇，是後又亡其三矣。然劉知幾史通言周書七十一章，上自文、武，下終靈、景，不言有所闕佚，是劉氏所見別一本，故唐志八卷本與十卷本並列。今案，自度訓至器服凡七十篇，合序爲七十一篇，中亡程寤、秦陰、九政、九開、劉法、文開、保開、八繁、箕子、考德、月令，共十一篇，尚存六十篇，其逸文，近儒朱右曾輯附本書後。隋志繫之汲冢，非是。

議奏四十二篇。〔一〕

〔一〕宣帝時石渠論。韋昭曰：閣名也，於此論書。【補注】先謙曰：詳見儒林傳。

凡書九家，四百一十二篇。〔一〕

〔一〕入劉向稽疑一篇。師古曰：此凡言入者，謂七略之外班氏新入之也。其云出者與此同。【補注】先謙曰：稽疑，書目無名，蓋入五行傳記中。

易曰：「河出圖，雒出書，聖人則之。」〔一〕故書之所起遠矣，至孔子纂焉，〔二〕上斷於堯，下訖於秦，凡百篇，〔三〕而爲之序，言其作意。〔四〕秦燔書禁學，濟南伏生獨壁藏之。〔五〕漢興亡失，求得二十九篇，以教齊魯之閒。訖孝宣世，有歐陽、大小夏侯氏，立於學官。古文尚書者，出孔子壁中。〔六〕武帝末，魯恭王壞孔子宅，欲以廣其宮，而得古文尚書及禮記、論語、孝經凡數十篇，皆古字也。共王往入其宅，聞鼓琴瑟鍾磬之音，於是懼，乃止不壞。〔七〕孔安國者，孔子後也，悉得其書，以考二十九篇，得多十六篇。〔八〕安國獻之。遭巫蠱事，未列於學官。〔九〕劉向以中古文校歐陽、大、小夏侯三家經文，酒誥脱簡一，〔一〇〕召誥脱簡二。〔一一〕率簡二十五字者，脱亦二十五字，簡二十二字者，脱亦二十二字，〔一二〕文字異者七百有餘，〔一三〕脱字數十。書者，古之號令，〔一四〕號令於衆，其言不立具，則聽受施行者弗曉。古文讀應爾雅，〔一五〕故解古今語而可知也。

〔一〕師古曰：上繫之辭也。

〔二〕孟康曰：篹音撰。

〔三〕【補注】沈欽韓曰：法言問神篇「昔之説書者序以百」。論衡正説篇「孝景帝時，魯恭王壞孔子教授堂以爲殿，得百篇尚書於牆壁中」。案此言得孔子百篇之書，所得不必有百篇之數也。

〔四〕【補注】沈欽韓曰：史記孔子世家云「追迹三代之禮，序書傳，上紀唐、虞之際，下至秦繆，編次其事」。與班意並以爲孔子作序。

〔五〕【補注】先謙曰：官本「藏」作「臧」。

〔六〕師古曰：家語云，孔騰字子襄，畏秦法峻急，藏尚書、孝經、論語於夫子舊堂壁中，而漢記尹敏傳云「孔鮒所藏」。二説不同，未知孰是。【補注】沈欽韓曰：孔叢獨治篇「陳餘謂子魚曰『秦將滅先王之籍，而子爲書籍之主，其危矣！』子魚曰『吾將先藏之』」。家語序云孔騰子襄，子襄即子魚弟，容得同計也。隋志與釋文、史通並作孔惠。

〔七〕【補注】先謙曰：劉歆傳移讓太常博士書亦云，武帝末。魯恭王傳「以孝景前三年徙王魯，好治宫室，二十八年薨」，據表在元光四年。不得至武帝末。論衡以爲孝景時，是也。

〔八〕師古曰：壁中書多，以考見行世二十九篇之外，更得十六篇。【補注】先謙曰：篇名數詳上。

〔九〕【補注】沈欽韓曰：劉歆移書博士與此志所説同。其不列學官，自緣俗儒專己妬能，排擯古學，如毛詩、左傳、古禮皆不得立。若謂適遭巫蠱，後此宣帝右文之世，胡爲永歇耶？王充云「武帝取之，祕於中，外不得見」，又非也。儒林傳，庸生、胡常、徐敖、塗惲、桑欽等皆古文真傳，王莽又立學官，外人奚爲不得見耶？光武中興，一切反莽所爲，古文既非禄利之途，非高才好古者莫之習，亦莫之授，王充妄談惑人。至僞古文行，而孔穎達等於漢世習古文者一概末殺，指爲張霸之僞，其禍原於充也。先謙曰：朱彝尊經義攷云「司馬遷與都尉朝同受書安國」。世家稱安國早卒，自序則云「予述黄帝以來自太初而訖」，是安國卒在太初前，若巫蠱事乃征和二年，距安國没久矣。志云遭巫蠱云云者，乃追述古文所以不立學之故耳。而僞孔序云云，竟出安國口中，不亦刺謬甚乎？

〔一〇〕【補注】王應麟曰：大傳引酒誥曰「王曰封，唯曰若圭璧」。其脱簡之文歟？沈欽韓曰：法言「酒誥之篇俄空焉」。吴祕注「空，缺也」，謂此。案志以爲今文脱簡，伏生所引自是别説，王説非也。

〔一一〕師古曰：召讀曰邵。

〔一二〕【補注】沈欽韓曰：左傳序疏云「單執一札，謂之爲簡；連編諸簡，乃名曰策」。鄭注論語序引鉤命決云「春秋二尺四寸書之，孝經一尺二寸書之」。故知六經之策皆長二尺四寸。案後書周磐傳「編二尺四寸簡，寫堯典」。然則中外寫經，皆用二尺四寸之簡，故以中簡校外簡，知其所脱爲一爲二也。然書名疏密不同，鄭注尚書，係三十字。服虔注云「左傳自篆書，一簡八字」是也。要以一祖本相傳寫，不敢妄有增損，故劉向校中書之簡，外簡脱字二十五、脱字二十二，字數多少相符，可知數定也。下云「脱字數十」，則逐簡所遺之字而乘之。

〔一三〕【補注】沈欽韓曰：後書「杜林於西州得漆書古文尚書一卷」。又劉陶推三家尚書及古文，是正文字三百餘事，名曰中文尚書。王氏攷證所據古文尚書，乃晁公武所云「皇朝吕大防得本於宋次道、王仲至家，較陸德明釋文小有異同」者也。此東晉僞古文經，唐明皇所刊落，改爲今字，豈是壁中舊物而據之乎？其偶與史、漢説文合，或好事者轉取古書所引以爲比附，非唐以前舊本，而古文竟無一字矣。

〔一四〕【補注】王應麟曰：秦置尚書於禁中，以通章奏。漢之詔命在尚書，以尚書主王言，故秦漢因是名官。

〔一五〕【補注】沈欽韓曰：大戴小辨篇「爾雅以觀於古，足以辨言矣」。後書賈逵傳「逵數爲帝言古文尚書，與經傳爾雅詁訓相應，詔令撰歐陽、大、小夏侯尚書古文同異，逵集爲三卷」。詩載驅箋「古文尚書以弟爲圛，圛，明也」。疏云「洪範稽疑論『卜兆有五，曰圛』。蓋古文作悌，今文作圛，賈逵以今文校之，定以爲圛，故鄭依賈氏所奏從定爲圛，於古文則爲悌」。案宋微子世家洪範正作涕，蓋訛悌爲涕耳，此古文之一毛也。葉德輝曰：史記五帝、夏、周紀載尚書文，多以訓詁代經，即讀應爾雅也。

詩經二十八卷，魯、齊、韓三家。〔一〕

〔一〕應劭曰：申公作魯詩，后蒼作齊詩，韓嬰作韓詩。【補注】齊召南曰：應說非是，后蒼傳齊詩者，非其始也，齊詩始於轅固。先謙曰：此三家全經，並以序各冠其篇首，故皆二十八卷。十五國風十三卷，邶、鄘、衛共一卷。小雅七十四篇爲七卷，大雅三十一篇爲三卷，周頌三十一篇爲三卷，魯、商頌各爲一卷，共二十八卷也。

魯故二十五卷。〔一〕

〔一〕師古曰：故者，通其指義也。它皆類此。今流俗毛詩改故訓傳爲詁字，失真耳。【補注】先謙曰：儒林傳「申公獨以詩經爲訓故以教，亡傳，疑者則闕弗傳」。是魯故即申公作。

魯說二十八卷。〔一〕

〔一〕【補注】先謙曰：儒林傳「魯詩有韋、張、唐、褚之學」。此魯說，弟子所傳。

齊后氏故二十卷。〔一〕

〔一〕【補注】先謙曰：后蒼也，轅固再傳弟子。詳本傳。

齊孫氏故二十七卷。〔一〕

〔一〕【補注】王應麟曰：齊詩有翼、匡、師、伏之學，孫氏未詳其名。

齊后氏傳三十九卷。〔一〕

〔一〕【補注】先謙曰：蓋后氏弟子從受其學而爲之傳，如易周氏傳、書伏生大傳之例。

齊孫氏傳二十八卷。

齊雜記十八卷。〔一〕

〔一〕【補注】先謙曰：此蓋下所云「采雜説」者。

韓故三十六卷。〔一〕

〔一〕【補注】先謙曰：此韓嬰自爲本經訓故，以別於内外傳者，故志首列之。或以爲弟子作，非也。

韓内傳四卷。〔一〕

〔一〕【補注】先謙曰：儒林傳「嬰推詩人之意，而作内外傳數萬言，其語頗與齊、魯間殊，然歸一也」。則内外傳皆韓氏依經推演之詞。隋志云「齊詩，魏代已亡。魯詩亡於西晉。沈欽韓云，郭璞爾雅注引魯詩，璞不應耳食。則魯詩亡於永嘉後。韓詩雖存，無傳之者」。至南宋後，韓詩亦亡，獨存外傳。於是王應麟爲三家詩考，近儒宋緜初、范家相、陳喬樅等各爲集説，具見本書，不復廣引，以祛繁雜。

韓外傳六卷。〔一〕

〔一〕【補注】先謙曰：隋志「韓詩外傳十卷」，今存。近儒趙懷玉輯佚文附後。

韓説四十一卷。〔一〕

〔一〕【補注】先謙曰：韓詩有王、食、長孫之學。此其徒衆所傳。

毛詩二十九卷。〔一〕

〔一〕【補注】先謙曰：此蓋序别爲一卷，故合全經爲二十九。

毛詩故訓傳三十卷。〔一〕

〔一〕【補注】先謙曰：古經傳皆别行，毛作詩傳，取二十八卷之經，析邶、鄘、衛風爲三卷，故爲三十卷也。隋、唐志或作十卷，或二十卷，並非元書卷次。

凡詩六家，四百一十六卷。

書曰：「詩言志，哥詠言。」〔一〕故哀樂之心感，而哥詠之聲發。誦其言謂之詩，詠其聲謂之哥。故古有采詩之官，〔二〕王者所以觀風俗，知得失，自考正也。孔子純取周詩，上采殷，下取魯，〔三〕凡三百五篇，〔四〕遭秦而全者，以其諷誦，不獨在竹帛故也。〔五〕漢興，魯申公爲詩訓故，而齊轅固、燕韓生皆爲之傳。〔六〕或取春秋，采雜説，咸非其本義。與不得已，魯最爲近之。〔七〕三家皆列於學官。又有毛公之學，自謂子夏所傳，〔八〕而河間獻王好之，未得立。

〔一〕師古曰：虞書舜典之辭也。在心爲志，發言爲詩。詠者，永也。永，長也，哥所以長言之。【補注】錢大昭曰：「哥」，書作「歌」。説文「哥，聲也，從二可，古文以爲謌字」。先謙曰：官本「哥」並作「歌」。

〔二〕【補注】沈欽韓曰：王制「命太師陳詩以觀民風」。注云「陳詩，謂采其詩而視之」。公羊傳宣公十五年注「男女有所怨恨，相從而歌，飢者歌其食，勞者歌其事。男年六十，女年五十無子者，官衣食之，使之民間求詩。鄉移於邑，邑移於國，國以聞於天子」。古文苑劉歆與揚雄書云「詔聞三代、周、秦軒車使者、遒人使者，以歲八月巡路，求代語、僮謡、歌戲，欲得其最目」。

〔三〕【補注】宋祁曰：景本「取」作「采」。

〔四〕【補注】先謙曰：詩譜序孔疏「漢世毛學不行，三家不見詩序，不知六篇亡失，謂其惟有三百五篇」。案史記孔子世家云「古者詩本三千餘篇，去其重，取其可施於禮義者三百五篇」。儒林傳王式説同。志兼收毛傳，豈得不知毛學，亦云三百五篇？是漢儒通論如此，蓋不取毛説也。

〔五〕【補注】沈欽韓曰：劉歆移書云「詩，先師起於建元之間，當此之時，一人不能獨盡其經，或爲雅，或爲頌，相合而成」。則亦幸而得全耳。

〔六〕【補注】先謙曰：荀悦漢紀稱轅固爲詩内外傳。

〔七〕師古曰：與不得已者，言皆不得也。三家者不得其真，而魯最近之。【補注】先謙曰：與、已皆語詞，顏説是也。與，辭也，見周、晉語韋昭注。但此謂齊、韓二傳推演之詞，皆非本義，不得其真耳，非併魯詩言之。魯最爲近者，言齊、韓訓故，亦各有取，惟魯最優。顏謂三家皆不得，謬矣，既不得其真，何言最近乎？官本注「家」下「者」作「皆」。

〔八〕【補注】先謙曰：此與儒林傳稱孟喜自言師田生，獨傳喜，同意。

禮古經五十六卷，〔一〕經七十篇。〔二〕記百三十一篇。〔三〕明堂陰陽三十三篇。〔四〕王史氏二十一篇。〔五〕曲臺后倉九篇。〔六〕中庸説二篇。〔七〕明堂陰陽説五篇。〔八〕

〔一〕【補注】王應麟曰：劉歆移書云「魯恭王得古文於壞壁，逸禮有三十九」。儀禮疏云「高堂生傳十七篇，是今文也。孔子宅得古儀禮五十六篇，其字皆篆書，是古文也。古文十七篇與高堂生所傳同，而字多不同，餘三十九篇，絶無師説，祕在於館。七録云餘篇皆亡。沈欽韓曰：平紀「元始五年，徵天下通知逸經」。王莽傳云「通知逸禮意者，徵詣公車」。則彼時已爲絶學可驗也。

〔二〕后氏、戴氏。【補注】劉敞曰：此「七十」與後「七十」，皆當作「十七」，計其篇數則然。錢大昭曰：劉説是也，下云「魯高堂生傳士禮十七篇」。

〔三〕七十子後學者所記也。【補注】錢大昕曰：鄭康成六藝論云「戴德傳記八十五篇，戴聖傳記四十九篇」。此云百三十一篇者，合大、小戴所傳而言。小戴記四十九篇，曲禮、檀弓、雜記皆以簡策重多，分爲上下，實止四十六篇。合大戴之八十五篇，正協百三十一之數。隋志謂月令、明堂位、樂記三篇爲馬融所足。蓋以明堂陰陽三十三篇，樂記二十三篇，別見藝文志，故疑爲東漢人附益，不知劉向別録已有四十九篇矣。月令三篇，小戴入之禮記，而明堂陰陽與樂記仍各自爲書，亦猶三年問出於荀子，中庸、緇衣出於子思子，其本書無妨單行也。記本七十子之徒所作，後人通儒各有損益，河閒獻王得之，大、小戴各傳其學。鄭氏六藝論言之當矣，謂大戴删古禮二百四篇，爲八十五篇，小戴又删爲四十九篇。其説始於晉司空長史陳邵，而陸德明引之，隋志又附益之。然漢書無其事，不足信也。或謂漢書不及禮記。攷河閒獻王所得書，禮記居其一，而郊祀志引禮記「燔柴於太壇，祭天也。瘞埋於太折，祭地也」。又引禮記「天子祭天地及山川歲徧」。又引禮記「天子藉田千畮以事天墜」。又引禮記祀典即祭法也。律曆志

謂之祭典。「功施於民則祀之，天文日月星辰所昭仰也，地理山川海澤所生殖也」。又引禮記「唯祭宗廟社稷爲越紼而行事」。梅福傳引禮記「孔子曰，某，殷人也」。韋玄成傳亦引禮記王制、禮記祀典之文，皆在四十九篇之內，志不別出記四十九篇者，統於百三十一篇也。王鳴盛曰：説文自序説魯共王壞孔子宅而得壁中書，即有禮記。河閒獻王傳敘王所得書中有禮，又有禮記。是前漢本有此稱，非始於鄭氏作注之時所題。

〔四〕古明堂之遺事。【補注】王應麟曰：隋牛弘曰，案劉向別録及馬宮、蔡邕等所見，當時有古文明堂禮、王居明堂禮、明堂圖、明堂大圖、明堂陰陽、泰山通義、魏文侯孝經傳，並説古明堂之事，其書皆亡。唐會要引禮記明堂陰陽録。劉台拱曰：今小戴月令、明堂位，於別録屬明堂陰陽，而大戴記之盛德、實記、古明堂遺事，此三篇其僅存者。

〔五〕七十子後學者。師古曰：劉向別録云，六國時人也。【補注】沈欽韓曰：廣韻「王史，複姓，漢有新豐令王史音」。先謙曰：案隋志作「王氏史氏記」，蓋誤。

〔六〕如淳曰：行禮射於曲臺，后倉爲記，故名曰曲臺記。漢官曰大射於曲臺。晉灼曰：天子射宮也。西京無太學，於此行禮也。【補注】宋祁曰：景本「曲臺」下有「至」字。吳仁傑曰：太學興於元朔三年。案儒林傳「詔太常議，予博士弟子。太常請因舊官而興焉，爲博士官置弟子員」是也。先是董仲舒對策「願興太學以養天下之士」，史謂立學校之官，自仲舒發之，故武紀以是列之贊語，宣紀以是載於議尊號詔文，是太學興於武帝時明甚。賈誼云「學者所學之官也」。韓延壽修治學官，注謂「庠序之舍」。文翁修起學官，招學官弟子，注謂「學之官舍」。然則儒林傳所云「興舊官及博士官」，非太學而何？下文「郡國縣官有好文學者，與計偕」，故文翁傳云「武帝時令天下郡國皆立學校官」。烏有天下皆立學，而天子之都乃反無太學之理？紀於元朔五年，書「丞相弘請爲博士置弟子員」。案太常議，本文「爲博士」下有「官」字，紀脱之耳。通鑑知其誤，故武紀書曰「博士官」。蓋取儒林傳文足之也。且史載何武等習歌詩太學下，博士弟子王成舉幡太學下，孰謂西京無太學也哉？王尊事師郡文學官，此郡文學之官舍如博士官也。顔謂郡有文學官，而尊事之以爲師，豈忘前注耶？「官」當讀作「館」，易「官有渝」，九家作「官」，蜀才作「館」，古官、館通。王應麟曰：七略云「宣皇帝時行射禮，博士后蒼爲之辭，至今記之，曰曲臺記」。大戴公冠篇載孝昭冠詞，蓋宣帝時曲臺記也。王念孫曰：「后倉」下脱「記」字，則文義不明。據如注云「后倉爲記，故名曰曲臺記」，則有「記」字明矣。儒林傳云「后倉説禮數萬言，號曰后氏曲臺記」。初學記居處部、御覽居處部五引此，並作「曲臺后倉記」。周壽昌曰：黄圖明言太學在長安西北七里，是太學實有其地矣，安得云無？

〔七〕師古曰：今禮記有中庸一篇，亦非本禮經，蓋此之流。【補注】王應麟曰：白虎通謂之禮中庸記。沈欽韓曰：鄭目録云「孔子之孫子思伋作之，以昭明聖祖之德。此於別録屬通論」。先謙曰：官本自「記」以下，各自提行。

〔八〕【補注】沈欽韓曰：明堂位，正義引異義「講學大夫淳于登説曰『明堂立國之陽，丙巳之地，三里之外，七里之内而祀之，就陽位，上圓下方，八窗四闥，布政之宫，故稱明堂。明堂，盛貌。周公祀文王於明堂，以配上帝。上帝，五精之神，太微之庭，中有五帝坐位』」。蓋此類明堂説也。講學大夫，在王莽時。明堂，平帝時立。

周官經六篇。〔一〕

〔一〕王莽時，劉歆置博士。師古曰：即今之周官禮也，亡其冬官，以考工記充之。【補注】王應麟曰：隋志有李氏得周官，上於河閒獻王，獨闕冬官，取考工記補之，合成六篇。禮記疏云「孝文時求得此書，不見冬官一篇，乃使博士作考工記補之」。非也。

周官傳四篇。〔一〕

〔一〕【補注】先謙曰：周官既置博士，當時必有傳説，蓋東漢初喪失，故杜子春能通其讀以授鄭衆、賈逵。沈氏欽韓謂「先無傳者，此班氏附益」，非也。下文不云惟「入司馬法一家」乎？

軍禮司馬法百五十五篇。〔一〕

〔一〕【補注】王應麟曰：周官縣師「將有軍旅會同田役之戒，則受灋於司馬，以作其衆庶」。小司馬「掌事如大司馬之灋」。司兵「授兵從司馬之灋以頒之」。此古者司馬灋，即周之政典也。周禮疏云「齊景公時，大夫穰苴作司馬灋」。史記穰苴傳云「齊威王使大夫追論古者司馬兵法，而附穰苴於其中，因號曰司馬穰苴兵法」。先謙曰：隋志云，亦河閒獻王所得，今存五篇。

古封禪羣祀二十二篇。〔一〕

〔一〕【補注】沈欽韓曰：文選注四十六引禮記逸禮曰「三皇禪云云，五帝禪亭亭」。管子有封禪篇，即古封禪禮也。葉德輝曰：史記封禪書正義引五經通義云「易姓而王，致太平，必封泰山，禪梁父，荷天命以爲王，使理羣生，告太平於天，報羣神之功」。據此，則古有封禪羣祀之禮。

封禪議對十九篇。〔一〕

〔一〕武帝時也。【補注】沈欽韓曰：牛弘所云泰山通義即此。兒寬傳「議封禪之事，諸儒對者五十餘人」。

漢封禪羣祀三十六篇。〔一〕

〔一〕【補注】先謙曰：此如光武時馬第伯封禪儀記之類。

議奏三十八篇。〔一〕

〔一〕石渠。【補注】錢大昭曰：書、春秋、論語，「石渠」下皆有「論」字，疑此脱「論」字。沈欽韓曰：石渠禮議，唐時尚存，引見通典禮三十三、三十七、四十一、四十三、四十九、五十、五十二、五十六、五十九、六十三各卷中。詩既醉疏、禮王制疏亦引石渠論。

凡禮十三家，〔一〕五百五十五篇。〔二〕

〔一〕【補注】沈欽韓曰：志所次但本七略，不與別録相應知者。禮記正義「鄭目録云，曲禮、王制、禮器、少儀、深衣於別録屬制度。檀弓、禮運、玉藻、大傳、學記、經解、哀公問、仲尼燕居、孔子閒居、坊記、中庸、表記、緇衣、儒行、大學於別録屬通論。月令、明堂位於別録屬明堂陰陽。曾子問、喪服小記、雜記、喪大記、奔喪、喪服、閒傳、三年問於別録屬喪服。文王世子、内則於別録屬世子法。郊特牲、祭法、祭義、祭統於別録屬祭祀。投壺、冠、昏、鄉、射、燕、聘之義於別録屬吉禮吉事。樂記屬樂記」。則彼禮目自有五種，便人尋省，與志不同。

〔二〕入司馬法一家，百五十五篇。

易曰：「有夫婦父子君臣上下，禮義有所錯。」〔一〕而帝王質文世有損益，至周曲爲之防，事爲之制，〔二〕故曰：「禮經三百，威儀三千。」〔三〕及周之衰，諸侯將踰法度，惡其害己，皆滅去其籍，自孔子時而不具，至秦大壞。漢興，魯高堂生傳士禮十七篇。〔四〕訖孝宣世，后倉最明。戴德、戴聖、慶普〔五〕皆其弟子，三家立於學官。禮古經者，出於魯淹中〔六〕及孔氏學，七十篇文相似，多三十九篇。〔七〕及明堂陰陽、王史氏記所見，多天子諸侯卿大夫之制，雖不能備，猶瘉倉等推士禮而致於天子之說。〔八〕

〔一〕師古曰：序卦之辭也。錯，置也，音千故反。

〔二〕師古曰：委曲防閑，每事爲制也。

〔三〕韋昭曰：周禮三百六十官也。三百，舉成數也。臣瓚曰：禮經三百，謂冠、婚、吉、凶。周禮三百，是官名也。師古曰：禮經三百，韋説是也。威儀三千乃謂冠、婚、吉、凶，蓋儀禮是也。

〔四〕【補注】周壽昌曰：史記儒林傳「秦焚書，獨有士禮，高堂生言之」。索隱謝承云「秦代有魯人高堂伯人」。

〔五〕【補注】先謙曰：儒林傳「普，沛人，字孝公」。

〔六〕蘇林曰：里名也。

〔七〕【補注】劉敞曰：讀當云「禮古經者，出於魯淹中及孔氏」。孔氏則安國所得壁中書也。「學七十篇」，當作「與十七篇文相似」。五十六卷除十七，正多三十九也。王應麟曰：朱文公云「疏言古文十七篇，與高堂生所傳相似，是唐初時漢志猶未誤也」。沈欽韓曰：古經之出有三説：後書儒林傳云，孔安國所獻；論衡佚文篇云「魯恭王發孔子宅，得禮三百，上言武帝，武帝遣吏發取」；隋志「古經出於淹中，而河閒獻王好古愛學，收集餘燼，得而獻之，合五十六篇，並威儀之事」。案：本傳云「獻王所得書周官、尚書、禮記」。言獻王得者是也。又云「及孔氏」。則志亦兩歧其説，范書殆因此孔氏，舉可名之孔安國言之。論衡又云「河内女子發老屋，得佚禮一篇」，不言何篇，乃充妄説。葉德輝曰：按禮古經五十六卷，志有明文。釋文引鄭氏六藝論云「後得孔氏壁中河閒獻王古文禮五十六篇」。禮記大題正義引同。據此，則鄭氏所見孔壁文與班志合。奔喪正義引作五十七篇者，誤也。志文當於「學」字絶句，七十篇當依劉説作十七篇，言淹中古經及孔氏學古經十七篇，文大致相似，多三十九篇。及下明堂陰陽云云，別爲一節，言多出之篇，及明堂陰陽、王史氏記所見，乃多天子諸侯卿大夫之制，則有歧異耳。高堂生所傳十七篇，淹中古經及孔氏學所傳，皆有其書，合多之三十九篇，則總五十六篇矣。曰孔氏學者，如公羊題何休學之例，漢注有此名義。先謙曰：「七十」誤倒，劉説是。「學」屬上讀，葉説是。

〔八〕師古曰：瘉與愈同。愈，勝也。【補注】王應麟曰：朱文公云「士禮特略舉首篇以名之，其曰推而致於天子者，蓋專指冠、昏、喪、祭而言，若燕、射、朝、聘，士豈有是禮而可推耶？」先謙曰：此謂三十九篇及明堂陰陽等記，多君大夫禮，古禮之傳，惟恐不備，班意具見禮樂志，后、戴不傳古經，故其説如此。要之燕、射、朝、聘，士固無是禮，即冠、昏、喪、祭，古經所傳，亦自有出倉等所説外者。沈氏謂今禮經本無不備，而詆班氏未讀十七篇之文，斯爲謬矣。

樂記二十三篇。〔一〕

〔一〕【補注】王應麟曰：樂記疏云「樂記者，記樂之義，此於別録屬樂記，蓋十一篇合爲一篇，謂有樂本，有樂論，有樂施，有樂言，有樂禮，有樂情，有樂化，有樂象，有賓牟賈，有師乙，有魏文侯。今雖合此，略有分焉。劉向所校二十三篇，著於別録。今樂記所斷，取十一篇，餘十二篇，其名猶在：奏樂第十二，樂器第十三，樂作第十四，意始第十五，樂穆第十六，説律第十七，季札第十八，樂道第十九，樂義第二十，昭本第二十一，昭頌第二十二，竇公第二十三」。周禮樂師注云「貍首在樂記」。蔡邕明堂論引樂記曰「武王伐殷，爲俘馘於京太室」。沈約云「樂記取公孫尼子」。史記正義云「樂記，公孫尼子次撰」。

王禹記二十四篇。〔一〕

〔一〕【補注】王應麟曰：樂記疏云「王禹二十四卷。記無所録」。

雅歌詩四篇。〔一〕

〔一〕【補注】王應麟曰：文選注，七略云「漢興，魯人虞公善雅歌，發聲盡動梁上塵」。晉志「杜夔傳舊雅樂四曲：一曰鹿鳴，二曰騶虞，三曰伐檀，四曰文王，皆古聲辭」。此四篇豈即四曲歟？

雅琴趙氏七篇。〔一〕

〔一〕名定，勃海人，宣帝時丞相魏相所奏。【補注】王應麟曰：劉向別録「宣帝元康、神爵閒，丞相奏能鼓琴者，勃海趙定、梁國龍德皆召入見温室，使鼓琴待詔。定爲人尚清静，少言語，善（琴）〔鼓〕琴，時閒燕爲散操」。向有雅琴賦，見文選注。沈欽韓曰：長門賦注引七略曰「雅琴，琴之言禁也，雅之言正也，君子守正以自禁也」。

雅琴師氏八篇。〔一〕

〔一〕名中，東海人，傳言師曠後。【補注】周壽昌曰：北堂書鈔卷一百九引七略別録云「師氏雅琴者，名忠，東海下邳人，言師曠後。至今邳俗猶多好琴也」。

雅琴龍氏九十九篇。〔一〕

〔一〕名德，梁人。師古曰：劉向別録云，亦魏相所奏也。與趙定俱召見待詔，後拜爲侍郎。【補注】周壽昌曰：隋志「沈約奏云，龍氏雅琴百六篇」。文選五十九李善注亦引作九十九篇，則唐人本與今本合，疑沈誤也。後書儒林傳注引劉向別録云「雅琴之意，皆出龍德諸琴雜事中」。然則雜事乃龍氏雅琴中之一篇也。先謙曰：王褒傳作「龔德」。

凡樂六家，百六十五篇。〔一〕

〔一〕出淮南、劉向等琴頌七篇。

易曰：「先王作樂崇德，殷薦之上帝，以享祖考。」〔一〕故自黄帝下至三代，樂各有名。孔子曰：「安上治民，莫善於禮；移風易俗，莫善於樂。」〔二〕二者相與竝行。周衰俱壞，樂尤微眇，以音律爲節，〔三〕又爲鄭衛所亂，故無遺法。漢興，制氏以雅樂聲律，世在樂官，頗能紀其鏗鏘鼓舞，而不能言其義。〔四〕六國之君，魏文侯最爲好古，孝文時得其樂人竇公，〔五〕獻其書，乃周官大宗伯之大司樂章也。武帝時，河閒獻王好儒，與毛生等共采周官及諸子言樂事者，以作樂記，獻八佾之舞，〔六〕與制氏不相遠。其内史丞王定傳之，〔七〕以授常山王禹。禹，成帝時爲謁者，數言其義，〔八〕獻二十四卷記。〔九〕劉向校書，得樂記二十三篇，與禹不同，其道寖以益微。〔一〇〕

〔一〕師古曰：豫卦象辭也。殷，盛也。

〔二〕師古曰：孝經載孔子之言。

〔三〕師古曰：眇，細也。言其道精微，節在音律，不可具於書。眇亦讀曰妙。

〔四〕師古曰：鏗音初衡反。【補注】先謙曰：官本「衡」作「耕」。

〔五〕師古曰：桓譚新論云，竇公年百八十歲，兩目皆盲，文帝奇之，問曰：「何因至此？」對曰：「臣年十三失明，父母哀其不及衆技，教鼓琴，臣導引，無所服餌。」【補注】齊召南曰：案，竇公事見正史，必得其實，但桓譚言百八十歲則可疑也。魏文侯在位三十八年而卒，時爲周安王十五年，自安王十五年計，至秦二世三年，即已一百八十一年矣，又加高祖十二年，惠帝七年，高后八年，而孝文始即帝位，則是二百零八年也。竇公在魏文侯時已爲樂工，則其年必非甚幼，至見文帝，又未必即在元年，則其壽蓋二百三四十歲矣，謂之百八十歲，可乎？

〔六〕【補注】先謙曰：互見獻王傳及禮樂志。

〔七〕【補注】沈欽韓曰：樂記疏引作「内史中丞王度」誤。

〔八〕師古曰：數音所角反。

〔九〕【補注】沈欽韓曰：禮樂志「其弟子宋曄等上書言之」。

〔一〇〕師古曰：寖，漸也。

春秋古經十二篇，〔一〕經十一卷。〔二〕

〔一〕【補注】錢大昕曰：謂左氏經也。劉歆傳「歆校祕書，見古文春秋左氏傳」。又云「左氏傳多古字古言」。許慎五經異義言「今春秋，公羊說；古春秋，左氏說」。

〔二〕公羊、穀梁二家。【補注】錢大昕曰：漢儒傳春秋者，以左氏爲古文，公羊、穀梁爲今文。稱古經，則共知其爲左氏矣。左氏經、傳，本各單行，故別有左氏傳。尚書古文經四十六卷，不注孔氏，而別出經二十九卷，注大、小夏侯二家，與此同。沈欽韓曰：二家合閔公於莊公，故十一卷。彼師當緣閔公事短，不足成卷，并合之耳。何休乃云「繫閔公篇於莊公下者，子未三年，無改於父之道」。其先，俗師未見古文，或分或合，猶可言也，休已見古文，不當爲此言。

左氏傳三十卷。〔一〕

〔一〕左丘明，魯太史。【補注】段玉裁曰：春秋古經及左氏傳，班志不言出誰氏。據說文敘云「北平侯張蒼獻春秋左氏傳」，意經、傳皆其所獻也。論衡說左傳卅篇出恭王壁中，恐非事實。沈欽韓曰：史記吳世家贊「余讀春秋古文，乃知中國之虞與荊蠻句吳，兄弟也」。此謂左氏傳也。桓譚云「遭戰國寢藏」。本志亦云「其事實皆形於傳，故隱其書而不宣，所以免時難也」。然戰國諸子又嘗覩春秋傳而成書，如韓非姦劫弒臣篇「春秋記之曰『楚王子圍將聘於鄭，未出境，聞王病而反』」云云，此全依左氏傳也。故十二諸侯年表序云「鐸椒、虞卿、呂不韋之徒，各捃摭春秋之文以著書」。是先秦、周末並鑽研窺望其學，獨屈抑於漢耳。御覽六百十引桓譚新論曰「左氏經之與傳，猶衣之表裏，相待而成，有經而無傳，使聖人閉門思之，十年不能知也」。

公羊傳十一卷。〔一〕

〔一〕公羊子，齊人。師古曰：名高。

穀梁傳十一卷。〔一〕

〔一〕穀梁子，魯人。師古曰：名喜。【補注】錢大昭曰：「喜」，閩本作「嘉」。朱一新曰：汪本作「嘉」。周壽昌曰：桓譚新論「魯穀梁赤爲春秋，殘略多所遺失」。是穀梁名赤。應劭風俗通、蔡邕正交論同。論衡案書篇作「穀梁寘」。阮孝緒七録云「名俶，字元始」。楊士勛穀梁疏引作「淑」，則「俶」字之誤。皆與顔氏名喜之説異。葉德輝曰：釋文敘録引糜信云「穀梁赤與秦孝公同時」。元和姓纂一屋「穀梁」姓下引尸子云「穀梁俶傳春秋十五卷」。按尸子爲六國時人，見聞較塙，則以爲名俶者是也。

鄒氏傳十一卷。〔一〕

〔一〕【補注】沈欽韓曰：齊有三騶子，莫知爲誰。

夾氏傳十一卷。〔一〕

〔一〕有録無書。師古曰：夾音頰。【補注】先謙曰：有録者，見於二劉著録。

左氏微二篇。〔一〕

〔一〕師古曰：微謂釋其微指。【補注】沈欽韓曰：微者，春秋之支別，與鐸氏微同義。顔解非。

鐸氏微三篇。〔一〕

〔一〕楚太傅鐸椒也。【補注】沈欽韓曰：十二諸侯年表「鐸椒爲楚威王傅，爲王不能盡觀春秋，采取成敗，卒四十章，爲鐸氏微」。序録「椒爲左丘明四傳弟子」。

張氏微十篇。〔一〕

〔一〕【補注】沈欽韓曰：疑張蒼。

虞氏微傳二篇。〔一〕

〔一〕趙相虞卿。【補注】王應麟曰：劉向别録云「虞卿作鈔撮九卷，授荀卿，卿授張蒼」。葉德輝曰：釋文敘録云「鐸椒授虞卿」。

公羊外傳五十篇。〔一〕

〔一〕【補注】錢大昕曰：漢時，公、穀二家皆有外傳，其書不傳，大約似韓詩外傳。今人稱國語爲外傳，漢志卻無此名目。沈欽韓曰：公羊外傳，其董仲舒玉杯、蕃露、清明、竹林之類與？

穀梁外傳二十篇。

公羊章句三十八篇。〔一〕

〔一〕【補注】沈欽韓曰：公羊疏「顏安樂等解此公羊苟取頑曹之詞」。又「莊顏之徒，以周王爲天囚」。何休序云「講誦師言至於百萬，猶有不解」。後書「張霸減嚴氏春秋二十萬言，更名張氏學」。皆章句也。

穀梁章句三十三篇。〔一〕

〔一〕【補注】沈欽韓曰：范寗序云「釋者近十家」。疏云「尹更始，則漢時始爲章句者也」。釋文敘録「尹更始穀梁章句十五卷」。

公羊雜記八十三篇。〔一〕

〔一〕【補注】沈欽韓曰：公孫弘傳「弘學春秋雜説」，疑此是也。

公羊顔氏記十一篇。〔一〕

〔一〕【補注】沈欽韓曰：顔安樂也。熹平石經公羊碑有顔氏説。周壽昌曰：徐彦云，何休序謂「説者倍經任意，反傳違戾」。案演孔圖云「文、宣、成、襄所聞之世也，而顔氏以爲從襄二十一年之後，孔子生訖即爲所見之世，分張一公而使兩屬，是任意也。宣十七年六月癸卯，日有食之。日食之道，不過晦朔與二日，言日不言朔者，是二日明矣，而顔氏以爲十四日日食，是反傳違戾也」。又曰「顔氏以襄公二十三年，邾婁鼻我來奔，傳云『邾婁無大夫，此何以書？以近書也』。又昭公二十七年，邾婁快來奔，傳云『邾婁無大夫，此何以書？以近書也』。二文不異，同宜一世，若分兩屬，理似不便」。案顔氏記，隋、唐志皆無之，惟徐氏所引，尚有此三條。

公羊董仲舒治獄十六篇。〔一〕

〔一〕【補注】錢大昭曰：後書應劭傳「故膠西董仲舒老病致仕，朝廷每有政議，數遣廷尉張湯親至陋巷問得失，於是作春秋決獄二百三十二事，動以經對，言之詳矣」。沈欽韓曰：隋志「董仲舒春秋決事十卷」。崇文總目云「至吳，太史令吳、汝南丁季、江夏黄復平正得失，今頗殘逸，只有七十八事」。通典載東晉成帝咸和五年，散騎侍郎賀峻妻于氏上表云「董仲舒時，有疑獄，曰：『甲無子，拾道旁棄兒乙養之以爲子，及乙長，有罪殺人，以狀語甲，甲藏匿乙，甲當何論？』仲舒斷曰：『甲無子，振活養乙，雖非所生，誰與易之，詩云「螟蛉有子，蜾蠃負之」。春秋之義，父爲子隱，甲宜匿乙。』詔不當坐」。又一事曰「甲有子乙以乞丙，乙後長大，而丙所成育，甲因酒色，有酒態也。謂乙曰『汝是吾子』。乙怒杖甲二十，甲以乙本是其子，不伸其忿，自告縣官。仲舒斷之曰：『甲能生乙，不能長育以乞丙，於義已絶矣，雖杖甲，不應坐。』」御覽六百四十董仲舒決獄曰「甲父乙與丙爭言相鬭，丙以佩刀刺乙，甲即以杖擊丙，誤傷乙，甲當何論？或曰：『毆父也，當梟首。』論曰：『臣愚以父子至親也，聞其鬭莫不有怵惕之心，扶伏而救之，春秋之義，許止父病，進藥於其父而卒。君子原心，赦而不誅。甲非律所謂毆父，不當坐。』」又曰「甲夫乙將船，會海盛風，船没溺，流尸亡不得葬。四月，甲母丙即嫁甲，欲皆何論？或曰：『甲夫死未葬，法無許嫁，以私爲人妻，當弃市。』議曰：『臣愚以爲春秋之義，言夫人歸於齊，言夫死無男，有更嫁之，道也。婦人無專制擅恣之行，聽從爲順，嫁之者，歸也。甲又尊者所嫁，無淫之心，非私爲人妻也，不當坐。』」

議奏三十九篇。〔一〕

〔一〕石渠論。

國語二十一篇。〔一〕

〔一〕左丘明著。【補注】王應麟曰：司馬遷傳贊「左丘明爲傳，又纂異同爲國語」。史通云「左丘明既爲春秋内傳，又稽逸文，纂別説，分周、魯、齊、晉、鄭、楚、吴、越八國事，起周穆王，終魯悼公，爲外傳國語」。

新國語五十四篇。〔一〕

〔一〕劉向分國語。

世本十五篇。〔一〕

〔一〕古史官記黄帝以來訖春秋時諸侯大夫。【補注】王應麟曰：周官瞽矇「世奠繫」。注謂世之而定其繫，謂書於世本也。小史「定繫世，辨昭穆」。注謂帝繫世本之屬，天子曰帝繫，諸侯曰世本。司馬遷傳贊「世本録黄帝以來至春秋時，帝王公侯卿大夫祖世所出」。司馬遷采世本。劉向云「世本，古史官明於古事者，所記録黄帝以來帝王諸侯及卿大夫系謚名號，凡十五篇」。隋志「世本王侯大夫譜二卷」，又「世本二卷，劉向撰」，又「四卷宋衷撰」。又云「漢初得世本，敘黄帝以來祖世所出」。春秋正義云「今之世本，與司馬遷言不同，世本多誤，不足依憑」。顔之推云「世本，左丘明所書，此説出皇甫謐帝王世紀。而有燕王喜、漢高祖，非本文也」。

戰國策三十三篇。〔一〕

〔一〕記春秋後。【補注】王應麟曰：劉向校書録序云「中書本號，或曰國策，或曰國事，或曰短長，或曰事語，或曰長書，或曰脩書。臣向以爲戰國時游士輔所用之國爲之筴謀，宜爲戰國策」。又曰「姚氏校定總四百八十餘條，太史公所采九十餘條，其事異者，止五六條」。朱一新曰：今高誘、姚宏注本，雖分三十三卷，實已缺一篇，蓋後人分析，以求合三十三篇之數也。

奏事二十篇。〔一〕

〔一〕秦時大臣奏事，及刻石名山文也。【補注】王應麟曰：七國未變古式，言事於王，皆稱上書，秦初改書曰奏。沈欽韓曰：泰山刻石一，琅邪刻石二，之罘刻石三，東觀刻石四，刻碣石門五，會稽刻石六。二世元年，東行郡縣到碣石，南至會稽，而盡刻始皇所立，刻石之旁著大臣從者名，以章先帝成功盛德焉，丞相斯請具刻詔書刻石，凡七也。本紀二十八年，上鄒嶧山立石，不載其辭。

楚漢春秋九篇。〔一〕

〔一〕陸賈所記。【補注】沈欽韓曰：隋志「九卷」，唐志「二十卷」，御覽引之，經籍考不載，蓋亡於南宋。容齋隨筆曰「陸賈書當時事，而所言多與史不合，若高祖之臣，別有絳、灌、南宮侯張耳、淮陰舍人謝公」。案，余嘗見明楊忠愍所書十八侯贊，其名姓略與洪氏所指同。史記索隱云「十八侯位次，楚漢春秋不同者，陸賈記事，高祖惠帝時，漢書是後定功臣等列」。然如張耳、韓信皆在高祖初年，陸賈豈猶未及覩聞耶？莫曉其參差之故。先謙曰：後書班彪傳云「漢興，定天下，大中大夫陸賈記録時功，作楚漢春秋九篇」。案賈敘述時輩，不容多有牴牾，就其乖舛之蹟而言，知唐世所傳，已非元書。

太史公百三十篇。〔一〕

〔一〕十篇有録無書。【補注】先謙曰：隋志題「史記」，蓋晉後箸録，改從今名。王應麟攷證載呂氏祖謙說，以張晏所列亡篇之目校之：一、景紀，篇在。二、武紀，亡。三、漢興以來將相年表，書在，闕敘。四、禮書，自「禮由人起」以下，草具未成。五、樂書，自「凡音之成」而下，草具未成。六、律書，自「書曰，七正二十八舍」以下，草具未成。七、三王世家，所載惟奏請及策書，或如五宗世家略敘自出，亦未可知。八、傅靳蒯成傳，篇在，非褚先生補。九、日者傳，自「余志而著之」以上，皆史公本書。十、龜筴傳，自「褚先生曰」以下，乃所補也。則班言無書，特就中祕所藏言之耳。

馮商所續太史公七篇。〔一〕

〔一〕韋昭曰：馮商受詔續太史公十餘篇，在班彪別録。商字子高。師古曰：七略云「商，陽陵人，治易，事五鹿充宗，後事劉向，能屬文，後與孟柳俱待詔，頗序列傳，未卒，病死」。【補注】王應麟曰：張湯傳贊引馮商語。史通云「史記所書年，止漢武太初，已後闕而不録。其後劉向、向子歆及諸好事者，若馮商、衛衡、揚雄、史岑、梁審、肆仁、晉馮、段肅、金丹、馮衍、韋融、蕭奮、劉恂等相次撰續，迄於哀平間，猶名史記」。陶憲曾曰：商語亦見趙廣漢傳贊。

太古以來年紀二篇。〔一〕

〔一〕【補注】王應麟曰：六藝論云「燧人至伏羲一百八十七代」，又曰：春秋緯云「開闢至獲麟二百七十六萬歲，分爲十紀，大率一紀二十七萬六千年」。

漢著記百九十卷。〔一〕

〔一〕師古曰：若今之起居注。【補注】何焯曰：後書皇后紀「平望侯劉毅云『古之帝王，左右置史，漢之舊典，世有注記』」。「著」疑作「注」。沈欽韓曰：魏相奏云「觀高皇帝所述書天子所服十八」。隋志起居注篇「漢武帝有禁中起居注」。抱朴子論僊篇「案漢禁中起居注」云云。此著記之類，著與注同。周壽昌曰：律曆志言著記者十四，五行志亦言凡漢著記。谷永傳「八世著記，久不塞除」。注「高祖以來至元帝，著記災異，未塞除也」。是著記名書已久，不能改著爲注。

漢大年紀五篇。〔一〕

〔一〕【補注】王應麟曰：高、文、武紀瓚注引漢帝年紀，蓋即此書。

凡春秋二十三家，九百四十八篇。〔一〕

〔一〕省太史公四篇。

古之王者世有史官，君舉必書，所以慎言行，昭法式也。〔一〕左史記言，右史記事，〔二〕事爲春秋，言爲尚書，帝王靡不同之。〔三〕周室既微，載籍殘缺，仲尼思存前聖之業，乃稱曰：「夏禮吾能言之，杞不足徵也；殷禮吾能言之，宋不足徵也。文獻不足故也，足則吾能徵之矣。」〔四〕以魯周公之國，禮文備物，史官有法，故與左丘明觀其史記，據行事，仍人道，〔五〕因興以立功，就敗以成罰，假日月以定曆數，藉朝聘以正禮樂。有所褒諱貶損，不可書見，口授弟子，弟子退而異言。〔六〕丘明恐弟子各安其意，以失其真，故論本事而作傳，明夫子不以空言說經也。春秋所貶損大人當世君臣，有威權勢力，其事實皆形於傳，是以隱其書而不宣，所以免時難也。及末世口說流行，故有公羊、穀梁、鄒、夾之傳。四家之中，公羊、穀梁立於學官，鄒氏無師，〔七〕夾氏未有書。〔八〕

〔一〕【補注】王念孫曰：「式」，本作「戒」，字之誤也。隸書「戒」字或作「式」，與「式」相似而誤。言行之是者可以爲法，非者可以爲戒，故曰「慎言行，昭法戒」。劉向傳云「言得失，陳法戒」是也。若作法式，則非其旨矣。御覽職官部三十三引作「式」，則宋時本已然。舊本北堂書鈔設官部七作「戝」，「戝」亦「戒」之誤。陳禹謨不知「戝」爲「戒」之誤，遂依俗本漢書改爲「式」。左傳序正義引此，正作「戒」。

〔二〕【補注】王應麟曰：玉藻「動則左史書之，言則右史書之」。與此不同。

〔三〕【補注】葉德輝曰：史通言「史有六家：一曰尚書家，二曰春秋家。尚書家者，其先出於太古，至孔子觀書於周室，得虞、夏、商、周四代之典，乃删其善者定爲尚書百篇。春秋家者，其先出於三代」。案，汲冢瑣語記太丁時事，目爲夏、殷春秋。國語曰「晉羊舌肸習於春秋」。左傳昭二年「晉韓宣子來聘，見魯春秋」。斯則春秋之目，事匪一家，故墨子曰「吾見百國春秋」，蓋指此也。

〔四〕師古曰：論語載孔子之言也。徵，成也。獻，賢也。孔子自謂能言夏、殷之禮，而杞、宋之君，文章賢材不足以成之，故我不得成此禮也。

〔五〕師古曰：仍亦因也。

〔六〕師古曰：謂人執所見，各不同也。

〔七〕【補注】周壽昌曰：王吉傳「能爲騶氏春秋」。據此，當時應有師授，因未立學官，失傳耳。先謙曰：鄒氏有書無師，蓋據班氏時言之。

〔八〕【補注】先謙曰：口説流傳，未著竹帛也。後書范升傳云「春秋之家，有騶、夾，如令左氏得置博士，騶、夾並復求立」。是後漢時騶、夾私學猶存，其後乃盡亡耳。

論語古二十一篇。〔一〕

〔一〕出孔子壁中，兩子張。如淳曰：分堯曰篇後子張問「何如可以從政」已下爲篇，名曰從政。【補注】王應麟曰：何晏序云「古論惟博士孔安國爲之訓解，而世不傳」。新論云「文異者四百餘字」。春秋正義引「哀公問主於宰我」。案古論語及孔、鄭皆以爲社主，張、包、周等並爲廟主，説文引論語皆古文。

齊二十二篇。〔一〕

〔一〕多問王、知道。如淳曰：問王、知道皆篇名也。【補注】王應麟曰：説文、初學記等書引逸論語言玉事，愚謂「問王」疑即「問玉」也，篆文相似。沈欽韓曰：别録云「齊人所學，謂之齊論」。何晏序「齊論語二十二篇，其二十篇中章句頗多於魯論」。先謙曰：隋志「張禹本授魯論，晚講齊論，後遂合而考之，删其煩惑，除去齊論問王、知道二篇，從魯論二十篇爲定，號張侯論。漢末鄭玄以張侯論爲主，參考齊論、古論而爲之注，魏陳羣等爲義説，何晏又爲集解，是後諸儒多爲之注，齊論遂亡」。官本注「曰」下有「多」字。

魯二十篇，傳十九篇。〔一〕

〔一〕師古曰：解釋論語意者。【補注】王應麟曰：正義云「魯論者，魯人所傳，即今所行篇次是也」。

齊説二十九篇。〔一〕

〔一〕【補注】先謙曰：下云傳齊論者，惟王吉名家。吉傳云「王陽説論語」，即此齊説也。

魯夏侯説二十一篇。〔一〕

〔一〕【補注】錢大昭曰：夏侯勝傳「受詔撰論語説」。

魯安昌侯説二十一篇。〔一〕

〔一〕師古曰：張禹也。【補注】先謙曰：事詳禹傳。

魯王駿説二十篇。〔一〕

〔一〕師古曰：王吉子。

燕傳説三卷。

議奏十八篇。〔一〕

〔一〕石渠論。

孔子家語二十七卷。〔一〕

〔一〕師古曰：非今所有家語。【補注】沈欽韓曰：隋志「二十一卷，王肅解」。有孔安國後序，即出肅手，並私定家語，以難鄭學。晉代爲鄭學者，馬昭、張融並不之信。張融云「春秋迎夫人，四時通用，家語限以冬，不符春秋，非孔子之言也」。又同母異父之昆弟死，家語「孔子以爲從於繼父而服」。馬昭云「異父昆弟恩繫於母，不於繼父」。見通典。王制疏「家語，先儒以爲肅之所作，未足可信」。案，肅惟取婚姻、喪祭、郊禘、廟祧，與鄭不同者，羼入家語，以矯誣聖人，其他固已有之，未可竟謂肅所造也。

孔子三朝七篇。〔一〕

〔一〕師古曰：今大戴禮有其一篇，蓋孔子對哀公語也。三朝見公，故曰三朝。【補注】沈欽韓曰：今大戴記千乘、第六十七。四代、六十八。虞戴德、六十九。誥志、第七十。小辯、七十四。用兵、七十五。少閒。七十六。別録云「孔子三見哀公，作三朝禮七篇」。今在大戴記，是也。顏云一篇，誤。朱一新曰：汪本「哀公」上有「魯」字。先謙曰：官本注有「魯」字。

孔子徒人圖法二卷。〔一〕

〔一〕【補注】沈欽韓曰：隋志「孝經内事星宿講堂七十二弟子圖一卷」蓋本諸此，而別標詭異之名。史記仲尼弟子傳贊云「弟子籍，出孔氏古文，近是」。文翁石室圖，七十二弟子舊有圖法，皆出壁中者也。葉德輝曰：今漢武梁祠石刻畫像，有曾子母投杼，閔子御後母車，及子路雄冠佩劍事，冠作雉形，可想其遺法。

凡論語十二家，二百二十九篇。

論語者，孔子應答弟子時人及弟子相與言而接聞於夫子之語也。當時弟子各有所記。夫子既卒，門人相與輯而論篹，故謂之論語。〔一〕漢興，有齊、魯之說。傳齊論者，昌邑中尉王吉、少府宋畸、〔二〕御史大夫貢禹、尚書令五鹿充宗、膠東庸生。唯王陽名家。〔三〕傳魯論語者，〔四〕常山都尉龔奮、長信少府夏侯勝、〔五〕丞相韋賢、魯扶卿、前將軍蕭望之、〔六〕安昌侯張禹，皆名家。張氏最後而行於世。

〔一〕師古曰：輯與集同。篹與撰同。【補注】王先慎曰：案，檀弓鄭注「門人，弟子也」。釋文引鄭注「論語，仲弓、子夏等所撰定」。劉恭冕論語序正義謂夫子與弟子、時人各有討論之語，非謂夫子弟子之語，門人始論之，以駁漢志，非也。皇、邢二疏並云「論，撰也。羣賢集定，故曰撰。鄭注周禮云，荅述曰語。以此書所載，皆仲尼應荅弟子及時人之辭，故曰語。而在論下者，必經論撰，然後載之，以示非妄語也」。

〔二〕師古曰：畸音居宜反。

〔三〕師古曰：王吉字子陽，故謂之王陽。

〔四〕【補注】王念孫曰：「語」字涉上文而衍。「論」下無「語」字者，省文也。上文傳齊論者，亦無「語」字。皇侃論語疏敘引劉向别録云「魯人所學謂之魯論，齊人所學謂之齊論，孔壁所得，謂之古論」。皆其證也。舊本北堂書鈔藝文部二引此正作「傳魯論者」，無「語」字。陳禹謨依俗本漢書增「語」字。

〔五〕【補注】王先慎曰：據勝傳，撰論語説，在已遷太子太傅時。

〔六〕【補注】葉德輝曰：蕭望之傳「從夏侯勝問論語禮服」，是望之之學，出於夏侯也。

孝經古孔氏一篇。〔一〕

〔一〕二十二章。師古曰：劉向云古文字也。庶人章分爲二也，曾子敢問章爲三，又多一章，凡二十二章。【補注】王應麟曰：許沖上父説文云「古文孝經者，昭帝時魯國三老所獻，建武時給事中、議郎衞宏所校」。案志云，孔氏壁中古文，則與尚書同出也，蓋始出於武帝時，至昭帝時乃獻之。沈欽韓曰：隋志「古文孝經一卷。孔安國傳。梁末亡逸，今疑非古本」。又云「古文孝經與古文尚書同出，而長孫有閨門一章，其餘經〔文〕，大較相似，篇簡缺解，又有衍出三章，并前合爲二十二章，孔安國爲之傳。至劉向典校經籍，除其繁惑，以十八章爲定。鄭衆、馬融並爲之注。梁代，安國及鄭氏二家，並立國學，而安國之本，亡於梁亂。陳及周、齊惟傳鄭氏。至隋，祕書監王劭於京師訪得孔傳，送至河間劉炫。炫因序其得喪，述其義疏，講於人間，漸聞朝廷，後遂著令，與鄭氏並立。儒者諠諠，皆云炫自作之」。通考「崇文總目云：今孔注不存，而隸古文與章數存焉。中興藝文志云：自唐明皇時，議者排毁古文，以閨門一章爲鄙俗，而古文遂廢」。朱一新曰：近日本人有作僞孔傳者，流入中國，四庫提要闢之。宋黄氏日鈔謂「古文分三才章『先王見教之可以化民也』以下爲一章，與此注云庶人章分爲二者不合，又多一章」。案即閨門章也，凡二十二字，曰「閨門之内，具禮矣乎！嚴父嚴兄，妻子臣妾，猶百姓徒役也」。

孝經一篇。〔一〕

〔一〕十八章。長孫氏、江氏、后氏、翼氏四家。【補注】王應麟曰：隋〔志〕「河間顔芝所藏。漢初，芝子貞出之，凡十八章，一千八百七十二字。劉向以顔本比古文，除其繁惑，以十八章爲定」。

長孫氏説二篇。〔一〕

〔一〕【補注】先謙曰：長孫氏無考，惟隋志云，長孫有閨門一章，互見上。

江氏說一篇。〔一〕

〔一〕【補注】先謙曰：儒林傳「博士江公著孝經說」。

翼氏說一篇。

后氏說一篇。〔一〕

〔一〕【補注】先謙曰：翼奉、后倉，並見下。

雜傳四篇。〔一〕

〔一〕【補注】王應麟曰：蔡邕明堂論引魏文侯孝經傳，蓋雜傳之一也。

安昌侯說一篇。

五經雜議十八篇。〔一〕

〔一〕石渠論。【補注】先謙曰：此經總論也。爾雅、小爾雅、諸經通訓、古今字、經字異同皆坿焉。

爾雅三卷二十篇。〔一〕

〔一〕張晏曰：爾，近也。雅，正也。【補注】王應麟曰：釋文序録云「釋詁一篇，蓋周公所作。釋言以下，或言仲尼所增，子夏所定，叔孫通所益，梁文所補」。葉德輝曰：今本三卷十九篇，漢志蓋合序篇言之。詩正義引爾雅序篇云「釋詁、釋言，通古今之字，古與今異言也。釋訓言形貌也」。此爾雅有序篇之明證。釋文敘録列犍爲文學、李巡、孫炎注，皆三卷，惟樊光本六卷，此每卷分上下也。孝經序疏引鄭氏六藝論云「孔子以六藝題目不同，指意殊別，恐道離散，莫知根源，故作孝經以總會之」。又大宗伯疏引鄭氏駁五經異義云「爾雅者，孔子門人所以釋六藝之文」。言蓋不誤也。然則爾雅與孝經同爲釋經總會之書，故列入孝經家。隋志析入論語，非也」。

小爾雅一篇，〔一〕古今字一卷。〔二〕

〔一〕【補注】沈欽韓曰：陳振孫云「漢志不著名氏，唐志有李軌解一卷。今館閣書目云，孔鮒撰。蓋即孔叢第十一篇，當是好事者鈔出別行」。案班氏時，孔叢未著，已有小爾雅，亦孔氏壁中文，不當謂其從孔叢鈔出也。先謙曰：官本無「爾」字，引宋祁曰「小」字下，邵本有「爾」字。錢大昕云：李善文選注，引小爾雅，皆作小雅。此書依附爾雅而作，本名小雅，後人僞造孔叢，以此篇竄入因有小爾雅之名，失其舊矣。宋景文所引邵本，亦俗儒增入，不可據。

〔二〕【補注】先謙曰：儒林傳「孔安國以今文字讀古文尚書」。論衡云「壁中古文論語，後更隸寫以傳誦」。此蓋列具古今，以便誦覽。

弟子職一篇。〔一〕

〔一〕應劭曰：管仲所作，在管子書。【補注】沈欽韓曰：今爲管子第五十九篇。鄭曲禮注引之，蓋漢時單行。

說三篇。〔一〕

〔一〕【補注】先謙曰：此弟子職說，王氏應麟以爲孝經說，非。各本誤提行。

凡孝經十一家，五十九篇。

孝經者，孔子爲曾子陳孝道也。〔一〕夫孝，天之經，地之義，民之行也。舉大者言，故曰孝經。漢興，長孫氏、博士江翁、少府后倉、諫大夫翼奉、安昌侯張禹傳之，各自名家。經文皆同，唯孔氏壁中古文爲異。「父母生之，續莫大焉」，〔二〕「故親生之膝下」，〔三〕諸家說不安處，古文字讀皆異。〔四〕

〔一〕【補注】王應麟曰：晁氏云，何休稱「子曰，吾志在春秋，行在孝經」。孝經鉤命決云。信斯言也。則孝經乃孔子自著。今首章云「仲尼居，曾子侍」，則非孔子所著明矣。詳其文義，當是仲尼弟子所爲書。

〔二〕【補注】沈欽韓曰：「續」，日本古文作「績」。孔傳云「績，功也」。陸氏釋文從鄭本作「續莫大焉」。案此言嗣續之事，無大於此，作「續」是。

〔三〕【補注】沈欽韓曰：宋本古文與志同，言始生在膝下，故親愛，長而異宮，有嚴君之義也。日本古文作「親生毓之」，無「膝下」二字，非。

〔四〕臣瓚曰：孝經云「續莫大焉」，而諸家之說各不安處之也。師古曰：桓譚新論云「古孝經千八百七十一字，今異者四百餘字」。【補注】朱一新曰：案孝經正義、王氏考證引新論皆作「千八百七十二字」，汪本亦作「二」。先謙曰：官本作「二」。

史籀十五篇。〔一〕

〔一〕周宣王太史作大篆十五篇，建武時亡六篇矣。師古曰：籀，音冑。【補注】王鳴盛曰：說文謂之史篇，皕部云「燕召公名奭，史篇名醜」。徐鍇云「史篇，史籀所作，倉頡十五篇也」。案史籀作大篆十五篇，李斯作倉頡篇。鍇誤。今說文九千三百五十三字，其數與此志「籀書九千字以上」相合，但說文或取古文，或取大篆，或取小篆，以意參酌定之，非專取史籀。建武亡六篇，當許氏時，已無全本，許氏固不能盡遵用之也。沈欽韓曰：説文敘「大篆十五篇，與古文或異」。張懷瓘書斷云「以史官製之，用以教授，謂之史書，凡九千字」。唐玄度十體書曰「逮王莽亂，此篇亡失，建武中獲九篇，章帝時，王育爲作解説，所不通者，十有二三」。

八體六技。〔一〕

〔一〕韋昭曰：八體，一曰大篆，二曰小篆，三曰刻符，四曰蟲書，五曰摹印，六曰署書，七曰殳書，八曰隸書。【補注】王應麟曰：所謂六技者，疑即亡新六書。沈欽韓曰：説文繫傳云「臣鍇案，蕭子良以『刻符摹印合爲一體』」。臣以爲符者，内外之信，若晉鄙奪魏王兵符」。案當云魏公子奪魏王兵符。又云「借符以罵宋，然則符者，書竹而中剖之，字形半分。摹印屈曲填密，秦璽文是，子良誤合之。署書者，蕭子良云『漢高六年，蕭何所定，以題蒼龍、白虎二闕』，羊欣云『蕭何覃思累月，然後題之』。殳書者，殳體八觚，隨其勢而書之」。李賡芸曰：六技當是八篇之譌，下總云小學四十五篇，併此八篇，正合四十五篇之數。先謙曰：六技，王説是，李説非也。莽改六書，有古文，奇字，篆書，隸書，繆篆，蟲書六種，下文亦云六體是也。八體是否八篇，書無明證，又删去六技，下文不可通矣。官本「署」下無「書」字，引宋祁曰，注文「署」下當有「書」字。

蒼頡一篇。〔一〕

〔一〕上七章，秦丞相李斯作；爰歷六章，車府令趙高作；博學七章，太史令胡母敬作。【補注】先謙曰：此下文所云「閭里書師」合并者也。近儒馬國翰有輯本。

凡將一篇。〔一〕

〔一〕司馬相如作。【補注】王應麟曰：文選蜀都賦注引凡將篇曰「黃潤纖美宜制禪」。藝文類聚引凡將篇曰「鐘磬竽笙筑坎侯」。唐志猶有，今闕。說文引相如說。葉德輝曰：唐陸羽茶經下引凡將篇有烏喙、桔梗、芫華、款冬、貝母之類，皆藥名也。

急就一篇。〔一〕

〔一〕成帝時黃門令史游作。【補注】錢大昭曰：「成帝」當作「元帝」。沈欽韓曰：晁公武云「凡三十二章，雜記姓名、諸物、五官等字，以教童蒙。急就者，謂字之難知者，緩急可就而求焉」。先謙曰：官本「成」作「元」。考證云，隋志作「急就章一卷」。

元尚一篇。〔一〕

〔一〕成帝時，將作大匠李長作。

訓纂一篇。〔一〕

〔一〕揚雄作。【補注】王應麟曰：揚雄傳「史篇莫大於倉頡，作訓纂」。隋志「三蒼三卷，李斯作蒼頡篇，揚雄作訓纂篇，後漢郎中賈魴作滂喜篇，故曰三蒼」。說文繫傳以倉頡、爰歷、博學爲三蒼。先謙曰：此下文所謂「作訓纂，順續蒼頡」也。

別字十三篇。〔一〕

〔一〕【補注】錢大昕曰：即揚雄所撰方言十三卷也。本名輶軒使者絕代語釋別國方言，或稱別字，或稱方言，皆省文。

蒼頡傳一篇。

揚雄蒼頡訓纂一篇。〔一〕

〔一〕【補注】先謙曰：此合蒼頡、訓纂爲一，下文所云「又易蒼頡中重復之字凡八十九章」也。

杜林蒼頡訓纂一篇。〔一〕

〔一〕【補注】先謙曰：此蓋於揚雄所作外，別有增益，故各自爲書。說文引杜林說。

杜林蒼頡故一篇。〔一〕

〔一〕【補注】先謙曰：此下文所云「杜林爲作訓故」也。隋志「梁有蒼頡二卷，杜林注，亡」。

凡小學十家，四十五篇。〔一〕

〔一〕入揚雄、杜林二家二篇。【補注】先謙曰：官本作「三篇」。

易曰：「上古結繩以治，後世聖人易之以書契，百官以治，萬民以察，蓋取諸夬。」〔一〕「夬，揚於王庭」，〔二〕言其宣揚於王者朝廷，其用最大也。古者八歲入小學，故周官保氏掌養國子，教之六書，〔三〕謂象形、象事、象意、象聲、轉注、假借，造字之本也。〔四〕漢興，蕭何草律，〔五〕亦著其法，曰：「太史試學童，能諷書九千字以上，乃得爲史。〔六〕又以六體試之，〔七〕課最者以爲尚書御史史書令史。〔八〕吏民上書，字或不正，輒舉劾。」〔九〕六體者，古文、奇字、篆書、隸書、繆篆、蟲書，〔一〇〕皆所以通知古今文字，摹印章，書幡信也。古制，書必同文，不知則闕，問諸故老，至於衰世，是非無正，人用其私。〔一一〕故孔子曰：「吾猶及史之闕文也，今亡矣夫！」〔一二〕蓋傷其寖不正。〔一三〕史籀篇者，周時史官教學童書也，與孔氏壁中古文異體。蒼頡七章者，秦丞相李斯所作也；〔一四〕爰歷六章者，車府令趙高所作也；博學七章者，太史令胡母敬所作也：文字多取史籀篇，而篆體復頗異，所謂秦篆者也。〔一五〕是時始造隸書矣，〔一六〕起於官獄多事，苟趨省易，〔一七〕施之於徒隸也。漢書，〔一八〕閭里書師合蒼頡、爰歷、博學三篇，斷六十字以爲一章，凡五十五章，并爲蒼頡篇。〔一九〕武帝時司馬相如作凡將篇，無復字。〔二〇〕元帝時黄門令史游作急就篇，成帝時將作大匠李長作元尚篇，皆倉頡中正字也。〔二一〕凡將則頗有出矣。〔二二〕至元始中，徵天下通小學者以百數，各令記字於庭中。〔二三〕揚雄取其有用者以作訓纂篇，〔二四〕順續蒼頡，又易蒼頡中重復之字，凡八十九章。臣復續揚雄作十二章，〔二五〕凡一百二章，〔二六〕無復字，六藝羣書所載略備矣。蒼頡多古字，俗師失其讀，宣帝時徵齊人能正讀者，張敞從受之，傳至外孫之子杜林，爲作訓故，并列焉。〔二七〕

〔一〕師古曰：下繫之辭。

〔二〕師古曰：夬卦之辭。

〔三〕師古曰：保氏，地官之屬也。保，安也。

〔四〕師古曰：象形，謂畫成其物，隨體詰屈，日、月是也。象事，即指事也，謂視而可識，察而見意，上、下是也。象意，即會意也，謂比類合誼，以見指撝，武、信是也。象聲，即形聲，謂以事爲名，取譬相成，江、河是也。轉注，謂建類一首，同意相受，考、老是也。假借，謂本無其字，依聲託事，令、長是也。文字之義，總歸六書，故曰立字之本也。【補注】錢大昭曰：說文六書作指事、象形、形聲、會意，餘同。至六書之次第，許慎說文解字、衛恒書勢、江式論書表、孔穎達書正義、封演聞見記皆同。而鄭衆周禮注、漢書藝文志、隋書經籍志、韋續五十六種書其次第各異。朱一新曰：汪本注末「也」作「焉」。先謙曰：官本作「焉」。

〔五〕師古曰：草，創造之。

〔六〕【補注】王鳴盛曰：即史籀大篆也。「諷書」許自序作「諷籀書」，「乃得爲史」作「乃得爲吏」。賈子新書云「胡以孝弟循順，爲善書而爲吏耳」。亦以作「吏」爲是。志下文云「史籀篇者，周時史官教學童書也，與孔氏壁中古文異」。說文序云「宣王太史籀著大篆十五篇，與古文或異。至孔子書六經，左丘明述春秋傳，皆以古文」。所謂古文者，黃帝史官倉頡所作，乃書之本文也。史籀所作，即是周代之通俗文字，與古文並行，彼時書即自有兩體，但志直云與「古文異體」，而說文序云「或異」，蓋雖變古不全異也。志又云「蒼頡篇多古字」。李斯等所作尚然，況史籀乎？蘇輿曰：案江式傳亦作「史」。近段氏注說文，轉據以改「史」爲「吏」，注云「得爲史，得爲郡縣史也」。周禮「史十有二人」，注云「史掌書者」。又「史掌官書以贊治」，注云「贊治，若今起文書草也」。後漢書百官志「郡太守、郡丞、縣令、若長、縣丞、縣尉，各置諸曹掾史」。案「史」字於義尤長。

〔七〕【補注】李賡芸曰：說文敘云「學僮十七以上始試，諷籀書九千字乃得爲吏，又以八體試之」。此「六」乃「八」之誤。據說文敘言，王莽時，甄豐改定古文，有六體，蕭何時，止有八體，無六體也。先謙曰：「六」當爲「八」，李說是也。上文明言八體，是班氏非不知有八體者，且此數語與說文序脗合，不應事實歧異，淺人見下六體字而妄改耳。

〔八〕韋昭曰：若今尚書蘭臺令史也。臣瓚曰：史書，今之太史書。【補注】劉奉世曰：史與書令史二名，今有書令史。吳仁傑曰：太史課試，善史書者，以補史書令史，而分隸尚書及御史也。尚書、御史皆在禁中，受公卿奏事，故下文云「吏民上書，字或不正，輒舉劾」，則所謂史書令史者，正以其通知六體書，故以補此吏員耳。百官表於尚書、御史不載令史，而後書有之，曰尚書六曹，有令史三人，主書；御史中丞有蘭臺令史，掌奏。則所謂史書令史，即主書及掌奏者是已。故通典引漢官儀云「能通倉頡、史籀篇，補蘭臺令史，滿歲爲尚書郎」。蓋當時奏牘皆當用史書。嚴延年傳「稱其善史書，所欲誅殺，奏成於手中」。貢禹傳亦言「郡國擇便巧史書者，以爲右職」。又王尊傳「司隸遣假佐」，蘇林謂「取内郡善史書佐給諸府」。則外之郡國，内之諸府，皆有史書吏以備劾奏也。令史專以史書爲職，恐不可爲二名。先謙曰：吳説是。

〔九〕【補注】何焯曰：今訛字必飭行，蓋其遺意。葉德輝曰：史記萬石君傳「建爲郎中令，奏書事，事下，建讀之，曰：『誤書，馬字與尾當五，今乃四，不足一，上譴死矣！』甚惶恐」。東觀漢記馬援傳「援上言，臣所假伏波將軍印，伏字犬外嚮，成皋令印皋字爲白下羊，丞印四下羊，尉印白下人，人下羊。一縣長吏，印文不同，恐天下不正者多，所宜齊同。薦曉古文字者，事下大司空，正郡國印章。奏可」。據此，則兩漢正書之嚴可見。

〔一〇〕師古曰：古文謂孔子壁中書。奇字即古文而異者也。篆書謂小篆，蓋秦始皇使程邈所作也。隸書亦程邈所獻，主於徒隸，從簡易也。繆篆謂其文屈曲纏繞，所以摹印章也。蟲書謂爲蟲鳥之形，所以書幡信也。【補注】朱一新曰：説文几下、九下，引奇字凡二見。徐鍇敘引蕭子良云「籀書即大篆，新臣甄豐謂之奇字，史籀增古文爲之，故與古文異也」。先謙曰：此方釋亡新所定六體，上所云六技也。下文「皆所以」云云，總上言之。

〔一一〕師古曰：各任私意而爲字。【補注】葉德輝曰：如説文敘所云「馬頭人爲長，人持十爲斗，虫者屈中」及後書光武紀贊以「泉貨」爲「白水真人」之類皆是。

〔一二〕師古曰：論語載孔子之書，謂文字有疑，則當闕而不説。孔子自言，我初涉學，尚見闕文，今則皆無，任意改治也。【補注】周壽昌曰：論語包注云「古之良史，於書字有疑則闕之」。史謂古籀諸書，文即字也。説文敘云「書曰『予欲觀古人之象』。言必遵修舊文而不穿鑿。孔子曰『吾猶及史之闕文，今亡矣夫』」。與班志引經同恉，蓋漢以前説論語古義也。朱一新曰：「治」，汪本作「作」。先謙曰：官本「書」作「言」，「治」作「作」，是。「自」作「曰」。

〔一三〕師古曰：寖，漸也。【補注】周壽昌曰：説文敘云「詭更正文，鄉壁虛造不可知之書，變亂常行，以耀於世，皆不合孔氏古文，謬於史籀」。

〔一四〕【補注】何焯曰：梁庾元威云：「漢、晉正史及古今字書，並云蒼頡九篇是李斯所作，今竊尋思，必不如是，其第九章論豨、信、京劉等，郭景純云『豨、信是陳豨、韓信，京劉是大漢，西土是長安』。豈有秦時朝宰談漢家人物，先達何以安之？」今案此志止言七章，則自八以下或後人所附益，元威、景純皆未覈論至此。

〔一五〕【補注】朱一新曰：案即小篆。

〔一六〕【補注】葉德輝曰：唐張懷瓘書斷云「隸書者，秦下邽人程邈所作也。邈字元岑，始爲縣獄吏，得罪始皇，幽繫雲陽獄中，覃思十年，益小篆方圓而爲隸書三千字，奏之。始皇善之，用爲御史。以奏事煩多，篆字難成，乃用隸書。爲隸人佐書，故以隸書」。唐張彥遠法書要録七引蔡邕聖泉篇云「程邈删古，立隸文」。先謙曰：官本「造」作「建」，引宋祁曰，「建」當作「造」。

〔一七〕師古曰：趨讀曰趣，謂趣向之也。易音弋豉反。

〔一八〕【補注】先謙曰：官本「書」作「興」，是。

〔一九〕師古曰：并，合也。總合以爲蒼頡篇也。

〔二〇〕師古曰：復，重也。音扶目反。後皆類此。

〔二一〕【補注】先謙曰：官本「長」下無「作」字，引宋祁曰，「李長」下當有「作」字。又「倉」作「蒼」。

〔二二〕【補注】先謙曰：謂增出於倉頡篇之外。

〔二三〕【補注】沈欽韓曰：説文序「孝平皇帝時，徵沛人爰禮等百餘人，令説文字未央庭中，以禮爲小學元士」。

〔二四〕【補注】先謙曰：官本考證云，「揚」，此卷並訛「楊」，今改正。

〔二五〕韋昭曰：臣，班固自謂也。作十三章，後人不別，疑在蒼頡下篇三十四章中。【補注】王應麟曰：隋、唐志「班固太甲篇、在昔篇各一卷」。錢大昭曰：「二」，閩本作「三」，以十三章併八十九章，正一百二章。先謙曰：説文陧下亦引班説。官本「二」作「三」，是。

〔二六〕【補注】先謙曰：官本「二」作「三」。

〔二七〕【補注】先謙曰：事亦見杜鄴傳。

凡六藝一百三家，三千一百二十三篇。〔一〕

〔一〕入三家，一百五十九篇；出重十一篇。

六藝之文：〔一〕樂以和神，仁之表也；詩以正言，義之用也；禮以明體，明者著見，故無訓也；書以廣聽，知之術也；春秋以斷事，信之符也。五者，蓋五常之道，相須而備，〔二〕而易爲之原。故曰「易不可見，則乾坤或幾乎息矣」，〔三〕言與天地爲終始也。至於五學，世有變改，猶五行之更用事焉。〔四〕古之學者耕且養，〔五〕三年而通一藝，存其大體，玩經文而已，是故用日少而畜德多，〔六〕三十而五經立也。〔七〕後世經傳既已乖離，博學者又不思多聞闕疑之義，〔八〕而務碎義逃難，便辭巧説，破壞形體；〔九〕説五字之文，至於二三萬言。〔一〇〕後進彌以馳逐，故幼童而守一藝，白首而後能言；安其所習，毀所不見，〔一一〕終以自蔽。此學者之大患也。序六藝爲九種。〔一二〕

〔一〕【補注】先謙曰：官本「六」下提行。

〔二〕【補注】王應麟曰：白虎通云「經，常也。有五常之道，故曰五經。樂，仁；書，義；禮，禮；易，智；詩，信也」。與此不同。

〔三〕蘇林曰：不能見易意，則乾坤近於滅息也。師古曰：此上繫之辭也。幾，近也，音鉅依反。

〔四〕師古曰：更，互也，音工衡反。

〔五〕【補注】錢大昭曰：詩甫田疏引作「且耕且養」。

〔六〕師古曰：畜讀曰蓄。蓄，聚也。易大畜卦象辭曰「君子以多識前言往行，以畜其德」。

〔七〕【補注】錢大昭曰：三年通一蓺，故孔子十五志學，三十而立。

〔八〕師古曰：論語稱孔子曰「多聞闕疑，慎言其餘，則寡尤」。言爲學之道，務在多聞，疑則闕之，慎於言語，則少過也，故志引之。【補注】先謙曰：官本「在」下重「在」字。

〔九〕師古曰：苟爲僻碎之義，以避它人之攻難者，故爲便辭巧説，以析破文字之形體也。【補注】先謙曰：官本注「它」作「佗」。

〔一〇〕師古曰：言其煩妄也。桓譚新論云，秦近君能説堯典，篇目兩字之説至十餘萬言，但説「曰若稽古」三萬言。【補注】王應麟曰：儒林傳作「秦延君」，注「近」字誤。

〔一一〕師古曰：己所常習則保安之，未嘗所見者則妄毀誹。【補注】先謙曰：「未嘗所見」當作「所未嘗見」，蓋誤倒。

〔一二〕【補注】錢大昭曰：此句當與上文相屬。先謙曰：官本與上連文。案，序六藝兼及論語以下書者，別論語於儒家，尊孔子也。儕孝經於六藝，尊其書也。弟子職，緣孝經而入者也。爾雅、古今字，所以通知經義、經字，故與五經雜義并坿於此。

晏子八篇。〔一〕

[一] 名嬰，謚平仲，相齊景公，孔子稱善與人交，有列傳。師古曰：有列傳者，謂太史公書。【補注】王應麟曰：隋、唐志「晏子春秋七卷，著其行事及諫諍之言」。崇文總目「十二卷」，或以爲後人采嬰行事爲書，故卷頗多於前志。沈欽韓曰：劉向上奏「臣向所校中書晏子十一篇。臣向謹與長社尉臣參校讎太史書五篇，臣向書一篇，參書十三篇，凡中外書三十篇，爲八百三十八章。除復重二十二篇，六百三十八章，定著八篇，二百一十五章。其書六篇，皆合六經之義，又有復重，文辭頗異，不復遺失，復列以爲一篇。又有頗不合經術，似非晏子言，疑後世辯士所爲者，故亦不敢失，復以爲一篇」。

子思二十三篇。[一]

[一] 名伋，孔子孫，爲魯繆公師。【補注】王應麟曰：隋、唐志「子思子七卷」。沈約謂禮記中庸、表記、坊記、緇衣皆取子思子。沈欽韓曰：御覽四百三引子思子曰「天下有道，則行有枝葉，天下無道，則言有枝葉」。即表記語。初學記引子思子曰「東户季子之時，道上雁行而不拾遺，耕耨餘糧宿諸畝首」。孔叢雜訓篇載「孟軻問牧民之道何先？子思曰，先利之」云云，温公采之著於通鑑。是二十三篇，大約戴記、説苑、孔叢盡之矣。御覽三百八十六引子思子曰「中行穆伯手捕虎」。五百六十五引子思子曰「繁於樂者重於憂，厚於味者薄於行，君子同則有樂，異則有禮」。

曾子十八篇。[一]

[一] 名參，孔子弟子。【補注】王應麟曰：隋、唐志「二卷」，今十篇，自脩身至天圓，皆見大戴禮。於篇第爲四十九至五十八。鼂氏云「視漢亡八篇矣」。

漆雕子十三篇。[一]

〔一〕孔子弟子漆雕啟後。【補注】王應麟曰：韓非顯學篇有漆雕氏之儒，史記列傳作漆雕開，字子開。蓋名啓，字子開，史記避景帝諱，著書者其後也。葉德輝曰：説苑引孔子問漆雕馬人，臧文仲、武仲、孺子容三大夫之賢。家語好生篇引作漆雕憑，疑一人，名憑，字馬人，孔子弟子漆雕氏啟之後，它無所見，或即馬人。朱一新曰：汪本作「十三篇」。先謙曰：官本作「十三篇」。王氏漢志攷作「十二」，與汲古本合。

宓子十六篇。〔一〕

〔一〕名不齊，字子賤，孔子弟子。師古曰：宓讀與伏同。【補注】沈欽韓曰：淮南齊俗訓「客有見人於宓子者」。趙策作「服子」，淮南書又作「密」。論衡本性篇「宓子賤、漆雕開、公孫尼子之徒，亦論情性，與世子相出入」。葉德輝曰：韓非外儲、吕覽、新書、淮南子、韓詩外傳、説苑、論衡、家語注引宓子賤語，皆治單父時事，當在十六篇中。

景子三篇。〔一〕

〔一〕説宓子語，似其弟子。

世子二十一篇。〔一〕

〔一〕名碩，陳人也，七十子之弟子。【補注】王應麟曰：論衡本性篇「周人世碩以爲人性有善有惡，舉人之善性，養而致之則善長，惡性養而致之則惡長，如此則性各有陰陽，善惡在所養焉。故世子作養書一篇」。沈欽韓曰：繁露俞序篇「世子曰，功及子孫，光輝百世，聖世之德，莫先於(世)〔恕〕，故予先言春秋，詳己而略人」。

魏文侯六篇。〔一〕

〔一〕【補注】葉德輝曰：樂記引魏文侯問子貢樂。魏策引魏文侯辭韓索兵，及疑樂羊烹子，命西門豹爲鄴令，與虞人期獵。吕覽期賢篇引魏文侯式段干木之閭，樂成篇引與田子方論收幼孤。自知篇引問任座君德。淮南人間訓引魏文侯不賞解扁東封上計。韓詩外傳引魏文侯問孤卷子。説苑君道篇引魏文侯賦鼓琴，復恩篇引樂羊攻中山，尊賢篇引下車趨田子方及觴大夫於曲陽，善説篇引與大夫飲酒使公乘不仁爲觴政，反質篇引御廩災，文侯素服，辟正殿。新序雜事二引魏文侯出遊，見路人負芻，雜事四引與公季成議田子方，刺奢篇引見箕季問牆毀。其言皆近道，當在六篇中。

李克七篇。〔一〕

〔一〕子夏弟子，爲魏文侯相。【補注】王應麟曰：韓詩外傳、説苑反質篇載魏文侯問李克。文選魏都賦注引李克書。周壽昌曰：釋文云「子夏傳詩於魯申，申傳魏人李克」。則克爲子夏再傳弟子。

公孫尼子二十八篇。〔一〕

〔一〕七十子之弟子。【補注】王應麟曰：隋、唐志「一卷」，云「似孔子弟子」。沈約謂樂記取公孫尼子。劉瓛云，緇衣，公孫尼子所作也。馬總意林引之。沈欽韓曰：荀子强國篇稱公孫子語。葉德輝曰：初學記引公孫尼子論云「樂者審一以定和，比物以飾節」。意林引公孫尼子云「樂者，先王所以飾喜也」。語在今樂記中，沈約説是也。北堂書鈔引公孫尼子云「太古之人，飲露食草木實，聖人爲火食，號燧人，飲食以通血氣」。文選沈休文三月三日詩注引公孫尼子云「衆人役物而忘情」。據此，則其書唐時猶存，故諸家稱引獨多。御覽所引則循唐修文本之舊，未足取信也。

孟子十一篇。〔一〕

〔一〕名軻，鄒人，子思弟子，有列傳。師古曰：聖證論云，軻字子車，而此志無字，未詳其所得。【補注】王應麟曰：傅子云字子輿。廣韻云，字子居。沈欽韓曰：史記云，孟子七篇。趙岐章指題辭云「七篇，二百六十一章，三萬四千六百八十五字。又有外書四篇：性善辨、文説、孝經、爲正。其書不能宏深，似非孟子本真也。今外書遂不可見」。孔叢雜訓篇「孟子車尚幼，請見子思」。是王肅所據。

孫卿子三十三篇。〔一〕

〔一〕名況，趙人，爲齊稷下祭酒，有列傳。師古曰：本曰荀卿，避宣帝諱，故曰孫。【補注】王應麟曰：當作三十二篇。沈欽韓曰：劉向上云「臣所校讎中孫卿書，凡三百二十二篇，以相校除復重二百九十篇，定著三十二篇」。案此云三十三篇，或連向敍歟？先謙曰：史記作「荀卿」。謝墉云：漢不避嫌名，荀淑、荀爽俱用本字，左傳荀息以下，並不改字，何獨於荀卿改之？蓋荀、孫二字同音，語遂移易，如荆卿又爲慶卿也。胡元儀云：荀姓，郇伯之後，以國爲氏。又稱孫者，蓋郇伯公孫之後，以孫爲氏也。潛夫論志姓氏篇「王孫氏、公孫氏，國自有之，孫氏者，或王孫之班，或公孫之班也」。是各國公孫之後，皆有孫氏矣。郇也，孫也，皆是也。如陳公子完奔齊，史記稱田完，其後陳恒，亦云田常，陳仲子亦云田仲，陳駢亦云田駢。田、陳皆氏，故兩稱之。案胡氏説尤塙。荀書議兵篇稱孫卿子，此自著其氏也。國策、風俗通並作孫卿。卿者，尊美之稱。劉向云「蘭陵人喜字爲卿，以法孫卿也」。蓋若今人自稱甫矣。

芊子十八篇。〔一〕

〔一〕名嬰，齊人，七十子之後。師古曰：芊音弭。【補注】王念孫曰：史記孟子荀卿傳「楚有尸子、長盧，阿之吁子焉」。索隱曰「吁音芋，別録作『芋子』，今『吁』亦如字」。正義「藝文志『芋子十八篇』，顔云音弭。案，是齊人，阿又屬齊，恐顔誤也」。案正義説是也。芋有吁音，故別録作「芋子」，史記作「吁子」。小雅斯干篇「君子攸芋」，傳「芋，大也」。釋文「芋」，香於反，或作「吁」。作「芊」者，字之誤耳。

內業十五篇。〔一〕

〔一〕不知作書者。【補注】王應麟曰：管子有內業篇，此書恐亦其類。

周史六弢六篇。〔一〕

〔一〕惠、襄之閒，或曰顯王時，或曰孔子問焉。師古曰：即今之六韜也，蓋言取天下及軍旅之事。弢字與韜同也。【補注】沈濤曰：案今六韜，乃文王、武王問太公兵戰之事，而此列之儒家，則非今之六韜也。「六」乃「大」字之誤。人表有周史大弢，古字書無「弢」字，篇韻始有之當爲「弢」字之誤。莊子則陽篇「仲尼問於太史大弢」，蓋即其人，此乃其所箸書，故班氏有「孔子問焉」之説，顔以爲太公六韜，誤矣。今之六韜當在太公二百三十七篇之內。

周政六篇。〔一〕

〔一〕周時法度政教。

周法九篇。〔一〕

〔一〕法天地，立百官。

河間周制十八篇。〔一〕

〔一〕似河間獻王所述也。【補注】沈欽韓曰：說苑君道、建本篇有「河間獻王曰」四章。

讕言十一篇。〔一〕

〔一〕不知作者，陳人君法度。如淳曰：讕音粲爛。師古曰：說者引孔子家語云孔穿所造，非也。【補注】周壽昌曰：今馬國翰依孔叢子録出三篇，其說甚辨，而未可據。顏云非穿所造，亦以王肅僞造之家語，未足信也。先謙曰：官本作「十篇」。

功議四篇。〔一〕

〔一〕不知作者，論功德事。

甯越一篇。〔一〕

〔一〕中牟人，爲周威王師。【補注】王應麟曰：呂覽「甯越，中牟之鄙夫也，苦耕稼之勞，謂其友曰『何爲而可以免此苦也』？其友曰『莫如學，學三十歲，則可以達矣』。甯越曰『請以十歲，人將休，吾將不敢休；人將臥，吾將不敢臥』。十五歲而周威公師之」。注「威公，西周君也」。說苑尊賢篇引「周威公問於甯子曰，取士有道乎」。

王孫子一篇。〔一〕

〔一〕一曰巧心。【補注】王應麟曰：隋志「梁有王孫子一卷」，意林引之。御覽引「趙簡子獵於晉陽，撫轡而歎。楚莊王攻宋，將軍子重諫」。藝文類聚引「衛靈公坐重華之臺」。沈欽韓曰：文選舞賦注「王孫子曰『衛靈公侍御數百，隨珠照日，羅衣從風』」。史記李斯傳集解亦引王孫子。葉德輝曰：宋本意林「王孫子云『衛公重裘累茵，見負薪者而屢哭之，問曰『何故』？對曰『雪下衣薄，故失薪』。衛公顔色大懼，乃開府金，出倉粟，以賑貧窮。曰『吾恐鄰國貪養賢以勝吾也』」。此條今本意林缺，王氏所見蓋足本。

公孫固一篇。〔一〕

〔一〕十八章。齊閔王失國，間之，固因爲陳古今成敗也。【補注】沈欽韓曰：十二諸侯年表論「公孫固、韓非之徒，各往往捃摭春秋之文以著書」。錢大昭曰：閩本「間」作「問」。先謙曰：官本作「問」，是。

李氏春秋二篇。〔一〕

〔一〕【補注】葉德輝曰：按公孫固，齊閔王時人。羊子，秦博士。志敘次此書於二子間，則李氏當是戰國時人。呂覽勿躬篇引李子曰「非狗不得兔，兔化而狗，則不爲兔。人君而好爲人官，有似於此。其臣蔽之，人時禁之，君自蔽則莫之敢禁。夫自爲人官，自蔽之精者也。祓篲日用而不藏於篋，故用則衰，動則暗，作則倦，衰、暗、倦三者非君道也」云云。其言泛論名理，疑即此李氏也。

羊子四篇。〔一〕

〔一〕百章。故秦博士。

董子一篇。〔一〕

〔一〕名無心，難墨子。【補注】王應麟曰：隋志「一卷」。論衡福虛篇「儒家之徒董無心，墨家之徒纏子，相見講道。纏子稱墨家右鬼神，是引秦繆公有明德，上帝賜之九年。董子難以堯、舜不賜年，桀、紂不夭死」。錢大昕曰：無心蓋六國時人，風俗通亦引其語。

俟子一篇。〔一〕

〔一〕李奇曰：或作侔子。【補注】沈欽韓曰：說苑反質篇「秦始皇後得侯生，侯生仰臺而言曰：『臣聞知死必勇，陛下肯聽臣一言乎？』」其文八百餘言，疑即此。先謙曰：官本「俟」作「侯」。陶憲曾云：官本是也。廣韻六止俟下云，又姓。風俗通云「有俟子，古賢人通志氏族略五作「六國賢人」。著書」。應仲遠嘗爲漢書音義，則所見本必作「俟」矣。

徐子四十二篇。〔一〕

〔一〕宋外黃人。【補注】王應麟曰：魏世家「惠王三十年，使龐涓將，而令太子申爲上將軍，過外黃。外黃徐子曰，臣有百戰百勝之術」，即此。外黃時屬宋。

魯仲連子十四篇。〔一〕

〔一〕有列傳。【補注】王應麟曰：隋志「五卷，録一卷」。春秋正義、文選注、御覽百八十四、史記正義引之。葉德輝曰：齊策引魯連子諫孟嘗君勿逐舍人，遺燕將書，說田單攻狄。趙策引說孟嘗君養士。水經注丹水、汶水、沂水、巨洋水篇均引魯連子。

平原君七篇。〔一〕

〔一〕朱建也。【補注】先謙曰：建有傳，當次下高祖傳後。官本「君」作「老」，引宋祁曰，「老」一作「君」。案高似孫子略亦作「老」。

虞氏春秋十五篇。〔一〕

〔一〕虞卿也。【補注】王應麟曰：見史記本傳、十二諸侯年表序。葉德輝曰：劉知幾史通六家云「晏子、虞卿、呂氏、陸賈，其書篇第本無年月，而亦謂之春秋」。

高祖傳十三篇。〔一〕

〔一〕高祖與大臣述古語及詔策也。【補注】王應麟曰：魏相傳，奏明堂月令曰「高皇帝所述書天子所服第八」。隋志「梁有漢高祖手詔一卷」。

陸賈二十三篇。〔一〕

〔一〕【補注】沈欽韓曰：本傳稱凡著十二篇。隋、唐志「陸賈新語二卷」。王氏漢志考云，存七篇，其引吴儔言輔政篇曰「書不必起於仲尼之門」。今輔政篇無此語。朱一新曰：今存二卷十二篇。四庫提要謂篇數反多於宋本，或後人因不完之本補綴五篇，以合本傳舊目也。司馬遷取新語作史記，著於本傳，而是書之文，悉不見於史記。論衡本性篇引新語，今本亦無之。穀梁傳至武帝時始出，而道基篇末，乃引穀梁傳，時代尤相牴牾。馬總意林、李善文選注引，皆與今本合，則雖或後人依託，亦必在唐以前。

劉敬三篇。〔一〕

〔一〕【補注】葉德輝曰：本傳載敬説高帝都秦，與冒頓和親，徙民實關中，凡三事，當即此三篇之文。

孝文傳十一篇。〔一〕

〔一〕文帝所稱及詔策。【補注】王應麟曰：史記文紀凡詔皆稱「上曰」，以其出於帝之實意也。

賈山八篇。〔一〕

〔一〕【補注】葉德輝曰：本傳惟載至言一篇，其言諫文帝除鑄錢，訟淮南無大罪，言柴唐子爲不善皆無其文，當在此八篇中。

太常蓼侯孔臧十篇。〔一〕

〔一〕父聚，高祖時以功臣封，臧嗣爵。【補注】周壽昌曰：隋志「梁有漢太常孔臧集二卷」。案臧以功臣子襲爵，官太常，而名重儒家，有書十篇。又賦家入賦二十篇，亦漢初儒雋也。晁公武云「臧以所著賦與書謂之連叢，附孔叢子後」。考孔叢子至東漢末始有其書，疑後人僞託，然其書名已載入宋中興館閣書目及宋人邯鄲書目，通考、玉海俱引之。

賈誼五十八篇。〔一〕

〔一〕【補注】錢大昭曰：誼傳亦云「凡所著述五十八篇」。今新書止五十六篇。沈欽韓曰：崇文總目「本七十二篇，劉向刪定爲五十八篇」。隋、唐〔志〕皆九卷，今別本或爲十卷，蓋附誼傳。今佚三篇。

河閒獻王對上下三雍宮三篇。〔一〕

〔一〕【補注】沈欽韓曰：事見本傳。後書張純傳「純案河閒古辟雍記，欲具奏之」。案漢多以明堂、辟雍、靈臺爲一，故謂之三雍。

董仲舒百二十三篇。〔一〕

〔一〕【補注】先謙曰：隋、唐志「春秋繁露十七卷」。案本傳「仲舒所著，皆明經術之意，及上疏條教，凡百二十三篇。而說春秋事得失，聞舉、玉杯、蕃露、清明、竹林之屬，復數十篇，十餘萬言」。是此百二十三篇早亡，不在繁露諸書內也。

兒寬九篇。〔一〕

〔一〕【補注】葉德輝曰：本傳引對封禪一事，律曆志引議改正朔一事，餘無攷。

公孫弘十篇。〔一〕

〔一〕【補注】葉德輝曰：藝文類聚鱗介部引弘答東方朔書云「譬猶龍之未升，與魚鼈可伍，及其升天，鱗不可覩」。御覽帝王部引公孫弘曰「舜牧羊於黃河，遇堯舉爲天子」。皆佚文也。本傳載弘對策、上武帝書。

終軍八篇。〔一〕

〔一〕【補注】先謙曰：文閒見本傳。

吾丘壽王六篇。〔一〕

〔一〕【補注】沈欽韓曰：隋志「梁有吾丘壽王集二卷，亡」。葉德輝曰：本傳有駁公孫弘禁民挾弓弩、說汾陰寶鼎二篇。藝文類聚武部引驃騎論功論一篇。

虞丘說一篇。〔一〕

〔一〕難孫卿也。【補注】先謙曰：虞、吾字同，虞丘即吾丘也。此壽王所著雜説。

莊助四篇。〔一〕

〔一〕【補注】先謙曰：助有傳。

臣彭四篇。

鉤盾冗從李步昌八篇。〔一〕

〔一〕宣帝時數言事。【補注】沈欽韓曰：續百官志注漢官曰「鉤盾令從官四十人」。先謙曰：官本「冗」作「兄」，引宋祁曰，「兄」當作「冗」。

儒家言十八篇。〔一〕

〔一〕不知作者。

淵聖御名寬鹽鐵論六十篇。〔一〕

〔一〕師古曰：寬字次公，汝南人也。孝昭帝時，丞相御史與諸賢良文學論鹽鐵事，寬撰次之。【補注】錢大昭曰：汲古閣依宋板，故於「桓」字作「淵聖御名」四小字。閩本作「桓」。公孫田劉傳贊云「汝南桓寬次公推衍鹽鐵之論，增廣條目，極其論難，著數萬言」。先謙曰：官本「寬」上作「桓」。隋志「鹽鐵論十卷，漢廬江府丞桓寬撰，今存」。

劉向所序六十七篇。〔一〕

〔一〕新序、説苑、世説、列女傳頌圖也。【補注】王應麟曰：本傳「采傳記行事著新序、説苑，凡五十篇，又採取詩書所載賢妃正婦，興國規條可法則，及孽嬖亂亡者，序次爲列女傳，凡八篇，以戒天子」。曾鞏序云「隋書及崇文總目皆十五篇，曹大家注。以頌義攷之，蓋大家所注，離其七篇爲十四，與頌義凡十五篇，而益以陳嬰母及東漢以來凡十六事，非向書本然也。蘇頌以頌義篇次，復定其書爲八篇。隋書以頌義爲劉歆作，今驗頌義之文，蓋同自敘。又志有頌圖，明非歆作也」。王回序云「有母儀、賢明、仁智、貞慎、節義、辯通、孽嬖等篇，而各頌其義，圖其狀，總爲卒篇。傳如太史公記，頌如詩之四言，而圖爲屏風。頌云「畫之屏風」。別録云「臣向與黄門侍郎歆所校列女傳，種類相從，爲七篇，以著禍福榮辱之效，是非得失之分，畫之於屏風四堵」。以頌考之，每篇皆十五傳，則凡無頌者，宜皆非向所奏書，不特自陳嬰母爲斷也」。葉德輝曰：隋志、新序、説苑入儒家，析列女傳入史部雜傳。先謙曰：世説不詳，本傳有世頌，疑即其書。

揚雄所序三十八篇。〔一〕

〔一〕太玄十九，法言十三，樂四，箴二。【補注】王應麟曰：樂四未詳，雄有琴清英。沈欽韓曰：「箴二」下有脱字。後書胡廣傳「初揚雄依虞箴作十二州、二十五官箴，其九箴亡闕」，則雄見存應有二十八箴也。陳遵傳「成帝令雄作酒箴」。朱一新曰：太玄本十四篇，據別録有玄問一篇，合十五篇。新論亦稱經三篇，傳十二篇，與別録合。本傳謂章句尚不存焉，則此亡佚之四篇，當爲章句無疑。陶憲曾曰：州箴、官箴，合爲箴二，酒箴雖見游俠傳，或班未收入此，史索隱引作「酒賦」，蓋在賦家十二篇中。如沈説則篇數不符矣。

右儒五十三家，八百三十六篇。〔一〕

〔一〕入揚雄一家，十八篇。【補注】錢大昭曰：閩本「十八篇」作「三十一篇」。先謙曰：官本作「三十八篇」。

儒家者流，蓋出於司徒之官，助人君順陰陽明教化者也。游文於六經之中，留意於仁義之際，祖述堯舜，憲章文武，宗師仲尼，以重其言，〔一〕於道最爲高。〔二〕孔子曰：「如有所譽，其有所試。」〔三〕唐虞之隆，殷周之盛，仲尼之業，已試之效者也。然惑者既失精微，而辟者又隨時抑揚，違離道本，〔四〕苟以譁衆取寵。〔五〕後進循之，〔六〕是以五經乖析，儒學寖衰，此辟儒之患。〔七〕

〔一〕師古曰：祖，始也。述，修也。憲，法也。章，明也。宗，尊也。言以堯舜爲本始而遵修之，以文王、武王爲明法，又師尊仲尼之道。

〔二〕【補注】王應麟曰：湛水李氏云「儒者之術，教化仁義而已也。使儒者在人主左右，得以仁義教化爲天下之治，則所謂道家者，不過爲巖野居士，名法家者，不過爲賤有司，陰陽者，食於太史局，而縱横雜墨之流，或馳一傳，或效一官，農家者流，耕王田，奉國賦，以樂天下之無事。彼得與儒者相抗而爲流哉」？

〔三〕師古曰：論語載孔子之言也。言於人有所稱譽者，輒試以事，取其實效也。譽音弋於反。

〔四〕師古曰：辟讀曰僻。

〔五〕師古曰：譁，諠也。寵，尊也。譁音呼華反。

〔六〕【補注】先謙曰：官本考證云，宋本作「修之」。案，文應作「循之」，今從監本。

〔七〕師古曰：寖，漸也。辟讀曰僻。【補注】周壽昌曰：爾雅邢昺疏引此作「僻儒之患也」。

伊尹五十一篇。〔一〕

〔一〕湯相。【補注】王應麟曰：說苑臣術篇、吕覽皆引伊尹對湯問。周書王會有「伊尹朝，獻商書」。案孟子稱伊尹之言。伊尹所謂道，豈老氏所謂道乎？志於兵權謀省伊尹、太公而入道家，蓋戰國權謀之士著書，而託之伊尹也。葉德輝曰：尸子引伊尹對湯問壽，殷本紀引伊尹從湯言素王九主之事，韓詩外傳引伊尹對湯問庭穀大拱，齊民要術引氾勝之述伊尹區田法，皆王氏所未及。

太公二百三十七篇。〔一〕

〔一〕呂望爲周師尚父本有道者。或有近世又以爲太公術者所增加也。師古曰：父讀曰甫也。【補注】周壽昌曰：詩大雅大明正義引七略別録云「師之，尚之，父之，故曰師尚父」。

謀八十一篇，

言七十一篇，

兵八十五篇。〔一〕

〔一〕【補注】錢大昭曰：謀、言、兵，就二百三十七篇而析言之，太公其總名也。沈欽韓曰：隋志「太公陰謀一卷，梁六卷。太公陰符鈐録一卷，太公伏符陰陽謀一卷」。舊唐志「太公陰謀三卷，又陰謀三十六用一卷」。隋志「太公金匱二卷，舊唐志三卷。太公兵法二卷，又兵法六卷，梁有太公雜兵書六卷。又三宮兵法一卷」。又禁忌立成集二卷，枕中記一卷。秦策「蘇秦夜發書，得太公陰符之謀」。齊世家「後世之言兵及周之陰權，皆宗太公爲本謀」。是太公之書尚矣。志云謀者，即太公之陰謀。言者，即太公金匱，凡善言書諸金版，羣書治要引武韜太公云云，文王曰「善，請登之金版」。又文選注「太公金匱曰，詘一人之下，申萬人之上。武王曰，請著金版」。大戴記踐阼篇、呂覽、新書、淮南、説苑所稱皆是。兵者，即太公兵法，説苑指武篇引太公兵法最其先，亦管子書中所本耳。葉德輝曰：齊世家云「文王與呂尚陰謀修德以傾商政，其事多兵、權與奇計」。羣書治要「六韜後載陰謀三事，皆武王問太公治國居民之道，與史遷説不合，蓋擇其語近純者録之」。詩大明正義引太公授兵鈐之法，即此兵篇，五行大義十七篇引太公兵書，通典百四十九引太公覆軍誡法，開元占經引太公兵法，所引不同，蓋一書也。先謙曰：官本「謀」下十五字，皆與上太公連文，是也。

辛甲二十九篇。〔一〕

〔一〕紂臣，七十五諫而去，周封之。【補注】王應麟曰：劉向別録曰「辛甲去至周，召公與語，賢之，告文王。文王親自迎之，以爲公卿，封長子」。左傳「辛甲爲太史，命百官箴王闕」。沈欽韓曰：韓非説林作「辛公甲」。

鬻子二十二篇。〔一〕

〔一〕名熊，爲周師，自文王以下問焉，周封爲楚祖。師古曰：鬻音弋六反。【補注】沈欽韓曰：隋志「鬻子一卷」。唐、宋著録，皆以冠道家。葉夢得云「今一卷，止十四篇，本唐永徽中，逢行珪所獻，廖仲容子鈔當作「庾」。隋志「梁黟令庾仲容子鈔，三十卷」。馬總意林並云六篇，其所載與行珪先後不倫，恐行珪或有附益」。案今亦十四篇，標題甲乙，數目雜亂不可曉，又短僿不成章。而列子天瑞、黄帝、立命三篇引鬻子，賈誼修政下篇，周文王、武王、成王問於鬻子，有七章，皆本書所無，今本其糟粕耳。小説亦有鬻子説十九篇。

筦子八十六篇。〔一〕

〔一〕名夷吾，相齊桓公，九合諸侯，不以兵車也，有列傳。師古曰：筦讀與管同。【補注】沈欽韓曰：隋志「十九卷」。今本二十四卷。鼂公武云「今亡十篇」。劉向上奏云「所校讎中管子書，大中大夫卜圭、臣富參書、射聲校尉立書、太史書，凡中外書五百六十四，以校除復重四百八十四篇，定著八十六篇」。

老子鄰氏經傳四篇。〔一〕

〔一〕姓李名耳，鄰氏傳其學。

老子傅氏經說三十七篇。〔一〕

〔一〕述老子學。

老子徐氏經說六篇。〔一〕

〔一〕字少季，臨淮人，傳老子。

劉向說老子四篇。〔一〕

〔一〕【補注】葉德輝曰：隋志道德經注云「周柱下史李耳撰。漢文帝時，河上公注」。又云「梁有戰國時河上丈人注二卷，漢長陵三老毌丘望之注二卷，隱士嚴遵注二卷」。稱梁者，梁七録也。此四家，志未載。經典釋文敘録有河上公、毌丘望之、嚴遵，無河上丈人。

文子九篇。〔一〕

〔一〕老子弟子，與孔子竝時，而稱周平王問，似依託者也。【補注】沈欽韓曰：隋志「文子十二卷」。新唐志「徐靈府注文子十二卷，李暹訓注文子十二卷」。讀書志又有「唐朱玄注文子，缺府言一篇」。晁公武云「李暹注，其傳曰姓辛，葵丘濮上人，號曰計然，范蠡師事之。本受業於老子，文子録其遺言爲十二篇。劉向録文子九卷而已。唐志録暹注，與今篇次同，豈暹析之歟」？案晁氏未考隋志已十二篇也。容齋隨筆云「其書一切以老子爲宗，略無與范蠡謀議之事。馬總意林所編文子正與此同」。案彼因計然字文子，誤以此氏爲彼字，因合爲一家，其謬也。書爲淮南襲取殆盡，莊、列亦時與之同，十二篇並引老子之言而推衍之。

蜎子十三篇。〔一〕

〔一〕名淵，楚人，老子弟子。師古曰：蜎，姓也。音一元反。【補注】王應麟曰：史記「環淵，楚人，學黄、老道德之術，著上下篇」。索隱、正義皆無注。今案文選枚乘七發「便蜎、詹何之倫」，注云「淮南子『雖有鉤鍼芳餌，加以詹何、蜎蠉之數，猶不能與罔罟爭得也』。『宋玉與登徒子偕，受釣於玄淵』。七略『蜎子名淵』。三文雖殊，其人一也」。

關尹子九篇。〔一〕

〔一〕名喜，爲關吏，老子過關，喜去吏而從之。【補注】錢大昭曰：高誘注呂覽云「關尹，關正也，名喜作道書九篇，能相風角，知將有神人，而老子到，喜説之，請著上(至)〔下〕經五千言，而從之游也」。九篇者，一、宇篇，二、柱篇，三、極篇，四、符篇，五、鑑篇，六、匕篇，七、釜篇，八、籌篇，九、藥篇也。沈欽韓曰：張湛列子注云「關令尹喜，字公度」。

莊子五十二篇。〔一〕

〔一〕名周，宋人。【補注】王應麟曰：成玄英疏「莊周，字子休」。沈欽韓曰：陸氏序録「司馬彪注二十一卷。孟氏注十八卷，並五十二篇。內篇七，外篇二十八，雜篇十四，解説三。郭象注三十三篇」。後人增足，漸失其真。王氏困學紀聞采逸文若干條，而嚴君平老子指歸引莊子之語，亦今書所無。

列子八篇。〔一〕

〔一〕名圄寇，先莊子，莊子稱之。【補注】王應麟曰：劉向校中書列子五篇。「臣向謹與長社尉臣參校讎太常書三篇，太史書四篇。臣向書六篇，臣參書二篇，內外書凡二十篇，以校除復重十二篇，定著八篇」。錢大昭曰：高誘注呂覽云「列子禦寇，體道人也，壺子弟子」。八篇者，天瑞一，黃帝二，周穆王三，仲尼四，湯問五，力命六，楊朱七，說符八也。沈欽韓曰：隋、唐志同。晉張湛注，唐殷敬順釋文。又有唐盧重玄、宋徐邈注。

老成子十八篇。〔一〕

〔一〕【補注】沈欽韓曰：列子周穆王篇「老成子學幻於尹文先生」。殷敬順釋文作「考成子」。

長盧子九篇。〔一〕

〔一〕【補注】錢大昭曰：「九篇」下，南雍本、閩本有注云「楚人」，今本脫。沈欽韓曰：鄧析子云「長盧之士」，列子天瑞篇引其語，蓋並時人也。史記孟荀列傳「楚有長盧」。御覽三十七引呂氏春秋「長盧子曰，山、嶽、河、海、水、金、石、火、木，此積形成乎地也」。先謙曰：官本「篇」下有「楚人」二字。

王狄子一篇。〔一〕

〔一〕【補注】錢大昭曰：閩本作「正狄子」。

公子牟四篇。〔一〕

〔一〕魏之公子也，先莊子，莊子稱之。【補注】王應麟曰：荀子非十二子注「魏牟，魏公子，封於中山」。今莊子有公子牟稱莊子之言，以折公孫龍。據即與莊子同時也。說苑「公子牟東行，穰侯送之」。未知何者爲定。錢大昭曰：高誘注呂覽云「子牟，魏公子也，作書四篇。魏伐中山，得之，以封子牟，因曰中山公子牟也」。沈欽韓曰：列子仲尼篇「中山公子牟，魏國賢公子，悅趙人公孫龍」。張湛云「文侯子作書四篇，號曰道家」。案平原君時，文侯没且百年，不得爲文侯子也。

田子二十五篇。〔一〕

〔一〕名駢，齊人，游稷下，號天口駢。師古曰：駢音步田反。【補注】錢大昭曰：呂氏春秋云「陳駢貴齊」。高誘注云「陳駢，齊人也，作道書二十五篇。貴齊，齊生死、等古今也」。田、陳古通用。劉向七略云「齊田駢好談論，故齊人爲語曰天口駢」。

老萊子十六篇。〔一〕

〔一〕楚人，與孔子同時。【補注】沈欽韓曰：魏策「或謂黄齊曰，不聞老萊子之教孔子事君乎？示之其齒之堅也，六十而盡相靡也」。孔叢抗志篇又云「子思見老萊子，老萊子曰：『子不見夫齒乎，齒堅剛，卒盡相磨；舌柔順，終以不弊。』」蓋紀載者誤分爲兩事也。史記云「著書十五篇，與孔子同時」。大戴記將軍文子篇「孔子語子貢老萊子之行」，則孔叢所記妄矣。文選注十一，劉向别録云「老萊子，古之壽者」。畢尚書沅道德經序「案古有萊氏，左傳有萊駒，老萊子應是萊子，如列御寇師老商氏，以商氏稱老矣」。葉德輝曰：尸子引老萊子曰「人生天地之間，寄也。寄者，(同)〔固〕歸也」。古者謂死人爲歸人，其生也存，其死也亡。皇甫謐高士傳「老萊子曰，鳥獸之毛可績而衣，其遺粒足食也」。莊子外物載老萊子之弟子出薪遇仲尼。志云與孔子同時，是也。

黔婁子四篇。〔一〕

〔一〕齊隱士，守道不詘，威王下之。師古曰：黚音其炎反。下音胡稼反。【補注】沈欽韓曰：列女傳「魯黚婁先生死，曾子與門人往弔」。先曾子死，亦不當威王時，蓋别一人。周壽昌曰：廣韻去聲十九候婁字注，引漢志作「贛婁子」。葉德輝曰：宋邵思姓解引漢志云「齊有隱士贛婁子，箸書五篇」。與廣韻同，是宋人所見漢書不作「黚」，云五篇，與志不合。

宫孫子二篇。〔一〕

〔一〕師古曰：宫孫，姓也，不知名。

鶡冠子一篇。〔一〕

〔一〕楚人，居深山，以鶡爲冠。師古曰：以鶡鳥羽爲冠。【補注】沈欽韓曰：隋、唐志「三卷」。韓子讀鶡冠子云「十六篇」。讀書志云「十五篇」。通考「晁氏云，案四庫書目十六篇，與愈合，已非漢志之舊。今書乃八卷，前三卷十三篇，與今所傳墨子同。中三卷十九篇。愈所稱兩篇，皆在後兩卷。有十九篇，多稱引漢以後事，皆後人雜亂附益之。今削去前後五卷，止存十九篇，庶得其真」。案，宋陸佃所注自博選至武靈王十九篇，然其中龐煖論兵法，漢志本在兵家，爲後人傅合耳，其語多有可采。柳宗元謂惟賈生鵩賦所引用者爲美，餘無可者。彼信遍觀之而定論耶？何其悑疏也！韓子之言當矣。

周訓十四篇。〔一〕

〔一〕師古曰：劉向别録云，人間小書，其言俗薄。

黄帝四經四篇。〔一〕

〔一〕【補注】沈欽韓曰：隋志道經部云「漢道書之流，其黃帝四篇、老子二篇，最得深旨」。列子天瑞篇「黃帝書曰，谷神不死，是謂玄牝。玄牝之門，是謂天地之根。綿綿若存，用之不勤」。又曰「形動不生形而生影，聲動不生聲而生響」。又曰「精神入其門，骨骸反其根，我尚何存」？呂覽去私篇「黃帝言曰，聲禁重，色禁重，衣禁重，香禁重，味禁重，室禁重」。賈子修政上「黃帝曰，道若川谷之水，其出無已，其行無止」。不具録。淮南泰族訓「黃帝曰，芒芒昧昧，因天之威，與元同氣」。此則至言要道，真道家之鼻祖。漢時黃帝、老子之言，自名其學，厥後轉湮，大約自淮南王等著書，遞相剽竊，故真書反無傳焉。

黃帝銘六篇。〔一〕

〔一〕【補注】王應麟曰：皇覽記「武王問尚父曰：『五帝之誡，可得聞歟？』尚父曰：『黃帝之誡曰，吾之居民上也，搖搖恐夕不至朝，故爲金人，三封其口，曰古之慎言。』」金人銘蓋六篇之一也。沈欽韓曰：蔡邕銘論曰「黃帝有巾机之法」。文心雕龍銘箴篇「帝軒刻輿几以弼違」。葉德輝曰：路史疏仡紀引黃帝巾几銘。

黃帝君臣十篇。〔一〕

〔一〕起六國時，與老子相似也。【補注】沈欽韓曰：五帝紀「舉風后、力牧、常先、大鴻以治民，順天地之紀，幽明之占，死生之説，存亡之難」。御覽七十九引尸子曰「子貢曰：『古者黃帝四面，信乎？』孔子曰：『黃帝取合己者四人，使治四方，不計而耕，不約而成，此之謂四面。』」案此蓋雜記其君臣事迹，爲後來言風后、力牧、太山稽等所本。葉德輝曰：六韜兵道，文子符言、上仁，呂氏春秋應同、去私、圜道、遇合、審時，淮南繆稱、泰族，並引黃帝道言，賈誼新書宗首、修政上又引黃帝政語，疑皆君臣篇遺文。

雜黃帝五十八篇。〔一〕

〔一〕六國時賢者所作。

力牧二十二篇。〔一〕

〔一〕六國時所作，託之力牧。力牧，黄帝相。【補注】錢大昭曰：兵陰陽又有力牧十五篇。沈欽韓曰：淮南覽冥訓「黄帝治天下，而力牧、太山稽輔之，以治日月之行，治陰陽之氣，節四時之度，正律曆之數」。王欽若先天紀「帝問張若謀敵之事，張若曰，不如力牧能於推步之術」。

孫子十六篇。〔一〕

〔一〕六國時。【補注】沈欽韓曰：鹽鐵論論功篇「孫子曰，今夫國家之事，一日更百變，然而不亡者，可得而革也。逮出兵乎平原廣牧，鼓鳴矢流，雖有堯舜(知之)〔之知〕，不能更也」。不稱兵法而言孫子，似是道家之孫子。

捷子二篇。〔一〕

〔一〕齊人，武帝時説。【補注】錢大昭曰：史記孟荀傳作「接子」，接、捷，古字通。王念孫曰：古今人表，捷子在尸子之後，鄒衍之前，或作接子。史記田完世家「自餘騶衍、淳于髡、田駢、接子、慎到、環淵之徒」。正義「接子，齊人。藝文志云接子二篇，在道家流」。孟子荀卿傳正義同。是捷子乃六國時人，不言六國時者，蒙上條而省。非武帝時人。「武帝時説」四字，乃涉下條注「武帝時説於齊王」而衍。葉德輝曰：元和姓纂入聲二十九葉捷下引作「三篇」。又引風俗通云「邾公子捷菑之後，以王父字爲氏」。又接字下引三輔決録云「接子所箸書十篇」。是捷子與接子爲二，邵思姓解一捷下，引三輔決録作「接昕子」，與姓纂引異。然則捷子、接子，疑非一人。

曹羽二篇。〔一〕

〔一〕楚人，武帝時説於齊王。

郎中嬰齊十二篇。〔一〕

〔一〕武帝時。師古曰：劉向云故待詔，不知其姓，數從游觀，名能爲文。

臣君子二篇。〔一〕

〔一〕蜀人。

鄭長者一篇。〔一〕

〔一〕六國時。先韓子，韓子稱之。師古曰：别録云鄭人，不知姓名。【補注】沈欽韓曰：韓非外儲説右兩引鄭長者説。陶憲曾曰：釋慧苑華嚴經音義下引風俗通云「春秋之末，鄭有賢人，著書一篇，號鄭長者」。謂年高德艾，事長於人，以之爲長者也。

楚子三篇。

道家言二篇。〔一〕

〔一〕近世，不知作者。

右道三十七家，九百九十三篇。

道家者流，蓋出於史官，歷記成敗存亡禍福古今之道，然後知秉要執本，清虛以自守，卑弱以自持，〔一〕此君人南面之術也。〔二〕合於堯之克攘，〔三〕易之嗛嗛，一謙而四益，此其所長也。〔四〕及放者爲之，則欲絶去禮學，兼棄仁義，〔五〕曰獨任清虚可以爲治。

〔一〕【補注】沈欽韓曰：劉向序列子云「道家者，秉要執節，清虚無爲，及其治身接物，務崇不競，合於六經」。班氏即用其語。隋志「黄帝以下，聖哲之士，所言道者，傳之其人，世無師説。漢時，曹參始薦蓋公能言黄老，文帝宗之。自是相傳，道學（家）〔衆〕矣」。案樂毅傳贊序其源流云「樂臣公本師號曰河上丈人，不知其所出，河上丈人教安期生，安期生教毛翕公，毛翕公教樂瑕公，樂瑕公教樂臣公，樂臣公教蓋公，蓋公教於齊，爲曹相國師」。

〔二〕【補注】王念孫曰：「君人」，當爲「人君」，穀梁傳序疏、爾雅序引此皆不誤。

〔三〕師古曰：虞書堯典稱堯之德曰「允恭克讓」，言其信恭能讓也，故志引之云。攘，古讓字。【補注】錢大昕曰：説文，揖攘字從手，責讓字從言，⿰襄攴奪字從攴。

〔四〕師古曰：四益，謂天道虧盈而益謙，地道變盈而流謙，鬼神害盈而福謙，人道惡盈而好謙也。此謙卦彖辭。嗛字與謙同。【補注】劉奉世曰：嗛若與謙同，何爲作兩字？蓋易文辭有云嗛嗛者。吴仁傑曰：易謙卦初六爻，子夏傳作「嗛嗛君子」。商銘曰「嗛嗛之德，不足就也，不可以矜而祇取憂也，嗛嗛之食不足狃也，不能爲膏而祇離咎也」。韋昭云「嗛嗛，猶小小也」。疑卦名與鳴謙、勞謙、撝謙皆當從言從兼，而初六嗛嗛，皆當從口。字書：謙，敬也。歉通作嗛，不足貌。則嗛嗛蓋自視欿然之意，子夏傳作嗛嗛，止本於初六一爻耳。今卦中他字盡作嗛，則傳者失之。錢大昕曰：古書言旁字與口旁字往往相通，故謙或爲嗛。

〔五〕師古曰：放，蕩也。

宋司星子韋三篇。〔一〕

〔一〕景公之史。【補注】沈欽韓曰：吕覽制樂篇「宋景公之時，熒惑在心，公懼，召子韋而問焉，子韋曰：『熒惑者，天罰也；心者，宋之分野也。禍當於君。』」論衡變虚篇「案子韋書録序奏，亦言子韋曰『君出三善言，熒惑宜有動，於是候之，果徙舍』」。案充所引者，即劉向奏也。

公檮生終始十四篇。〔一〕

〔一〕傳鄒奭始終書。師古曰：檮音疇，其字從木。【補注】錢大昭曰：案，下有鄒子終始五十六篇，則此注「始終」當作「終始」矣。「奭」字亦誤，作終始者，是鄒衍，非鄒奭也。别有鄒奭子十二篇，非終始書。沈欽韓曰：律曆志「丞相屬寶、長安單安國、安陵桮育治終始，言黄帝以來三千六百二十九歲」。葉德輝曰：邵思姓解三引漢志作「公檮子」。

公孫發二十二篇。〔一〕

〔一〕六國時。【補注】沈欽韓曰：文帝時，魯人公孫臣上書，陳終始五德傳，言漢土德。發或臣之先也。

鄒子四十九篇。〔一〕

〔一〕名衍，齊人，爲燕昭王師，居稷下，號談天衍。【補注】王應麟曰：史記「騶衍深觀陰陽消息而作怪迂之變，終始、大聖之篇十餘萬言，其語閎大不經」云云。燕昭王身親往師之，作主運。又見司爟注鄭司農引。

鄒子終始五十六篇。〔一〕

〔一〕師古曰：亦鄒衍所説。【補注】王應麟曰：封禪書「齊威、宣之時，騶子之徒，論著終始五德之運，及秦帝，齊人奏之」。陶憲曾曰：文選魏都賦注「七略云，鄒子有終始五德，從所不勝。土德後，木德繼之，金德次之，火德次之，水德次之」。

乘丘子五篇。〔一〕

〔一〕六國時。【補注】沈欽韓曰：當作「桑丘」。隋志「晉征南軍師楊偉撰桑丘先生書二卷，本此」。葉德輝曰：沈説是也。邵思姓解二引漢志正作「桑丘」。

杜文公五篇。〔一〕

〔一〕六國時。師古曰：劉向別傳云韓人也。【補注】朱一新曰：注「別傳」當作「別録」，汪本亦作「別傳」。先謙曰：官本作「別録」，是。

黄帝泰素二十篇。〔一〕

〔一〕六國時韓諸公子所作。師古曰：劉向別録云，或言韓諸公孫之所作也。言陰陽五行，以爲黄帝之道也，故曰泰素。

南公三十一篇。〔一〕

〔一〕六國時。【補注】王應麟曰：項羽紀「楚南公曰：『楚雖三户，亡秦必楚也。』」正義曰，虞喜志林云「南公者，道士，識廢興之數，知亡秦者必於楚」。徐廣云「楚人也。善言陰陽」。真隱傳「居國南鄙，因以爲號，著書言陰陽事」。葉德輝曰：元和姓纂二十二覃南公下云「戰國時有南公，著書三十卷，言五行陰陽事。蓋衛南公子之後也」。

容成子十四篇。〔一〕

〔一〕【補注】王應麟曰：呂覽勿躬篇「容成作曆」。莊子則陽篇「容成氏曰：『除日無歲，無内無外。』」朱一新曰：志次於南公後，當是六國時人，言陰陽以爲容成之道，如黄帝泰素之比。

張蒼十六篇。〔一〕

〔一〕丞相北平侯。【補注】王應麟曰：本傳著書十八篇，言陰陽律曆事，篇數不同。

鄒奭子十二篇。〔一〕

〔一〕齊人，號曰雕龍奭。師古曰：奭音試亦反。【補注】沈欽韓曰：文選注三十六引七略曰「鄒赫子」。案赫、奭通用，史、漢竇嬰傳可證。先謙曰：官本考證云，「雕」，監本訛「彫」，從宋本改。

閭丘子十三篇。〔一〕

〔一〕名快，魏人，在南公前。【補注】葉德輝曰：元和姓纂九魚作「閭丘決」，「十三篇」作「十二篇」。

馮促十三篇。〔一〕

〔一〕鄭人。

將鉅子五篇。〔一〕

〔一〕六國時，先南公，南公稱之。【補注】葉德輝曰：元和姓纂十陽引漢志云「六國時，將鉅彰箸子書五篇」。是唐時志文明言將鉅名彰，今本疑有奪字。

五曹官制五篇。〔一〕

〔一〕漢制，似賈誼所條。【補注】王應麟曰：誼傳「誼以爲宜當改正朔，易服色制度，定官名，興禮樂。乃草具其儀法，色上黄，數用五，爲官名悉更，奏之」。沈欽韓曰：五曹算經云「一爲田曹，地利爲先；既有田疇，必資人力，故次兵曹；人衆必用食飲，故次集曹；衆既會集，必務儲蓄，次倉曹；食廪貨幣相交質，次金曹」。

周伯十一篇。〔一〕

〔一〕齊人，六國時。

衞侯官十二篇。〔一〕

〔一〕近世，不知作者。【補注】錢大昭曰：「侯」當作「候」，衞尉屬官有諸屯衞候司馬二十二。逸其姓名，故但書官。

于長天下忠臣九篇。〔一〕

〔一〕平陰人，近世。師古曰：劉向别録云「傳天下忠臣」。【補注】陶憲曾曰：長書今不傳，其列陰陽家，自别有意指，後人不見其書，無從臆測。王應麟困學紀聞乃以此詆劉歆抑忠臣，過矣。

公孫渾邪十五篇。〔一〕

〔一〕平曲侯。【補注】王應麟曰：公孫賀傳「祖父昆邪，景帝時，封平曲侯，著書十餘篇」。錢大昭曰：此作渾邪，與功臣表同。史記表作「昆」。昆、渾聲相近。

雜陰陽三十八篇。〔一〕

〔一〕不知作者。

右陰陽二十一家，三百六十九篇。

陰陽家者流，蓋出於羲和之官，敬順昊天，歷象日月星辰，敬授民時，此其所長也。及拘者爲之，則牽於禁忌，泥於小數，〔一〕舍人事而任鬼神。〔二〕

〔一〕師古曰：泥，滯也，音乃計反。

〔二〕師古曰：舍，廢也。

李子三十二篇。〔一〕

〔一〕名悝，相魏文侯，富國彊兵。【補注】沈欽韓曰：食貨志「李悝爲魏文侯作盡地力之教」。晉書刑法志「律文起自李悝，悝撰次諸國法，著法經。以爲王者之政，莫急於盜賊，故其律始於盜賊。盜賊須劾捕，故著網捕（一）〔二〕篇。其輕狡、越城、博戲、借假不廉、淫侈、踰制，以爲雜律一篇。又以（其）〔具〕律具其加減。是故所著六篇而已。商君受之以相秦」。今案李悝爲律家之祖，三十二篇則其自著書。葉德輝曰：近人黄奭有輯本。

商君二十九篇。〔一〕

〔一〕名鞅，姬姓，衞後也。相秦孝公，有列傳。【補注】沈欽韓曰：隋志「商君書五卷」。新唐志「或作商子」。讀書志云「宋時亡三篇，又佚其二，凡二十四篇」。通考「鼂氏謂司馬貞於史記商君傳，未見商君書，不知開塞之義」。以今本攷之，所謂又佚二篇，乃第十六刑賞，第二十一。無目。又案第十五來民篇云「今三晉不勝秦，四世矣。自魏襄王以來，野戰不勝，則城必拔」。又云「周軍之勝、華軍之勝，秦斬首而東之」。又弱民篇「(奉)〔秦〕師至，鄢郢舉，若振槁，唐蔑死於垂沙，莊蹻發於內楚」。則皆在秦昭王時，非商君本書也。葉德輝曰：羣書治要載商鞅六法，亦今本所無。

申子六篇。〔一〕

〔一〕名不害，京人，相韓昭侯，終其身，諸侯不敢侵韓。師古曰：京，河南京縣。【補注】王應麟曰：史記云「著書二篇」。注引劉向別録云「今民閒所有上下二篇，中書六篇，皆合二篇，已備過太史公所記」。七略曰「孝宣皇帝重申不害君臣篇，使黃門郎張子喬正其字」。案出御覽二百二十一。沈欽韓曰：隋志「梁有申子三卷，亡」。新、舊唐志仍列之。周壽昌曰：史記張叔傳索隱引七略別録云「申子學號曰刑名者，循名以責實，其尊君卑臣，崇上抑下，合於六經也」。葉德輝曰：意林二、藝文類聚十九、御覽三百九十、六百二十四，並引君臣篇，羣書治要引長短經大體篇、反經篇，初學記二十五、意林引大體篇。其無篇名可攷者，引見史記李斯傳，北堂書鈔天部，藝文類聚人部、刑法部，御覽地部、刑法部，文選顏延年應詔讌曲水詩注，鄒陽上吳王書注。

處子九篇。〔一〕

〔一〕師古曰：史記云趙有處子。【補注】王應麟曰：史記「趙有劇子之言」，注「徐廣曰，應劭氏姓注云，處子」。風俗通云「漢有北海太守處興，蓋處子之後」。史記正義「趙有劇孟、劇辛」。是有劇姓。葉德輝曰：元和姓纂八語引志云「趙有辨士處子，著書」。

慎子四十二篇。〔一〕

〔一〕名到，先申、韓，申、韓稱之。【補注】王應麟曰：史記「慎到，趙人，著十二論」，正義「慎子十卷，戰國時處士」。案漢志「四十二篇」，今三十七篇亡，唯有威德、因循、民雜、德立、君人五篇。滕輔注荀子云「慎子蔽於法而不知賢」。又云「慎子有見於先，無見於後」，注云「其術本黄老，歸刑名，多明不尚賢、不使能之道」。御覽引慎子「昔者天子手能衣而宰夫設服，足能行而相者導進，口能言而行人稱辭。諺云，不聰不明，不能爲王；不瞽不聾，不能爲公」。皆在亡篇。沈欽韓曰：韓非難勢篇引「飛龍乘雲，騰蛇游霧，雲罷霧霽，而龍蛇與螾螘同矣，則失其所乘也」云云。呂覽慎勢篇引「今一兔走，百人逐之，非一兔足爲百人分也，由未定也。積兔滿市，行者不顧，非不欲兔也，分已定矣」云云。意林引「兩貴不相事，兩賊不相使，家富則疏族親，家貧則兄弟離。海與山爭水，海必得之。廊廟之材，非一木之枝，狐白之裘，非一狐之腋」。御覽五百二十三引「禮從俗，政上國。有貴賤之禮，無賢不肖之禮；有長幼之禮，無勇怯之禮；有親疏之禮，無愛惡之禮也」。皆在亡篇。

韓子五十五篇。〔一〕

〔一〕名非，韓諸公子，使秦，李斯害而殺之。【補注】王應麟曰：史記韓非傳「喜刑名法術，而其歸本於黄老，作孤憤、五蠹、内外儲、説林、説難十餘萬言」。程氏云「非書有存韓篇，故李斯言『非終爲韓，不爲秦也』」。後人誤以范雎書廁於其書之閒，乃有舉韓之論。通鑑謂非欲覆宗國，則非也」。先謙曰：官本考證云，「使」，監本訛「吏」，從汲古閣本改正。

游棣子一篇。〔一〕

〔一〕師古曰：棣音徒計反。【補注】沈欽韓曰：鼂錯傳「與洛陽宋孟及劉帶同師軹張恢生」。此「游棣」與「劉帶」聲同。

鼂錯三十一篇。〔一〕

〔一〕【補注】沈欽韓曰：隋志「梁有鼂氏新書三卷，亡」。新、舊唐志仍列之。文選注三十六引朝子曰「工商游食之民少而名卑」。又四十五賓戲注引朝錯新書曰「臣聞帝王之道，包之如海，養之如春」。御覽九百四十四引朝子曰「以火去蛾，蛾愈多；以魚歐蠅，蠅愈至」。周壽昌曰：本傳云三十篇。

燕十事十篇。〔一〕

〔一〕不知作者。

法家言二篇。〔一〕

〔一〕不知作者。

右法十家，二百一十七篇。

法家者流，蓋出於理官，信賞必罰，以輔禮制。易曰「先王以明罰飭法」，〔一〕此其所長也。及刻者爲之，則無教化，去仁愛，專任刑法而欲以致治，至於殘害至親，傷恩薄厚。〔二〕

〔一〕師古曰：噬嗑之象辭也。飭，整也，讀與敕同。

〔二〕師古曰：薄厚者，變厚爲薄。【補注】周壽昌曰：顏解未晰，此即大學所云「於所厚者薄」之意，蓋專指秦商鞅、漢鼂錯爲說。

鄧析二篇。〔一〕

〔一〕鄭人，與子產並時。師古曰：列子及孫卿並云子產殺鄧析。據左傳，昭公二十年子產卒，定公九年駟歂殺鄧析而用其竹刑，則非子產所殺也。【補注】王應麟曰：劉向序「臣所校讎中鄧析書四篇，臣敘書一篇，凡中外書五篇，以相校，除復重，爲二篇。其論無厚者，言之異同，與公孫龍同類」。隋志「一卷」。韓非子云「堅白無厚之詞章，而憲令之法息」。淮南鴻烈曰「鄧析巧辯而亂法」。

尹文子一篇。〔一〕

〔一〕說齊宣王。先公孫龍。師古曰：劉向云與宋鈃俱游稷下。鈃音形。【補注】錢大昭曰：今道藏本上下二篇，蓋本魏黄初末，山陽仲長氏詮次之舊，故隋志已作二卷。沈欽韓曰：說苑，尹文對齊宣王曰：「事寡易從，法省易因。」其書言「有形者必有名，有名者未必有形，形而不名，未必失其方圜白黑之實，名而不可不尋，名以檢其差。故名以檢形，形以定名，名以定事，事以檢名」。大旨爲公孫龍所祖述，龍又加嵬瑣焉。仲長統序稱其學於公孫龍，非也。宋晁氏又誤以形名爲刑名類，未究其書者。然以大道爲書，而雜以山雞鳳皇，字長子曰盜，少子曰毆，亦詼嘲無稽甚矣。朱一新曰：集韻「鈃音經天切，人名」。

公孫龍子十四篇。〔一〕

〔一〕趙人。師古曰：即爲堅白之辯者。【補注】王應麟曰：史記「趙有公孫龍，爲堅白同異之辯」。列子釋文「龍字子秉，趙人」。莊子謂惠子曰：「儒、墨、楊、秉四，與夫子爲五，果孰是邪？」秉，公孫龍也。淮南鴻烈曰「公孫龍粲於辭而貿名」。錢大昭曰：張守節云，與鄒衍同時，今道藏本上、中、下三卷，與唐志同。朱一新曰：高誘注吕覽，謂龍爲魏人。

成公生五篇。〔一〕

〔一〕與黄公等同時。師古曰：姓成公。劉向云與李斯子由同時。由爲三川守，成公生游談不仕。

惠子一篇。〔一〕

〔一〕名施，與莊子並時。【補注】錢大昭曰：高誘注吕覽云「惠子，惠施，宋人，仕魏爲惠王相也，孟子所見梁惠王也」。葉德輝曰：莊子至樂篇云「惠施多方，其書五車，其道舛駁，其言也不中」。據此，則惠亦説士耳。其書隋、唐志不箸録，引見莊子雜篇、天下，韓非子説林，吕覽不屈篇、應言篇、開春篇、愛類篇，魏策，説苑善説篇、雜言篇。

黄公四篇。〔一〕

〔一〕名疵，爲秦博士，作歌詩，在秦時歌詩中。師古曰：疵音才斯反。

毛公九篇。〔一〕

〔一〕趙人，與公孫龍等並游平原君趙勝家。師古曰：劉向別録云論堅白同異，以爲可以治天下。此蓋史記所云「藏於博徒」者。

右名七家，三十六篇。

名家者流，蓋出於禮官。古者名位不同，禮亦異數。孔子曰：「必也正名乎！名不正則言不順，言不順則事不成。」〔一〕此其所長也。及警者爲之，〔二〕則苟鉤（鈲）〔鈲〕析亂而已。〔三〕

〔一〕師古曰：論語載孔子之言也。言欲爲政，必先正其名。

〔二〕晉灼曰：警，訐也。師古曰：警音工釣反。

〔三〕師古曰：(鈲)〔鋠〕，破也，音普革反，又音普狄反。

尹佚二篇。〔一〕

〔一〕周臣，在成、康時也。【補注】王應麟曰：左傳稱史佚有言、史佚之志。晉語「胥臣曰，文王訪於辛尹」，注「辛甲、尹佚皆周太史」。說苑政理篇引「成王問政於尹逸」。尹佚，周史也，而爲墨家之首，今書亡，不可考。呂覽當染篇「魯惠公使宰讓請郊廟之禮於天子，天子使史角往，惠公止之。其後在於魯，墨子學焉」。意者史角之後託於佚歟？葉德輝曰：周書世俘解云「武王降自車，乃俾史佚繇書」。蓋其人歷文、武、成、康四朝。周紀引史佚筴祝。逸周書克殷解引尹佚筴。皆其書之逸文。左傳僖十五年、文十五年、成四年、襄十四年、昭元年，晉語，均引史逸，其言合於儒術。志入墨家者，意以其爲太史出於清廟之守，故從其朔而言之焉。

田俅子三篇。〔一〕

〔一〕先韓子。蘇林曰：俅音仇。【補注】沈欽韓曰：隋志「梁有田俅子一卷」。呂覽、韓非諸書作「田鳩子」。葉德輝曰：藝文類聚祥瑞部下引「田俅子曰，少昊之時，赤燕一雙，而飛集少昊氏之户，遺其丹書」。御覽休徵部引同，「雙」作「銜」。又引「商湯爲天子都於亳，有神手牽白狼，口銜金鉤而入湯庭」。文選王元長曲水詩序注引「黃帝時，有草生於帝庭階，有佞人入朝，則草指之，名曰屈軼，是以佞人不敢進也」。又東京賦注引「堯爲天子，蓂莢生於庖，爲帝成曆」。張景陽七命注、王元長曲水詩序陸注、佐公新刻漏銘注引同。白帖九十八引「堯時有獬廌，緝其毛爲帝帳」。稽瑞引云「獬豸色青，堯時獲之，緝其皮以爲帳」。御覽章服部引「渠搜之人服夏禹德，獻其珍裘，毛出五采，光曜五色」。又引「少昊氏都於曲阜，鞬鞮毛人獻其羽裘」。又休徵部引「少昊生於稚華之渚，渚一日化爲山澤，鬱鬱蔥蔥焉」。劉賡稽瑞引云「昔帝堯之爲天下平也，蒲蓮出庖廚，爲帝去惡」。又引云「殷湯爲天子，白狐九尾」。又引云「周武王時，倉庭國獻文章騶」。其言多稱符瑞，殆亦明鬼之意與？

我子一篇。〔一〕

〔一〕師古曰：劉向別録云，爲墨子之學。【補注】葉德輝曰：元和姓纂三十三哿引風俗通云「我子，六國時人，箸書號我子」。

隨巢子六篇。〔一〕

〔一〕墨翟弟子。【補注】王應麟曰：隋、唐志「一卷」。洪氏云「書今不存，意林所述隨巢，兼愛明鬼，而墨之徒可知。藝文類聚引隨巢子曰『昔三苗大亂，天命夏禹於玄宫，有大神，人面馬身，降而福之。司禄益食而民不飢，司金益富而國家實，司命益年而民不夭，四方歸之，禹乃克三苗而神民不違』。史記索隱引隨巢子云『夷羊在牧，飛拾滿野，天鬼不顧，亦不賓滅』。御覽引『昔三苗大亂，龍生於廟，犬哭於市，天賜武王黄鳥之旗以代殷』。愚謂此墨氏之明鬼也」。葉德輝曰：太史公自序正義引韋昭曰「墨翟之術也，尚儉，後有徐巢子傳其術」。按徐、隨音近，疑即一人。意林一引隨巢子云「執無鬼者曰越蘭，問隨巢曰：『鬼神之智何如？』曰：『聖也。』越蘭曰：『治亂由人，何謂鬼神邪？』隨巢子曰：『聖人生於天下，未有所資，鬼神爲四時八節以化育之，乘雲雨潤澤以繁長之，皆鬼神所能也，豈不謂賢於聖人。』」晉書石崇傳引「明君之德，察情爲上，察事次之」。開元占經引「夏后之興，方澤出馬」。北堂書鈔九十六、百五十八引「姬氏之興，河出緑圖，殷滅，周人受之」。百二十六引「召人以環，絶人以玦」。御覽章服部九引同。御覽地部引「夏桀德衰，岱淵沸」。珍寶部引「幽、厲之時，奚禄山壞，天賜玉玦於羿，遂以殘其身，以此爲福而禍」。咎徵部引「幽、厲之時，天旱地坼」。

胡非子三篇。〔一〕

〔一〕墨翟弟子。【補注】沈欽韓曰：隋、唐志「一卷」。意林引云「胡非子修墨以教，有屈將子好勇，聞墨者非鬭，帶劍危冠，往見胡非子而問之，胡非言勇有五等」云云。其言與説苑善説篇林既語齊景公，同無稽之談。葉德輝曰：元和姓纂十一模胡非姓下云「陳胡公後，有公子非，後子孫爲胡非氏，戰國有胡非子箸書」。御覽兵部引「胡非子論羿射」。藝文類聚人部引「目見百步之外而不能見其眥」。北堂書鈔七十七引「善爲吏者樹德」。大恉與貴義、上同相近。

墨子七十一篇。〔一〕

〔一〕名翟，爲宋大夫，在孔子後。【補注】沈欽韓曰：隋志「墨子十五卷，目一卷」。館閣書目云「自親士至雜守爲六十一篇，亡九篇」。陶憲曾曰：「史記孟荀列傳索隱引别録云『墨子書有文子。文子，子夏之弟子，問於墨子』。據此，則墨子在七十子後。

右墨六家，八十六篇。

墨家者流，〔一〕蓋出於清廟之守。〔二〕茅屋采椽，〔三〕是以貴儉；養三老五更，是以兼愛；選士大射，是以上賢；〔四〕宗祀嚴父，是以右鬼；順四時而行，是以非命；〔五〕以孝視天下，是以上同：〔六〕此其所長也。及蔽者爲之，見儉之利，因以非禮，〔七〕推兼愛之意，而不知别親疏。

〔一〕【補注】沈欽韓曰：莊子天下篇「相里勤之弟子五侯之徒，南方之墨者苦獲、已齒、鄧陵子之屬，俱誦墨經，而倍譎不同，相謂别墨」。韓非顯學篇「世之顯學，儒、墨也。有相里氏之墨，有相夫氏之墨，有鄧陵氏之墨，其徒見於墨翟書者十數人」。呂覽有腹䵍、許犯、田繫、索盧參、孟勝、徐弱等百八十三人、田襄子、謝子、唐姑果。列子有東門賈，孟子有夷之，論衡有纏子。文選文賦注亦引纏子。淮南泰(俗)〔族〕訓「墨子服役者百八十人，皆可使赴火蹈刃」。其私名門人，楊朱、稷下之徒，未有若是之衆也。

〔二〕【補注】周壽昌曰：左傳桓二年「臧哀伯曰，是以清廟茅屋，大路越席，太羹不致，粢食不鑿，昭其儉也」。志蓋以墨之儉出於此也。

〔三〕師古曰：采，柞木也，字作棌，本從木。以茅覆屋，以棌爲椽，言其質素也。采音千在反。【補注】先謙曰：官本注在「是以貴儉」下。

〔四〕如淳曰：右鬼，謂信鬼神。若杜伯射宣王，是親鬼而右之。師古曰：右猶尊尚也。【補注】周壽昌曰：墨子有明鬼篇，其第三篇言鬼神報應，即首引杜伯射宣王事。如以墨子注墨子，何氏焯以爲謬，非也。

〔五〕蘇林曰：非有命者，言儒者執有命，而反勸人修德積善，政教與行相反，故譏之也。如淳曰：言無吉凶之命，但有賢不肖之善惡。【補注】先謙曰：官本注「肖」下無「之」字。

〔六〕如淳曰：言皆同可以治也。師古曰：墨子有節用、兼愛、上賢、明鬼神、非命、上同等諸篇，故志歷序其本意。視讀曰示。【補注】周壽昌曰：今本墨子有明鬼篇，無「神」字。

〔七〕【補注】王念孫曰：羣書治要引此，「禮」下有「樂」字，是也。墨子有節用、節葬、非樂三篇，故曰「見儉之利，因以非禮樂」。穀梁序疏引此已脫「樂」字。朱一新曰：志言見儉之利，因以廢禮，蓋譏其儉不中禮也。治要誤衍「樂」字，穀梁序疏引，是也。

蘇子三十一篇。〔一〕

〔一〕名秦，有列傳。【補注】沈欽韓曰：今見於史記、國策，灼然爲蘇秦者八篇，其短章不與。秦死後，蘇代、蘇厲等並有論説，國策通謂之蘇子，又誤爲蘇秦，此三十一篇，容有代、厲并入。陶憲曾曰：杜周傳注，服虔云「抵音坻。陒音義。謂罪敗而復抨彈之，蘇秦書有此法」。案今本鬼谷子有抵戲篇。鬼谷子書本志不録，蓋後人取秦書爲之。唐志「鬼谷子」下題蘇秦，蓋本樂壹之説，然樂氏謂秦欲神祕其道，故假名鬼谷，非也。陶紹曾曰：御覽九百八十三引蘇子曰「蘭以芳自燒，膏以肥自焫，翠以羽殃身，蚌以珠致破」。王應麟攷證以爲蘇秦書。又見困學紀聞。案北堂書鈔九十九亦引此文，下有「是以公孫賀得丞相而啼泣」云云，則非秦甚明，以宋本意林攷之，今闕此卷。蓋晉蘇彦書也，王氏誤矣。

張子十篇。〔一〕

〔一〕名儀，有列傳。

龐煖二篇。〔一〕

〔一〕爲燕將。師古曰：煖音許遠反。【補注】錢大昭曰：兵權謀家亦有龐煖三篇。

闕子一篇。〔一〕

〔一〕【補注】王應麟曰：御覽引闕子云「任公子冬羅鯉於山阿」。卷八百三十二。又云「吴章莊告之調」。八百四十九。藝文類聚引闕子云「宋景公使弓工爲弓，九年來見」云云。又云「宋之愚人得燕石於梧臺之東，歸而藏之以爲寶」。沈欽韓曰：宋人寶燕石事，亦見文選百一詩注及淄水注。宋景公事亦見御覽工部及泗水注。又御覽三百八十一、八百三十四並引闕子。周壽昌曰：後書獻帝紀注引風俗通曰「闕，姓也。承闕黨童子之後。縱横家有闕子著書」即此。

國筮子十七篇。

秦零陵令信一篇。〔一〕

〔一〕難秦相李斯。【補注】陶紹曾曰：信，令名。文選吳都賦劉淵林注，引秦零陵令上書云「荆軻挾匕首卒刺陛下，陛下以神武扶揄長劍以自救」。疑即此篇文也。

蒯子五篇。〔一〕

〔一〕名通。【補注】王應麟曰：本傳「論戰國時說士權變，亦自序其說，凡八十一首，號曰雋永」。

鄒陽七篇。〔一〕

〔一〕【補注】沈欽韓曰：說苑尊賢篇「鄒子說梁王曰：『詩曰，緜緜之葛，在於曠野。良工得之，以爲絺紵；良工不得，枯死於野。不遇明君聖主，幾行乞丐，枯死於中野，譬猶緜緜之葛矣。』」

主父偃二十八篇。〔一〕

〔一〕【補注】王應麟曰：說苑善說篇「主父偃曰：『人而無辭，安所用之？昔子產修其辭，而趙武致其敬；王孫滿明其言，而楚莊以慙。』」先謙曰：本傳「偃學長短縱横術」。

徐樂一篇。

莊安一篇。〔一〕

〔二〕【補注】沈欽韓曰：皆見本傳。

待詔金馬聊蒼三篇。〔一〕

〔一〕趙人，武帝時。師古曰：嚴助傳作「膠蒼」，而此志作「聊」。志、傳不同，未知孰是。【補注】錢大昭曰：廣韻二蕭聊下云「亦姓，風俗通有聊倉，爲漢侍中，著子書」。據此，則作「膠」者非。

右從横十二家，百七篇。

從横家者流，〔一〕蓋出於行人之官。孔子曰：「誦詩三百，使於四方，不能專對，雖多亦奚以爲？」〔二〕又曰：「使乎，使乎！」〔三〕言其當權事制宜，受命而不受辭，此其所長也。及邪人爲之，則上詐諼而棄其信。〔四〕

〔一〕【補注】沈欽韓曰：韓非五蠹篇「從横之黨，借力於國。從者合衆弱以攻一强也，衡者事一强以攻衆弱也，皆非所以持國也」。

〔二〕師古曰：論語載孔子之言也。謂人不達於事，誦詩雖多，亦無所用。

〔三〕師古曰：亦論語載孔子之言，歎使者之難其人。

〔四〕師古曰：諼，詐言也，音許遠反。

孔甲盤盂二十六篇。〔一〕

〔一〕黄帝之史，或曰夏帝孔甲，似皆非。【補注】王應麟曰：文選注，七略曰「盤盂書者，其傳言孔甲爲之。孔甲，黄帝之史也，書盤盂中，爲誡法，或於鼎，名曰銘」。蔡邕銘論「黄帝有巾机之法，孔甲有盤杅之誡」。錢大昭曰：應劭注田蚡傳作「二十九篇」。

大帟三十七篇。〔一〕

〔一〕傳言禹所作，其文似後世語。師古曰：帟，古禹字。【補注】宋祁曰：一作「啇」。王應麟曰：賈誼書修政語引「大禹曰『民無食也，則我弗能使也；功成而不利於民，我弗能勸也』」。朱一新曰：注「言」下「禹」字，汪本亦作「帟」。葉德輝曰：說文「禹，古文作𠕢」，即此字。墨子兼愛下引禹誓曰「濟濟有衆，咸聽朕言，非惟小子，敢行稱亂，蠢茲有苗，用天之罰。若予既率爾羣，對諸羣以征有苗」。即僞書大禹謨所本。逸周書大聚引禹之禁「春三月，山林不登斧，以成草木之長。夏三月，川澤不入網，以成魚鼈之長，且以並農力執成男女之功」。又文傳引夏箴曰「中不容利，民乃外次」。開望曰「土廣無守可襲伐，土狹無食可圍竭，二禍之來，不稱之災。天有四殃，水旱饑荒，其至無時，非務積聚，何以備之」。孔晁注「夏箴，禹之戒書也」。北堂書鈔百二引「天有四殃」，匕下爲周書夏箴，則開望爲夏箴中之篇名矣。文傳又引「小人無兼年之食，遇天饑，妻子非其有也；大夫無兼年之食，遇天饑，臣妾輿馬非其有也；國無兼年之食，遇天饑，百姓非其有也。戒之哉！弗思弗行，禍至無日矣」。上亦題夏箴。鬻子引禹筍簴銘曰「教寡人以道者擊鼓，教寡人以義者擊鐘，教寡人以事者振鐸，告寡人以憂者擊磬，語寡人以訟獄者揮鞀」。淮南氾論訓作「禹號」。皆其書之佚文也。

五子胥八篇。〔一〕

〔一〕名員，春秋時爲吳將，忠直遇讒死。【補注】周壽昌曰：兵技巧又有五子胥十篇。先謙曰：官本「五」作「伍」，考證云，監本訛「五」，今改正。

子晚子三十五篇。〔一〕

〔一〕齊人，好議兵，與司馬法相似。

由余三篇。〔一〕

〔一〕戎人，秦穆公聘以爲大夫。【補注】沈欽韓曰：韓非十過篇秦穆公問由余事，比吕覽爲詳，史遷采入秦紀。新書禮篇引由余語。

尉繚子二十九篇。〔一〕

〔一〕六國時。師古曰：尉，姓；繚，名也。音了，又音聊。劉向别録云，繚爲商君學。【補注】錢大昭曰：南雍本、閩本「尉繚」下無「子」字。兵形埶又有尉繚三十一篇。沈欽韓曰：隋志「雜家尉繚子五卷，梁并録六卷。梁惠王時人」。舊唐志「六卷」。案，梁惠王問者，當在兵形埶家。始皇紀「大梁人尉繚來説秦王，其計以散財物賂諸侯强臣，不過三十萬金，則諸侯可盡」。秦策「有頓弱説秦王，資萬金使東游韓、魏，入其將相，北游燕、趙，而殺李牧」。正與尉繚謀同。初學記「尉繚子曰，天子宅千畝，諸侯百畝，大夫以下里舍九畝」。御覽六百八十四引尉繚子曰「天子玄冠玄纓，諸侯素冠素纓，大夫以下練冠」。並類雜家言。朱一新曰：汪本無「子」字。先謙曰：官本無「子」字。

尸子二十篇。〔一〕

〔一〕名佼，魯人，秦相商君師之。鞅死，佼逃入蜀。師古曰：佼音絞。【補注】王應麟曰：史記「楚有尸子」，注引劉向别録「疑謂其在蜀」。今案尸子書「晉人也，名佼，秦相衞鞅客也。鞅謀事畫計，立法理民，未嘗不與佼規也。商君被刑，佼恐並誅，乃逃入蜀。造二十篇書，凡六萬餘言」。後漢書注「佼作書二十篇，内十九篇，陳道德仁義之紀，内一篇，言九州險阻，水泉所起」。隋志「二十卷，其九篇亡，魏黄初中續」。李淑書目「存四卷」。館閣書目「止存二篇，合爲一卷」。爾雅疏引廣澤、仁意、綽子篇，宋書禮志引禹治水，爲喪法，穀梁傳亦引尸子。先謙曰：注「魯」乃「晉」之譌。

呂氏春秋二十六篇。〔一〕

〔一〕秦相呂不韋輯智略士作。【補注】沈欽韓曰：總十二紀、八覽、六論也。十二紀，紀各五篇；八覽，覽各一篇；六論，論各六篇。凡百六十篇。第一覽少一篇。

淮南内二十一篇。〔一〕

〔一〕王安。【補注】沈欽韓曰：其要略一篇，自敘也。隋志，許慎、高誘兩家注並列。今惟存高注。景十三王傳云「淮南王安好書，所招致率多浮辯」。則是書之定論也。

淮南外三十三篇。〔一〕

〔一〕師古曰：内篇論道，外篇雜説。【補注】宋祁曰：「雜」，邵本作「新」。沈欽韓曰：本傳云「外書甚衆」。高誘序「劉向校定撰具，名之淮南。又有十九篇者，謂之淮南外篇」。與此三十三篇不同，蓋其後或有缺矣。案，文選注引淮南莊子後解，疑即外篇。

東方朔二十篇。〔一〕

〔一〕【補注】周壽昌曰：本書朔傳注引劉向（所）〔别〕録云「朔之文辭，客難、非有先生論，此二篇最善。其餘有封泰山、責和氏璧及皇太子生禖、屏風、殿上柏柱、平樂觀賦獵，八言、七言上下，從公孫弘借車。凡朔書具是矣」。葉德輝曰：北堂書鈔百五十八引嗟伯夷，文選海賦注引對詔，藝文類聚災異部引旱頌，人部引誡子，御覽人事部百引文同。

凡四篇。至拾遺記載寶甕銘，唐釋法琳辨正論載隱真論，開元占經載東方朔占，皆後人僞託，不足據也。

伯象先生一篇。〔一〕

〔一〕應劭曰：蓋隱者也，故公孫敖難以無益世主之治。【補注】沈欽韓曰：御覽八百十一引新序云「公孫敖問伯象先生曰：『先生收天下之術，博觀四方之日久矣，未能裨世主之治，明君臣之義，是則未有異於府庫之藏金，玉筐篋之囊簡書也。』」又八百十三新序「公孫敖曰：『夫玉石金鐵，猶可琢磨以爲器用，而況於人。』」今新序無之。先謙曰：王氏漢志攷引公孫敖問作新序，是宋末新序尚有之。

荆軻論五篇。〔一〕

〔一〕軻爲燕刺秦王，不成而死，司馬相如等論之。【補注】王應麟曰：文章緣起「司馬相如作荆軻讚」。文心雕龍「相如屬筆，始讚荆軻」。

吴子一篇。

公孫尼一篇。

博士臣賢對一篇。〔一〕

〔一〕漢世，難韓子、商君。

臣説三篇。〔一〕

〔一〕武帝時所作賦。師古曰：説者，其人名，讀曰悦。【補注】沈濤曰：志所列雜家，皆非詞賦，此「賦」字誤衍。下賦家別有臣說九篇，則其人所作賦，此處因相涉而誤耳。先謙曰：官本無「所」字。

解子簿書三十五篇。

推雜書八十七篇。

雜家言一篇。〔一〕

〔一〕王伯，不知作者。師古曰：言伯王之道，伯讀曰霸。

右雜二十家，四百三篇。〔一〕

〔一〕入兵法。【補注】陶憲曾曰：「入兵法」，上脫「出蹵鞠」三字。兵書四家，惟兵技巧入蹵鞠一家二十五篇，而諸子家下，亦注出蹵鞠一家二十五篇，是蹵鞠正從此出而入兵法也。今本脫「出蹵鞠」三字，則「入兵法」三字不可解，而諸子家所出之蹵鞠，亦不知其於十家中究出自何家矣。

雜家者流，蓋出於議官。〔一〕兼儒、墨，合名、法，知國體之有此，〔二〕見王治之無不貫，〔三〕此其所長也。及盪者爲之，則漫羨而無所歸心。〔四〕

〔一〕【補注】沈欽韓曰：隋志「古者，司史歷記前言往行，禍福存亡之道。然則雜者，蓋出史官之職」。

〔二〕師古曰：治國之體，亦當有此雜家之說。

〔三〕師古曰：王者之治，於百家之道，無不貫綜。

〔四〕師古曰：漫，放也。羨音弋戰反。【補注】錢大昭曰：漫羨猶漫衍也。周壽昌曰：盪與蕩同。丙吉傳「皇孫敖盪」，即遨蕩也。

神農二十篇。〔一〕

〔一〕六國時，諸子疾時怠於農業，道耕農事，託之神農。師古曰：劉向別録云，疑李悝及商君所説。【補注】王應麟曰：食貨志、呂氏春秋、管子、氾勝之書引神農之教，劉子引神農之法，淮南子曰「世俗之人，多尊古而賤今，故爲道者必託之於神農、黄帝而後入説」。葉德輝曰：開元占經百十一引神農書八穀生長一篇，藝文類聚災異部引神農求雨書。先謙曰：官本注「怠」作「怠」，是。

野老十七篇。〔一〕

〔一〕六國時，在齊、楚閒。應劭曰：年老居田野，相民耕種，故號野老。【補注】王應麟曰：真隱傳「六國時人，遊秦、楚閒，年老隱居著書，言農家事，因以爲號」。

宰氏十七篇。〔一〕

〔一〕不知何世。【補注】葉德輝曰：史記貨殖傳裴駰集解云「計然者，葵丘濮上人，姓辛氏，字文子，其先晉國亡公子。嘗南遊於越，范蠡師事之」。元和姓纂十五海宰氏姓下引范蠡傳云「陶朱公師計然，姓宰氏，字文子，葵丘濮上人」。據此，則唐人所見集解本，是作宰氏。宰氏即計然，故農家無計然書。志云「不知何世」，蓋班所見乃後人述宰氏之學者，非計然本書也。

董安國十六篇。〔一〕

〔一〕漢代内史，不知何帝時。

尹都尉十四篇。〔一〕

〔一〕不知何世。【補注】宋祁曰：「尹」，一作「郡」。沈欽韓曰：唐志「尹都尉書三卷」。齊民要術種穀篇引氾勝之曰「區種，驗美田至十九石，中田十三石，薄田一十石，尹澤取減法」。似尹都尉名澤也。御覽九百八十引劉向別録云「尹都尉書有種芥、葵、蓼、薤、葱諸篇」。北史蕭大圜云「穫菽尋氾氏之書，露葵徵尹君之録」。陶憲曾曰：尹都尉又有種瓜篇，見御覽九百七十八引劉向別録。

趙氏五篇。〔一〕

〔一〕不知何世。【補注】沈欽韓曰：疑即趙過教田三輔者。齊民要術耕田第一引崔寔政論曰「趙過教民耕殖法，三犁共一牛，一人將之，下種，挽耬，皆取備焉，日種一頃。至今三輔猶賴其利」。

氾勝之十八篇。〔一〕

〔一〕成帝時爲議郎。師古曰：劉向別録云，使教田三輔，有好田者師之，徙爲御史。氾音凡，又音敷劍反。【補注】王應麟曰：皇甫謐云「本姓凡氏，遭秦亂，避地於氾水，因改焉。勝之撰書言種植之事，子輯爲敦煌太守」。月令注、周禮草人注、後漢劉般傳注、文選注、初學記、御覽皆引之。晉食貨志「漢遣輕車使者氾勝之督三輔種麥，而關中遂穰」。沈欽韓曰：隋、唐志「氾勝之書二卷」。齊民要術多引氾勝之書。周壽昌曰：文選注引王隱晉書云「氾勝之敦睦九族」。鄭樵通志氏族略「漢有氾勝之，爲黄門侍郎」。藝文略「農家有氾勝之書二卷」。馬端臨通考無其書，殆亡於宋末。近人洪頤煊經典集林輯氾勝之書二卷。

王氏六篇。〔一〕

〔一〕不知何世。

蔡癸一篇。〔一〕

〔一〕宣帝時，以言便宜，至弘農太守。師古曰：劉向别録云，邯鄲人。【補注】周壽昌曰：齊民要術引崔寔政論有「趙過教民耕植，其法三犁共一牛」云云。御覽八百二十二引作「宣帝使蔡癸教民耕」事，文正同，蓋癸書述過法，而崔氏引之。錢大昭曰：閩本「蔡」作「祭」。朱一新曰：汪本「蔡」作「祭」，古祭、蔡同。

右農九家，百一十四篇。

農家者流，蓋出農稷之官。〔一〕播百穀，勸耕桑，以足衣食，故八政一曰食，二曰貨。孔子曰「所重民食」，〔二〕此其所長也。及鄙者爲之，以爲無所事聖王，〔三〕欲使君臣竝耕，誖上下之序。〔四〕

〔一〕【補注】沈欽韓曰：吕覽上農、任地二篇，皆引后稷，任地以下三篇，似全述古者樹藝收穫之法，此農書之祖。朱一新曰：汪本「出」下有「於」字，此脱。先謙曰：官本有「於」字。

〔二〕師古曰：論語載孔子稱殷湯伐桀告天辭也。言爲君之道，所重者在人之食。【補注】何焯曰：顔注誤以武爲湯。

〔三〕師古曰：言不須聖主，天下自治。【補注】先謙曰：官本注「主」作「王」。

〔四〕師古曰：誖，亂也，音布内反。

伊尹説二十七篇。〔一〕

〔一〕其語淺薄，似依託也。【補注】王應麟曰：司馬相如傳注引伊尹書，殷紀「伊尹從湯言素王及九主之事」，注引劉向別録曰「九主者，有法君、專君、授君、勞君、寄君、等君、破君、國君、三歲任君，凡九品，圖畫其形」。

鬻子說十九篇。〔一〕

〔一〕後世所加。【補注】沈欽韓曰：唐志小說家，亦載鬻子一卷。文選注三十六引鬻子曰「武王率兵車以伐紂，紂虎旅百萬，陳於商郊，起自黄鳥，至於赤斧，御覽三百二引作「赤烏」。三軍之士，靡不失色。武王乃命太公把旄以麾之，紂軍反走」。御覽三百八十三引鬻子年九十見文王事。案，此類小說也。

周考七十六篇。〔一〕

〔一〕考周事也。

青史子五十七篇。〔一〕

〔一〕古史官記事也。【補注】王應麟曰：風俗通義引青史子書，大戴禮保傅篇「青史氏之記曰，古者胎教」。隋志「梁有青史子一卷」。文心雕龍云「青史(由)〔曲〕綴於街談」。周壽昌曰：案，賈執姓氏英賢録云「晉太史董狐之子，受封青史之田，因氏焉」。

師曠六篇。〔一〕

〔一〕見春秋，其言淺薄，本與此同，似因託之。【補注】錢大昭曰：說文鳥部引「師曠曰，南方有鳥，名曰羌鷀，黄頭赤目，五色皆備」。疑即此書。沈欽韓曰：說苑君道篇、辨物篇，御覽三百六十九並引師曠語。周壽昌曰：兵陰陽又有師曠八篇，彼注云「晉平公臣」而此不注，未詳。先謙曰：官本注「之」作「也」。

務成子十一篇。〔一〕

〔一〕稱堯問，非古語。【補注】錢大昭曰：荀子大略篇云「舜學於務成昭」。楊倞注引「尸子曰，務成昭之教舜曰：『避天下之逆，從天下之順，天下不足取也；避天下之順，從天下之逆，天下不足失也。』」又五行家有務成子災異應十四卷，房中家有務成子陰道三十六卷。沈欽韓曰：韓詩外傳五云，堯學於務成子。

宋子十八篇。〔一〕

〔一〕孫卿道宋子，其言黄老意。【補注】王應麟曰：荀子云「宋子有見於少，無見於多」。注「宋鈃，宋人也，與孟子同時」。孟子作宋牼。又云「宋子蔽於欲而不知得」。又引「子宋子曰，明見侮之不辱，使人不鬭」。又云「子宋子曰，人之情欲寡，而皆以己之情欲爲多，是過也」。沈欽韓曰：莊子天下篇，宋鈃、尹文並稱。

天乙三篇。〔一〕

〔一〕天乙謂湯，其言非殷時，皆依託也。【補注】王應麟曰：賈誼書修政語引「湯曰」云云，殷紀「湯曰，予有言，人視水見形，視民知治不」。先謙曰：官本考證云「非」，監本訛「者」，今改正。

黄帝説四十篇。〔一〕

〔一〕迂誕依託。

封禪方説十八篇。〔一〕

〔一〕武帝時。【補注】沈欽韓曰：此方士所本，史遷所云，其文不雅馴。

待詔臣饒心術二十五篇。〔一〕

〔一〕武帝時。師古曰：劉向別録云饒，齊人也，不知其姓。武帝時待詔，作書名曰心術也。【補注】先謙曰：官本注末無「也」字。

待詔臣安成未央術一篇。〔一〕

〔一〕應劭曰：道家也，好養生事，爲未央之術。

臣壽周紀七篇。〔一〕

〔一〕項國圉人，宣帝時。【補注】錢大昭曰：「項國」，疑「淮陽國」之譌。

虞初周説九百四十三篇。〔一〕

〔一〕河南人，武帝時以方士侍郎隴黄車使者。應劭曰：其説以周書爲本。師古曰：史記云，虞初，洛陽人，即張衡西京賦「小説九百，本自虞初」者也。【補注】王應麟曰：郊祀志「雒陽虞初等以方祠詛匈奴、大宛」。錢大昭曰：注「隴」，閩本作「號」。李善注文選西京賦引曰「以方士、侍郎，乘馬，衣黄衣，號黄車使者」。今本注有脱落，當從文選注增改。朱一新曰：「隴」，汪本作「號」。先謙曰：官本作「號」。

百家百三十九卷。〔一〕

〔一〕【補注】沈欽韓曰：御覽八百六十八，風俗通云，案百家書「宋城門失火，取汲池中水以沃之，魚悉露見，但就取之」。後書仲長統傳「百家雜説，請用從火」。陶紹曾曰：御覽七百六十，又百八十引風俗通「公輸般見水上蠡」事，亦出百家。

右小說十五家，千三百八十篇。〔一〕

〔一〕【補注】劉奉世曰：又少十篇。

小說家者流，〔一〕蓋出於稗官。〔二〕街談巷語道聽塗說者之所造也。孔子曰：「雖小道，必有可觀者焉，致遠恐泥，是以君子弗爲也。」〔三〕然亦弗滅也。閭里小知者之所及，亦使綴而不忘。如或一言可采，此亦芻蕘狂夫之議也。

〔一〕【補注】沈欽韓曰：滑稽傳「東方朔博觀外家之語」。即傳記小說也。文選注三十一引桓子新論曰「小說家合叢殘小語，近取譬論，以作短書，治身理家，有可觀之詞」。

〔二〕如淳曰：稗音鍜家排。九章「細米爲稗」。街談巷說，其細碎之言也。王者欲知閭巷風俗，故立稗官使稱說之。今世亦謂偶語爲稗。師古曰：稗音稊稗之稗，不與鍜排同也。稗官，小官。漢名臣奏唐林請省置吏，公卿大夫至都官、稗官各減什三，是也。

〔三〕師古曰：論語載孔子之言。泥，滯也，音乃細反。【補注】周壽昌曰：今論語作子夏語，此或是齊、古兩論語也。東平思王傳「小道不通，致遠恐泥」。顔注亦云引孔子之言，後書蔡邕上封事有云「若乃小能小善，雖有可觀，孔子以爲致遠則泥」。隋志亦引此語作孔子，不作子夏。

凡諸子百八十九家，四千三百二十四篇。〔一〕

〔一〕出蹵鞠一家，二十五篇。【補注】沈欽韓曰：從諸子家出，入兵技巧。

諸子十家，其可觀者九家而已。皆起於王道既微，諸侯力政，時君世主，好惡殊方，〔一〕是以九家之説〔二〕蠭出竝作，〔三〕各引一端，崇其所善，以此馳説，取合諸侯。其言雖殊，辟猶水火，相滅亦相生也。〔四〕仁之與義，敬之與和，相反而皆相成也。易曰：「天下同歸而殊塗，一致而百慮。」〔五〕今異家者各推所長，窮知究慮，以明其指，雖有蔽短，合其要歸，亦六經之支與流裔。〔六〕使其人遭明王聖主，得其所折中，皆股肱之材已。〔七〕仲尼有言：「禮失而求諸野。」〔八〕方今去聖久遠，道術缺廢，無所更索，〔九〕彼九家者，不猶痛於野乎？〔一〇〕若能修六藝之術，而觀此九家之言，舍短取長，則可以通萬方之略矣。〔一一〕

〔一〕師古曰：好音呼到反。惡音一故反。

〔二〕【補注】朱一新曰：汪本「説」作「術」。先謙曰：官本作「術」。

〔三〕師古曰：蠭與鋒同。

〔四〕師古曰：辟讀曰譬。

〔五〕師古曰：下繫之辭。

〔六〕師古曰：裔，衣末也。其於六經，如水之下流，衣之末裔。

〔七〕師古曰：已，語終辭。【補注】先謙曰：官本「終」下有「之」字。

〔八〕師古曰：言都邑失禮，則於外野求之，亦將有獲。

〔九〕師古曰：索，求也。

〔一〇〕師古曰：痛與愈同。愈，勝也。

〔一〕師古曰：舍，廢也。

屈原賦二十五篇。〔一〕

〔一〕楚懷王大夫，有列傳。【補注】沈欽韓曰：自離騷至大招，適二十五篇。隋志專列楚詞一家「後漢校書郎王逸，集屈原以下，迄於劉向，逸又自爲一篇，并敘而注之，今行於世。隋時有釋道騫，善讀之，能爲楚聲，音韻清切。至今傳楚詞者，皆祖騫公之音」。案，漢時朱買臣召見言楚詞。宣帝徵能爲楚詞，九江被公召見、誦讀。爾時自有專門，可知其音讀非易也。

唐勒賦四篇。〔一〕

〔一〕楚人。【補注】沈欽韓曰：御覽六百三十三引宋玉賦云「景差、唐勒等並造大言賦」。

宋玉賦十六篇。〔一〕

〔一〕楚人，與唐勒並時，在屈原後也。【補注】王應麟曰：隋志「宋玉集三卷」。王逸云，屈原弟子。楚詞，九辨、招魂。文選，風賦、高唐、神女賦、登徒子好色賦。古文苑，大言、小言、釣、笛、諷賦。沈欽韓曰：笛賦非宋玉作。隋志「宋玉集三卷」。

趙幽王賦一篇。〔一〕

〔一〕【補注】沈欽韓曰：本傳作「歌」。

莊夫子賦二十四篇。〔一〕

〔一〕名忌，吳人。【補注】錢大昭曰：即嚴夫子也，此獨不諱，史駁文。沈欽韓曰：楚詞章句「王逸云，哀時命者，嚴夫子之所作也」。

賈誼賦七篇。〔一〕

〔一〕【補注】王應麟曰：惜誓、弔屈原、服賦，古文苑有旱雲、虡賦。隋志「梁有賈誼集四卷」。

枚乘賦九篇。〔一〕

〔一〕【補注】王應麟曰：古文苑有梁王菟園賦。文選王粲七哀詩注「枚乘集有臨霸池遠訣賦」。隋志「乘集二卷」。先謙曰：西京雜記有柳賦。又略見初學記二十八。

司馬相如賦二十九篇。〔一〕

〔一〕【補注】沈欽韓曰：隋志「相如集一卷」。葉德輝曰：本傳有子虛賦、文選分「亡是公」以下爲上林賦。哀秦二世賦、大人賦凡三篇。文選有長門賦一篇。藝文類聚人部有美人賦一篇。古文苑、初學記人部下同。文選魏都賦注有棃賦。北堂書鈔百四十六有魚葅賦。陶紹曾曰：玉篇石部有梓桐山賦。

淮南王賦八十二篇。〔一〕

〔一〕【補注】周壽昌曰：隋志「集一卷」。北堂書鈔一百三十五、御覽七百十二引劉向別録云「淮南王有熏籠賦」。古文苑有屏風賦。

淮南王羣臣賦四十四篇。〔一〕

〔一〕【補注】王應麟曰：楚詞招隱士，淮南小山之所作也。淮南王安招致賓客，客有八公之徒，分造詞賦，以類相從。或稱大山，或稱小山，如詩之有大、小雅。

太常蓼侯孔臧賦二十篇。〔一〕

〔一〕【補注】王應麟曰：孔叢子云，臧嘗爲賦二十四篇，四篇別不在集，似其幼時之作也。葉德輝曰：孔叢子連叢上有諫格虎賦、楊柳賦、鴞賦、藝文類聚鳥部下、御覽羽族部十引同。蓼蟲賦藝文類聚草部下、御覽蟲豸部五引同。四篇。

陽丘侯劉隁賦十九篇。〔一〕

〔一〕師古曰：隁音偃。【補注】齊召南曰：案王子侯表「陽丘」應作「楊丘」。「隁」應作「偃」。齊悼惠王之孫，共安侯之子也。

吾丘壽王賦十五篇。

蔡甲賦一篇。

上所自造賦二篇。〔一〕

〔一〕師古曰：武帝也。【補注】沈欽韓曰：傷李夫人及秋風辭。隋志「武帝集一卷」。

兒寬賦二篇。

光禄大夫張子僑賦三篇。〔一〕

〔一〕與王褒同時也。【補注】錢大昭曰：蕭望之傳作「子蟜」。

陽成侯劉德賦九篇。〔一〕

〔一〕【補注】錢大昭曰：即劉向之父。先謙曰：表、傳俱作陽城。

劉向賦三十三篇。〔一〕

〔一〕【補注】王應麟曰：楚辭九歎、古文苑請雨華山賦、文選注雅琴賦。隋志「集六卷」，唐志「五卷」。今所存十八篇。別録云，向有芳松枕賦。沈欽韓曰：樂家出琴頌，應入此。

王褒賦十六篇。〔一〕

〔一〕【補注】王應麟曰：本傳作甘泉、洞簫頌，楚辭有九懷，文選注有碧雞頌。隋、唐志「集五卷」。

右賦二十家，三百六十一篇。

陸賈賦三篇。

枚皐賦百二十篇。〔一〕

〔一〕【補注】王應麟曰：本傳「凡可讀者百二十篇」。

朱建賦二篇。

常侍郎莊忽奇賦十一篇。〔一〕

〔一〕枚皐同時。師古曰：七略云「忽奇者，或言莊夫子子，或言族家子莊助昆弟也。從行至茂陵，造作賦」。【補注】錢大昭曰：百官表加官有中常侍，無常侍郎。然東方朔亦嘗爲常侍郎，則武帝時有此加官矣。嚴助傳作「嚴葱奇」，注「造作賦」，南雍本、閩本作「詔造賦」。朱一新曰：汪本作「詔造賦」。先謙曰：官本作「詔造賦」。

嚴助賦三十五篇。〔一〕

〔一〕師古曰：上言莊怱奇，下言嚴助，史駮文。

朱買臣賦三篇。

宗正劉辟彊賦八篇。〔一〕

〔一〕【補注】錢大昭曰：辟彊字少卿，楚元王之孫。

司馬遷賦八篇。〔一〕

〔一〕【補注】王應麟曰：藝文類聚有悲士不遇賦。隋、唐志「集一卷」。

郎中臣嬰齊賦十篇。〔一〕

〔一〕【補注】錢大昭曰：道家有郎中嬰齊十二篇，疑即其人。

臣説賦九篇。〔一〕

〔一〕師古曰：説，名，音悦。

臣吾賦十八篇。

遼東太守蘇季賦一篇。

蕭望之賦四篇。

河内太守徐明賦三篇。〔一〕

〔一〕字長君，東海人，元、成世歷五郡太守，有能名。【補注】陶憲曾曰：亦任涿郡，見王尊傳。

給事黄門侍郎李息賦九篇。〔一〕

〔一〕【補注】錢大昭曰：衞霍傳之李息，别一人。

淮陽憲王賦二篇。〔一〕

〔一〕【補注】先謙曰：名欽，宣帝子。

揚雄賦十二篇。〔一〕

〔一〕【補注】王應麟曰：本傳作四賦，志云入揚雄八篇，蓋七略所載止四賦也。古文苑有太玄、蜀都、逐貧賦，文選注有覈靈賦。沈欽韓曰：覈靈賦略見御覽一。陶紹曾曰：説文氏部引雄賦「響若氏隤」，蓋解嘲古亦謂之賦也，當在此十二篇中。

待詔馮商賦九篇。〔一〕

〔一〕【補注】周壽昌曰：藝文類聚八十引劉向別録云「待詔馮商作鐙賦」。

博士弟子杜參賦二篇。〔一〕

〔一〕師古曰：劉向別録云「臣向謹與長社尉杜參校中祕書」。劉歆又云「參，杜陵人，以陽朔元年病死，時年二十餘」。【補注】先謙曰：官本注重「死」字。

車郎張豐賦三篇。〔一〕

〔一〕張子僑子。

驃騎將軍朱宇賦三篇。〔一〕

〔一〕師古曰：劉向別録云「驃騎將軍史朱宇」，志以宇在驃騎府，故總言驃騎將軍。【補注】劉奉世曰：其實唯脱一「史」字耳。

右賦二十一家，二百七十四篇。〔一〕

〔一〕入揚雄八篇。

孫卿賦十篇。〔一〕

〔一〕【補注】王應麟曰：荀子賦篇禮、知、雲、蠶、箴，又有佹詩。

秦時雜賦九篇。〔一〕

〔一〕【補注】沈欽韓曰：文心雕龍詮賦篇「秦世不文，頗有雜賦」，本此。

李思孝景皇帝頌十五篇。

廣川惠王越賦五篇。〔一〕

〔一〕【補注】先謙曰：越，景帝子。

長沙王羣臣賦三篇。

魏内史賦二篇。

東暆令延年賦七篇。〔一〕

〔一〕師古曰：東暆，縣名。暆音移。【補注】王應麟曰：地理志，屬樂浪。先謙曰：延年亦見溝洫志。

衞士令李忠賦二篇。

張偃賦二篇。

賈充賦四篇。

張仁賦六篇。

秦充賦二篇。

李步昌賦二篇。〔一〕

〔一〕【補注】錢大昭曰：儒家有鉤盾冗從李步昌，疑即其人。

侍郎謝多賦十篇。

平陽公主舍人周長孺賦二篇。

雒陽錡華賦九篇。〔一〕

〔一〕師古曰：錡，姓；華，名。錡音魚綺反。【補注】王應麟曰：左傳「殷民七族，錡氏」。葉德輝曰：邵思姓解三「西漢有錡業」。案「華」、「業」字形近，疑即此人。

眭弘賦一篇。〔一〕

〔一〕師古曰：即眭孟也。眭音先隨反。

別栩陽賦五篇。〔一〕

〔一〕服虔曰：栩音詡。【補注】王應麟曰：庾信哀江南賦「栩陽亭有離別之賦」。蓋亭名也。沈濤曰：案別栩陽當是姓別而封栩陽亭侯者，若以爲離別之別，則當列於雜賦家，而不列於賦家矣。志兵陰陽家有別成子望軍氣六篇，此人當即成子之後。古有別姓，元和姓纂引姓苑云，京兆人。先謙曰：前漢無亭侯之制，沈説非也。庾賦當有所本。

臣昌市賦六篇。

臣義賦二篇。

黄門書者假史王商賦十三篇。

侍中徐博賦四篇。

黄門書者王廣呂嘉賦五篇。

漢中都尉丞華龍賦二篇。〔一〕

〔一〕【補注】王應麟曰：見蕭望之傳。

左馮翊史路恭賦八篇。

右賦二十五家，百三十六篇。

客主賦十八篇。〔一〕

〔一〕【補注】沈欽韓曰：子墨，客卿；翰林，主人。蓋用其體。

雜行出及頌德賦二十四篇。

雜四夷及兵賦二十篇。

雜中賢失意賦十二篇。〔一〕

〔一〕【補注】先謙曰：中、忠字同。董仲舒有士不遇賦，見古文苑，當即此類。

雜思慕悲哀死賦十六篇。

雜鼓琴劍戲賦十三篇。

雜山陵水泡雲氣雨旱賦十六篇。〔一〕

〔一〕師古曰：泡，水上浮漚也。泡音普交反。漚音一侯反。【補注】沈欽韓曰：古文苑有董仲舒山川頌。

雜禽獸六畜昆蟲賦十八篇。〔一〕

〔一〕【補注】王應麟曰：劉向别録有行過江上弋雁賦、行弋賦、弋雌得雄賦。

雜器械草木賦三十三篇。

文雜賦三十四篇。〔一〕

〔一〕【補注】錢大昭曰：「文」，閩本作「大」。朱一新曰：汪本作「大」。先謙曰：官本作「大」。

成相雜辭十一篇。〔一〕

〔一〕【補注】王應麟曰：荀子成相篇注「蓋亦賦之流也」。淮南王亦有成相篇，見藝文類聚。

隱書十八篇。〔一〕

〔一〕師古曰：劉向别録云「隱書者，疑其言以相問，對者以慮思之，可以無不諭」。【補注】王應麟曰：文心雕龍諧讔篇「讔者，隱也，遯詞以隱意，譎譬以指事也。至東方曼倩，尤巧辭述」。晉語有「秦客廋辭於朝」。新序「齊宣王發隱書而讀之」。

右雜賦十二家，二百三十三篇。

高祖歌詩二篇。〔一〕

〔一〕【補注】王應麟曰：大風歌、鴻鵠歌。

泰一雜甘泉壽宮歌詩十四篇。〔一〕

〔一〕【補注】先謙曰：泰一、甘泉、壽宮，並見郊祀志。

宗廟歌詩五篇。〔一〕

〔一〕【補注】先謙曰：合上十四篇，爲十九章，見禮樂志。

漢興以來兵所誅滅歌詩十四篇。〔一〕

〔一〕【補注】先謙曰：疑即漢鼓吹鐃歌諸曲也。宋書樂志所録十八曲，多以舊題被新聲，蓋擬古樂府之祖，其中戰城南、遠如期等曲，當是原歌詩。

出行巡狩及游歌詩十篇。〔一〕

〔一〕【補注】先謙曰：蓋武帝瓠子、盛唐、樅陽等歌，漢鐃歌上之回曲當亦在內。御覽五百九十二引武帝集云「奉車子侯暴病一日死，上甚悼之，乃自爲歌詩」。

臨江王及愁思節士歌詩四篇。〔一〕

〔一〕【補注】王應麟曰：陸厥擬臨江王節士歌。沈欽韓曰：當爲臨江閔王榮作。先謙曰：李白亦有擬臨江王節士歌，杜甫魏將軍歌所謂「千秋萬歲奉明主，臨江節士安足數」也。但陸、李專詠節士，而不及臨江。庾信哀江南賦「臨江王有愁思之歌」，則似王思節士，而於志文及字未合，疑皆未見本詩者。

李夫人及幸貴人歌詩三篇。〔一〕

〔一〕【補注】沈欽韓曰：外戚傳有是邪非邪詩。文心雕龍樂府篇「孝武之歎來遲，歌童被聲」。王子年拾遺記有落葉哀蟬曲，未審其真僞。先謙曰：郭茂倩樂府載陸厥擬李夫人及貴人歌。

詔賜中山靖王子噲及孺子妾冰未央材人歌詩四篇。〔一〕

〔一〕師古曰：孺子，王妾之有品號者也。妾，王之衆妾也。冰，其名。材人，天子內官。【補注】王應麟曰：庾肩吾擬未央才人歌。先謙曰：郭茂倩樂府載陸厥擬中山〔王〕孺子妾歌，第一首云「未央才人，中山孺子，一笑傾城，再顧傾市」。李白擬詩亦云「中山孺子妾，特以色見珍」。郭敘云「歌詩賜中山王及孺子妾、未央才人等爾，累言之，故云及也，而陸謂之中山孺子妾，失之遠矣」。案孺子妾，疑即中山王宮人，特不當牽及未央才人耳。文選陸厥歌注引此文，「冰」作「并」。又引如淳注云「孺子，幼少稱也。孺子，宮人也」。

吴楚汝南歌詩十五篇。〔一〕

〔一〕【補注】沈欽韓曰：崔豹古今注「吴趨曲，吴人以歌其地」。先謙曰：晉志「吴歌雜曲，並出江南」。宋志「南」作「東」。文選吴都賦「荆豔楚舞」，劉注「豔，楚歌也。吴趨、楚豔，並以音調言」。郭茂倩樂府有雞鳴歌，首云「東方欲明星爛爛，汝南晨雞登壇喚」。郭敘引晉太康地記曰「後漢固始、鮦陽、公安、細陽四縣衞士習此曲，於闕下歌之。今雞鳴歌是也」。然則此歌蓋漢歌也」。據此，雞鳴歌即汝南歌詩矣。禮樂志有蔡謳員。

燕代謳雁門雲中隴西歌詩九篇。〔一〕

〔一〕【補注】沈欽韓曰：上林賦「文成顛歌」，文穎注「文成，遼西縣名，其縣人善歌」。宋志有雁門太守行歌洛陽令王渙。蓋本有此曲，後漢取其音節以祠王渙爾。樂府瑟調曲有隴西行。先謙曰：魏曹植、晉陸機擬出自薊北門行。薊，故燕國也。

邯鄲河間歌詩四篇。〔一〕

〔一〕【補注】沈欽韓曰：崔豹古今注「陌上桑，邯鄲女名羅敷作」。疑即其辭。琴操有河間雜歌二十一章。先謙曰：禮樂志有邯鄲鼓員。郭茂倩樂府引樂府廣題云「邯鄲，舞曲也」。陸厥擬邯鄲行。

齊鄭歌詩四篇。〔一〕

〔一〕【補注】沈欽韓曰：禮樂志有齊四會員、齊謳員、鄭四會員。樂府解題「齊謳行，齊人以歌其地」。

淮南歌詩四篇。〔一〕

〔一〕【補注】沈欽韓曰：上林賦「淮南干遮」。先謙曰：禮樂志有淮南鼓員。

左馮翊秦歌詩三篇。〔一〕

〔一〕【補注】沈欽韓曰：禮樂志有秦倡員。先謙曰：郭茂倩樂府有陸厥擬左馮翊歌。

京兆尹秦歌詩五篇。〔一〕

〔一〕【補注】先謙曰：郭茂倩樂府有陸厥擬京兆歌。

河東蒲反歌詩一篇。〔一〕

〔一〕【補注】先謙曰：郭茂倩樂府引古今樂録云「王僧虔技録有蒲坂行」。齊陸厥、梁劉遵並擬之。

黄門倡車忠等歌詩十五篇。〔一〕

〔一〕【補注】王應麟曰：旄人注「散樂野人爲樂之善者，若今黄門倡矣」。樂府集有黄門倡歌一首。沈欽韓曰：宋志「黄門鼓吹樂，天子宴羣臣之所用」。禮樂志「黄門名倡丙彊、景武之屬」。樂府散樂有俳歌辭。

雜各有主名歌詩十篇。

雜歌詩九篇。〔一〕

〔一〕【補注】沈欽韓曰：樂府有雜曲歌辭。吴兢云「樂府雜題自相逢狹路閒行已下，皆不知所起，自君子有所思行已下，又無本詞」。

雒陽歌詩四篇。

河南周歌詩七篇。

河南周歌聲曲折七篇。

周謡歌詩七十五篇。〔一〕

〔一〕【補注】先謙曰：宋志引爾雅曰「徒哥曰謡」。

周謠歌詩聲曲折七十五篇。〔一〕

〔一〕【補注】先謙曰：此上詩聲篇數並同，聲曲折，即歌聲之譜，唐云樂句，今曰板眼。宋志「詩章詞異，興廢隨時，至其韻逗晉志誤衍「留」字。曲折，皆繫於舊，是以一皆因就，不敢有所改易」。又云「今既散亡，音韻曲折，又無識者」。其載今鼓吹鐃歌詞三曲，即歌聲譜式，所謂樂人以聲音相傳詁，不可復解者也。

諸神歌詩三篇。

送迎靈頌歌詩三篇。〔一〕

〔一〕【補注】沈欽韓曰：後之迎送神弦歌，本此。

周歌詩二篇。

南郡歌詩五篇。〔一〕

〔一〕【補注】先謙曰：郭茂倩樂府有陸厥擬南郡歌。

右歌詩二十八家，三百一十四篇。

凡詩賦百六家，千三百一十八篇。〔一〕

〔一〕入揚雄八篇。

傳曰：〔一〕「不歌而誦謂之賦，登高能賦可以爲大夫。」〔二〕言感物造耑，材知深美，〔三〕可與圖事，故可以爲列大夫也。古者諸侯卿大夫交接鄰國，以微言相感，當揖讓之時，必稱詩以諭其志，蓋以别賢不肖而觀盛衰焉。故孔子曰「不學詩，無以言」也。〔四〕春秋之後，周道寖壞，〔五〕聘問歌詠不行於列國，學詩之士逸在布衣，而賢人失志之賦作矣。大儒孫卿及楚臣屈原離讒憂國，皆作賦以風，〔六〕咸有惻隱古詩之義。其後宋玉、唐勒，漢興枚乘、司馬相如，下及揚子雲，競爲侈麗閎衍之詞，没其風諭之義。是以揚子悔之，曰：「詩人之賦麗以則，辭人之賦麗以淫。〔七〕如孔氏之門人用賦也，則賈誼登堂，相如入室矣，如其不用何！」〔八〕自孝武立樂府而采歌謡，於是有代趙之謳，秦楚之風，皆感於哀樂，緣事而發，亦可以觀風俗，知薄厚云。詩賦爲五種。〔九〕

〔一〕【補注】先謙曰：官本「傳」下提行。

〔二〕【補注】王應麟曰：毛詩「定之方中」傳「建邦能命龜，田能施命，作器能銘，使能造命，升高能賦，師旅能誓，山川能説，喪紀能誄，祭祀能語，君子能此九者，可謂有德音，可以爲大夫也」。

〔三〕師古曰：耑，古端字也。因物動志，則造辭義之端緒。

〔四〕師古曰：論語載孔子戒伯魚之辭也。

〔五〕師古曰：寖，漸也。

〔六〕師古曰：離，遭也。風讀曰諷。次下亦同。【補注】王念孫曰：案「風」下原有「諭」字，而今本脱之。下文云「没其風諭之義」，風諭二字，正承此文言之。文選皇甫謐三都賦序注、藝文類聚雜文部二、御覽文部三引此，竝作「作賦以風諭」。

〔七〕師古曰：辭人，言後代之爲文辭。【補注】先謙曰：注末疑當有「者」字。

〔八〕師古曰：言孔氏之門既不用賦，不可如何。謂賈誼、相如無所施也。【補注】王念孫曰：「門」下「人」字，涉上文兩「人」字而衍，據注云，孔氏之門不用賦，則無「人」字明矣。此文本出法言吾子篇，而法言亦無「人」字，鈔本北堂書鈔藝文部八、陳禹謨本删去。藝文類聚雜文部二、御覽文部二引此，皆無「人」字。

〔九〕【補注】錢大昭曰：南雍本、閩本「詩賦」上竝有「序」字。朱一新曰：汪本有「序」字。先謙曰：官本有「序」字。

吴孫子兵法八十二篇。〔一〕

〔一〕圖九卷。師古曰：孫武也，臣於闔廬。【補注】沈欽韓曰：隋志「孫子兵法二卷。吴孫子牝〔牡〕八變陣圖二卷。孫子兵法雜占四卷」。新唐志「吴孫子三十二壘經一卷」。案，周官車僕注「孫子八陳有苹車之陳」。此即八變陣圖也。御覽三百二十八引孫子占曰「三軍將行，其旌旗從容以向前，是爲天送，必亟擊之，得其大將。三軍將行，其旍旗墊然若雨，是爲天霑，其師失。三軍將行，旍旗亂於上，東西南北無所主方，其軍不還。三軍將陳，雨甚，是爲浴師，勿用陳戰。三軍將戰，有雲其上而赤，勿用陳，前陣戰者，莫復其迹。三軍方行，大風飄起於軍前，右周絶，軍其將亡；右周中，其師得糧」。此即雜占也。御覽三百五十七引吴孫子三十二壘經靈輔曰「移軍移旗，以順其意，銜枚而陳，分師而伏，後至先擊，以戰則克」。此三十二壘經也。杜牧孫子序云「武書十數萬言，魏武削其繁賸，筆其精切，凡十三篇，成爲一編」。案，史記武傳「闔廬曰，子之十三篇吾盡觀之矣」。則十三篇其初見時所進，謂曹操所定，非也。先謙曰：武傳贊「世俗所稱，師旅皆道」。孫子十三篇，正義引七録云「孫子兵法三卷」。案，十三篇爲上卷，又有中、下二卷。先謙案：十三篇蓋以吴王言得名，而中、下卷文多見諸家徵引，唐時書尚存也。御覽百八十九、三百三十一，通典百二十、百五十二、百五十九，文選王元長曲水詩序注所引，並在十三篇外。

齊孫子八十九篇。〔一〕

〔一〕圖四卷。師古曰：孫臏。【補注】王應麟曰：通典引孫臏曰「用騎有十利」。呂氏春秋「孫臏貴勢」。司馬遷傳「孫子臏腳，兵法脩列」。

公孫鞅二十七篇。〔一〕

〔一〕【補注】先謙曰：荀子議兵篇「秦之衞鞅，世俗所謂善用兵者也」。

吳起四十八篇。〔一〕

〔一〕有列傳。【補注】王應麟曰：隋志「吳起兵法一卷」。今本三卷六篇，所闕亡多矣。沈欽韓曰：案，今存者圖國、料敵、治兵、論將、變化、勵士六篇而已。文選注兩引俱作「三十八篇」。先謙曰：史記起傳贊云「吳起兵法，世多有，故弗論」。

范蠡二篇。〔一〕

〔一〕越王句踐臣也。【補注】王應麟曰：甘延壽傳注、左傳桓五年疏、文選潘安仁賦注，並引范蠡兵法。

大夫種二篇。〔一〕

〔一〕與范蠡俱事句踐。【補注】沈欽韓曰：吳越春秋「大夫種言滅吳者有九術」，越絶書同。史記作「七術」。

季子十篇。〔一〕

〔一〕【補注】錢大昭曰：閩本作「李子」。沈欽韓曰：疑李悝。朱一新曰：汪本作「李」。先謙曰：官本作「李」。

娷一篇。〔一〕

〔一〕師古曰：娷音女瑞反。蓋説兵法者人名也。

兵春秋一篇。〔一〕

〔一〕【補注】沈欽韓曰：新唐志亦有兵春秋一卷。

龐煖三篇。〔一〕

〔一〕師古曰：煖音許遠反，又音許元反。【補注】沈欽韓曰：鶡冠子兵政篇「龐子問鶡冠子曰，用兵之法，天之，地之，人之，賞以勸戰，罰以必衆，五者已圖，然九夷用之而勝不必者，其故何也」？又有悼襄王、武靈王問，武靈王問作龐煥，注云煖兄。疑即煖書。亦見燕世家。

兒良一篇。〔一〕

〔一〕師古曰：六國時人也。兒音五溪反。【補注】先謙曰：呂覽慎勢篇「王廖貴先，兒良貴後」。亦見賈誼傳。官本「溪」作「奚」。

廣武君一篇。〔一〕

〔一〕李左車。【補注】沈欽韓曰：疑即淮陰侯傳中事。

韓信三篇。〔一〕

〔一〕師古曰：淮陰侯。【補注】沈欽韓曰：馬隆八陣讚云「天地前衡，變爲虎翼，淮陰用之，變化無極，垓下之會，魯公莫測」。

右兵權謀十三家，二百五十九篇。〔一〕

〔一〕省伊尹、太公、管子、孫卿子、鶡冠子、蘇子、蒯通、陸賈、淮南王二百五十九種，出司馬法入禮也。【補注】劉奉世曰：「種」當作「重」，「九」下又脱一「篇」字。注二百五十九，恐合作五百二十一，篇數已在前。錢大昭曰：所云省伊尹以下諸書，今伊尹、太公、管子、鶡冠子在道家，孫卿子、陸賈在儒家，蘇子、蒯通在從横家，淮南王在雜家，並不入禮，注云「出司馬法入禮」者，因兵家下有「出司馬法入禮」而誤衍其文於此。陶憲曾曰：劉氏謂「種」當作「重」，「九」下脱「篇」字，是也。謂二百五十九，合作五百二十一，則非也。省伊尹、太公、管子、孫卿子、鶡冠子、蘇子、蒯通、陸賈、淮南王二百五十九篇重者，蓋七略中伊尹以下九家，其全書收入儒、道、從横、雜各家，又擇其中之言兵權謀者，重入於此，共得二百五十九篇。如本志太公謀八十一篇、兵八十五篇，今本管子兵法、參患，孫子議兵，淮南兵略等篇之類，皆當在此二百五十九篇中。班氏存其專家各書，而於此則省之，故所省亦止二百五十九篇也。司馬法，七略本入此，班出之入禮家，是入禮專指司馬法而言，錢句讀未明，因謂伊尹諸家並不入禮，以「出司馬法入禮」六字爲衍文，亦非也。兵家下注「出司馬法入禮」者，總校權謀、形勢、陰陽、技巧四家，出入之數也。若僅注兵家下，而此不注，則四家中不知司馬法果由何家出也。兵家下注入蹵鞠一家，而兵技巧亦注之，是其例。

權謀者，以正守國，以奇用兵，先計而後戰，兼形勢，包陰陽，用技巧者也。

楚兵法七篇。〔一〕

〔一〕圖四卷。【補注】沈欽韓曰：孫叔敖稱軍志，楚之兵法尚矣。

蚩尤二篇。〔一〕

〔一〕見呂刑。【補注】王應麟曰：管子「黄帝得蚩尤而明於天道」。則黄帝六相亦有蚩尤。隋志「梁有黄帝蚩尤兵法一卷」。

孫軫五篇。〔一〕

〔一〕圖五卷。

繇敘二篇。〔一〕

〔一〕【補注】王應麟曰：人表繇余即由余，疑「敘」當作「余」。李筌太白陰經云「秦由余有陣圖」。先謙曰：雜家仍作由余。

王孫十六篇。〔一〕

〔一〕圖五卷。【補注】沈欽韓曰：太史公自序「司馬法所從來尚矣，太(史)〔公〕、孫、吴、王子能紹而明之」。徐廣云「王子成甫」。此王孫疑王子也。

尉繚三十一篇。〔一〕

〔一〕【補注】沈欽韓曰：隋志「雜家：尉繚子五卷」。「兵家：梁有尉繚子兵書一卷」。今案其書自天官至兵令二十四篇，並言兵形勢，不當入雜家，隋志蓋誤承漢志兩見，不知雜家者先亡耳。其末篇曰「臣聞古之善用兵者，能殺士卒之半，其次殺其十三，其下殺其十一。能殺其半者，威加海内」。李靖兵法取之，亦異乎六韜所稱「殺一人而三軍震」之旨矣。

魏公子二十一篇。〔一〕

〔一〕圖十卷。名無忌，有列傳。【補注】王應麟曰：史記「諸侯之客各進兵法，公子皆名之，故世俗稱魏公子兵法」。史記注引「七略云，圖七卷」。朱一新曰：下云「圖十八卷」，合上文計之，溢於十八卷之數，則此「十卷」當從七略作「七卷」也。

景子十三篇。〔一〕

〔一〕【補注】沈欽韓曰：(楚)〔燕〕策「楚王使景陽將救燕。暮舍，使左〔右〕司馬各營壁地，已植表，景陽怒：『女所營者，水皆至滅表，此焉可以舍？』乃令徙。明日大雨，山水大出，所營者水皆滅其表，軍吏乃服」。淮南氾論「景陽淫酒，被髮而御於婦人，威服諸侯」。

李良三篇。〔一〕

〔一〕【補注】沈欽韓曰：見張耳陳餘傳。

丁子一篇。〔一〕

〔一〕【補注】沈欽韓曰：疑即丁固。

項王一篇。〔一〕

〔一〕名籍。

右兵形埶十一家，九十二篇，圖十八卷。

形埶者，靁動風舉，後發而先至，離合背鄉，變化無常，〔一〕以輕疾制敵者也。

〔一〕師古曰：背音步內反。鄉讀曰嚮。【補注】先謙曰：官本注在下句下。

太壹兵法一篇。〔一〕

〔一〕【補注】王應麟曰：隋、唐志「黃帝太一兵歷一卷」。武經總要「太一者，天帝之神也，其星在天一之南，總十六神，知風雨、水旱、金革、凶饉，陰陽二局，存諸祕式。星文之次舍，分野之災祥，貴於先知，逆爲之備」。

天一兵法三十五篇。〔一〕

〔一〕【補注】先謙曰：天一亦星名，見天文志。

神農兵法一篇。〔一〕

〔一〕【補注】沈欽韓曰：越絕「風胡子曰，神農以石爲兵」。先謙曰：食貨志引「神農之教曰，有石城十仞，有湯池百步，帶甲百萬而無粟，弗能守也」。亦似言兵之文。

黃帝十六篇。〔一〕

〔一〕圖三卷。【補注】王應麟曰：胡建傳「黃帝李法曰，壁壘已定，穿窬不繇路，是謂姦人，姦人者殺」。沈欽韓曰：王氏所引非兵陰陽也。太白陰經引黄帝曰「車閒容車，隊閒容隊，曲閒容曲」。又云「黄帝設八陣之形，類兵陰陽」。隋志「黄帝問玄女兵法四卷。黄帝兵法雜要訣一卷。黄帝軍出大師年命立成一卷」。唐志略同。又御覽十五及三百三十九並引黄帝兵法。葉德輝曰：五行大義五篇引黄帝兵訣，即隋志黄帝兵法要訣省詞。開元占經五引作黄帝用兵要法，十一引作黄帝用兵要訣，二十一、二十二又引作黄帝兵法十要，出後人依託者爲多。

封胡五篇。〔一〕

〔一〕黄帝臣，依託也。【補注】王應麟曰：通典「衞公兵法守城篇曰，韋孝寬守晉州，羊侃守臺城，皆約封胡子伎巧之術」。沈欽韓曰：王欽若先天紀「黄帝得封胡爲將，作五牙旗及烽火戰攻之具」。葉德輝曰：元和姓纂二冬封姓下云「封鉅爲黄帝師，胙土命氏」。案「封鉅」疑「封胡」字訛。

風后十三篇。〔一〕

〔一〕圖二卷。黄帝臣，依託也。【補注】王應麟曰：後書張衡傳注引春秋内事云「黄帝師於風后，風后善於伏羲之道，故推演陰陽之事」。武經總要云「大撓造甲子，推天地之數；風后衍遁甲，究鬼神之奥」。

力牧十五篇。〔一〕

〔一〕黄帝臣，依託也。【補注】王應麟曰：太白陰經云「風后演握奇圖，復置虚實二壘，力牧亦創營圖」。抱朴子云「黄帝精推步則訪山稽、力牧，講占候則詢風后」。

鵊治子一篇。〔一〕

〔一〕圖一卷。晉灼曰：鴸音夾。【補注】沈欽韓曰：路史「鴸冶決法」。抱朴子極言篇「黄帝救傷殘，則綴金冶之術」。先謙曰：官本「冶」作「治」，引宋祁曰，「冶」一作「治」。

鬼容區三篇。〔一〕

〔一〕圖一卷。黄帝臣，依託。師古曰：即鬼臾區也。【補注】王應麟曰：封禪書「鬼臾區號大鴻」。容、臾聲相近。沈欽韓曰：史記索隱「系本，臾區占星氣」。素問有鬼臾區天元大紀論。

地典六篇。〔一〕

〔一〕【補注】王應麟曰：後漢張衡傳「師天老而友地典」。沈欽韓曰：陶濳羣輔録「黄帝七輔，地典受州絡」。

孟子一篇。〔一〕

〔一〕【補注】沈欽韓曰：下五行家有猛子閭昭，疑此是猛子。

東父三十一篇。〔一〕

〔一〕【補注】沈欽韓曰：續天文志「星官之書，魏石申父」。東父無攷，疑即申父也。

師曠八篇。〔一〕

〔一〕晉平公臣。【補注】王應麟曰：後書蘇竟傳云「猥以師曠雜事，輕自眩惑」。注「雜占之書也」。

萇弘十五篇。〔一〕

〔一〕周史。【補注】王應麟曰：淮南鴻烈云「萇弘，周室之執數者也。天地之氣、日月之行、風雨之變、律曆之數，無所不通」。天官書「昔之傳天數者萇弘」。封禪書「周人之言方怪者自萇弘」。

別成子望軍氣六篇。〔一〕

〔一〕圖三卷。【補注】先謙曰：別成子，蓋別姓。望軍氣，略見天文志。隋志兵類有用兵祕法雲氣占一卷。

辟兵威勝方七十篇。〔一〕

〔一〕【補注】沈欽韓曰：隋志「梁有辟兵法一卷」。抱朴子雜應篇「或問辟五兵之道」云云。

右陰陽十六家，二百四十九篇。〔一〕

〔一〕圖十卷。【補注】錢大昭曰：此兵家，「陰陽」上當有「兵」字。法家者流之前，已有陰陽家者流矣。下文陰陽者，亦脱「兵」字。張衡傳李注以兵陰陽之風后十三篇、地典六篇爲陰陽流。又方回古今攷引此已無「兵」字，知唐、宋本已脱。先謙曰：官本「圖十卷」，大字。

陰陽者，順時而發，推刑德，〔一〕隨斗擊，〔二〕因五勝，〔三〕假鬼神而爲助者也。

〔一〕【補注】王應麟曰：尉繚子天官篇「梁惠王問曰：『黄帝刑德，可以百勝，有之乎？』對曰：『刑以伐之，德以守之，非所謂天官時日、陰陽向背也，人事而已矣。』」淮南子兵略訓注「刑，十二辰；德，十日也」。又天文訓云「凡用太陰，左前刑，右背德，擊鉤陳之衝辰，以戰必勝，以攻必剋」。

〔二〕【補注】沈欽韓曰：天文訓「北斗之神有雌雄，十一月始建於子，月從一辰，雄左行，雌右行，五月合午，謀刑，十一月合子，謀德」。隋志五行家有黄石公北斗三奇法。

〔三〕師古曰：五勝，五行相勝也。【補注】先謙曰：官本注在下句下。

鮑子兵法十篇。〔一〕

〔一〕圖一卷。【補注】錢大昭曰：閩本「十」作「一」。

五子胥十篇。〔一〕

〔一〕圖一卷。【補注】錢大昕曰：「五」，古「伍」字。吕氏春秋「五員亡荆」。人表「伍參」亦作「五參」，非文之譌。陳涉傳「銍人五逢」，史記作伍徐。沈欽韓曰：舊唐志「伍子胥兵法一卷」。隋志又有遯甲訣、遯甲文各一卷，伍子胥撰。先謙曰：文選顔延年侍游曲阿後湖詩注、張協七命注、御覽三百十五，並引子胥水戰法，皆明言出越絶書。御覽七百七引越絶書子胥船軍之教。以上，今越絶書所無。

公勝子五篇。〔一〕

〔一〕【補注】葉德輝曰：次伍子胥後，疑左傳楚昭王時之白公勝也。

苗子五篇。〔一〕

〔一〕圖一卷。

逢門射法二篇。〔一〕

〔一〕師古曰：即逢蒙。【補注】王應麟曰：龜策傳「羿名善射，不如雄渠、蠭門」，注引「七略有蠭門射法」。呂氏春秋「蠭門始習於甘蠅」。後之言姓者，皆作逢。王褒傳云逢門子。

陰通成射法十一篇。

李將軍射法三篇。〔一〕

〔一〕師古曰：李廣。【補注】王應麟曰：李廣傳「世世受射」。

魏氏射法六篇。

彊弩將軍王圍射法五卷。〔一〕

〔一〕師古曰：圍，郁郅人也，見趙充國傳。

望遠連弩射法具十五篇。〔一〕

〔一〕【補注】王應麟曰：李廣傳孟康注太公「陷陣卻敵，以大黄參連弩」。案，周官五射，參連其一。「李陵發連弩射單于」，注「服虔云，三十弩共一弦」。沈欽韓曰：吴越春秋「越王謂陳音曰：『願聞望敵儀表投分飛矢之道。』音曰：『夫射之道，從分望敵，合以參連，弩有斗石，矢有輕重，石取一兩，其數乃平，遠近高下，求之銖分。』」漢南郡有發弩官。唐書兵志「伏遠弩自能弛張，縱矢三百步」。葉德輝曰：漢郭氏孝堂山畫像，獵者以弓仰地，一弓三矢，以足踏之，蓋古連弩射法之遺。

護軍射師王賀射書五篇。〔一〕

〔一〕【補注】沈欽韓曰：卜式上書，願與臨淄習弩，擊南越。蓋即射師。後書「順帝永建元年「調五營弩師，郡與五人，令教習戰射」。此主教五營射師也。

蒲苴子弋法四篇。〔一〕

〔一〕師古曰：苴音子余反。【補注】王應麟曰：列子湯問篇「詹何曰，臣聞先大夫之言，蒲且子之弋也，弱弓纖繳，乘風振之，連雙鶬於青雲之際，用心專、動手均也」。淮南子「蒲且子連鳥於百仞之上」。張茂先詩「蒲盧縈繳，神感飛禽」。即蒲且。

劍道三十八篇。〔一〕

〔一〕【補注】王應麟曰：史記自序「司馬氏在趙者，以傳劍論顯」。又序孫吳傳云「非信廉仁勇，不能傳兵論劍」。

手搏六篇。〔一〕

〔一〕【補注】王應麟曰：甘延壽傳「試弁爲期門」，注「弁，手搏」。哀紀「時覽卞射武戲」，注「手搏爲卞，角力爲武戲」。刑法志「戰國稍增講武之禮，以爲戲樂，用相夸視，而秦更名角抵」。葉德輝曰：說文「𢍏，大皃，或曰拳勇字」。案，手搏亦拳勇之類。先謙曰：今謂之貫跤。

雜家兵法五十七篇。〔一〕

〔一〕【補注】沈欽韓曰：隋志「雜兵書十卷。雜兵圖二卷」。文選注五十六引雜兵書。御覽亦多引之。

蹵鞠二十五篇。〔一〕

〔一〕師古曰：鞻以韋爲之，實以物，蹵蹋之以爲戲也。蹵鞻，陳力之事，故附於兵法焉。蹵音子六反。鞻音巨六反。【補注】王應麟曰：劉向別録云「蹵鞻者，傳言黄帝所作，或曰起戰國時。記黄帝蹵鞠兵勢，所以練武士，知有才也。今軍無事，得使蹵鞠，有書二十五篇」。史記「霍去病穿域蹋鞠」，正義「徐廣云『穿地爲營域』」。案，蹵鞠書有域説篇，即今之打毬也。黄帝所作。〔起〕戰國時，程武士，知其材力，苦講武」。蘇秦傳「臨淄民六博、蹵鞠」。揚子云「斵木爲棋，捖革爲鞠，亦皆有法焉」。

右兵技巧十三家，百九十九篇。〔一〕

〔一〕省墨子重，入蹵鞻也。【補注】陶憲曾曰：省墨子重者，蓋七略墨子七十一篇入墨家，又擇其中言兵技巧者十二篇，重收入此，說詳下。而班省之也。蹵鞻本在諸子，班氏出之入此。

技巧者，習手足，便器械，積機關，以立攻守之勝者也。

凡兵書五十三家，七百九十篇，圖四十三卷。〔一〕

〔一〕省十家二百七十一篇重，入蹵鞻一家二十五篇，出司馬法百五十五篇入禮也。【補注】劉奉世曰：此注二百七十一，又當作五百九十二，兩注篇數皆不足，蓋訛謬也。沈欽韓曰：案王莽徵天下能明兵法六十三家，知此志始省十家。陶憲曾曰：兵權謀省伊尹以下九家二百五十九篇，兵技巧又省墨子，則爲十家，而云二百七十一篇，則所省墨子當十二篇矣。攷墨子備城門篇有臨、鉤、衝、梯、堙、水、穴、突、空洞、蟻傅、轒轀、軒車，十二攻具，今本墨子備高臨諸篇是也。今本墨子有備高臨、備梯、備水、備突、備穴、備蟻傅凡六篇，詩大雅皇矣疏引有備衝篇，餘五篇蓋備鉤、備堙、備空洞、備轒轀、備軒車也，今闕。則七略所重，班氏所省者，當即此十二篇。以十二篇加二百五十九篇，正合二百七十一篇之數，劉氏疑注有訛謬，又非也。

兵家者，蓋出古司馬之職，王官之武備也。鴻範八政，八曰師。孔子曰爲國者「足食足兵」，〔一〕「以不教民戰，是謂棄之」，〔二〕明兵之重也。易曰「古者弦木爲弧，剡木爲矢，弧矢之利，以威天下」，〔三〕其用上矣。後世燿金爲刃，割革爲甲，〔四〕器械甚備。下及湯武受命，以師克亂而濟百姓，動之以仁義，行之以禮讓，司馬法是其遺事也。自春秋至於戰國，出奇設伏，變詐之兵並作。漢興，張良、韓信序次兵法，〔五〕凡百八十二家，删取要用，定著三十五家。諸呂用事而盜取之。武帝時，軍政楊僕〔六〕捃摭遺逸，紀奏兵録，〔七〕猶未能備。至於孝成，命任宏論次兵書爲四種。

〔一〕師古曰：論語載孔子之言。無兵與食，不可以爲國。

〔二〕師古曰：亦論語所載孔子之言，非其不素習武備。【補注】朱一新曰：注，汪本無「所」字。

〔三〕師古曰：下繫之辭也。弧，木弓也。剡謂鋭而利之也，音弋冉反。

〔四〕師古曰：燿讀與鑠同，謂銷也。

〔五〕【補注】王應麟曰：高紀「韓信申軍法」。李靖云「張良所學六韜、三略是也，韓信所學穰苴、孫武是也，然大體不出三門四種而已」。

〔六〕【補注】劉奉世曰：軍「政」當作「正」。錢大昭曰：軍政即軍正也。軍正有丞，見胡建傳。

〔七〕師古曰：捃摭，謂拾取之。捃音九問反。摭音之石反。

泰壹雜子星二十八卷。〔一〕

〔一〕【補注】先謙曰：泰壹，星名，即太一也，見天文志。雜子星者，蓋此書雜記諸星，以太一冠之，猶下雜變星，以「五殘」冠之也。

五殘雜變星二十一卷。〔一〕

〔一〕師古曰：五殘，星名也。見天文志。

黄帝雜子氣三十三篇。〔一〕

〔一〕【補注】沈欽韓曰：御覽八百七十八引黄帝占軍氣訣曰「攻城有虹，欲敗之應」。晉書天文志「黄帝創受河圖，始明休咎，故其星傳尚有存焉」。

常從日月星氣二十一卷。〔一〕

〔一〕師古曰：常從，人姓名也，老子師之。【補注】王應麟曰：説苑敬慎篇「常樅有疾，老子往問之」。周壽昌曰：文子上德篇云「老子學於常樅，見舌而知柔，仰視屋樹，退而目川，觀影而知持後。故聖人虛無因循，常後而不先，譬若積薪燎，後者處上」。老子述常樅言如此。樅即從也。

皇公雜子星二十二卷。

淮南雜子星十九卷。

泰壹雜子雲雨三十四卷。

國章觀霓雲雨三十四卷。〔一〕

〔一〕【補注】先謙曰：國章，人姓名。國，姓，出鄭國僑之後，亦云齊國氏之後，見元和姓纂。

泰階六符一卷。〔一〕

〔一〕李奇曰：三台謂之泰階，兩兩成體，三台故六。觀色以知吉凶，故曰符。【補注】宋祁曰：淳化本「六」作「陸」。沈欽韓曰：東方朔陳泰階六符，應劭以爲黄帝書。郎顗傳注引黄帝泰階六符經，御覽休徵部亦引之。

金度玉衡漢五星客流出入八篇。〔一〕

〔一〕【補注】先謙曰：律曆志「度，其法用銅，故曰金度」。斗杓爲玉衡，詳律曆、天文志。御覽八百七十五引京氏易五星占。志凡漢代事，以漢統之，五星或爲客，或爲流，及出入，皆有占也。

漢五星彗客行事占驗八卷。〔一〕

〔一〕【補注】先謙曰：彗客五星之變，以行事占之。隋志「京氏釋五星災異傳一卷」，其類也。

漢日旁氣行事占驗三卷。〔一〕

〔一〕【補注】王應麟曰：功臣表，成帝時，光禄大夫滑堪有日旁占驗。天文志「王朔所候，決於日旁」。沈欽韓曰：隋志「京氏日占圖三卷。夏氏日旁氣〔一卷〕。魏氏日旁氣圖一卷」。太卜注「王者夜有夢，則晝視日旁氣，以占其吉凶」。

漢流星行事占驗八卷。〔一〕

〔一〕【補注】先謙曰：此專占流星，隋志有流星形名占一卷。

漢日旁氣行占驗十三卷。〔一〕

〔一〕【補注】先謙曰：此與上日旁氣行事占驗同，而奪一「事」字。云十三卷，蓋別一書。

漢日食月暈雜變行事占驗十三卷。〔一〕

〔一〕【補注】沈欽韓曰：隋志「日月食暈占四卷」。其名目甚多，大略采於天文志者是矣。

海中星占驗十二卷。〔一〕

〔一〕【補注】王應麟曰：後漢天文志注引海中占。隋志有海中星占、星圖海中占各一卷，即張衡所謂海人之占也。唐天文志「開元十二年，詔太史交州測星，以八月自海中南望老人星殊高，老人星下衆星粲然，其明大者甚衆」。顧炎武曰：海中者，中國也，故天文志曰「甲乙，海外，日月不占」。沈欽韓曰：海中混茫，比平地難驗，著海中者，言其術精，算法亦有海島算經。唐封氏見聞記云「齊武成帝即位，大赦天下，其日設金雞，宋孝王不識其義，問於光祿大夫司馬膺之，荅曰，案海中星占『天雞星動，必當有赦』」。先謙曰：王、沈説是。

海中五星經雜事二十二卷。

海中五星順逆二十八卷。〔一〕

〔一〕【補注】先謙曰：五星順逆，詳律曆志。

海中二十八宿國分二十八卷。〔一〕

〔一〕【補注】王應麟曰：淮南天文訓「星部地名：角、亢，鄭。氐、房、心，宋。尾、箕，燕。斗、牽牛，越。須女，吴。虚、危，齊。營室、東壁，衛。奎、婁，魯。胃、昴、畢，魏。觜巂、參，趙。東井、輿鬼，秦。柳、七星、張，周。翼、軫，楚」。春秋正義云「星紀在於東北，吴、越在東南，魯、衛東方諸侯，遥屬戌亥之次。又三家分晉，方始有趙，而韓、魏無分，趙獨有之。地志分郡國以配諸次，其地分或多或少，鶉首極多，鶉火甚狹，徒以相傳爲説，其源不可得而聞之」。

海中二十八宿臣分二十八卷。〔一〕

〔一〕【補注】沈欽韓曰：張衡云「在野象物，在朝象官，在人象事」。隋志二十八宿二百八十三官圖一卷，即臣分之義也。

海中日月彗虹雜占十八卷。

圖書祕記十七篇。〔一〕

〔一〕【補注】沈欽韓曰：後書「楊厚祖父春卿戒子統曰：『吾綈袠中，有先祖所傳祕記，爲漢家用。』」又章帝賜東平王蒼以祕書、列仙圖、道術祕方。葉德輝曰：説文易下引祕書説「日月爲易，象陰陽也」。後書鄭玄傳戒子益恩書云「時覩祕書緯術之奧」。

右天文二十一家，四百四十五卷。

天文者，序二十八宿，步五星日月，以紀吉凶之象，聖王所以參政也。易曰：「觀乎天文，以察時變。」〔一〕然星事㓙悍，非湛密者弗能由也。〔二〕夫觀景以譴形，非明王亦不能服聽也。以不能由之臣，諫不能聽之王，〔三〕此所以兩有患也。

〔一〕師古曰：賁卦之彖辭也。

〔二〕師古曰：㓙讀與凶同。湛讀曰沈。由，用也。

〔三〕【補注】錢大昭曰：「王」，南雍本、閩本並作「主」。朱一新曰：汪本「王」作「主」。先謙曰：官本作「主」是。

黄帝五家曆三十三卷。〔一〕

〔一〕【補注】王應麟曰：律曆志「張壽王曰，安得五家曆」。後志「黄帝造曆，元起辛卯」。洪範五紀論曰「民閒亦有黄帝諸曆，不如史官記之明也」。晉杜預云「或用黄帝以來諸曆，以推經傳朔日，皆不諧合」。先謙曰：天官書「自初生民以來，世主曷嘗不曆日月星辰？及至五家、三代，紹而明之」。索隱「五家，案謂五紀，歲、月、日、星辰、曆數，各有一家顓學習之，故曰『五家』也」。案黄帝與顓頊、夏、殷、周、魯爲六家，今以黄帝貫下五家，稱黄帝五家曆，於文爲不詞。且顓頊以次五家，志文明列於下，不在此内，則此五家，當如索隱説爲安。張壽王治黄帝調曆，因其疏闊，衆以爲殷曆，壽王乃云「安得五家曆」。所以自飾其非，殷曆實黄帝曆也。王氏引以證此文，似未明晰。

顓頊曆二十一卷。

顓頊五星曆十四卷。〔一〕

〔一〕【補注】王應麟曰：漢興，襲秦正朔，以張蒼言用顓頊曆，比於六曆，疏闊中最爲微近。後志顓頊造曆，元用乙卯。蔡邕論曰「顓帝曆術曰，天元正月己巳朔旦立春，俱以日月起於天廟、營室五度」。唐志「大衍曆日度議，洪範傳曰

『曆祀始於顓帝上元太始閼蒙攝提格之歲，畢陬之月，朔日己巳立春，七曜俱在營室五度』」。宋志「祖沖之曰，案五紀論黃帝曆有四法，顓頊、夏、周並有二術，詭異紛然，孰識其正。顓帝曆元，歲在乙卯，而命曆序云『此術設元，歲在甲寅』」。

日月宿曆十三卷。〔一〕

〔一〕【補注】沈欽韓曰：後志賈逵論「願請太史官日月宿簿」。

夏殷周魯曆十四卷。〔一〕

〔一〕【補注】王應麟曰：書正義云「古時真曆遭戰國及秦而亡，漢存六曆，雖詳於五紀之論，皆秦漢之際假託爲之」。詩正義云「今世有周曆、魯曆，蓋漢初爲之。其交無遲速盈縮，考日食之法，而年月往往參差」。又云「劉向五紀論載殷曆之法，惟有氣朔而已」。後志言「夏用丙寅，殷用甲寅，周用丁巳，魯用庚子」。宋志「祖沖之曰，夏曆七曜西行，特違衆法，劉向以爲後人所造。殷曆日法九百四十，而乾鑿度云，殷曆以八十一爲日法。春秋書食有日朔者二十六，以周曆攷之，失二十五，魯曆校之，又失十三，占術之作，皆在漢初周末」。春秋正義釋例云「今魯曆不與春秋相符，殆來世好事者爲之，非真也」。長曆稱「凡經傳有七百七十九日，漢末宋仲子集七曆以考春秋魯曆，得五百二十九日，失三百五十日」。唐志「大衍日度議云，甄耀度及魯曆，南方有弧無井、鬼，北方有建星無南斗」。中氣議曰「殷曆南至常在十月晦，則中氣後天也。周曆蝕朔差經或二日，則合朔先天也」。合朔議曰「春秋日蝕有甲乙者三十四，殷曆、魯曆先一日者十三，後一日者三，周曆先一日者二十二，先二日者九，其僞可知矣」。晁氏云「考靈曜、命曆序皆本於甲寅元。漢延光二年，亶誦、施延，熹平四年，馮光、陳晃，皆言曆元不正，當用甲寅爲元。議郎蔡邕議之曰『曆法，黃帝、顓頊、夏、殷、周、魯凡六家，各自有元。〔光〕、晃所據，則殷曆元也』。然則甲寅爲殷湯之元也審矣。古諸儒生皆以爲孔子用殷甲寅曆。漢劉洪於曆最善，其表言曰『甲寅曆於孔子時效』，竊以春秋緯命曆推之，洪言可信。公子譜所謂商起庚戌、終戊寅者，非也。帝王譜謂湯元年壬寅，一行曆謂成湯伐桀，歲在壬戌，皆非也」。

天曆大曆十八卷。

漢元殷周諜曆十七卷。〔一〕

〔一〕【補注】王應麟曰：三代世表「余讀諜記，黄帝以來，各有年數，稽其曆譜諜終始五德之傳，古文咸不同乖異」。十二諸侯年表云「讀春秋曆譜諜至周厲王」。沈欽韓曰：律曆志「以前曆上元泰初四千六百一十七歲，至於元封七年，復得閼逢攝提格之歲」。案，此以漢元上推殷周，猶後志言「四分曆起於孝文皇帝後元三年，歲在庚辰。上四十五歲，歲在乙未，則漢興元年也。又上二百七十五歲，歲在庚申，則孔子獲麟。二百七十六萬歲，尋之上行，復得庚申。歲歲相承，從下尋上，其執不誤」。先謙曰：後書張衡傳注「諜譜，第也」。案，史文或單稱譜，單稱諜，或連稱譜諜，其義一也。以上引史記證之，「諜曆」當爲「曆諜」，而文誤倒。

耿昌月行帛圖二百三十二卷。

耿昌月行度二卷。〔一〕

〔一〕【補注】王應麟曰：後志賈逵論曰「案甘露二年，大司農耿壽昌奏，以圖儀度日月行，考驗天運狀，日月行至牽牛、東井，日過度，月行十五度，至婁、角，日行一度，月行十三度，赤道使然」。先謙曰：食貨志稱壽昌善爲算，昌蓋其字。稱字冠書，如賦家屈原賦之例。柳下惠姓展名獲，字季禽，左傳稱展禽，莊子稱柳下季，亦其比也。

傳周五星行度三十九卷。〔一〕

〔一〕【補注】王念孫曰：「傳」當爲「傅」。耿昌、傅周皆上姓下名。沈欽韓曰：後志賈逵論曰「臣前上傅安等用黄道度日月，弦望多近」。此傅周或世相傳授也。

律曆數法三卷。〔一〕

〔一〕【補注】沈欽韓曰：律曆志「唐都分天部，而落下閎運算轉曆。其法以律起曆，曰『律容一龠，積八十一寸，則一日之分也』」。

自古五星宿紀三十卷。〔一〕

〔一〕【補注】沈欽韓曰：律曆志「劉向總六曆，列是非，作五紀論」。此蓋其類。

太歲謀日晷二十九卷。〔一〕

〔一〕【補注】王引之曰：「謀」當爲「諜」。應劭注揚雄傳曰「諜，譜也」。上文有「漢元殷周曆諜今本譌作「諜曆」。十七卷」，下文有「帝王諸侯世譜二十卷」。唐人避太宗諱，書「諜」字作「諜」，因譌而爲「謀」矣。僖二十五年左傳「諜出，曰，原將降矣」。呂氏春秋爲欲篇「諜出」譌作「謀士」。沈欽韓曰：律曆志「議造漢曆，乃定東西，立晷儀，下漏刻，以追二十八宿相距於四方」。易通卦驗「冬至之日，立八神，樹八尺之表。日中規，其晷之如度者，則歲美，人民利順；晷不如度者，則歲惡，人民爲訛言」。

帝王諸侯世譜二十卷。〔一〕

〔一〕【補注】葉德輝曰：隋志有世本王侯大夫譜，列劉向世本前，疑即此書。

古來帝王年譜五卷。〔一〕

〔一〕【補注】沈欽韓曰：隋志「漢初，得世本，敘黃帝以來祖世所出。而漢又有帝王年譜」。律曆志「太史令張壽王言，黃帝至元鳳三年六千餘歲。又移帝王録，舜、禹年歲不合人年。壽王言化益爲天子代禹，驪山女亦爲天子，在殷周閒，皆不合經術」。溝洫志「大司空掾王横言，周譜云，定王五年河徙」。

日晷書三十四卷。〔一〕

〔一〕【補注】沈欽韓曰：隋志「黃道晷景占一卷。梁有晷景記一卷。」

許商算術二十六卷。〔一〕

〔一〕【補注】王應麟曰：溝洫志「博士許商治尚書，善爲算，能度功用」。

杜忠算術十六卷。〔一〕

〔一〕【補注】沈欽韓曰：廣韻，説文曰「算長六寸，計曆數」者，云九章術，漢許商、杜忠、吴陳熾、魏王粲並善之。魏劉徽九章算經序「庖犧氏始畫八卦，作九九之術，以合六爻之變，黃帝神而化之，引而伸之，建曆紀，協律吕，記稱隸首作數，其詳未之聞也。周公制禮有九數，九章是矣。漢北平侯張蒼、大司農中丞耿壽昌皆以善算命世，蒼等因舊文遺殘，各稱删補，故校其目，與古或異，而所論多近語」。保氏注，鄭司農云「方田、粟米、差分、少廣、商功、均輸、方程、贏不足、旁要。今有重差、夕桀、句股」。疏云「此漢法增之」。此劉徽所云，校其目與古或異者也。禮記疏「重差，差分一也。去旁要，以句股替之，是爲漢之九數」。案此許商、杜忠所爲，即是九章術，志舉人名以包之，遂令後人疑惑耳。後書「馬續、鄭氏並善九章算術」。明許、杜等非別一書也。

右曆譜十八家，六百六卷。

曆譜者，序四時之位，正分至之節，會日月五星之辰，以考寒暑殺生之實。故聖王必正曆數，以定三統服色之制，〔一〕又以探知五星日月之會。凶阨之患，吉隆之喜，其術皆出焉。此聖人知命之術也，非天下之至材，其孰與焉！〔二〕道之亂也，患出於小人而强欲知天道者，壞大以爲小，削遠以爲近，是以道術破碎而難知也。

〔一〕【補注】王應麟曰：劉歆作三統曆及譜，三代各據一統，天統子，地統丑，人統寅。春秋緯樂緯云「夏以十三月爲正，息卦受泰，物之始，其色尚黑，以寅爲朔。殷以十二月爲正，息卦受臨，物之牙，其色尚白，以雞鳴爲朔。周以十一月爲正，息卦受復，其色尚赤，以夜半爲朔」。

〔二〕師古曰：與讀曰豫。

泰一陰陽二十三卷。〔一〕

〔一〕【補注】沈欽韓曰：隋志五行家載太一占甚多，今存者太一龍首式經一卷。

黄帝陰陽二十五卷。〔一〕

〔一〕【補注】沈欽韓曰：御覽八十二引黄帝玄女占法曰「禹問於風后曰：『吾聞黄帝有勝負之圖，六甲陰陽之道，今安在乎？』風后曰：『黄帝藏會稽之山下。』」隋志「黄帝陰陽遁甲六卷」。

黄帝諸子論陰陽二十五卷。〔一〕

〔一〕【補注】先謙曰：御覽五百三十七引黄帝太一密推曰「師廣曰，先知巡狩之年，當視太一與天目在四維之歲，法爲巡狩，若不然，則遣使者按行風俗，太一雖在四維，不出也。即出，知巡狩何方，以主人所在處之」。案，黄帝臣有師曠，或作師廣，此似黄帝諸子論陰陽也。

諸王子論陰陽二十五卷。

太元陰陽二十六卷。

三典陰陽談論二十七卷。

神農大幽五行二十七卷。〔一〕

〔一〕【補注】沈欽韓曰：御覽二十八引神農書曰「冬至，陰陽合精，天地交讓，路史注引作「交遊」。天爲尸温，地爲不凍，君爲不朝，百官爲不親事，不可出遊，必有憂悔」。葉德輝曰：開元占經引神農占，以每月風雨，占蠶穀之貴賤，當出此書。

四時五行經二十六卷。〔一〕

〔一〕【補注】沈欽韓曰：齊民要術所引雜五行書，言農家種殖，殆此類。

猛子閭昭二十五卷。〔一〕

〔一〕【補注】先謙曰：猛子、閭昭，二人。元和姓纂有猛氏、閭氏。

陰陽五行時令十九卷。〔一〕

〔一〕【補注】沈欽韓曰：亦易陰陽、明堂、月令之類。

堪輿金匱十四卷。〔一〕

〔一〕師古曰：許慎云「堪，天道；輿，地道也」。【補注】錢大昭曰：占夢正義云「案堪輿，黄帝問天老事云，四月陽建於巳，破於亥，陰建於未，破於癸，是爲陽破陰，陰破陽」。又鄭注保章氏云「堪輿雖有郡國所入度，非古數也，今其存可言者，十二次之分也」。沈欽韓曰：淮南天文訓「北斗之神，雌雄堪輿徐行，雄以音知雌」。公羊疏「堪輿云，九月，日體在大火」。御覽八百四十九，風俗通曰「堪輿書云，上朔會客必鬭爭」。隋志有曆頭堪餘、地節堪餘、大小堪餘、四序堪餘、八會堪餘等。吴越春秋「伍子胥曰，竊觀金匱第八，其可傷也」云云。又文種語其妻曰「吾見王時，正犯玉門之第八也」云云。案金匱、玉門，是五行書名，其所占類太乙、六壬之式則，或天一、太一兩家言也。

務成子災異應十四卷。〔一〕

〔一〕【補注】沈欽韓曰：隋志「仙人務脱「成」字。子傳神通黄帝登壇經一卷」。

十二典災異應十二卷。

鍾律災異二十六卷。〔一〕

〔一〕【補注】王應麟曰：隋牛弘傳引劉歆鍾律書。沈欽韓曰：此蓋京房之術。後志「京房以六十律分朞之日，黄鍾自冬至始，及冬至而復，陰陽寒燠風雨之占生焉」。

鍾律叢辰日苑二十三卷。〔一〕

〔一〕【補注】沈欽韓曰：日者傳「孝武帝時，聚會占家問之，某日可娶婦乎？五行家曰可，堪輿家曰不可，建除家曰不吉，叢辰家曰大凶，曆家曰小凶，天〔一〕〔人〕家曰小吉，太一家曰上吉。辨訟不決，以狀聞。制曰『避諸死忌，以五行爲主』。人取於五行者也」。案此數家雖總名五行，所占又不同若此。朱一新曰：汪本作「二十二卷」。先謙曰：官本作「二十二」。

鍾律消息二十九卷。

黄鍾七卷。〔一〕

〔一〕【補注】沈欽韓曰：隋志「黄鍾律一卷」。

天一六卷。〔一〕

〔一〕【補注】沈欽韓曰：淮南天文訓「天神之貴者，莫貴於青龍，或曰天一，或曰太陰，太陰所居，不可背而可向」。太白陰經「黄帝征蚩尤，七十一戰不克，晝夢金人引領長頭玄狐之裘云『天帝使授符，得兵符戰必克』。帝寤，問風后，曰『此天應也』。乃於盛水之陽，暴壇祭太牢，有玄龜含符致壇，文曰『天一在前，太乙在後』。帝再拜授。於是設九宫，置八門，布三奇六儀，制陰陽二遁，凡千八十局，名曰天一遁甲式」。

泰一二十九卷。〔一〕

〔一〕【補注】王應麟曰：後漢高彪傳「天有太一，五將三門」，注「太一式，凡舉事皆欲發三門，順五將」。沈欽韓曰：乾鑿度「太一取其數以行九宮」。隋志「太一式雜占十卷。太一九宮雜占十卷」。陶憲曾曰：說文甲部引太一經曰「頭玄爲甲」。大徐本作「一曰，人頭宜爲甲」。疑出於此書。錢大昭曰：當作「二十九卷」，衍「二」字。先謙曰：官本作「二十九卷」。

刑德七卷。〔一〕

〔一〕【補注】錢大昕曰：淮南天文訓「陰陽刑德有七舍。何謂七舍？室、堂、庭、門、巷、術、野。十二月，德居室，三十日，先日至十五日，後日至十五日而徙所居，各三十日。德在室則刑在野，德在堂則刑在術，德在庭則刑在巷，陰陽相得則刑德合門。八月、二月，陰陽氣均，日夜分平，故曰刑德合門。德南則生，刑南則殺，故曰二月會而萬物生，八月會而草木死」。又曰「太陰在甲子，刑德合東方宮，常徙所不勝，合四歲而離，離十六歲而復合，所以離者，刑不得入中宮而徙於木」。五行家歲月皆有刑德，七舍則月之刑德也。

風鼓六甲二十四卷。〔一〕

〔一〕【補注】沈欽韓曰：後書方術傳注「遁甲，推六甲之陰而隱遁也，今書七志有遁甲經」。風鼓未詳。葉德輝曰：一切經音義十二引世本曰「共鼓、貨狄作舟船」，宋衷注「共鼓、貨狄，黃帝二臣名也」。共、風字聲相近，風鼓疑即共鼓。先謙曰：遁甲演於風后，「風鼓」疑「風后」之譌。

風后孤虛二十卷。〔一〕

〔一〕【補注】王應麟曰：龜筴傳「〔日〕辰不全，故有孤虛」。注「甲乙謂之日，子丑謂之辰。六甲孤虛法：甲子旬中無戌亥，戌亥爲孤，辰巳爲虛；甲戌旬中無申酉，申酉爲孤，寅卯爲虛；甲申旬中無午未，午未爲孤，子丑爲虛；甲午旬中（爲）〔無〕辰巳，辰巳爲孤，戌亥爲虛；甲辰旬中無寅卯，寅卯爲孤，申酉爲虛；甲寅旬中無子丑，子丑爲孤，午未爲虛」。後書方術傳注「孤謂六甲之孤辰，對孤爲虛。趙彦爲宗資陳孤虛之法，從孤擊虛以討賊」。孟子正義「孤虛之法，以一畫爲孤，無虛，二畫爲實，以六十甲子日畫爲定東西南北四方，然後占其孤、虛、實而向背之，即知吉凶矣」。

六合隨典二十五卷。〔一〕

〔一〕【補注】沈欽韓曰：南齊書禮志「五行説，十二辰爲六合」。占夢注「日月之行及合辰所在」。隋志「六合婚嫁曆一卷」。御覽三百二十八引玄女兵法曰「三奇六合，主威軍士」。

轉位十二神二十五卷。〔一〕

〔一〕【補注】沈欽韓曰：淮南天文訓「太陰在寅，朱鳥在卯，句陳在子，玄武在戌，白虎在酉，蒼龍在辰。寅爲建，卯爲除，辰爲滿，巳爲平，主生；午爲定，未爲執，主陷；申爲破，主衡；酉爲危，主杓；戌爲成，主少德；亥爲收，主大德；子爲開，主太歲；丑爲閉，主太陰」。隋志「梁有十二屬神圖一卷」。論衡難歲篇「十二神登明、從魁之輩」。

羨門式法二十卷。

羨門式二十卷。〔一〕

〔一〕【補注】王應麟曰：日者傳「分策定卦，旋式正綦」。周禮「太史抱天時」，鄭司農云「抱式以知天時」。唐六典「三式曰，雷公、太一、六壬，其局以楓木爲天，棗心爲地，刻十二神，下布十二辰」。月令正義「案陰陽式法」。梁元帝洞林序云「羨門五將，韓終六壬」。司馬相如傳注「羨門，偈石山仙人羨門高也」。

文解六甲十八卷。

文解二十八宿二十八卷。

五音奇胲用兵二十三卷。〔一〕

〔一〕如淳曰：音該。師古曰：許慎云「胲，軍中約也」。【補注】王念孫曰：說文「奇侅，非常也」。淮南兵略篇「明於奇賌陰陽刑德，五行望氣候星，龜策禨祥」。高注「奇賌陰陽，奇祕之要，非常之術」。史記倉公傳「受其脈書上下經、五色診奇咳術」。然則奇侅者，非常也。侅，正字也，胲、咳、賌，皆借字耳。脈法之有五色診奇侅術，猶兵法之有五音奇侅，皆言其術之非常也。顔以「奇胲用兵」四字連文，遂以胲爲軍中約，不知軍中約之字自作該，說文「該，軍中約也」。字從言。非奇胲之義。且奇胲二字同訓爲非常，若以胲爲軍中約，則與奇字義不相屬矣。沈欽韓曰：抱朴子極言篇「黃帝審攻戰，則納五音之策」。御覽三百二十八引玄女兵法曰「黃帝攻蚩尤，三年城不下，募求術士，乃得伍骨，路史作「胥」。與之言曰：『今日余攻蚩尤，三年城不下，其咎安在？』伍骨曰：『此城中之將，爲人必白色，商音。帝始攻時，得無以秋之東方行乎？今黃帝爲人蒼色，角音，此雄軍也，以戰爲之。』黃帝曰：『善。爲之若何？』伍骨曰：『臣請攻蚩尤，三日城必下。』黃帝大喜。其中黃直曰：『帝積三年攻蚩尤，而城不下，今子欲以三日下之，何以爲明？』伍骨曰：『不如臣言，請以軍法論。』黃帝曰：『子欲以何時？』曰：『臣請朱雀之日，日正中時，立赤色、徵音、絳衣之軍於南方，以輔角軍；臣請以青龍之日，平旦時，立青色、角音、青衣之軍於東方，以輔羽軍；臣請以玄武之日，人定時，立黑色、羽音、黑衣之將於北方，以輔商軍；臣請以白虎之日，日入時，立白色、商音、白衣之將於西方，以輔宮軍。四將以立，臣請爲帝以黃龍之日，日中建黃旗於中央，以制四方。』五軍已具，四面攻蚩尤，三日其城果下」。太師注，兵書曰「王者行師，出軍之日，授將弓矢，士卒振旅，將張弓大呼，太師吹律，合音商，則戰勝」，軍士强；角則軍擾多變，失士心；宫則軍和，士卒同心；徵則將急數怒，軍士勞；羽則兵弱少威明」。案六韜亦有五音篇，兼以五勝之法制敵，是也。

五音奇胲刑德二十一卷。〔一〕

〔一〕【補注】王念孫曰：兵略訓「明於刑德奇賌之數」，即此所云奇胲刑德。

五音定名十五卷。〔一〕

〔一〕【補注】先謙曰：白虎通論名云「名或兼或單何？示非一也，或聽其聲，以律定其名」。易是類謀云「吹律卜名」。義亦見大戴禮，五音定名當謂此。

右五行三十一家，六百五十二卷。

五行者，五常之形氣也。〔一〕書云「初一曰五行，次二曰羞用五事」，〔二〕言進用五事以順五行也。貌、言、視、聽、思心失，而五行之序亂，五星之變作，皆出於律曆之數而分爲一者也。〔三〕其法亦起五德終始，推其極則無不至。〔四〕而小數家因此以爲吉凶，而行於世，寖以相亂。〔五〕

〔一〕【補注】王應麟曰：中庸注「木神則仁，金神則義，火神則禮，土神則智，水神則信」。先謙曰：「形」，官本作「刑」。

〔二〕師古曰：周書洪範之辭也。【補注】錢大昭曰：五行志及孔光傳並作「羞」。師古曰：羞，進也。

〔三〕師古曰：説皆在五行志也。

〔四〕【補注】王應麟曰：曆書「鄒衍明於五德之傳，而散消息之分」。沈約云「五德更王有二家之説，鄒衍以相勝立體，劉向以相生爲義」。

〔五〕師古曰：濅，漸也。

龜書五十二卷。〔一〕

〔一〕【補注】沈欽韓曰：隋志「龜經一卷，晉掌卜大夫史蘇撰」。崇文總目「三卷。而五十二卷之書亡矣」。史記褚先生補龜筴傳所載，其大略也。朱一新曰：汪本作「五十三卷」。先謙曰：漢志攷亦五十二卷，知宋本相承作「二」，「三」字誤。

夏龜二十六卷。〔一〕

〔一〕【補注】王應麟曰：龜筴傳「塗山之兆從而夏啟世」。墨子耕柱篇「夏后開使蜚廉採金於山，鑄鼎於昆吾，使翁難乙灼白若之龜，繇曰『逢逢白雲，一南一北，一東一西，九鼎既成，遷於三國』」。張衡靈憲「姮娥竊藥奔月，將往，枚筮之於有黃。有黃占之曰『吉，翩翩歸妹，獨將西行，逢天晦芒，毋驚毋恐，後且大昌』」。此夏龜筮之見於書者。太史公云「三王不同龜」。

南龜書二十八卷。〔一〕

〔一〕【補注】沈欽韓曰：龜人「南龜曰獵屬」。龜筴傳「余至江南，觀其行事，問其長老，云龜千歲乃游蓮葉之上。廬江郡常歲時生龜長尺二寸者二十枚，輸太卜官」。抱朴子對俗篇「玉策記曰『千歲之龜，游於蓮葉之上，或在叢蓍之下』」。褚先生亦引「記曰」，或即玉策記也。

巨龜三十六卷。

雜龜十六卷。

蓍書二十八卷。〔一〕

〔一〕【補注】先謙曰：龜策傳引傳曰「天下和平，王道得，而蓍莖長丈，其叢生滿百莖」。白虎通「天子蓍長九尺，諸侯七尺，大夫五尺，士三尺。蓍陽，故數奇也」。儀禮疏引三正記云「大夫蓍五尺，故立蓍；士之蓍三尺，故坐蓍」。說文蓍下云「生千歲三百莖，易以爲數」。此皆當在蓍書中。

周易三十八卷。〔一〕

〔一〕【補注】王應麟曰：大宛傳「天子發書易，云『神馬當從西北來』」。隋志，京房有周易占、守林、飛候、四時候、錯卦、混沌、委化、逆刺占災異、占事。焦贛、費直皆有易林。錢大昭曰：「周易」下當有脱字。

周易明堂二十六卷。〔一〕

〔一〕【補注】沈欽韓曰：蓋即明堂陰陽之説，類魏相所采者。

周易隨曲射匿五十卷。〔一〕

〔一〕【補注】王應麟曰：隋志有易射覆二卷，又一卷。東方朔傳「上使諸數家射覆，朔自贊曰『臣嘗受易，請射之』。乃别蓍布卦而對」。沈欽韓曰：魏志「管輅射覆，卦成」。此並先有卦辭，占者以卦推之。

大筮衍易二十八卷。

大次雜易三十卷。

鼠序卜黄二十五卷。〔一〕

〔一〕【補注】沈欽韓曰：抱朴子對俗篇「鼠壽三百歲，滿百歲則色白，善憑人而卜，名曰仲，能知一年中吉凶及千里外事」。

於陵欽易吉凶二十三卷。〔一〕

〔一〕【補注】先謙曰：元和姓纂九魚引風俗通云「陳仲子，齊世家也，辭爵灌園於於陵，子孫氏焉」。

任良易旗七十一卷。〔一〕

〔一〕【補注】周壽昌曰：任良當即京房弟子，見房傳。官中郎，時房請出，任良試考功，不行。後無考，儒林亦無傳。

易卦八具。〔一〕

〔一〕【補注】沈欽韓曰：東觀漢記「永平五年秋，御雲臺，詔尚席取卦具」。士冠禮「筮與席所卦」，鄭云「所卦者，所以畫地記爻」。又少牢禮「卦以木，卒筮，乃書卦於木」，鄭云「每一爻畫地以識之，六爻備書於版」。然則易卦八具，其版書也。

右蓍龜十五家，四百一卷。〔一〕

〔一〕【補注】沈欽韓曰：隋志併入五行家。

蓍龜者，聖人之所用也。書曰：「女則有大疑，謀及卜筮。」〔一〕易曰：「定天下之吉凶，成天下之亹亹者，莫善於蓍龜。」「是故君子將有爲也，將有行也，問焉而以言，其受命也如嚮，無有遠近幽深，遂知來物。非天下之至精，其孰能與於此！」〔二〕及至衰世，解於齊戒，而婁煩卜筮，〔三〕神明不應。故筮瀆不告，易以爲忌；〔四〕龜厭不告，詩以爲刺。〔五〕

〔一〕師古曰：周書洪範之辭也。言所爲之事有疑，則以卜筮決之也。龜曰卜，蓍曰筮。

〔二〕師古曰：皆上繫之辭也。亹亹，深遠也。言君子所爲行，皆以其言問於易。受命如嚮者，謂示以吉凶，其應速疾，如嚮之隨聲也。遂猶究也。來物謂當來之事也。嚮與響同。與讀曰豫。【補注】錢大昭曰：「莫善」，易繫辭作「莫大」。陸釋文作「莫善」，云本亦作「莫大」。案，何休注公羊亦引作「莫善」，儀禮疏同。賈公彥云「凡艸之靈莫善於蓍，凡蟲之知莫善於龜」。中山經「江水出焉，其中多良龜」，郭璞云「良，善也」。

〔三〕師古曰：解讀曰懈。齊讀曰齋。婁讀曰屢。

〔四〕師古曰：易蒙卦之辭曰「初筮告，再三瀆，瀆則不告」。言童蒙之來決疑，初則以實而告，至於再三，爲其煩瀆，乃不告也。

〔五〕師古曰：小雅小旻之詩曰「我龜既厭，不我告猶」。言卜問煩數，媟嫚於龜，龜靈厭之，不告以道也。

黃帝長柳占夢十一卷。〔一〕

〔一〕【補注】王應麟曰：史記正義引帝王世紀云「黃帝因夢求得風后、力牧，因著占夢經十一卷」。沈欽韓曰：詩「大人占之」，鄭箋謂以聖人占㝱之法占之。先謙曰：庾信齊王憲碑「飛風長柳，月角星眉，莫不吟誦在心，撰成於手」。所云長柳，即此長柳書也。

甘德長柳占夢二十卷。〔一〕

〔一〕【補注】沈欽韓曰：即占星之甘公。隋志「雜占夢書一卷」。

武禁相衣器十四卷。〔一〕

〔一〕【補注】沈欽韓曰：論衡譏日篇「裁衣有書，凶日製衣有禍，吉日有福」。先謙曰：武禁，人姓名。隋志「雜相書九卷，梁有裁衣書一卷，亡。」

嚏耳鳴雜占十六卷。〔一〕

〔一〕師古曰：嚏音丁計反。【補注】王應麟曰：隋志「梁有嚏書、耳鳴書各一卷」。

禎祥變怪二十一卷。〔一〕

〔一〕【補注】沈欽韓曰：中庸疏「本有今異曰禎，本無今有曰祥」。

人鬼精物六畜變怪二十一卷。〔一〕

〔一〕【補注】沈欽韓曰：先天紀「黄帝巡狩東至海，登桓山，於海濱得白澤神獸，能言達於萬物之情，因問天下鬼神之事。自古精氣爲物、游魂爲變者，凡萬一千五百二十種，白澤言之，帝令以圖寫之，以示天下。帝乃作祝邪之文以祝之」。抱朴子極言篇「黄帝窮神姦則記白澤之辭」。隋志「白澤圖一卷」。管子水地篇「涸澤數百歲，谷之不徙，水之不絶者，生慶忌。慶忌者，其狀若人，其長四寸，衣黄衣，冠黄冠，戴黄蓋，乘小馬，好疾馳，以其名呼之，可使千里外一日反報，此涸澤之精也。涸川之精者，生於蟡。蟡者，一頭而兩身，其形若蛇，其長八尺，以其名呼之，可以取魚鼈，此涸川之精也」。小問篇「管仲對桓公曰：『臣聞登山之神有俞兒者，長尺而人物具焉，霸王之君興而登山神見。』」莊子達生篇引管仲曰「沈有履，竈有髻。户内之煩壤，雷霆處之；東北方之下者，倍阿鮭蠪躍之；西北方之下者，則泆陽處之。水有罔象，丘有峷，山有夔，野有彷徨，澤有委蛇。委蛇，其大如轂，其長如轅，紫衣而朱冠，惡聞雷車之聲，則奉其首而立。見之者殆乎霸」。然則知鬼神之情狀，固有譜録矣。

變怪誥咎十三卷。〔一〕

〔一〕【補注】沈欽韓曰：太祝六辭，三曰誥。誥，告於神也。咎，自刻責也。曹子建誥咎文序「五行致災，先史咸以爲應政而作。天地之氣自有變動，未必政治之所興致也。於時大風，發屋拔木，意有感焉，聊解上帝之命，以誥咎祈福」。袁盎心不樂，家多怪，乃之棓生所問占，亦其事也。

執不祥劾鬼物八卷。〔一〕

〔一〕【補注】沈欽韓曰：抱朴子論仙篇「神仙集中有召神劾鬼之法」。（遊）〔遐〕覽篇「鄭君有收山鬼老魅治邪精經三卷」。御覽八百九十一引風俗通曰「案黄帝書，上古之時，有神荼與鬱壘兄弟二人，性能執鬼，度索山上桃樹下，簡閲百鬼。鬼無道理，妄與人禍，神荼與鬱壘縛以葦索，執以食虎。於是官常以臘除，飾桃人，畫虎於門，皆是追効前事，冀以禦兇」。

請官除訞祥十九卷。〔一〕

〔一〕師古曰：訞字與妖同。【補注】沈欽韓曰：女祝「掌以時招、梗、禬、禳之事」。管子四時篇云「除神位謹禱弊梗」，注「時方開通，而有弊敗梗塞者，則禱神以通道之」。

禳祀天文十八卷。〔一〕

〔一〕師古曰：禳，除災也，音人羊反。【補注】沈欽韓曰：晏子諫篇「景公睹彗星，召柏常騫使禳去之」。葉德輝曰：説文「禜，設緜蕝爲營，以禳風雨、雪霜、水旱、癘疫於日、月、星辰、山川也」。此即禳祀天文之遺法。

請禱致福十九卷。〔一〕

〔一〕【補注】沈欽韓曰：隋志「梁有董仲舒請禱圖」。太祝注「董仲舒救日食，祝曰『炤炤大明，瀸滅無光，柰何以陰侵陽，以卑侵尊』」。繁露郊祀篇「郊祝曰：『皇皇上帝，照臨下土，集地之靈，降甘風雨，庶物羣生，各得其所，靡今靡古，惟予一人，某敬拜皇天之祜。』」

請雨止雨二十六卷。〔一〕

〔一〕【補注】王應麟曰：董仲舒傳言「求雨止雨」。後漢輿服志注引仲舒止雨書。沈欽韓曰：繁露有求雨篇、止雨篇。御覽三十五引神農求雨書「春甲乙不雨，東爲青龍，又爲大龍，東方，老人舞之，壬癸黑雲興，乃雨」。又曰「北不雨，命巫祝而曝之，不雨，禱山神，積薪具擊鼓而焚之」。案，其文有斷爛。繁露亦引神農，然則古法如此。周壽昌曰：藝文類聚一百有神農求雨法，路史餘論二同。漢舊儀「成帝二年六月，始命諸官止雨，朱繩反縈社，擊鼓攻之」。

泰壹雜子候歲二十二卷。〔一〕

〔一〕【補注】王應麟曰：天官書「言候歲美惡。漢之爲天數者，占歲則魏鮮」。沈欽韓曰：易通卦驗亦以卦氣候歲。御覽十七及齊民要術雜説並引師曠占歲語。

子贛雜子候歲二十六卷。〔一〕

〔一〕【補注】葉德輝曰：此因子貢貨殖依託而作。

五法積貯寶臧二十三卷。〔一〕

〔一〕【補注】沈欽韓曰：越絶計倪内經「人之生無幾，必先憂積蓄，以備妖祥」。漢耿壽昌亦精其術。先謙曰：「臧」，官本作「藏」。

神農教田相土耕種十四卷。〔一〕

〔一〕【補注】沈欽韓曰：御覽七十八引周書曰「神農之時，天雨粟，神農耕而種之，〔作〕陶冶斤斧，爲耒耜鉏耨，以墾草莽，然後五穀興」。葉德輝曰：引見食貨志。吕氏春秋愛類亦引神農之教，言耕織儲粟之事。

昭明子釣種生魚鱉八卷。〔一〕

〔一〕【補注】沈欽韓曰：文選注引之，齊民要術有陶朱養魚經。

種樹臧果相蠶十三卷。〔一〕

〔一〕【補注】沈欽韓曰：齊民要術有栽樹篇。食經有種名果法、作乾棗法、蜀中藏梅法、藏乾栗法、藏柿法、藏木瓜法。馬質注蠶書「蠶爲龍精，月直大火，則浴其種」。御覽八百二十〔一〕〔二〕引氾勝之書曰「衞尉前上蠶法，民事人所忽略，衞尉勸之，忠國愛民之至」。唐志「蠶經一卷」。崇文總目「淮南王蠶經三卷，劉安撰」。

右雜占十八家，三百一十三卷。

雜占者，紀百事之象，候善惡之徵。〔一〕

〔一〕師古曰：徵，證也。【補注】先謙曰：此與下連文，官本不誤。

易曰：「占事知來。」〔二〕衆占非一，而夢爲大，故周有其官。〔三〕而詩載熊羆虺蛇衆魚旐旟之夢，著明大人之占，以考吉凶，〔三〕蓋參卜筮。春秋之説訞也，曰：「人之所忌，其氣炎以取之，訞由人興也。人失常則訞興，人無釁焉，訞不自作。」〔四〕故曰：「德勝不祥，義厭不惠。」〔五〕桑穀共生，大戊以興；〔六〕鴝雉登鼎，武丁爲宗。〔七〕然惑者不稽諸躬，而忌訞之見，〔八〕是以詩刺「召彼故老，訊之占夢」，〔九〕傷其舍本而憂末，不能勝凶咎也。

〔一〕師古曰：下繫之辭也。言有事而占，則覩方來之驗也。

〔二〕師古曰：謂大卜掌三夢之法，又占夢中士二人，皆宗伯之屬官。

〔三〕師古曰：小雅斯干之詩曰「吉夢維何？維熊維羆，男子之祥；維虺維蛇，女子之祥」。無羊之詩曰「牧人乃夢，衆維魚矣，旐維旟矣。大人占之，衆維魚矣，實維豐年，旐維旟矣，室家溱溱」。言熊羆虺蛇皆爲吉祥之夢，而生男女。及見衆魚，則爲豐年之應，旐旟則爲多盛之象。大人占之，謂以聖人占夢之法占之也。畫龜蛇曰旐，鳥隼曰旟。

〔四〕師古曰：申繻之辭也，事見莊公十四年。炎謂火之光始燄燄也。言人之所忌，其氣燄引致於災也。釁，瑕也。失常，謂反五常之德也。炎讀與燄同。【補注】王應麟曰：左傳「失」作「棄」。朱一新曰：汪本注「引」作「馴」。

〔五〕師古曰：厭音伊葉反。惠，順也。

〔六〕【補注】先謙曰：官本考證云，案監本作「太戊之興」，非也。從宋本改正。

〔七〕師古曰：説在郊祀、五行志。【補注】先謙曰：官本「鳪」作「雊」。

〔八〕師古曰：稽，考也，計也。

〔九〕師古曰：小雅正月之詩也。故老，元老也。訊，問也。言不能修德以禳災，但問元老以占夢之吉凶。

山海經十三篇。〔一〕

〔一〕【補注】沈欽韓曰：列子湯問篇「夏革曰，大禹行而見之，伯益知而名之，夷堅聞而志之」。論衡「禹主治水，益主記異物。董仲舒覩重常之鳥，劉子(駿)〔政〕曉貳負之尸」。劉歆序云「禹定高山大川，蓋與伯翳主驅禽獸，命山川，類草木，别水土，四嶽佐之，以周四方，逮人迹之所希至，及舟輿之所罕到。内别五方之山，外分八方之海，紀其珍寶奇物，異方之所生，水土草木禽獸昆蟲麟鳳之所止，休祥之所隱，及四海之外，絶域之國，殊類之人，古文之著明者也。孝武時，東方朔言異鳥之名。孝宣時，臣父向對貳負之臣皆以是書，朝士由是多奇。山海經者，可以考休祥變怪之物，見遠國異人之謡俗。臣望所校凡三十二篇，今定爲十八篇」。案，十三篇者，劉向於時合南山經三篇以爲南山經一篇，西山經四篇以爲西山經一篇，北山經三篇以爲北山經一篇，東山經四篇以爲東山經一篇，中山經十二篇以爲中山經一篇，並海外經四篇，海内經四篇，凡十三篇。至劉歆增大荒經四篇，海内經一篇，故爲十八篇。多者十餘簡，少者二三篇。宋人著録，既不能攷其篇第所由，而陳振孫以爲山海經本解楚詞天問而作，殆於庸妄者也。

國朝七卷。〔一〕

〔一〕【補注】沈欽韓曰：隋志「劉向略言地域，丞相張禹使屬朱貢條記風俗，班固因之作地理志」。國朝者，疑此是也。大司徒掌建邦之土，地之圖注，若今司空郡國輿地圖。三王世家「御史上輿地圖」。晉書「裴秀曰，漢氏所畫輿地及括地諸雜圖，各不設分率，又不考正準望，亦不備載名山大川，雖有粗形，皆不精審」。

宫宅地形二十卷。〔一〕

〔一〕【補注】沈欽韓曰：論衡詰術篇言圖宅術。隋志「宅吉凶論三卷。相宅圖八卷。五姓墓圖一卷。梁有冢書、黄帝葬山圖各四卷」。又有五音相墓、五音圖墓等書。

相人二十四卷。〔一〕

〔一〕【補注】錢大昭曰：荀子非相篇楊注「相，視也。視其骨狀，以知吉凶貴賤。春秋傳曰，公孫敖聞其能相人」。隋志「相書四十六卷」。沈欽韓曰：崇文總目有姑布子卿相法三卷。袁宏後漢紀「相工蘇大相鄧后曰，此成湯之骨法」。此相人所傳也。御覽三百七十一，相書許負曰「乳間闊尺，富貴足壽。乳黑如墨，公侯之相」。劉知幾史通「許負相經，當時所聖，見傳流俗」。

相寶劍刀二十卷。〔一〕

〔一〕【補注】沈欽韓曰：越絶「客有能相劍者薛燭」。吕覽别類篇「相劍者曰，白所以爲堅也，黄所以爲牣也，黄白雜則堅且牣，良劍也」。梁陶弘景作刀劍録。

相六畜三十八卷。〔一〕

〔一〕【補注】沈欽韓曰：隋志，梁有伯樂相馬經，甯戚、王良、高堂隆相牛經，相鴨、雞、鵝等經。日者傳「黄直，（丈）〔大〕夫也；陳君夫，婦人也：以相馬立名天下。留長孺以相彘立名。滎陽褚氏，以相牛立名」。後書馬援上表曰「近世西河子輿明相馬法。子輿傳西河儀長孺，長孺傳茂陵丁君都，君都傳成紀楊子阿，臣援嘗師事子阿，受相馬骨法。孝武皇帝時，善相馬者東門京，鑄作銅馬法」。

右形法六家，百二十二卷。

形法者，大舉九州之埶以立城郭室舍形，人及六畜骨法之度數、器物之形容，以求其聲氣貴賤吉凶。猶律有長短，而各徵其聲，非有鬼神，數自然也。然形與氣相首尾，亦有有其形而無其氣，有其氣而無其形，此精微之獨異也。

凡數術百九十家，〔一〕二千五百二十八卷。

〔一〕【補注】朱一新曰：上文僅有百九家，「十」字當衍。

數術者，皆明堂羲和史卜之職也。史官之廢久矣，〔一〕其書既不能具，雖有其書而無其人。易曰：「苟非其人，道不虛行。」〔二〕春秋時魯有梓慎，鄭有裨竈，晉有卜偃，宋有子韋。六國時，楚有甘公，魏有石申夫。漢有唐都，〔三〕庶得麤觕。〔四〕蓋有因而成易，無因而成難，故因舊書以序數術爲六種。

〔一〕【補注】宋祁曰：「史官」之下，舊本有「術」字。沈欽韓曰：史是史巫之史，官則太卜詹尹之官。律曆志太史令張壽王、太史丞鄧平，本志太史令尹咸皆是，非載筆執簡之史也，故於數術家舉之。

〔二〕師古曰：下繫之辭也。言道由人行。

〔三〕【補注】王應麟曰：天官書「在齊，甘公」。此作「楚」，異。先謙曰：子韋見陰陽家。石申夫詳天文志。唐都詳律曆志。

〔四〕師古曰：觕，粗略也。音才户反。【補注】沈欽韓曰：管子水地篇「心之所慮，非特知於麤麤也」。春秋繁露俞序

「始於麤觕，終於精微」。「觕」俗亦作「粗」。莊子則陽篇注，司馬彪云「鹵莽猶麤粗也」。

黄帝内經十八卷。〔一〕

〔一〕【補注】沈欽韓曰：隋志「黄帝素問九卷」。又「素問八卷。全元起注。黄帝鍼經九卷」。馬蒔云「靈樞，皇甫士安以鍼經名之」。唐志「黄帝九靈經十二卷」。讀書志「黄帝素問二十四卷。王砯注，分爲二十四卷。靈樞經九卷。王砯謂此書即漢志黄帝内經十八卷之九也。馬蒔云，王砯分爲十二卷。楊玄操云，黄帝内經二帙，帙各九卷，王砯名爲靈樞。素問第七卷亡已久，唐寶應中，砯得先師所藏之卷爲注，合八十一篇二十四卷。玉海六十三引張仲景云，撰用素問。則素問之名雖著於隋志，而已見於漢代，天元紀大論等七篇所載，與素問略不相通，疑是陰陽大論之文，砯取以補所亡云。余案，素問離合真邪篇『黄帝曰，夫九鍼九篇。夫子乃因而九之，九九八十一篇，以起黄鍾數』。又靈樞九鍼十二原篇『今先立鍼經，願聞其情』。此書本名鍼經者是也。兩唐志止謂之九靈經，尚無靈樞之目」。

外經三十九卷。〔一〕

〔一〕【補注】錢大昭曰：南雍本、閩本「九」作「七」。先謙曰：官本「九」作「七」。

扁鵲内經九卷。

外經十二卷。〔一〕

〔一〕【補注】先謙曰：隋志「黄帝八十一難二卷」。崇文總目「秦越人撰」。史記扁鵲傳「扁鵲者，姓秦氏，名越人」。正義「黄帝八十一難序云，秦越人與軒轅時扁鵲相類，仍號之爲扁鵲」。是有兩扁鵲，此則史記之扁鵲也，當戰國初。王勃黄帝八十一難經序云「岐伯以授黄帝，黄帝歷九師以授伊尹，伊尹以授湯，湯歷六師以授太公，太公以授文王，文王歷九師以授醫和，醫和歷六師以授秦越人，秦越人始定立章句，歷九師以授華他，華他歷六師以授黄公，黄公以授曹元」。

白氏内經三十八卷。

外經三十六卷。

旁篇二十五卷。

右醫經七家，二百一十六卷。

醫經者，原人血脈經絡〔一〕骨髓陰陽表裏，以起百病之本，死生之分，而用度箴石湯火所施，〔二〕調百藥齊和之所宜。〔三〕至齊之得，〔四〕猶慈石取鐵，以物相使。拙者失理，以瘉爲劇，以死爲生。〔五〕

〔一〕【補注】朱一新曰：汪本「絡」作「落」，古絡、落通。先謙曰：官本作「落」。

〔二〕師古曰：箴，所以刺病也。石謂砭石，即石箴也。古者攻病則有砭，今其術絶矣。箴音之林反。砭音彼廉反。【補注】王念孫曰：案「所施」上亦當有「之」字，方與下句一例。文選東方朔畫贊注引此有「之」字。

〔三〕師古曰：齊音才詣反，其下並同。和音乎臥反。【補注】先謙曰：官本注「乎」作「呼」。

〔四〕【補注】先謙曰：官本「得」作「德」。

〔五〕師古曰：瘉讀與愈同。愈，差也。【補注】先謙曰：官本作「以生爲死」，義兩通。

五藏六府痺十二病方三十卷。〔一〕

〔一〕師古曰：痺，風溼之病，音必二反。

五藏六府疝十六病方四十卷。〔一〕

〔一〕師古曰：疝，心腹氣病，音山諫反。【補注】錢大昭曰：南雍本、閩本「山諫反」下有「又音删」三字。朱一新曰：汪本有三字。先謙曰：官本有。

五藏六府癉十二病方四十卷。〔一〕

〔一〕師古曰：癉，黄病，音丁韓反。

風寒熱十六病方二十六卷。

泰始黄帝扁鵲俞拊方二十三卷。〔一〕

〔一〕應劭曰：黄帝時毉也。師古曰：拊音膚。【補注】王應麟曰：扁鵲傳「上古之時，醫有俞跗」。周禮疾醫注「脈之大候，要在陽明寸口，能專是者，其惟秦和乎？岐伯、揄柎則兼彼數術者」。説苑「上古之爲醫者，曰苗父；中古之爲醫者，曰俞柎」。

五藏傷中十一病方三十一卷。

客疾五藏狂顛病方十七卷。

金創瘲瘛方三十卷。〔一〕

〔一〕服虔曰：音瘳引之瘳。師古曰：小兒病也。瘛音充制反。瘲音子用反。【補注】王念孫曰：顔注瘛音在前，瘲音在後，則「瘲瘛」，當爲「瘛瘲」。説文「瘛，小兒瘛瘲病也」。諸書皆言瘛瘲，無言瘲瘛者。沈欽韓曰：靈樞注「瘛瘲者，熱極生風也」。

婦人嬰兒方十九卷。〔一〕

〔一〕【補注】沈欽韓曰：扁鵲傳「過邯鄲，聞貴婦人，即爲帶下醫。入咸陽，聞秦〔人〕愛小兒，即爲小兒醫」。

湯液經法三十二卷。〔一〕

〔一〕【補注】王應麟曰：素問有湯液論。事物紀原「湯液經出於商伊尹。皇甫謐云，仲景論伊尹湯液爲十數卷」。

神農黄帝食禁七卷。〔一〕

〔一〕【補注】沈欽韓曰：本草經「神農作赭鞭鉤鍘，從六陰與太一外，五岳四瀆土地所生，皆鞭問之，得其主治，一日遇七十毒」。御覽七百二十一帝王世紀曰「黄帝使岐伯嘗味草木，與主醫病，經方本草、素問之書咸出焉」。然本草即肇於神農，而黄帝修之。志但言食禁，未足以盡之也。葉德輝曰：康賴醫心方二十九引本草食禁云「正月一切肉不食者吉，二月寅日食不吉，五月五日不食麞鹿及一切肉」。即此書也。疑古本附本草後，故云本草食禁，沈説非也。或據醫師疏以「禁」爲「藥」誤，亦非。

右經方十一家，二百七十四卷。

經方者，本草石之寒溫，量疾病之淺深，假藥味之滋，因氣感之宜，辯五苦六辛，致水火之齊，以通閉解結，反之於平。及失其宜者，〔一〕以熱益熱，以寒增寒，精氣內傷，不見於外，是所獨失也。故諺曰：「有病不治，常得中醫。」〔二〕

〔一〕【補注】朱一新曰：汪本「其」下有「所」字。

〔二〕【補注】錢大昭曰：今吳人猶云「不服藥爲中醫」。周壽昌曰：周禮賈疏全引此文，改易數語，不可通。

容成陰道二十六卷。〔一〕

〔一〕【補注】沈欽韓曰：抱朴子遐覽篇「道經有容成經」。列仙傳「容成公者，自稱黃帝師，見於周穆王，能善補導之事」。

務成子陰道三十六卷。

堯舜陰道二十三卷。

湯盤庚陰道二十卷。〔一〕

〔一〕【補注】沈欽韓曰：呂覽「湯問伊尹曰：『欲取天下若何？』伊尹對曰：『凡事之本，必先治身，嗇其大寶，用其新，棄其陳，腠理遂通，精氣日新，邪氣盡去，及其天年，此之謂真人。』」

天老雜子陰道二十五卷。〔一〕

〔一〕【補注】沈欽韓曰：張衡同聲歌「素女爲我師，儀態盈萬方。衆夫所希見，天老教軒皇」。

天一陰道二十四卷。

黄帝三王養陽方二十卷。〔一〕

〔一〕【補注】葉德輝曰：康賴醫心方二十九養陽篇引玉房祕訣「黄帝問素女、玄女、采女陰陽之事」。皆其遺說也。玉房祕訣等書見隋志。康賴，日本人，當中國北宋時。

三家内房有子方十七卷。

右房中八家，百八十六卷。

房中者，性情之極，〔一〕至道之際，是以聖王制外樂以禁内情，而爲之節文。傳曰：「先王之作樂，所以節百事也。」樂而有節，則和平壽考。及迷者弗顧，以生疾而隕性命。

〔一〕【補注】朱一新曰：「性情」，汪本作「情性」。先謙曰：官本作「情性」。

宓戲雜子道二十篇。

上聖雜子道二十六卷。

道要雜子十八卷。

黄帝雜子步引十二卷。〔一〕

〔一〕【補注】王應麟曰：列子天瑞篇引黄帝書曰「谷神不死，是謂玄牝」。梁肅導引圖序「朱少陽得其術於黄帝外書，又加以元化五禽之説，乃志其善者演而圖之」。崇文總目「軒轅黄帝導引法一卷」。

黄帝岐伯按摩十卷。〔一〕

〔一〕【補注】沈欽韓曰：韓詩外傳「子游按摩」。趙岐孟子注「折枝者，按摩、折手節、解罷枝也」。抱朴子遐覽篇「按摩經、導引經十卷」。唐六典「太醫令屬官按摩博士一人，置按摩師、按摩工佐之，教按摩生」。

黄帝雜子芝菌十八卷。〔一〕

〔一〕師古曰：服餌芝菌之法也。菌音求閔反。【補注】王應麟曰：黄帝内傳「王母授神芝圖十二卷」。水經注「黄帝登具茨之山，受神芝圖於黄蓋童子」。沈欽韓曰：抱朴子僊藥篇「五芝者，石芝、木芝、草芝、肉芝、菌芝，各有百許種」。

黄帝雜子十九家方二十一卷。

泰壹雜子十五家方二十二卷。

神農雜子技道二十三卷。〔一〕

〔一〕【補注】沈欽韓曰：抱朴子極言篇「神農曰，百病不愈，安得長生」。

泰壹雜子黄冶三十一卷。〔一〕

〔一〕師古曰：黄冶，釋在郊祀志。【補注】沈欽韓曰：抱朴子有黄白篇。神仙經「黄白之方二十五卷，千有餘首」。

右神僊十家，二百五卷。

神僊者，所以保性命之真，而游求於其外者也。聊以盪意平心，同死生之域，〔一〕而無怵惕於胸中。然而或者專以爲務，則誕欺怪迂之文彌以益多，〔二〕非聖王之所以教也。孔子曰：「索隱行怪，後世有述焉，吾不爲之矣。」〔三〕

〔一〕師古曰：盪，滌。一曰，盪，放也。

〔二〕師古曰：誕，大言也。迂，遠也。【補注】先謙曰：不敢斥言武帝，而其文甚顯。

〔三〕師古曰：禮記載孔子之言。索隱，求索隱暗之事，而行怪迂之道，妄令後人有所祖述，非我本志。【補注】張佖曰：案，禮記中庸篇有云「子曰，素隱行怪，後世有述焉，吾弗爲之矣」。鄭玄注云「素讀如攻城攻其所傃之傃，傃猶鄉也。言方鄉避害隱身而行佹譎，以作後世名也。弗爲之矣，恥之也」。今志作「索隱」，師古從而解之，文、注即與禮記不同，意義亦不相遠，故「索」字不更刊正作「素」字。

凡方技三十六家，八百六十八卷。

方技者，皆生生之具，王官之一守也。太古有岐伯、俞拊，中世有扁鵲、秦和，〔一〕蓋論病以及國，〔二〕原診以知政，〔三〕漢興有倉公。今其技術晻昧，〔四〕故論其書，以序方技爲四種。

〔一〕師古曰：和，秦醫名也。

〔二〕【補注】王應麟曰：晉語「趙文子曰：『醫及國家乎？』醫和對曰：『上醫醫國，其次疾，固醫官也。』」

〔三〕師古曰：診，視驗，謂視其脈及色候也。診音軫，又音丈刃反。

〔四〕師古曰：晻與暗同。

大凡書，六略三十八種，五百九十六家，萬三千二百六十九卷。〔一〕

〔一〕入三家，五十篇，省兵十家。【補注】沈欽韓曰：論衡案書篇「六略之録，萬三千篇」。隋志「七略大凡三萬三千九十卷」。與此志略異。通考卷數與隋志同。劉昫志亦云「漢藝文志裁三萬三千九十卷」。則刻本於上應脱「一」字。歆所撰雖名七略，其輯略即其彙別羣書，標列指趣，若志之小序耳，實止有六略也。葉德輝曰：案，弘明集引阮孝緒梁七録云「漢書藝文志書三十八種，五百九十六家，一萬三千三百六十九卷」。是梁時志文「二百」作「三百」，總覈志載書數，實祇多二卷矣。又引七略云「書三十八種，六百三家，一萬三千二百一十九卷」。以較藝文志，實多七家，班自注入三家，省兵十家，以較七略實少七卷，其數皆足以兩相取證，惟卷帙則無考耳。陶憲曾曰：三家者，劉向、揚雄、杜林三家也。五十篇者，書入劉向稽疑一篇，小學入揚雄、杜林二家三篇，儒家入揚雄三十八篇，賦入揚雄八篇，凡五十篇，皆班氏所新入也。若禮入司馬法，兵技巧入蹵鞠，本在七略之内，互相出入，故於此不數也。先謙曰：官本「大」下提行。